胡雪岩

商圣是怎么练成的

曾仕强◎著

河北人民出版社
石家庄

图书在版编目（CIP）数据

胡雪岩 ：商圣是怎么练成的 / 曾仕强著. -- 石家庄 ：河北人民出版社，2018.9
ISBN 978-7-202-13413-9

Ⅰ. ①胡… Ⅱ. ①曾… Ⅲ. ①胡雪岩（1823-1885）—商业经营—经验—通俗读物 Ⅳ. ① F715-49

中国版本图书馆 CIP 数据核字（2018）第 211057 号

书　　名	**胡雪岩：商圣是怎么练成的** HUXUEYAN: SHANGSHENG SHI ZENME LIANCHENG DE
著　　者	曾仕强
责任编辑	安　贝
美术编辑	于艳红
责任校对	付敬华
封面设计	杨西福
出版发行	河北人民出版社（石家庄市友谊北大街 330 号）
印　　刷	环球东方（北京）印务有限公司
开　　本	710 毫米×1000 毫米　1/16
印　　张	25
字　　数	420 000
印　　次	2018 年 9 月第 1 版　2018 年 9 月第 1 次印刷
印　　数	1-5 000
书　　号	ISBN 978-7-202-13413-9
定　　价	64. 00 元

引　言

（一）红顶商人胡雪岩是值得研究的个案

一般说来，值得研究的问题，必须具备两种特性：一是研究所得的结果十分重要，一是它的结果是人类能加以控制，也就是可以通过学习来实际应用的。

胡雪岩生于公元1823年，也就是清朝道光三年，死于1885年，即光绪十一年。62年间，历经道光、咸丰、同治、光绪四位执政者，正好是清廷国力一路下滑的阶段。贪污的风行、吏治的腐败、士风的卑下、军队的退化、民众的不满、变乱的纷起，构成了一个不确定的变动环境，胡雪岩由一个钱庄学徒，创业半个世纪，累积亿万家财，富可敌国，必然有其过人的智慧与技巧。这值得我们细心研究，用心考察。

研究胡雪岩的创业策略、管理原则、用人要领以及处世方法，对现代人来说，仍然具有相当的重要性。无论什么时代，以胡雪岩为师，或者以胡雪岩为戒，把胡雪岩一生的传奇当作个案来研究，都具有参考价值。

胡雪岩既不是万世流芳的圣人贤士，也不是千古罪人、乱臣贼子。他以一个默默无闻的钱庄职员，创建了“胡庆余堂雪记国药号”，迄今一百余年，仍然为大家所津津乐道。他的成功和失败的过程，当然非人力所能够控制，但经过分析和归纳，是可以作为大家的借鉴和学习的。

官商勾结，现代称为政商关系，是胡雪岩发迹的主要途径，也是胡雪岩失败的重要原因。水能载舟，亦能覆舟，用在胡雪岩身上，真是应验无比。

实际上，胡雪岩并没有受过什么高深的教育，也没有受过任何正规的经营管理的专业训练。他所依据的言行准则，说起来十分可笑，竟然是中国社会人人耳熟能详的一些通俗俚语。

中国人一向喜欢把“修身”“齐家”“治国”“平天下”的大道理，变成非常大众化、通俗化的成语或俚语。普遍流传的结果，不但形成社会的共识，建立大家共有的价值观，而且朗朗上口，成为大众终身为人处世的指导方针。明白“修齐治平”的道理，治国平天下都不怕，当然有把握经营管理。

胡雪岩一生重诚信、讲道义，有国家观念，负起社会责任。这些优点，绝大多数中国人自我检讨起来，都认为“这些优点我也有”。可见对现代中国人而言，似乎要成为当代的胡雪岩，并不是非常困难的事情。

我们只要秉持中国人“前车之鉴”的精神，把胡雪岩成功和失败的地方，分别举列出来，以现代的观念，重新加以评估，然后学习其成功的要领，避开其失败的缺陷，不就是中国人所喜欢也最擅长的“趋吉避凶”吗？这样一来，我们岂不更加容易、更加安全地吸取胡雪岩的宝贵经验，作为自己今后经营人生、管理事业的参考？对于自我控制，把自己的成功渠道控制得更加有利、便捷、宽大，当然有很大的助益。

越来越多的外国人，把胡雪岩当作管理课程的个案，希望通过深入的研究，来了解中国人的创业之道。胡雪岩是李鸿章与左宗棠争夺政治权力斗争下，被牺牲掉的民族资本家。在中国人“有人就有派系”的大环境下，作为一位现代企业经营、管理者，如何在夹缝中求生存发展，应该是研究胡雪岩的另一种重大意义。求人不如求己，从胡雪岩的功过簿中，自求多福吧！

（二）研究胡雪岩的成功秘笈有助于了解中国人的创业之道

在北京访问一些外商，问到跟中国人做生意感想如何，答案相当一致：“你必须相当忍耐！”

不了解中国人，却又不得不跟中国人打交道，看来这是 21 世纪人类的共同命运。原因很简单，中国市场太热，热到大家都要来！

有些人追问有没有什么借鉴，可以帮助外商了解中国人做生意的方法。笔者毫不犹豫地回答："胡雪岩"。清末鼎鼎大名的红顶商人，不但政商关系良好，而且纵横商场，所向无敌，因其生意功夫，被尊称为"中国经营之神"，当之无愧。看胡雪岩传奇，准能抓住中国人经商的法则以及为人处世的要领。

胡雪岩生在乱世，家境贫寒。中国人脑筋特别好的两大要件，他都具备。在杭州长大，一方面吸取了风光明媚、多情风流的浪漫习气；一方面承袭了江浙一带善于经营事业的宝贵经验，终于造就了这一位空前的商界巨人。

老实说，中国台湾的经济奇迹，是大陆来台的江浙帮带来神奇的经营技巧，加上中国台湾劳工的勤奋节俭，结合在一起所缔造的成果。上海老板的作风迄今仍为许多人所怀念，若干有成就的老板，都承认受到很大的影响。

1997 年初，我特地到中国香港，请教港商对回归以后的预测，大多表示"必然会更好"。追究原因，竟然也和上海人有关。他们说："回归以后，上海的经商手腕配合香港的充沛资金，当然更为高明有效。"

胡雪岩的寡母，就像大部分中国人的母亲一样，望子成龙，所以不断地教诲儿子，要听老板的话，要努力工作，不许偷懒，更不许对老板不忠、不义。

他的第一份工作，是当钱庄的学徒。大家都说是前世修来的，一脚踩进去，就入对了行。

两年满师，当上钱庄的跑街，从此三教九流都有所接触。对师傅的教导，更是用心学习，小心体会。如果日子一天一天过去，没有什么大的变动，胡雪岩的一生，也不过混到司库或襄理，一辈子也混不出什么名堂。

30 多岁那一年，太平军和官兵争夺杭州城，一个意外的事件，改变了胡雪岩的一生，使他由一个平庸的市井布衣，一跃成为显赫一时的金融巨子、江南药王、当朝一品的红顶商人。

中国人喜欢说危机就是转机，却又提醒我们一旦转不过来，仍然是危机。胡雪岩一转就转过来，不是功夫是什么？

现代人不论男女老少，都希望成功，这也不是坏事，用不着避讳。成功有两条道路，一条是顺路，一条则是险途。前者顺取，后者即是逆取。胡雪岩先逆后顺，时机掌握得十分恰当，这才一帆风顺、平步青云，令人叹为奇才。

逆取顺守和顺取顺守一样有好结果，所以处逆境的时候，如何突破困境，怎样寻找生路，应该是致力于追求成功的人，必须研究的重大课题。

胡雪岩的条件，我们大家都有，甚至比他好得多。他的应变力和决断力，则是我们应该学习的地方。无论从政、经商、创业、学习，想要获得成功，一方面以胡雪岩为师，学习他的优点；一方面以胡雪岩为戒，避免他的缺失，那就安全稳当，走上成功的大道了。

有关胡雪岩的小说、传说很多，大的架构以及主要的人物相同，小的情节以及出现的人物不同。我们所归纳出来的成功秘笈，和这些细节没有什么关系，所以哪一种版本，都可以参考。不过视听教育普及以后，重视声光文字俱全，当然最受欢迎，效果也最好，因此我们采取霖园国际有限公司所出品的《红顶商人》，作为研究分析的主要依据，盼望大家一齐来关心，发掘胡雪岩创业成功的奥秘。

（三）研究胡雪岩最好掌握几个重点

个案研究（case study）是美国哈佛大学商学院首创的独特教学方式：把各大公司所发生的实际案例，拿来给在校研读的学生讨论。这些个案的特性，是所有的个案几乎都没有足够的数据和完整的资料，因为从不完全的资讯和数据中找出答案，才是经营管理的实务特征。经由这样的训练，将来真正担任经营管理者时，才能够作出合理的决策，并且不失去时效。

胡雪岩的生平资料，由于缺乏历史的记载，也很难做确切的考证，仅能由零星的片断，配合民间传说，来加以推测。他原名胡光墉，安徽绩溪人，出身贫寒，12 岁到钱庄当学徒，逐步成长。后来结交军政界官员，互助互惠，从阜康钱庄着手，纵横商界，经营出口丝业、军火买卖、房地产业、开当铺、设药厂，几乎所向无敌，最后获得清廷赐红顶戴、封赏黄马褂、可骑马行走紫禁城，成为晚清最有成就的红顶商人。这一段事实流传至今，虽然不完整，却也不失为良好的个案。

在个案研究的教学活动中，通常最为学生所欢迎的，是那些“白手起家”或者“扭转乾坤”“挽救危亡”的人物。胡雪岩因其传奇性和起伏性，应该是大家特别好奇的对象。把他当作个案的主角来研讨，不但有价值，也很有兴趣。有朝一日能像胡雪岩那样，岂不很好！

创业和经营管理实际上不是技术问题，而是人的问题。胡雪岩的成功，固然是为人机警，善于察言观色，对人性的掌握拿捏得极有分寸。而他的失败，何尝不是别人对他的怀疑与流言所导致的恶果？我们从胡雪岩的进退应对当中，研究出他的为人处世之道，对于创业和经营管理，应该有莫大的帮助。因为他的交友范围极广，上至西太后、朝中高官、总督大臣，下至贩夫走卒、烟花酒女，并不是一般人都有机会遇到的。特别是当时的社会背景，更是相当复杂。因为清朝入关以来，历经康熙、雍正的励精图治，到了乾隆，无论文治、武功、国力，都已经达到极盛的时期。高宗晚年志得意满，骄奢淫逸，信任和珅，以致政治腐败、官吏贪污，就算自夸“十全老人”，也压不住接二连三、纷至沓来的动乱。胡雪岩诞生在道光年间，内有太平天国的兴起，外有欧洲各国的通商压力。从此以后，中国在经济上、社会上、文化上变动的剧烈，不但前所未有，而且愈演愈烈。胡雪岩一生的重点，可以说是一个“变”字，他个人变，整个社会也在变。研究胡雪岩的应变之道，对现代人具有积极的、正面的意义。

个案不可能是真实运作的翻版，事实上我们也不可能百分之百地遭遇到和个案一模一样的情况。但是，我们在研讨个案时，却不可因此而忽略个案情节发展的重要性。如果读个案像看小说一样，看个案影视资料像看一般电视剧那样，然后便进行爱怎样想就怎样想、喜欢说什么便说什么的“自由讨论”，很可能得不到预期的效果。我们观看胡雪岩的影视资料或小说时，务须认真地深入了解所有的情节，虽然它不一定真实，但是既然当作个案，就必须依据其中的情况来进行讨论。唯有仔细分析个案资料，把它当作真的来看待，逐渐体会出“明明是一种简单的情势，却往往包含着相当复杂的变数”，把持着“把自己当作胡雪岩”的心情，亲身处理眼前的事宜，才能够获得更为贴切、更加深刻的经验，将来应用起来，必然更为有效而快速。

所有的问题，都不可能只有一种解决方案。我们提供各种不同的观点，并不一定要有具体而肯定的答案。

从个案研讨中，发现自己的独特观点，其实是十分愉快的事情。举一反三，原本是中国人的拿手好戏。有志于创业的朋友们，希望本书对你们有所帮助！

目 录

第一部分 创业维艰

第二部分 宏图大展

第一部分

创业维艰

任何机会都可能是危机，也可能是转机。

冷静、随机应变加上当机立断，成为胡雪岩创业的三个基础条件。

01　危机即是转机

任何机会，都可能是危机，也可能是转机。

明明是危机，却成了转机；眼看是转机，一下子却变成危机。转来变去，全由自己的心在做主。把它看作是危机，真的是危险万状；把它视为转机，结果就转过来了。

胡雪岩的创业过程充满了危机，只是他胆大心细，而且信心十足，终于都成了转机。而且越转越有利，事业就创起来了。

他的冷静、随机应变，加上当机立断，成为创业的三个基本条件。把危机变成转机，表面上看是运气好，实际上则是有眼光、有实力的真本事。

胡雪岩在仁德钱庄，拜掌柜芮老大为师。两年的学徒生涯中，深得芮老大赏识。晋升为跑街，成为杭州城内的活跃分子。

那一天，胡雪岩跑街回来，看见钱庄门口有不少民众在偷窥张望。

走进钱庄，一群官兵围绕在柜台前面。胡雪岩心知不妙，赶忙躲在一旁，看看究竟发生了什么事情。

原来是左宗棠派人前来借钱，军官带着左宗棠的借据，上面有江苏巡抚王有龄的担保，想借两千两银子。

柳成祥和谭则云两个职员都不敢答应。军官要强制开柜拿银子，芮老大原本站在一旁，忽然冲过去用身体护着钱柜。军官大刀一挥，把芮老大砍倒在地上。

胡雪岩一看情势危急，跑上去向军官保证会把钱借给官爷。同事依然不敢做主，胡雪岩则表示老板怪罪下来，他愿意一人承担责任。

钱庄任老板不喜欢胡雪岩擅自做主，越权承诺借钱，愤而把胡雪岩开除并且到处说坏话，使他找不到工作。

胡雪岩失业在家，仍然勤练算盘，勤动脑筋。偶尔到茶馆喝茶，还受倒茶小弟的气。

柳成祥接替了胡雪岩跑街的工作，又要兼顾原来所做的事情。想起胡雪岩累死累活为钱庄工作，任老板却完全不念平日的辛劳，不满意就辞退。柳成祥对任老板的印象，因而大为改变，竟然表示要是有什么好差事，他也不想待在钱庄了。胡雪岩趁机劝他出来一起创业，要他向任老板借一些钱来充当资本。

任老板听说王有龄调任到杭州来，唯恐和胡雪岩联起手来对自己不利，索性先下手为强，带着礼物求见王大人，把所有罪过都推给胡雪岩，并且把胡雪岩的行踪也报告给王大人，希望置胡雪岩于死地。

王大人感念胡雪岩的恩情，正想有所报答。左宗棠听说胡雪岩的胆识，也命令王将军前来找他。两人的表现，却都像要捉拿胡雪岩，让柳成祥和谭则云都觉得害怕。

智慧问答

（1）胡雪岩跑街回到钱庄，为什么先躲在一旁，而不直接走进人群中询问发生了什么事?

一般人的习惯是不动脑筋，也不搞清楚当时的情况，便采取立即反应的态度。不管三七二十一马上介入，表示自己聪明，反应快，热心。

这种人是鲁莽而且不负责任的，只是他自己不知道。我们虚拟一下，胡雪岩跑街回到钱庄，看见有很多军人，还有一位军官拿出刀来，在那里大声吆喝。胡雪岩一看情况不对，马上快步跑进去，结果会怎么样？可能越帮越忙，把事情弄得更糟糕，对不对？

胡雪岩并没有这样做，他按照中国人慎始的法则，一开始就要把事情做对，而不是做了再说，做不对再来后悔。

他十分谨慎，先不声不响地躲在一旁，看看究竟发生了什么事。官兵闯入柜台。芮司库受到军官威胁的时候，胡雪岩还没有动作。但是他不是站在那里发呆，而是利用这十分短暂的时间充分思考该怎么办。

中国人主张谋定而后动，一方面等待合适的时机，一方面等到准备充分，才开始行动，以求立于不败之地。胡雪岩还没有筹谋妥当，芮老大已被击倒，他的女儿芮瑾一声喊叫，把胡雪岩喊出来，眼见时情紧急，不能再拖，不得不就此时此地寻找出合理的决策。

他挺身而出，叫柳成祥、谭则云把银子借给官兵。他的真正动机是为了钱庄，还是为了芮瑾，我们大可不必去管它。只看他由缓而急的参与过程，十分合乎自然的规律。凡事充分思考，然后当机立断，是一种良好的反应。

（2）谭则云、柳成祥两人的反应，合乎危机处理的原则吗？就管理的角度来看，是不是合理？

中国人喜欢讲一句听起来很奇怪，但是非常有道理的话：对，没有用。谭则云、柳成祥职责所在，当然应该全力维护银子的安全，两人的反应很对，但是对解决问题来说，完全没有用。可见，尽忠职守也不能解决问题。

那么，到后面去把老板请出来，让他去挡，看看平日威风凛凛的老板，会不会对军官也同样毫不畏惧。这种存心考验老板，让老板难看的态度当然也不对。

谭则云、柳成祥如果具有危机意识，至少应该做到三点：

第一，事先预测。外面风声吃紧，好像要打仗了。赶快减少库存银票，把一部分存到更隐蔽、更安全的地方，银库里只保存少量的银票，随时可以打开，总共只有这一点儿，要借请便。现在夜间开店的大多采取这种办法。

第二，军官要借银子，先开口说好，再想办法推拖。总比一下子拒绝，惹得军官发火要好得多。中国人说好，含有不好的意思；说不好，含有好的意思。既然随时可以改变，为什么不先说好，然后摸清楚左宗棠的治军之道以及王有龄的保证，再做定夺呢？

第三，军人的习性和一般人应该有所区隔，不可以按照对一般人的方式来对待。就管理的角度来看，谭则云、柳成祥两人都属于守规矩有余而应变力不足的执行者，缺乏随机应变的训练，以至于事到临头，都不知所措。

胡雪岩的决定，不管是对或不对，至少可以保住性命。只有先稳住局面，再从长计议，才有可能化险为夷。

（3）胡雪岩说有事自己愿意承担，他承担得了吗？老板喜欢这种下属吗？下属为什么常常如此表现？

很显然，胡雪岩承担不了。当老板的人，最不喜欢随便开口要承担责任的下属。他们比较喜欢发生事情，能够勇敢地承担责任的人。偏偏下属很喜欢讲这样的话，使得老板又好气又好笑，觉得十分为难。

胡雪岩讲这种话，并不是说好听的，而是真的敢作敢当。但是任老板不放过他，还是把他开除了。我们从任老板对待员工的态度，可以看出他不是一个知人善任的好老板。他说话刻薄，根本看不起自己的下属。胡雪岩认为如果老板不认账，他愿意想办法把银子还上，但是在任老板的眼中，胡雪岩不过是一个臭跑街的，两千两银子够胡雪岩一家人过几十年。他把胡雪岩的越权，看成吃里爬外的行为，当然不能够容忍。

一个老板的职位越高，对越权的行为越害怕。职位越低，对失责的行为越看得严重。下属常常觉得奇怪，上司为什么对越权那么重视，对失责却比较容易原谅。这是因为部属没有尝过权力的滋味，当然不了解越权的可怕；老板知道责任下属根本担当不起，所以很不喜欢这样的下属。

（4）为什么钱庄出事情，任老板反而躲起来？事后又为什么生胡雪岩的气，甚至以越权为由来开除胡雪岩？

很多人认为像任老板这样，有事时躲得很快，事后又出来乱发脾气，实在太可恶。存这种感觉的人，自己一定没有当过老板，而且不了解老板的心意。但是，我们也会怀疑，有朝一日，他自己当上老板，也很可能表现出同样的情况。这种案例太多，多到我们不能不这样怀疑。

想想看，老板碰到紧要关头就马上挺身而出，他能有几条命呢？军官一看老板出现，可能放过他吗？如果芮司库不在，说不定任老板就死了。但是，老板躲在里面，并不是像任老板所说的，躲兵荒马乱，躲官兵勒索银子。而应该赶快动脑筋想办法。搞清楚状况的时候，当机立断，跑出来解决问题。万一想不出办法，像任老板这样，等到官兵走后，也应该合理地善后。一方面要厚葬芮司库，因公致死，给予抚恤。一方面要怒骂胡雪岩，指责他擅做主张，避免以后大家有样学样。可是骂归骂，生气归生气，但不能把胡雪岩辞退。因为幸亏有他越权，事态才没有闹得更大。

店员接受顾客的杀价，老板一定要骂，也一定要接受。这样边骂边接受的行为，很常见到。骂是吓阻未来，接受是面对事实。两边兼顾，才合乎正道。

胡雪岩承受越权的后果，一方面说要自行负责，一方面跪求任老板把他留下来，继续给他机会，他才能够想办法还钱，一点儿也不矛盾。如果求也不求，说不干就不干，那才是完全没有责任感的人。心目中没有家人的存在，也没有老板的存在，只顾自己的面子和立场。

（5）胡雪岩失业后到茶馆喝茶，受倒茶小弟的气。他为的是什么？

胡雪岩如果为了消磨时间，坐在那里穷喝茶，无所事事，或者逢人就诉苦，见了熟人就埋怨任老板，因而受倒茶小弟的气，那是活该，一点儿也不值得同情。胡雪岩不是这样，他人闲心不闲，想在茶馆听出一些有利的讯息。他在收集情报，深入市场调查，从事民意测验，希望找出一条生路。抱着这种积极的态度，受倒茶小弟的气，他自己也不觉得委屈，反过来还挖苦小弟，干什么也不要从事这种行业。如果怕受气，不愿意看人家的脸色，整天躲在家里，不敢出来见人，请问，这种人还有出息吗？

古人说，得意的时候不能骄傲，因为每骄必败。许多人只得意一时，很快就败下来，都是由于骄傲的缘故。失意时千万不可丧志，一旦对自己失去信心，丧失了志气，那就永无东山再起的希望。

高兴的时候，应该想想自己也有失意的时候，这时候务必格外小心，以免再度陷入低潮。失意的时候，也要想想自己的风光事情，给自己一些信心，也给自己一些欢乐，来减弱眼前的悲情。调节得宜，才叫作修养良好。

胡雪岩认为失业不过是一阵子的事情，总有一天，他会赚钱养活家人，他会当上掌柜的。就凭这一点儿信心，这一股勇气，胡雪岩即使穷得连买茶叶的钱都没有，满脑子还是要做生意。就凭这股力量，会给他带来无限的希望。

（6）柳成祥对任老板的感觉，为什么变得那么坏?

柳成祥是个老实人，本来规规矩矩、安分守己地在仁德钱庄做事。对任老板的观感也不错，认为老板本来就是这个样子，也应该是这个样子。官兵来借钱的时候，他按照规矩，依照规定加以拒绝，尽力维护金库的安全。

任老板辞退胡雪岩以后，并没有增加新人，把胡雪岩跑街的工作交给了柳成祥。跑街站柜一把抓，增加了许多事情。柳成祥心想，老板可真会省钱，一句找不到可信任的人，就省下一个人的工钱。自己固然成了大红人，可是也累得经常精疲力竭。这时候想起胡雪岩累死累活地为钱庄工作，就为了救人要紧，擅自做主借出两千两银子，任老板完全不念平日的辛劳，说翻脸就翻脸，岂不是一点儿也不讲仁义？因此对任老板的印象有了很大的改变。原本忠心耿耿，现在也变成了一有好的差事就“跳槽”。当老板的人，应该记住，对死人厚待，是做给活人看的。而对犯错的同仁宽厚，是留下其他人员的最好诱因。

（7）任老板为什么要在王有龄面前告胡雪岩的黑状?

我们最好心里有这种准备，本来就这样，一点儿不稀奇。老板对离开的下属，难道希望他发展得很好，回过头来和自己拼？离开的部属表现得越好，越证明老板有眼无珠，不懂得用人，更加惹人笑话。

任老板嘴巴上虽然说：有本事你自己去开个银号，也让我见识见识。其实心里头最怕的就是这个，也就是胡雪岩真的自己开钱庄。到时胡雪岩必然把任老板当作敌手，那不是替自己找麻烦吗？

胡雪岩离开仁德钱庄，任老板一定会到处散布谣言，说胡雪岩吃里爬外，暗通官兵前来钱庄勒索银子。害得同行本来想雇用胡雪岩的，也都以不缺人为由，不敢提供工作机会，否则以胡雪岩的工作经验，对市场的熟悉度来看，向同行应征求一份工作，应该没有问题。

任老板听说王有龄新任浙江巡抚，唯恐他找胡雪岩去帮忙，会对自己非常不利。索性一不做二不休，趁王有龄刚来，对情况不了解，先下手为强，提着礼物，求见王有龄。

任老板把所有责任都推到胡雪岩身上，并且告胡雪岩的黑状，说他在茶楼大放厥词，说王有龄是个刮地皮的贪官，要引来太平军。任老板希望把王有龄这一条路断掉，使胡雪岩无路可走，以绝后患。任老板说胡雪岩后脑有反骨，是十足的恶人坯子。当时就没有人会当面问他：你当时用胡雪岩的时候，为什么他就不是这个样子？

我们实在不必痛恨任老板这样的卑劣行为。因为对胡雪岩而言，任老板把他逼进死路，说不定才会出现大的转机。胡雪岩怎样逃过这个大劫难，才是他成功的关键，也才是我们应该重视的紧要课题。

（8）王有龄明明要找胡雪岩报恩，却表现得好像要抓胡雪岩似的，这是为什么?

王有龄这种作风，代表了政界官员的生存之道。凡事先求保护自己，再考虑其他。王有龄如果不够老到，一看见任老板，就把要找胡雪岩的事情一五一十地抖出来，任老板不但不敢讲出这些恶毒的话，反而会一百八十度地大转弯，把所有功劳都归于胡雪岩，然后带着王有龄的话过去安抚胡雪岩，使王有龄和胡雪岩合作，一起来帮钱庄的忙。岂不好了任老板，却使得胡雪岩有苦说不出？

任老板是能哭也能笑的人，有本领把胡雪岩赶出去，也有办法把胡雪岩骗回来。王有龄也会劝导胡雪岩，大家合作都有好处，胡雪岩就会更加为难。

凡事先躲在暗处，看看对方的来意，再作处置，这是高明、周到的为官之道。王有龄先不表明自己的意思，任老板才可能大打胡雪岩的小报告。王有龄也才能进一步了解任老板的为人和胡雪岩所受的委屈。既然任老板告这样的黑状，王有龄就更加不能够表明原先的用意，只好将计就计，说本官正要寻他，不知他家住何处。

（9）王将军为什么要找胡雪岩?

左宗棠治军甚严，王将军向仁德钱庄借钱，害死了芮司库，出了人命。王将军回营之后，一定要禀告左宗棠，说胡雪岩深明大义，不像其他人只知道做生意赚钱，完全没有国家的观念。

左宗棠觉得很奇怪，一个跑街的为什么会有如此的表现。王有龄因为受过胡雪岩的帮助，感激在心，从旁又美言一番，使左宗棠对胡雪岩的印象更加良好。所以要王将军委托王有龄查找胡雪岩的行踪。

一个人应该具有第三者的观念，也就是你我之外，还有更多的第三者，他们旁观者清，对一切是非善恶，有更清楚的判断。所谓公道自在人心，便是你对我错，你恶我善，实际上用不着自己耿耿于怀。别人的看法，自然很公道，用不着自己操心或者担心害怕。你不必做给我看，我也不必做给你看；你用不着一定要说给我听，我也用不着一定要说给你听。因为只要第三者看得清楚，听得明白，你我之间的是非善恶，就会出现公正的评论。

胡雪岩在钱庄的表现，会传到左宗棠的耳朵里，相信胡雪岩万万没有料到。当年胡雪岩帮助过的王有龄，居然派回来杭州当巡抚，更是他从来没有想过的事情。左宗棠和王有龄加上任老板，这三个人凑在一起，凑出了胡雪岩的大危机，也可能就是大转机，完全看胡雪岩如何应付、怎样化解。胡雪岩还蒙在鼓里，可见天机不泄露，要看胡雪岩的脑筋怎么动法。王有龄不明说，才造就胡雪岩的一段奇缘。天下事就是这么巧妙。无巧不成书。

创业提示：冷静机灵还需要当机立断

胡雪岩年轻时不过是一个钱庄跑街，却能够生财有道，发达到家财亿万，富可敌国。同时领导有方，成为众多企业的首脑。主要因为他具备三个优越的基本条件：冷静、机灵，而且敢于当机立断。

创业成功的人，大多数具备这样的条件。选择接班人的时候，也应该慎重明辨，够不够冷静、机灵，能不能当机立断而且有魄力、有担当。

胡雪岩的成功，除了上面所说三个基本条件之外，还配合着好运气。

愿意承担多大的风险，是性格；能不能顺利地承担风险，是运气。

赌运气，担风险，有一套法则。我们从胡雪岩一生的奋斗过程中，逐渐来加以分析、体认。再来确立自己的原则，应该是一种合理有效的途径。

先培养冷静、机灵的习惯，再锻炼当机立断而不会错误的正确判断力，然后才放手一搏，碰碰运气，会比较保险。

02 当机必须立断

遭遇到有些事件，可以不用立即反应。因为没有弄清楚真相，马上做出决定，实在是太危险了。

最好的态度是先拖一拖。用拖延时间来充分思考，一方面观察、分析事实的要旨，一方面思索解决的要领，然后再做决定，能够顾虑得更加周全。

当机立断，并非立即反应。“机”指适当的时机，有已到和未到的区别。时机未到，能拖即拖，还可以再加思索。时机已到，马上要有所反应，不能再拖，以免错失良机。时机已到未到，判断起来实在相当困难，必须平日多用心，时时都留神，才能够及时掌握、毫厘不差。

苏晃是柳成祥的妻弟，十二岁时加入太平军，由于杭州城戒备森严，一年之中和柳成祥几乎见不到一次面。这次见面柳成祥才知道苏晃已经成为太平军的大将。居于安全考虑，才改装易容，弄得柳成祥吓了一大跳。

他这次冒险进城，目的在于要求姐夫帮他代购一批粮食。保证比原价多出三成，全部收购。

胡雪岩受到妻子的启发，满心想做粮食生意。柳成祥有苏晃的订单和保证价格，却仍然担心风险太大。

胡妻一句“米市都空了，官兵、太平军全都扮成百姓的样子抢着买米，谁还敢把米往街上摆”，使胡雪岩下定决心，要做粮食生意。

柳成祥接受胡雪岩的鼓励，用两家的房地契，向任老板借到八百多两。谭则云在任老板面前，保证自己并没有继续和胡雪岩来往，实际上却暗中通风报信，要胡雪岩赶紧避一避风头，以免被官爷抓去。同时把留在船上的小弟阿贵，也托付给胡雪岩，要他们互相照顾。

胡雪岩和柳成祥、阿贵把船驶向浙东，准备用钱滚钱，以利生利，大做粮食生意。苏晃为表示诚意，要正式签订买卖契约。柳成祥则认为一方是亲戚，一方是好友，双方一言为定，不必签约。

到了浙东，米价从九钱一担涨到一两一钱一担。胡雪岩所带的银子有限，根本买不了多少。胡雪岩毅然决定，把已买到的米原价出售，以平抑米价。消息立即传播开来，搞得整个米市都受到影响，不得不降价求售。胡雪岩十分冷静，并没有在市价下降时马上抢购。而是采取一边抛售，一边购入的策略，待米价持续下降，再悉数购回所需的米粮。柳成祥十分担心，最后也不得不佩服胡雪岩的计策和毅力。

智慧问答

（1）柳成祥和胡雪岩两人对粮食市场的反应有什么不同？对两人未来的发展有什么影响？

苏晃为太平军采购粮食，明明白白把太平军对粮食的需求说给柳成祥听，等于向柳成祥下订单，要购买粮米。

柳成祥接到订单，还是将信将疑、犹豫不定。要不是苏晃临走之前，要柳成祥再琢磨琢磨，保证高出三成的价格全数收购；要不是胡雪岩下定决心，粮食生意做定了，各位朋友，大家想想看，柳成祥会不会放弃现有的工作跟胡雪岩去冒险，或者自己出击闯天下？

胡雪岩呢？在茶馆收集情报还不够，回家和妻子聊天，也要打听消息。一句“兵荒马乱的日子都想着糊口”，马上引发他想做粮食生意的雄心大志。妻子笑他连摆茶摊的本钱都没有，还做什么粮食生意。胡雪岩依然不为所动，坚决地下决心，要做米粮生意。他的未来，会怎么样呢？相信各位心中有数，他会有成就的，是不是？

同样一种市场，同样一堆信息，同样一些数据，每一个人的判断，每一个人的反应，都不相同。所以每一个人所做出来的决定也不一样。但是，每一个人所做的决定，都会影响到他自己未来的发展，这种自作自受的规律，是宇宙间不变的法则。每一个人，都应该明白自作自受的道理，以负起完全责任的态度，来为自己的前途做决定，同时也不可逃避地承受所有的后果。

胡雪岩和柳成祥两个人对粮食市场的反应，代表他们两个人不同的性格，也给两个人带来了不一样的命运。性格就是一个人的命运，我们以后会看出不同的样子。

（2）胡雪岩失业在家，前途茫茫，仍然勤练算盘是什么道理？妻子笑他，他难道不在乎吗？

我们如果只看到胡雪岩手上那个有形的算盘，实在算不了什么，这种看得见、摸得着、打得动的算盘，人人都会打。只要肯学就会，没有什么了不起。更重要的是，胡雪岩心中那一把无形的算盘，时时刻刻盘算着未来的一切。这种看不见、摸不着，也不知道从哪里打起的无形算盘，不一定人人都知道，不见得人人都重视，也不知道什么时候才盘算得正确。

胡雪岩手中练习有形的算盘，心中那一把无形的算盘，却盘算着有朝一日，这点儿手艺准能用上，自己当上胡掌柜的，妻子也当上大东家的太太。事实上，胡雪岩当学徒的时候就已经知道，钱庄生意要的是能写、能说、能算，凭他那仅有的四年私塾的学识，就算满师，也当不了先生。所以他每天晚上，都在小油灯下面写几篇小楷，读一读历史小说，练几盘珠算。他能够打得一手好算盘，完全是心中那一个无形算盘所督促出来的。无形的算盘，可以决定有形的算盘，我们常常拨动心中的算盘，做到真正的心中有数，才能够有计划地开创自己的前程。

胡雪岩在苦日子中勤练算盘，表示心中不乱，仍然对未来充满了希望。对自己有信心，是一个人熬过艰难、走向光明大道的必要条件。失业的时候，做些什么，想些什么，是一个人能不能在可见的未来，突破困境，朝向良好途径前进的最佳指针。人穷志不穷，胡雪岩心怀大志，不把眼前的困境当作一回事，因此不致丧失信心。

（3）谭则云在老板面前、背后，为什么态度不一样？

任老板问谭则云，有没有继续和胡雪岩来往。谭则云回答："柳成祥是不是和胡雪岩有交往，我不知道，不过我早和他断了关系。"然后得知任老板要害胡雪岩，赶紧去通报，叫胡雪岩赶快逃跑。谭则云这种行为，算不算欺骗？在老板面前、背后，说不同的话，做不一样的事情，难道还不算是欺骗的行为吗？如果这样也算是欺骗，叫谭则云怎么做人呢？想想看，谭则云坦白地告诉任老板，三个人时常来往，任老板会有什么样的反应？他会把王巡抚要抓胡雪岩的事情告诉谭则云吗？那样一来，谭则云会有消息传给胡雪岩吗？

我们认为谭则云在老板面前和背后的态度不一样，并不是欺骗的行为，而是不得不如此的生存之道，可以应用。但是长久使用，养成习惯之后，必然害了自己。

任老板的做法，逼得谭则云非如此不可，但是他心里应该明白，这样做是不好的，万不得已才可以如此，不可以把它看成常规。虚安毕竟只是一种过渡期间的手段，带来一阵子的安宁，终究会不安宁。谭则云如果有这样的认知，将来就不会吃亏；如果缺乏这样的认知，将来吃亏的还是他自己。各位朋友，我们不妨拭目以待。

（4）为人不可贪，为商不可奸，是什么道理？

人为财死，鸟为食亡。金钱人人都爱，必须适可而止。如果贪得无厌，必将为金钱而失去一切。古人说：君子爱财，取之有道。不能过分贪财，也不可以完全不贪财。

很多人的个性可以用三句话来表达：贪财、怕死、爱面子。初听起来，很不能接受，好像都是不好的形容词。仔细一想，本来就是这样，只要加上合理两个字，贪财贪到合理的程度，怕死怕到合理的地步，而爱面子也爱到合理的情况，有什么不好？反而觉得这样才最好。

人不贪财，不可能有钱，一辈子过穷日子，大家都不愿意。人一贪财，贪过了分，便会因为贪财而招祸，一旦灾难临头，才后悔莫及，也是很大的遗憾。

经商必须赚钱，不然连维持生存都成问题，怎么能够发展？还谈什么永续经营？但是合理的利润，才是经营的正道。邪利、暴利都将为顾客所唾弃，都不可取。

奸商就是以不正当手段，谋取不合理的利润，公平交易委员会最不肯放过这种人。为商不可奸，因为奸商人人讨厌，终将为社会所排斥。

贪财还是不贪财？奸商还是正派经营？事实上只有自己知道。但是，老天爷一定知道。天理良心连在一起，自己的良心知道，老天爷也就十分清楚。每一个人，最好都勉励自己，为人不可贪，为商不可奸，为学不可马虎，为官不可不凭良心。心灵改革，自然就成功了。

（5）苏晃要签约，柳成祥说不必，这样好吗？

柳成祥的意思是，苏晃是亲戚，胡雪岩是朋友，既然大家都是熟人，签什么约，订什么合同？双方口说为凭，到时候一手交货，一手交钱，岂不是十分方便！

幸亏柳成祥有这一招，要不然合同放在身上，白纸写成黑字，一旦被人家发觉，告到官府去，不抓去杀头才怪。万一被官兵直接查获，更是证据齐全，立即问斩。

中国人办事，通常弹性比较大，而且安全一些。我们可以签订合同，也可以说话算数。同样，签订合同可以不必履行，而亲口答应也可能事后从此不提。一切看着办。应该签约的，绝对不能口说为凭；不必签约的，嘴巴说过就可以算数；应该履行的，虽然千辛万苦，也要顾信用；可以赖账的，管它签约、口头承诺，全然不理会。

可是跟洋人打交道千万不可以这样。洋人重承诺，是指白纸写黑字的合同，签约才算数。没有签字以前，口说无凭，洋人常常不认账。同样做生意，和中国人做生意，要用中国人的一套，和西方人做生意，必须使用他们那一套，才叫作随机应变，用意在避免吃亏上当。

柳成祥在钱庄服务，按理说一切凭证据办事，现在出来买卖粮食，却懂得不一定要签订合同。可见他也有变通的才能，只是没有胡雪岩那么灵光而已。

向任老板贷款，先挪用芮瑾的钱以及把买进来的米以原价卖出。更妙的是，居然说做买卖用不着向谁交代。胡雪岩这些变通的办法，都使得柳成祥摸不着头脑。看来柳成祥的应变力还需要多加训练，才能够明白胡雪岩的心意。

（6）胡雪岩以原价出售生死米是什么策略？和柳成祥的主张相比，各有什么优劣?

胡雪岩的策略是以少御多，用少量而便宜的米，来促使多量却一日三涨的米市降下价格。如果策略成功，就可以用原先的预算购买到预订的粮食。否则这样下去，把所有的钱用尽，也买不足原先预订的数量。

柳成祥十分担心，以这么少量的米，怎么可能抑制米价？他首先提醒胡雪岩，这些资本，是胡、柳两家的房屋借贷而来的银子，万一赔本，甚至血本无归，怎么办？胡雪岩说的还是一句老话，他愿意承担一切责任。柳成祥又提起芮瑾也是出资人之一，是不是也应该替她想想，万一失败了，她以后的日子怎么过？胡雪岩依然无动于衷，要阿宝把买来的粮食搬到米市上去，照原价出售。

胡雪岩的手法，比较冒险，而且不安全。柳成祥的想法，比较保守，至于安全不安全，实在不敢说。

经营目标的达成，必须考虑两个因素：一是市场的需要，是粮食还是银子？如果是粮食，就应该把粮食运回去。如果是银子，当然要把粮食变卖成为金钱。另一个则是原先的承诺，是粮食还是银子？如果答应人家把粮食送到，当然应该尽力而为。如果只是把钱带到，那就现在把米抛售，换回银子。

各位朋友，如果您是胡雪岩，您会坚持自己的策略，还是接受柳成祥的劝告？一个人要成功立业，免不了重重考验。这种事情，老实说谁也没有把握，要等到事后，大家才明白。有一点儿碰运气，好像又不是这样。

创业提示：创业 VS 守成

创业的途径，又分成好几种：有发国难财起家的，有抢夺人家的财产而创建的，有志同道合者共建而成的，有家人合伙共同创立的。胡雪岩走的路子，不折不扣是国家有难，官逼民反，社会动荡，趁机冒出来的。要走这条路，必须胆大心细，一方面敢下大赌注，一方面还要细心观察动静。

胡雪岩的第一个赌注，便是出面劝导同事把钱借给湘军，结果被任老板炒了鱿鱼。第二个赌注，是叫柳成祥用胡、柳两家的房屋地皮做抵押，向任老板贷款，当作粮食生意的本钱。结果买了米粮，引发米市的涨价，使他无法以手中有限的资金，购足太平军所订的粮米。面对着两天三涨的米市，柳成祥只想赚几个钱就算了，胡雪岩却毅然决然，投下第三个大赌注，决定把已经买到手的粮米，以原价出售。希望能够平抑米价，以便再度买回。不管柳成祥怎么反对，他都以“一人做事一人担”的勇气，坚持到底。

人生不外乎一连串的冒险，连续顺利闯过几个关卡，便是运气好。当然，唯有平时多用心，到了紧要关头，才能够及时做出合理的抉择。当机立断，明快地有所决定。看起来冒险，下赌注，实际上心中有数，相当有把握。能看出别人看不见的机会，能掌握别人不敢要、不敢做的变量，才是成功的最大本事。

胡雪岩的脑袋，好比一个蓄水池，不断地吸收知识，等到时机来临，各种点子奔流而出。再从中选取当前最合用的，自然能够因时而制宜，做出一般人想象不到的决策。

03 适时随机应变

危机掌握得好，转化得宜，可以变成转机，带来良机。良好的时机来临，必须当机立断，以求适当反应。但是反应之后，变量不断出现，还需要合理地随机应变。应变的时候和当机立断一样，需要时机的配合。所以适时随机应变，成为创业过程中必备的功力。

胡雪岩从钱庄跑街变成粮食商人；由运送粮食卖给太平军，变成献粮给官军；再由粮食商人变成官方筹粮人。这种种改变，都是胡雪岩适时随机应变的结果。

在应变过程中，稍微有一点儿缺失，就可能造成十分严重的“后遗症”。处处谨慎，步步为营，应该是必备的条件。

柳成祥对胡雪岩卖出生死米的策略实在很不赞成。他认为几千担米根本影响不了米市的价格。自以为论精明和胆量，不如胡雪岩，至于稳重，则胡雪岩不如自己。售米的工人，误会胡雪岩的意思，以为价格便宜，要从斗秤上面动手脚。没想到胡雪岩的主张却是“不求盈亏，只求公平”。一下子打响了胡雪岩的名声，成为浙东著名的大粮商。

消息传来，杭州城被太平军攻占。苏晃托人带来口信说城内缺粮，太平军愿意以市场上四倍的价钱购买粮食。胡雪岩决定冒险运粮到杭州，柳成祥认为不如把已经购得的粮食卖掉，把钱带回杭州，更加有利可图，而且好像安全得多。

胡雪岩指出杭州现在最需要的是粮食，而不是金钱。虽然运粮回杭州必须依靠漕帮，但胡雪岩相信没有闯不过去的“鬼门关”。

漕帮独霸运河，帮规十分严格。漕帮老大更是威风，令人望而生畏。胡雪岩为运粮独自闯关。由于出售生死米、救命粮，已经轰动全镇，漕帮老大也有所闻，加上胡雪岩出手大方，送给老大一锭大元宝，又碰到知恩图报的漕帮成员，名叫阿弘，胡雪岩曾经在他挨打的时候救过他。这一次胡雪岩闯入漕帮，多亏他暗中协助。最后还慷慨地答应胡雪岩，要送他回杭州。

漕帮老大高兴得要摆上酒菜宴请胡雪岩，胡雪岩却推说有急事要赶回去。其实是心中十分紧张，赶快离开，免得节外生枝。总算得到漕帮的承诺，打通漕运的水路通道。

到乌镇时，官兵发现船重水浅，大声追问下边装的是什么货，赶快从实招来。胡雪岩认为横竖都是死，不如说实话。大声说：“我们装的是千担大米。”

领头的正是王将军，看见胡雪岩，立即把他带去见左宗棠。左宗棠十分好奇，问他为什么擅自借银。

听胡雪岩的回复左宗棠对胡雪岩的侠气和口才颇为激赏，却又不愿意表现得太过明显，所以淡淡地响应：“来人啊！请胡先生后堂吃饭。”便转身离去。

智慧问答

（1）做生意不求盈亏，只求公平，是什么道理？

做生意讲求将本求利，哪里有不计较盈亏的道理？不过，盈亏是经营者自己的算盘，合不合算，应该自己事先充分评估。一旦决定向市场推出，面向广大的顾客，就只有公平交易，才能够获得大众的信任，得到顾客的爱拥。这时候再来克扣斤两，在计量衡上面动手脚，那就完全不凭良心，完全不公道、不公平了。

一担米要卖多少钱，这是盈亏问题。由胡雪岩、柳成祥决定，该多少就多少，顾客没有话讲，只能够愿者上钩，肯接受的来买。但是价格决定之后，卖米的时候，不可以在斤两上打折扣，才算是公平交易。如果以低价出售，却在斤两上动手脚，那是奸商所为。

价格政策，是经营上一个非常重要的策略，必须谨慎小心，千万不可大意。就算价格定下来，也不可以在品质上、数量上或运送上不守信用，才符合诚信的原则。

一般而言，用价格来竞争，并不是唯一的办法，也不是最好的办法。常见的折扣战，限时减价，一日一物，以廉价或超廉价为号召，只能用来促销，而不能长期持续。否则恶性竞争的结果，必然是两败俱伤，对顾客也没有好处。能够多动脑筋，善用非价格竞争，如广告、橱窗陈列、发表会、宣传单、试卖、试食等等方式，应该是比较妥当的。

胡雪岩采用价格竞争的策略，一方面是粮食不能长久储存，一方面是穷人太多，便宜就好，所以很有成功的可能。但是不求盈亏，但求公平的原则，无论采取哪一种销售策略，都必须遵守，都应该坚持。

（2）柳成祥说一千多担米平抑不了米价，为什么胡雪岩却一意孤行，以坚定的决心平价售出?

这说明一个道理，在一个组织当中，如果没有一个人能够拍板定案，凡事都要民主、公决的话，大家吵吵闹闹，不可能做好经营管理，更不可能成功。

任何事情，有人赞成，也就有人反对，更有些人，既不赞成也不反对，在等待良好的机会，找出对自己有利的因素，充分利用。有人说真理越辩越明，可惜我们日常所辩论的多半和真理无关。我们所争执不下的大多是一些公说公有理、婆说婆有理的东西，常常争了老半天，还弄不清楚谁有道理。看起来很有道理的决定，事后才证明根本行不通，有时候歪打正着，却又好得不得了。很多事情会令人想起运气，大概是这个道理。

胡雪岩的胆子大，认为冒这种风险是必然的，不必惊慌。柳成祥的胆子小，认为冒这么大的风险实在没有必要。他们两个谁对谁错，谁有道理，一定要等到事情告一段落，有了结果，才能够断定。现在来评判，实在为时过早。谁也没有把握会搞成什么样子。

从胡雪岩决定借钱给湘军开始，我们可以看出胡雪岩属于胆大心细的人物。他心里何尝不紧张，何尝不害怕，只是转机、危机就在这一念之差。他认为机会难得，如果不放手一搏，非常可惜，将来是不是还有同样难得的机会，谁知道呢？他十分用心，仔细盘算，下定了决心，不顾柳成祥的反对，坚持出售生死米。如果换成各位，可能会怎么决定？不妨趁此机会，自己想一想。

（3）米价降两成，胡雪岩不马上收购粮米，却主张再等，并且要有计划地收购。有什么用意？

胡雪岩发售生死米，是大胆的作风，断然采取价格竞争策略，放手一搏。现在不急着收买回来，要再等一等，等米价再降下来。而且不能打草惊蛇，要边卖边买，来掩饰自己的动机，这是心细的表现。如果像柳成祥那样，听到米价下降，马上要把米粮买回来，势必引起其他粮商的警觉，知道胡雪岩这一伙儿的企图，会立即联合涨价，岂不毁了胡雪岩的计划，枉费那么大的苦心！

胡雪岩的主张是：第一，不要惊动同行，必须一面继续向外售米，一面又偷偷地买米，务求不要引起大家的怀疑；第二，再等一个时辰，米价再降两成，那时候才动手买米，更加有利，做事情一定要稳得住，千万不可鲁莽行事；第三，做人不能见利忘义，购买更便宜的米，是见利，马上停止出售生死米，不是忘义是什么？米价一降，达到了预期的目的，马上停止发售生死米，未免太势利了，完全是一种求利的手段，丝毫没有救贫苦大众的社会责任，也是一种奸商的行为。经商不能养成贪图小利的坏习惯，只看到小的，却忘记大的，甚至于根本看不到大的，充其量是生意人，绝对没有资格做大企业家。

（4）柳成祥主张把米卖掉，带钱回杭州，胡雪岩认为杭州所需要的是粮食而不是金钱，其中的差异性在哪里？

采购固然很重要，但是后续的运输、保险、通关、储存、销售，也都十分要紧。任何一个关卡做不好，出问题，都将引起重大的损失。柳成祥在钱庄待久了，有职业病，老想着把东西变成银子，既容易运送，又方便保管运用。胡雪岩同样在钱庄长大，却没有这种职业病，他衡量市场的需要，觉得此时此地的杭州，米比钱更重要。因为在兵荒马乱的时期，钱买不到米，而米可以变卖更多的钱。虽然，运输上有很多困难，一路上要冒很大的风险，但是，胡雪岩经过细心的分析研究，还是决定面对困难，设法突破困境，希望闯出一条大道。

柳成祥主张把米卖掉，然后把钱带回家去。他这样做，第一，对顾客没有交代，失去信用，在商场上最不应该，也最不受欢迎，以后的前途可想而知。第二，就算把钱安全地带回家去，也起不了作用。因为战乱时期人心惶惶，物资短缺，金钱比物资更贱，更没有人要。当大家不要钱、不相信金钱的时候，钱有什么用？钱没有用的时候，辛辛苦苦带回去，岂不是大傻瓜？第三，一路上身怀巨款，其实也很不安全，抢钱比抢粮食更简单。金钱对杭州人没有用，对土匪却很有用。

胡雪岩知道漕帮这一关很不好过，闯不过去说不定连性命都保不住。但是他丝毫不退缩，硬着头皮也要闯。就是他胆大心细的性格，使他成为一位开创力很强的创业型人物。冲，冲，冲，不断向前冲，要冲出一片天地。

（5）胡雪岩为什么要拜访漕帮老大？他又如何闯过难关？

帮就是现在所说的集团，帮的老大，现在称为总裁。漕的意思是以船运米。当时的漕船都是官船，是清廷用来运送官粮的船，分别驻扎在运河各地，一地称为一帮，各帮都有主管，叫作老大。胡雪岩要把粮食运回杭州，除了漕运之外，实在想不出更方便、更安全的途径。他明知漕帮独霸运河，老大的气势非同小可，而且漕帮的规矩很严，一不小心就可能冒犯了帮规，非杀头不可。

胡雪岩决定要去见漕帮老大，把柳成祥吓得要命，连说粮食是小事，而漕帮的门槛难闯，才是大事。决定必要时舍粮抛银，来搭救胡雪岩的性命。胡雪岩自己也不敢掉以轻心，一方面凭着漕帮老大是人，是人就能被银子打动的信心；一方面回想芮司库从前几次提起漕帮的规矩，有模有样地加强练习；又想好一套应对的台词，这才勇敢地求见，终于顺利地通过严格的考验，闯过难关。

一个人平日多听、多看、多学，充实自己的知识和才能，增加自己的见闻，有朝一日必须用到的时候，才能够得心应手、趋吉避凶。现代人太喜欢动口，不是骂来骂去，就是抓住机会不停地自吹自擂，徒然浪费很多精力和时间；有一天真正要动手，要动脑，才因平时少听，少看，少用功，而后悔莫及。

相信现代主管，都有共同的经验，应征的人说得头头是道，好像什么都会，录取之后正式上班时，才发现言过其实，似乎什么都不会。每次新人前来应征，常常弄得主考官大伤脑筋，不知道谁是真才实学，谁又是胡说八道。

（6）漕帮老大摆酒席请吃饭，胡雪岩推辞，趁机送官银，请求协助运粮，老大为什么慨然答应?

漕帮老大本来已经风闻胡雪岩出售生死米的事情，知道他是一个讲义气的人，只是怀疑天底下怎么会有这样的好人，不知道里面有没有什么名堂，所以闻风不动，坐在椅子上，用不闻不问的策略，看看胡雪岩如何应付这种场面。如今发现胡雪岩竟然懂得漕帮的规矩，而且应对进退都相当得体，不由得格外亲切，把胡雪岩当作自己人看待。中国人一向亲疏有别，既然是自己人，就叫后面摆酒上菜，好好招待胡雪岩。

一般人一见自己闯关顺利，心里十分高兴，也不便拒绝漕帮老大的好意，很可能就这么喝酒聊天，耽误了正事。胡雪岩非常机灵，发觉情况对他有利，马上充分把握，丝毫不放松。他以杭州失守、粮饷拮据这样冠冕堂皇的话，来激起老大的义气，运用一鼓作气、乘胜追击的策略，使老大明知向西走风险很大，也当场慷慨答应帮忙，达到了胡雪岩预期的目的。表面上看起来，胡雪岩是乱闯乱过，运气好得不得了，事实上他心里头那一把看不见的无形算盘，已经盘算了很久，做了好几种不同的沙盘演练，才能够随时抓住机会，出奇制胜，发挥最大的力量，促使漕帮老大的心，顺着胡雪岩的行动而运转。胡雪岩这种抓人抓心的功夫，实在是他成功的大本钱。柳成祥听他的，阿宝听他的，现在漕帮老大也听他的，这不是十分神奇吗？胡雪岩的运气怎么这样好？我们不如反过来探讨，他究竟有什么本事，能够使他自己的运气，一直这么好！

（7）胡雪岩对漕帮说运送官粮，实际上却和太平军做生意，是不是欺骗？

如果一定要回答这个问题，我们可以先这么说：就西方人的标准来看，或者拿教科书上面的标准来衡量，说不实在的话，当然是欺骗，顶多叫作善意的欺骗或者必要的欺骗。但是依中国人的观点，应该算是一种随机应变，不能说什么欺骗，那太严重了。

有人找老板，老板不想见他，叫下属去抵挡，说老板不在公司，到哪里去没有交代，所以不知道。明明有库存，推说必须订货才会送来，要收取手续费。明明已经涨价了，还说照原价，不久又会涨，要买就要快。诸如此类，在中国人心目当中，几乎没有欺骗的感觉，我们只是把话说得好听一些，让对方比较容易听得进去，如此而已。至于听的人相信不相信，他自己会判断，用不着我们操心。中国人不好骗，不容易相信人家，我们这样说，他相信与否，必须由他自己负责，我们不必负责任。

明明白白告诉访客，老板在公司，就是不愿意和你见面，好不好？有库存便表明出来，顾客趁机挑东挑西，跟着要求送东西，库存这么多，送一两件有什么关系？岂不是自找麻烦？说明刚刚涨价，顾客会不会要求比照原价，觉得短期间内不会涨价，用不着现在就购买，诸如此类，吃亏的是谁？不会说妥当话，惹来很多不必要的麻烦，增加管理上的困难，有这种必要吗？西方人可以说，我的进货成本是十块钱，卖给你十二块，赚你两块钱。中国人则说，照本钱卖给你，十二块。

（8）胡雪岩把辛苦买来、冒险运送的粮食拿来送给官兵，是什么道理？

如果胡雪岩事前诸葛亮，能够预测到如此一来，可以见到左宗棠，建立密切的关系，我们反而不佩服他。胡雪岩事先一无所知，既算不出后果，也无法到时候拿出锦囊妙计，他只是遇到问题，就随机应变，也就是见招拆招，如此而已。综合这么多的因素，胡雪岩终于通过左宗棠的考验。

可见许多事情，并不是临渴掘井，到紧要关头才猛抱佛脚，就能够逢凶化吉的。必须平日广结善缘，到时候才能水到渠成，比较容易顺利过关。胡雪岩在这个时候，眼见着走投无路，除了把辛苦买来、冒险运送的粮食送给官兵之外，似乎别无他路可走。他坚信天无绝人之路，船到桥头自然直。看开而不看破，因此逢凶化吉，遇见了左宗棠这位大贵人。

胡雪岩所说的国无宁日、民不聊生，民不聊生又何谈生意人？以这样正当的理由来随机应变，成功的概率比较大。如果名不正言不顺，胡乱编造一些理由，成功的概率一定偏低。按正道，凭良心，就算说一些言不由衷的话，老天爷也会帮忙过关。不走正道，不凭良心，完全为私人的利益着想，那就不是随机应变，而是十足的投机取巧，不可能成功。

创业提示：自己努力远不如有人提携

中国人善于把实在话和谎言合在一起，说出一番冠冕堂皇的妥当话。听起来不但动听，而且具有十足的安全性。几乎没有人因为说妥当话而丧失性命。

有人提携、支持、照顾，要比自己独自努力、奋斗、吃苦好得多，中国人常说遇贵人，胡雪岩的贵人大概就是左宗棠了。

但是，遇贵人之前，必须先把自己的本事练好，一旦机会来临，才能够扶摇直上。从这个观点看来，求人不如求己，只有先帮助自己，贵人才会有效地帮忙。

04　切忌投机取巧

作为一个中国人，务必永远记住：只能随机应变，切忌投机取巧。因为随机应变而获得成功，人人赞美。一旦投机取巧，即使小有成就，也将心有不安。

问题是：投机取巧和随机应变，到底有什么不同？胡雪岩的所作所为，究竟是投机取巧，还是随机应变？如果是投机取巧，不值得我们研究、学习；倘若是随机应变，那就是真功夫，亟待我们来钻研。有利于自己，却有害于他人，便是投机取巧。所以从看不见的动机来判断，比较妥当。

左宗棠留胡雪岩吃饭，胡雪岩小心应对。一番交谈之后，左宗棠决定拨大笔银子，委托胡雪岩代购粮食，并且问他有什么困难。

胡雪岩趁机提出漕帮的关系不够，左宗棠答应力荐杨昌浚任漕运总督，担保船只畅通无阻。

胡雪岩不敢多提难处，左宗棠则勉励胡雪岩："养口体不如养心志，为人处世要笃根本，去浮华。"

柳成祥不知胡雪岩被官兵抓去的状况，暂时把所有的船停在乌镇港口，自己到镇上喝茶，想不到遇见了谭则云。

柳成祥把浙东购粮的过程向谭则云说明。柳成祥认为太冒险，言下之意，仍然担心害怕。谭则云说这正是咱们两人不如胡雪岩的地方。柳成祥说："如他的话，咱们就得把良心掏出去喂狗。”谭则云满脑子都是金钱利益第一，对胡雪岩深具信心，认为胡雪岩会从左宗棠那里获得好处。

胡雪岩从左府出来，在路上刚好遇见柳成祥和谭则云。胡雪岩问起家中的情况，谭则云说有苏环和苏晃照顾。胡雪岩忽然严肃地看着他们两人，说：“咱们哥们三个是在一口锅里喝过粥的穷伙计，你们要是信得过我胡雪岩，我说一句话：回去守着老婆，受穷也是活，豁出去赚一笔，这样也是过。”

谭则云首先响应，柳成祥却担心资金不足。

胡雪岩说：“用血汗赚来的钱，说什么也不能拿出去。”

胡雪岩说跑街最大的收获就是练嘴。练就好口才，用来筹集资金，一定很管用。

谭则云觉得胡雪岩的运气来了，实在是挡都挡不住。认为机不可失，决定好好跟着胡雪岩大干一番。

胡雪岩随即任命谭则云担任钱柜，把财政大权交给他。

柳成祥也下定决心，豁出去了。

经过这一次三人会议，谭则云和柳成祥都表示对胡雪岩无比信任，也愿意和胡雪岩共同奋斗。

胡雪岩想起芮瑾，也关心王有龄的情况，赶紧叫阿宝回杭州看看。向家人报信，也好安家人的心。

智慧问答

（1）左宗棠起先怀疑胡雪岩的动机，后来却高兴地请他吃饭，对胡雪岩来说，有什么意义？

疑人不用，用人不疑，是有条件的，并不是不需要任何条件，马上可以进入这种境界的。中国人用人或者交朋友都必须经过一番严格的考验，由小小的信任开始，逐渐经由考验的通过而扩大信用度，到比较大的信任。然后再经多方考验，通过后才可以疑人不用，用人不疑。

左宗棠如果一开始就相信胡雪岩，表示他是一个不懂得用人的长官，会让胡雪岩产生一种错觉，认为怎样做左宗棠都会相信，反而容易想办法欺骗左宗棠，甚至为了个人的利害关系，走上反叛左宗棠的歧途。

胡雪岩和左宗棠说话的时候正经得很，丝毫没有油腔滑调的味道。左宗棠以严厉的口吻责问他：你说的都是实话吗？他也承受得住，没有被左宗棠的气势所吓倒，左宗棠心想一个钱庄跑街的，怎么有这么大的能耐？管他是真是假，看来是一个可用的人才。目前正需要具有这方面才能的人，何不就用他呢？

对胡雪岩来说，真是时来运转，满身冷汗，换来无穷的希望。漕帮老大请他吃饭，他用更紧要的借口来推辞，现在左宗棠请他吃饭，他以恭敬不如从命的态度来陪同。胡雪岩随机应变的功夫，可以说已经达到炉火纯青的地步。这是他平日常动脑筋磨炼出来的，绝对不是单凭好运气就能够应付过去的。福星固然高照，而实力充足，也是胡雪岩得以从容不迫、自由自在地一关又一关闯过去的最大力量。一切操之在我，天助己助者，还是自己比较可靠。

（2）左宗棠为什么找胡雪岩采购军粮？

打仗的时候，兵马未动，粮食必须先行，以求立于不败之地。常言说得好，皇帝不差遣饥饿的士兵。老板要求员工做事，最好先让员工吃饱。不差饿兵，是用人的不二法门。

左宗棠带领湘军，大老远从湖南跑来打仗，人生地不熟，采购军粮特别困难。现在看到胡雪岩是本地人，环境熟悉，人又热心，一下子就送来两千担米，当然想到胡雪岩可能是最合适的采购者，因此马上下决心，要杨昌浚把购买五千担粮食的银子拿来交给胡雪岩。胡雪岩毕竟是商人，生意头脑十分灵敏，并没有被报效国家，热爱军人，结识左宗棠的喜悦冲昏了头。依然十分冷静地，趁机把粮食的价格报高一些，顺便把垫出去的本钱捞回来。不晓得各位朋友，认为胡雪岩这样趁火打劫的做法是对还是不对？

左宗棠心中有数，也料到八成，所以也趁机告诫胡雪岩，养口体不如养心志，为人处世要笃根本，去浮华。胡雪岩并没有像一般人那样，接下去大发议论，或者说出一大堆奉承的话；他只是平静地、恭敬地回答：大人此番话非同凡响，雪岩铭刻在心。这一段问答，开启了左宗棠和胡雪岩之间的关系，既密切又正派，可以说是君子之交。但愿胡雪岩真正把左宗棠的教训铭刻在心，才有把握正心修身，成为正道的儒商。

（3）左宗棠问胡雪岩有什么难处，胡雪岩只提出一个请求，这种态度值不值得学习?

一般人看到左宗棠如此重用，大多会趁机提出一些要求，表示此事困难重重，来提高自己的贡献度，将来论功行赏的时候对自己比较有利。胡雪岩并没有这样，他既不夸大自己的贡献，也投有提出任何难题。直到左宗棠问胡先生有什么难处，这才提出漕帮关系不够，请求多加协助的需求。

这时候如果再不提出难题，未免坐失良机；以后再提，势必难以启齿。同时，也使左宗棠颜面无光，好像看不起左宗棠，什么都不需要他帮忙，反而不好。但是，一次提出好几个难题，又未免有趁火打劫之嫌，也显得自己的能力不足，让左宗棠看不起，对胡雪岩也没有好处。胡雪岩这种不问不提，只提紧要的重点，实在高明。

左宗棠交代胡雪岩不要张扬自己的任务，以免引起外界不必要的困扰。胡雪岩又趁机请求在战乱之中吩咐手下关照一下母亲和妻子，这种进退应对的拿捏功夫，更加深了左宗棠对他的良好印象。

我们最好每天都替自己留下半个小时，反省一下当天的言行。检讨再检讨，希望有朝一日，能够把自己的言语拿捏得恰到好处，到达增一句就太多、减一句则太少的地步。胡雪岩的口才好，并不表现在多话或者急着把话说出来。他不会像现在有些人那样，有话实说又有话直说，常常弄得人家下不了台，结果又伤害了自己。把话说得妥当一些，让人家听得进去，而且觉得很受用，但又不是拍马屁、讨好。如果能够这样，那才是真正的好口才。

（4）谭则云比较认同胡雪岩的做法，这是为什么？

第一，谭则云还没有像柳成祥那样和胡雪岩一起工作。他仍然保持旁观者清的立场，比较容易看出柳成祥的盲点，所以说胡雪岩做得对。如果他和柳成祥一样，投下资金，急着要回收，同样经历过这一段，说不定他也会出现一些盲点。旁观者清，当局者迷，对自己切身有关的事情，往往看不清楚，需要他人的指点，就是这个道理。

第二，他自己没有投资，不涉及个人的利害关系，因此比较冷静，沉得住气，也比较理智，看得比较透彻。人在不牵涉利害关系的时候，大多理智而客观，一旦牵涉到利害关系，马上变了一个样子，很容易情绪化。

第三，彼此互相辩证，比较容易找出合理点。现在柳成祥担心胡雪岩想偏了，走错了，谭则云偏说胡雪岩做得对，含有和柳成祥相反的意思。换一个角度想想，站在另外一个立场看看，可能产生不同的观点。这是我们常用的思考方式，很不错。

谭则云逃难，跑出了杭州城，心里头一定有一番感触，也听到一些有关左宗棠管理湘军的事情，知道左宗棠治军甚严，因此推论左宗棠不会为难胡雪岩，可能会把粮食的本钱还给胡雪岩。他也知道胡雪岩是一位有机会就赚钱的生意高手，不但敢从左宗棠的口袋里掏钱，而且还不会少掏，所以劝柳成祥放心，说不定有好消息。这三个老同事的性格，现在已经相当明显地表现出来。不知道各位朋友，对他们未来的发展有什么样的推测？

（5）谭则云和柳成祥不如胡雪岩那么能够随机应变，在管理上应该如何因应？

一个组织的成员，如果大家都一样地善于随机应变，恐怕也不是好现象。因为大家都求新求变，很可能变到连根本都没了，十分危险。而且大家都变来变去，在彼此的配合上，更加困难。要求密切合作，实在很不容易。当然，大家都不善于随机应变，也很不好。因为太保守了，太死板了，遇到变量出现，常常不知道应该怎样因应才好。碰到危机，也很不容易趋吉避凶，化险为安。

最好是一个组织之内，有的成员比较善变，有的成员不善变。这样配合起来，反而比较安全而且变得合理。谭则云和柳成祥如果和胡雪岩一样善于随机应变，请问：谁做主呢？谁又肯配合谁呢？是不是很难办？

一般说来，越高阶层的人，越需要随机应变，因为他站得高，看得远，有什么风吹草动，他先看见了。越基层越需要一切照规定办，因为他站得不高，又看得不远，即使有什么变动，他也看不见，还谈什么应变？等到基层发现问题，再来想办法应变，恐怕已经来不及了。

越高阶层看得越远越宽广，所提出来的观点，往往不容易为基层人员所了解，因此高阶层人士，如果缺乏坚强的统率力，缺乏基层人员对他们的信心和向心力，那么高阶层的决策，常常会受到基层人员的抵制和抗拒，甚至阳奉阴违，偷偷地擅自改变，影响到执行的成果，反而责怪高阶层判断有偏差。

（6）胡雪岩要阿宝回杭州，为的是什么？

胡雪岩从左宗棠那里知道官府并没有和任老板勾结，要把他抓去坐牢。这时候他想起芮瑾为了自己而向王有龄投案，现在听说王有龄生死不明，不知道芮瑾怎么样了，所以才要阿宝赶快潜回杭州，想办法把芮瑾救出来。

胡雪岩曾经向柳成祥说过：做生意不需要向谁交代，那时候我们会不会觉得胡雪岩拿了芮瑾的钱，居然说出这样的话，未免太绝情了，会不会跟任老板一样不讲道义呢？

现在大家看到胡雪岩叫阿宝速回杭州去接芮瑾，是不是对胡雪岩稍微有一些好感，觉得他终究还算是有情有义。

胡雪岩是一个公私分明的人，对公事，他自己负起全部责任，用不着对谁交代；对私事，他必定兼顾大家的感受，在情理方面，多用一点儿心。对公事，应该以事为重，尽量避免感情用事。对私事，必须以人为重，所以要先把情义摆在前面，再来谈道理。公私有别，各有不同的方式。

胡雪岩处理公事时，显得冷静而理智，不涉及个人的感情，所以给太平军的米，也可以送给左宗棠。同时也存有一点儿冷酷无情，看着柳成祥焦虑不安，不加理会。但是，处理私人的事情时，他又显得相当多情，似乎感情多于理智，让人觉得他毕竟是一位有血有肉、有情有义的活生生的汉子。

创业提示：投机取巧 VS 随机应变

投机取巧和随机应变，是我们中国人非常熟悉却又经常分辨不出来的两个名词。到底什么才是投机取巧，什么才算随机应变？相信大多数人，都搞不清楚。干脆把自己的所作所为，都看成随机应变，而将别人的所作所为，通通视为投机取巧。因为我们对自己和对别人有不同的标准，采取不一样的规格，所以才亲疏有别。

中国人的良心，表现在“只能够随机应变，绝对不可以投机取巧”。偏偏这两件事情，长得像孪生兄弟，简直一模一样。这才苦了中国人，经常被误解，而且也常常误解别人。我们时常觉得十分委屈，大多是由于自己的随机应变，被别人扭曲为投机取巧。无论你怎么解释，他就是不相信，看你有什么办法！

其实，投机取巧和随机应变，完全决定于当事人的动机。动机纯正，叫作随机应变；动机不纯正，便是投机取巧。偏偏动机看不见，纯正不纯正也是各人有不一样的看法。所以投机取巧或者随机应变，只有自己知道，也必须自己承担一切后果，非常符合“自作自受”的定律，和别人其实没有什么关系。

一个人要成功，必须坚持随机应变而不投机取巧的原则，至于别人怎么看，有哪些批评，大可一笑置之，不必介意。胡雪岩看起来很果断，想怎么样就怎么样，如果不是动机纯正，一心一意求随机应变，他是万万不可能成功的。

成功的要件是及早觉悟，人必须替自己负起完全责任。常常记住孔老夫子的话：不怨天、不尤人。

时时磨炼随机应变的功夫，提高警觉不要掉入投机取巧的“陷阱”。只有随机应变才可能成功，投机取巧的人，注定要失败，而且长期看起来，没有例外。

05　巧觅有力靠山

求人不如求己。一切靠自己，总比样样依赖别人，要安全、可靠得多。

但是，有人相助，要比单打独斗来得轻松愉快，也是不争的事实。何况当今世界，单打独斗能够成功的机会，越来越少。有贵人协助，成功的概率必然增大。

胡雪岩先得王有龄的帮助，再获左宗棠的支持，才能够青云直上，快速地开展事业。遇贵人，果然有福气。有实力，贵人的力量也才能发挥得出来。

一个人自己能力充实，加上有眼光，心眼灵活，有朝一日，巧觅有力靠山，彼此互利互惠，这就成功在望，如有神助了。

先充实自己，再巧觅靠山，才有发挥的余地。不充实自己，一味等待靠山的提携，是本末倒置，不可能成功。

胡雪岩得到左宗棠的信任，委托他代购军粮。胡雪岩把谭则云和柳成祥聚集起来，举行三人会谈，看看人家有没有合作的意愿。两人都表示愿意，胡雪岩等于多了两个好帮手，从此更是无后顾之忧，简直如虎添翼。

资金的筹措当然由胡雪岩负责。他挟着左宗棠的势力，携带一座龙的雕像，再度访问漕帮。

一见面，他就把龙像送给漕帮老大，看见老大爱不释手，还故意问他喜不喜欢。

老大早就风闻左宗棠的事情，心想胡雪岩真不简单，出去外边转了一圈，竟然变成左宗棠的红人。

胡雪岩拿出五百两银子，请老大出面做个担保，向粮商借米五千担、马料一千斤，等到官银一到，马上还清。老大有意跟胡雪岩打好关系，勾上官方的势力，所以满口答应。胡雪岩果真凭一张嘴，替左宗棠筹措到所需的粮草和马料，不但结合官与帮的势力，而且为他自己建立了良好的特权水运网络。

粮食运到乌镇，官银仍然没有拨到。柳成祥担心垫付的五百两银子，大家都觉得粮食生意风险太大，不如重回老本行，开钱庄比较有利。

柳成祥想到钱庄，马上想起杭州。杭州失守，怎么去开钱庄？胡雪岩则打定主意要去上海。他吩咐柳成祥和谭则云先到上海把铺面物色下来，并且告诉他们：走官场先拜宝眷，会同行先说油水。

杨昌浚听到一些关于胡雪岩的流言，不敢不报告左宗棠，说是无商不奸，请左宗棠提防。左宗棠不以为然，正好胡雪岩求见，左宗棠便叫人在后堂备好棋盘，要胡雪岩和他下棋。

左宗棠吩咐左右，拿钉子来，把老帅牢牢地钉在棋盘上，然后笑着对胡雪岩说："只要你能让我这老帅挪动位子，就算你赢棋。"

一会儿，左宗棠问胡雪岩："我问你，你知道我为什么要把老帅牢牢钉在这个棋盘上吗？"

胡雪岩回说不知道。左宗棠不相信，说胡雪岩是不说，不是不知道。胡雪岩说出心中的感觉，左宗棠十分欣赏，问他为什么不求功名，并且勉励他"即或不为功名，只为明白事理，学做圣贤，也还是要多读点儿书为好"。

智慧问答

（1）胡雪岩把柳成祥和谭则云找在一起共商未来，他在打什么主意？

胡雪岩和柳成祥出来闯天下的时候，胡雪岩难免独断独行。虽然柳成祥拿他没有办法，但也全力配合。可是事情告一段落之后，应该有一个阶段性的检讨，作为重新出发的基础。胡雪岩这种能放能收的功夫，实在很高明。

想想看，如果胡雪岩不这样做，继续一路干下去，会不会引起柳成祥的怀疑：左宗棠到底给了你多少钱？这样一路做下去，会不会每一次都这么冒险？结果到底会怎样？有些合伙人，就是在这种情况下，弄得大家心不安。怀疑来怀疑去，终究以分开为结局，然后互相指责，都认为自己被对方吃了、坑了，觉得很冤枉。

胡雪岩在生意告一段落的时候，把合伙人召集起来，做了一个财务报告，并且提出下一阶段的目标，征求大家的意见，是继续走下去，还是就此打住，发回本金和红利以后再说。柳成祥和谭则云觉得胡雪岩的计划可行，愿意继续投资，彼此合作，有了共同意愿，比较容易同心协力，发挥高度的团队精神，一致朝向目标迈进。

一个人，应该专断的时候要勇敢果断，才叫作当机立断。但是，结果要良好才行。否则一次下来，大家失掉信心，以后再也没有人相信他的果断力。一个人，应该民主的时候，要诚心诚意地尊重别人的意愿，让大家有自己决定的权利。不可以勉强别人听从自己的主张。但是，在征求大家意见之前，最好先把未来的计划做好，让大家有判断的依据，做出正确的选择。

（2）胡雪岩告诉谭则云，从今天起他就是钱柜，有什么用意?

有了共同努力的目标，必须建立合适的组织，以求分工合作，整体配合。中国人的组织原则，说起来很奇怪，但是非常实用，那就是一般人所诟病的因人设事。西方管理，主张因事找人。他们的管理，以事为中心，把工作划分好，再根据工作的需要来找合适的人。看起来很科学，实施起来，却有很多困难。因为找来的人，往往和想象中的不一样，于是换来换去，始终找不到合适的人。偶尔很幸运，找到了合适的人，而这个合适的人，又因为环境、薪资不合适而“跳槽”，你看要命不要命？反过来，由于人不容易找，流动性大，更加不敢以人为中心，不得不坚持以事为中心，让人跑来跑去。相处得久，彼此互相了解，配合起来当然更迅速可靠，而且彼此配合长久，经验累积得很丰富，不必多花时间沟通，自然有默契。知道张三的才能和习性，再来交付一些工作给他，比较容易做到适才适用的地步，所以因人设事，可以减少很多浪费，节省很多成本。

（3）胡雪岩决定性地“干”，是不是已经争得了主导的地位？

组织一定要有首领，否则群龙无首，平时还无所谓，可以大家商量决定。一旦碰到紧要问题，时间急迫不容许商量的时候，那就十分危险，可能会带来致命的后果。承受不了，就只有公司倒闭一途，实在很不幸。

首领是怎么产生的？并没有固定的方式。有些人认为选举或推选是唯一、最好的办法，其实是不对的。不相信的话，哪一家公司可以试一试，选一种职位，科长或是经理，让员工直选，结果怎么样？天下大乱。不乱才怪。选举并不是唯一的方式，更不能说它最好。最好的方式是大家不必经过任何形式，自然而然产生出来的领袖，才是大家心目中真正的首领。

胡雪岩、柳成祥、谭则云三人，并没有推定主持人，也没有指定谁是老板。可是从三个人异口同声说出一个“干”字，可以听出不同的心声。柳成祥和谭则云，只是说出“既然如此，决心干下去”的意愿，而胡雪岩的意思，含有“既然两位都有这种决心，那我们就这样决定”的裁决性力量。

主导地位是争取来的，全世界都不例外。问题是西方人大多用有形的方式来争取主导地位，中国人比较喜欢用无形的方式，争到好像没有争一样，比较自然的争来的主导地位，也比较持久。没有人想要，就不会引起别人的抗争、制衡和罢免。获得主导地位的人，也比较轻松、舒适，而且没有太大的压力。是不是比较好呢？

（4）胡雪岩再度拜访漕帮老大，和前一次有什么不同？

一回生二回熟，胡雪岩有了第一次拜访漕帮老大的宝贵经验，第二次再度拜访，当然要安心、方便得多。

第一次漕帮老大不理会胡雪岩，让他自生自灭，自己找生路。通过考验之后，才笑面相迎，而胡雪岩则已冒出了一身冷汗。通常第一次见面，除非是熟人，大多有一段摸索期，互相猜测、探索，然后才逐渐彼此了解。

如果第一次就留下坏印象，以后要见面，就更加困难。这时候要有充分的心理准备，打算接受难听的话、不好看的脸色。能够忍耐过去，才有重见天日的可能。

胡雪岩很不错，第一次和漕帮合作，就阴错阳差地有了好结果。消息传得很快，左宗棠给胡雪岩披红挂彩，杨昌浚即将出任漕帮总督，有这么多的利好消息，再度和漕帮老大见面，气氛当然完全不同。胡雪岩居然敢轻松地开玩笑：何为老大，此乃龙头也。要是第一次就如此嬉皮笑脸，不被老大痛打一顿赶出门去才怪。

知道送什么礼，就已经拉近了宾主两人的距离。又有很多助力，胡雪岩自然开门见山，明说有一事相求。

遇到陌生人或者交情不够的熟人，不敢明说，不方便直说。遇到熟人或者交情够，有把握却不是很熟的人，当然可以明说，也方便直说。说的人够爽快，听的人很放心，请求的事情当场敲定，二话不说，小事一桩。你看，中国人有多痛快，多么容易沟通。凡事都要先下些功夫。所谓水到渠成，瓜熟蒂落，事先都是经过了一番努力，下过一番功夫的。

（5）胡雪岩觉得粮食生意利小而风险大，主张重返三人的本行筹办钱庄，这是什么道理?

事业要成功，必须有丰富的经验，良好的时机，再加上不断的努力。第一次创业，大多不容易成功，主要的原因在于缺乏经验。一次又一次，获得丰富的经验，这时候要成功，当然容易得多。我们常说“缴学费”，以缴很多的学费来获取经验，可见经验相当重要。

胡雪岩从小在钱庄长大，对钱庄的业务十分熟悉。他把钱庄和粮食生意做了一个比较，马上发现粮食生意利少而风险大，不如重返钱庄本行，至少可以分散风险。

要赚大钱，先把自己的本行做好，再来做其他的。本行都做不好，贸然去做其他的事情，岂不是更加危险！

柳成祥比较老实，脑筋转不过来，以为搞老本行就要回到老地方去，所以提出疑问：杭州失守，我们没了立足之地。胡雪岩脑筋灵光，他老早就想过这个问题：杭州失守，我们到上海。按理说杭州大家很熟悉，做起来比较有把握。上海这种生疏的地方，而且繁华复杂，谁敢去？胡雪岩就有这种胆量，他认为三个人都有共同的经验，比一个人有经验要可靠得多，当然可以到上海去发展。

他筹办钱庄，也不完全是为了老本行。他看准了左宗棠这个靠山，想以人赚钱，所以盘算了很久，特别留意了左宗棠能用的资源在哪里。左宗棠自己没有钱，但是他有很多很多的人，这些人肯定有钱要存起来。如果想办法把这些人的钱合起来，钱庄的业务还有什么问题？在杭州，还不如上海安全。他是经过盘算才决定的，而不是临时起意。

（6）胡雪岩派谭则云和柳成祥到上海，临行前特别提醒两人钱庄老规矩：走官场先拜宝眷，会同行先说油水，有什么作用？

到生疏的地方创立事业，最要紧的是建立人际关系。有人才有事，有人好办事，这是自古迄今没有改变过的原则。找人，找什么人呢？找官场的人，可以有个靠山；找同行的人，能够打听行情。官场、同行都有人协助，对事业的建立和发展，必定有很好的助益。

找官场的人，最好的办法是拜访官夫人。因为做官的人最怕惹事，对陌生人的警觉性很高，生怕会看错人给自己惹上麻烦。而且碍于面子，不好意思直截了当地谈论涉及金钱的事情。打惯了官腔，摆惯了官架子，说惯了冠冕堂皇、为民服务的好听话，一下子调整不过来，倒不如想办法找官夫人，比较方便。因为做官的可以一句话就把责任推掉，怎么有这回事，我完全不知道呀！我家里的人从来不涉及公务，不可能有这种事情。装成不知道，间接谈事情，大家都方便。找官夫人打点，再见官谈事情，通常很有效。

找同行的人，大家都是内行人，用不着拐弯抹角，不妨开门见山，把如何分享油水说清楚，免得互相猜疑，反而增加沟通的障碍。油水分享得宜，其他就比较好谈。见面不说油水，对方以为不付费白请教，当然不肯供应情报，说不定还会提供一些不正确的信息，企图混淆视听，对自己相当不利。

（7）有人在左宗棠面前打胡雪岩的小报告，左宗棠却不为所动，为什么？

受到主管信任的部属迟早有人会打小报告，希望主管防备他，最好疏离他。因为不受主管重视，就不会成为众人打击的目标；一旦受到主管的重视，必然成为众人攻击的对象。不把他干掉，自己就不可能变成上司信任的对象。就算自己得不到上司的信任，至少也把对他的信任度拉下来，自己也比较有面子。

胡雪岩由一个不相干的外人，一下子变成左宗棠信任的对象，把采购军粮的重大责任都委托给他。这种举动，当然会引起部分人士的眼红。于是造谣、中伤，引来许多不利于胡雪岩的传言。

杨昌浚向左宗棠报告，有人说胡雪岩满脑袋鬼主意。想不到左宗棠不为所动，回答说：没有主意他敢越权放账？没有主意他敢冒死献粮？杨昌浚还不死心，继续说：有人说他那批粮食本来是运往杭州送给太平军的。左宗棠的肚量很大，他说老百姓在官府和太平军之间左右为难，也是人之常情。杨昌浚无奈，只好说无商不奸，请左宗棠提防。左宗棠坦然地说：只要我不和胡雪岩勾结，不利用他去做伤天害理的事情，让胡雪岩赚几个钱，也是应该的吧！

左宗棠经过几次考验，觉得胡雪岩是一个人才，值得委以重任，从此疑人不用，用人不疑，纵然有人打小报告，他也不会受到影响，真是一位不可多得的、懂得用人之道的首长。如果一听到小报告，便不敢重用胡雪岩，或者把胡雪岩叫来大家对质一番，那就不是好主管了。

（8）胡雪岩陪左宗棠下棋，左宗棠叫人把老帅牢牢钉在棋盘上，是什么意思？

在中国社会，最好记住一条法则，那就是：不是神经病的人，居然做出神经病的事情，必然有特别的用意。左宗棠显然没有神经病，他对下象棋也不是生手，现在叫人把老帅钉在棋盘上，当然是一种怪异的举动。我们最好不要用正规的标准来判断他，却应该马上提高警觉，左宗棠会这样做，一定有他的用意，绝对不是无缘无故，闹着玩的。

胡雪岩就有这种素养，当左宗棠叫人拿钉子把老帅钉起来的时候，他没有问为什么要这样。当一般人还逗留在这里浪费时间的时候，他已经动脑筋想好了答案。所以左宗棠问他为什么要钉住老帅时，胡雪岩才会不慌不忙地回答：不知道。真的不知道时，心里会很慌乱，反而不敢答不知道，会胡乱找一些理由，希望能够搪塞过去。心中有数，知道答案是什么时，才敢笃定地回答不知道。左宗棠如果不喜欢他说出来，就会接下去说：好，那我告诉你，显得比胡雪岩高明，有满足感，对胡雪岩比较有利，因为对老板比较没有压迫感。左宗棠说：你知道，你是不说。可见他更欣赏胡雪岩这种含蓄的素养。把老帅钉住，是要考验胡雪岩的智能。胡雪岩也不赖，安全通过。

（9）左宗棠劝胡雪岩不为功名也要多读书，有什么用意?

左宗棠虽然欣赏胡雪岩，却也认为胡雪岩毕竟读书不多，将来责任越来越重，恐怕会出问题。所以他一方面赞美胡雪岩，笑那位任老板有眼无珠不会重用胡雪岩，一方面却教导胡雪岩，就算不为功名，也应该多读一些书。

不过，我们在这里要特别说明，左宗棠当时所说的读书，和现在大家所认识的读书，有很大的差距，可以说简直大不相同。左宗棠所说的读书是明白事理的意思。

胡雪岩和芮瑾都没有读过什么书，但是这两人都懂得许多做人做事的道理。因为他们所读的书，大多数是在教人明白事理。所以左宗棠也觉得奇怪，区区一个民女怎么会有如此的胆识！明白事理的人，当然有胆识。

然而，道理是越来越深的，书到用时方恨少，所以人应该活到老、学到老，养成终生读书的好习惯。左宗棠生怕胡雪岩事业越做越大，人面越接触越广，不知道以后会遇见什么样的人，发生什么样的事，因此未雨绸缪，鼓励胡雪岩多读书，多明白事理，才能立于不败之地。

创业提示：以人赚钱才是真功夫

赚钱、用钱、存钱，甚至于抢钱，成为人们生活中重要的活动。

衣服有口袋，主要用来装钱。口袋小而容量大，告诉我们把钱赚进来，就不要放它出去。口袋装不下，可以存进银行里。

赚钱的重要性，谁都知道。但是谈到怎样赚钱，那就会产生意见分歧，各有见地。反对一切都向钱看，其理由也在此。

稍有历练的人，大多明白“以钱赚钱”的道理。把巨额的金钱存进银行，让专业人士去忙碌，自己坐在家里赚利息，照样花不完。但是，这种念头也不切实际，因为巨额的金钱从哪里来，对绝大多数的人而言，依然是一个很大的难题。说起来很容易，做起来实在不简单。

平心而论，以钱赚钱不算本事，以人赚钱乃真功夫。中国人最盼望遇贵人，不就是寄望于以人赚钱吗？

胡雪岩的发迹，先得力于王有龄的支持，后得力于左宗棠的支撑。老实说，没有这两位贵人，胡雪岩再努力，恐怕也不过是糊口过日子而已。左宗棠官大势大，哪里是胡雪岩所能够高攀得上的？如果不是左宗棠遭遇各种军需上的困难，他这位“养口体不如养心志”的儒将，根本不可能无缘无故地和商人建立政商关系。

但是，话说回来，如果胡雪岩不是有心结交权贵，希望找出一条互惠互利的门道，也不可能紧紧地抓住这个大好的机会。

胡雪岩坚信自己努力之外，遇贵人才能够一帆风顺。一个人想要赚大钱、立大业，依靠自己努力，终究不如有人提携。好比爬山，靠自己一阶一石向上攀登，哪里比得上有人从上面放下一条绳索，把自己拉上去来得轻松、省力、愉快！

“有人好办事”这句话，可以分成上、中、下三个层次来看。对上，有人提拔，使自己扶摇直上。平行，有人依靠，替自己分忧分劳。对下，有人跑腿，把自己吩咐的事情，好好完成。这样，还有什么办不好的事情?

这上、中、下三层次的人，对自己而言都是贵人。空有上面的贵人提携，缺乏左右和下面的辅助、支持，成不了大业。得到下面的支撑，找不到上面那一根提拔的绳索，辛苦一辈子，也不过如此。

上、中、下都有贵人，自己当然也就成了贵人。但是，贵人毕竟可遇不可求，而“遇”的功夫，就是胡雪岩成功的一大秘诀。

胡雪岩把“以人赚钱”活生生地运用在他的经商生涯里。他投下了空前的赌注，把人人都看不上眼的落魄小子王有龄当作贵人，终于引出了真正的大贵人左宗棠。

深入一层看，胡雪岩并没有下赌注。他的习惯，是把每一个人都当作贵人看待，终究让他遇到了真正的贵人。他把太平军军粮官苏晃、帮忙卖米的两位老大、漕帮的朋友，都看作贵人，一个也不得罪，人人都以礼相待，这才是胡雪岩押宝的秘诀。

06　善用他人资金

偷鸡也要一把米，当作引诱鸡的本钱。做生意更需要资金，谁敢做没有本钱的生意？

然而，话说回来，靠自己的那一点儿本钱，能做什么？如果本钱够雄厚，不做生意又怎么样？为民服务，当官去，不也是一条出路？理想同样可能实现。

由于个人资金有限，最方便的办法便是找亲戚合伙，这就是家族企业盛行的道理。等到有一些信用，再把朋友的资金也吸引进来。做到企业的股票公开上市，买股票的人，不管认识不认识，从事哪一种行业，钱的来路如何，资金都涌进来了。小本生意自己投资，大本生意必须善用他人的资金，借力使力，力量才会大。

杨昌浚兴奋地向左宗棠报告，宁波道台以洋兵助战，连克数镇，特将功名簿呈上，请大人论功行赏。

左宗棠听了十分生气，痛斥用洋兵有如引狼入室，必然使主日弱而客日强，要大家离洋人远一点儿，对洋兵严加限制。胡雪岩却认为李鸿章能够靠洋人的常胜军打下上海，我们为什么不能靠洋人打下杭州？左宗棠很不高兴，胡雪岩仍然不死心。左宗棠挥手让胡雪岩下去，胡雪岩才不敢多言。

几天后，左宗棠新任闽浙总督，派人去请胡雪岩，指出那天所说的话，虽有张狂之嫌，却也不无道理，决定派胡雪岩到上海，帮助左宗棠建立一支常捷军。并且指定王将军担任统帅，一起去找李鸿章商量建军大事。这时，忽然有人大声报告，阵前投降的浙江布政使林福祥押到。左大人只说一声推出去砍了，便头也不回地走了。王将军告诉胡雪岩，这是左宗棠的必斩之律。林福祥出尔反尔，脚踏两条船，如今再哀叫，要求饶命，左宗棠也丝毫不为所动。

胡雪岩和王将军来到上海，王将军说左宗棠最恨没有骨气的人。胡雪岩趁机告诉王将军："做生意的人，只讲和气，不讲骨气。"

两人忽然听到一声惨叫，原来是人力车撞到挑行李的阿福。车上的小姐受到惊吓，胡雪岩趁机攀上关系。

王将军嘲笑胡雪岩是生意人，见了女人就眼花。胡雪岩则回说：人非草木，孰能无情？

安顿好王将军，胡雪岩去找柳成祥和谭则云。原来上海的钱庄已经装修好了，只花了不到九千两。

胡雪岩交代柳成祥到德国洋行去打听一下，现在洋枪、洋炮的行市如何，采用什么样的结账方式。然后又问柳成祥：有没有听过上海有一位玉惠小姐？同时把在街上巧遇人力车上那位玉惠小姐的过程，大概和柳成祥说明了一下。想不到柳成祥回答：玉惠不但戏唱得好，而且听说和上海的外商打得可熟呢！胡雪岩知道他所要找的，就是玉惠这种人。

智慧问答

（1）胡雪岩劝左宗棠购用洋枪洋炮，是不是想做军火生意？

胡雪岩听说洋人帮助李鸿章的部队打了胜仗，马上动脑筋建议左宗棠也依样画葫芦，找洋人来帮忙。胡雪岩这种策略，现在叫作仿冒。其实有样学样，只要学的是好样，又有什么不可以？

这套方法放到现在，就要加上一道手续，就是先查一查，李鸿章这一招有没有登记专利权？如果有的话，应该特别小心，依照专利法来办理。假如没有申请专利，大家都可以跟进并不违法。中国人的脑筋，大多会仿冒到好像没有仿冒一样，怎么会仿冒到被人家抓到？真是太不用心了，是不是？

在商言商，胡雪岩的这个建议并不是完全居于战争的需要。如他嘴巴上所说的，精忠报国，要克复杭州城，打败太平军。他心里的盘算，是找洋人打仗必须购买洋枪洋炮，而这一笔军火生意，势必非同小可。胡雪岩口是心非，嘴巴上说精忠报国，心里头想着赚军火钱，有没有罪过？是不是虚情假义或者不仁不义？没有，完全没有。商人求利，是天经地义的事情。军火也是生意，而且自古以来都是大生意。胡雪岩不做，别人也会做，说不定赚得比胡雪岩还多。生意和社会公益结合起来，负起社会责任，当然可以照样赚钱。但是，胡雪岩并没有口是心非，他两样都想到了，只是一样由嘴巴说出来，另一样放在心里头，没有说出来而已。这样做是对的，不必把那一样不必说的也说出来。做生意，能想到社会责任，就已经很不错，不必苛求。

（2）胡雪岩建议左宗棠筹组洋军，在左宗棠考虑期间，为什么坐立不安？

下属向老板提出建议，如果抱着无所谓的心情，反正我已经建议了，要不要采纳是老板的事情，用不着我操心，因为操心也没有用。这样的下属，是不可能成功的。

要注意，人是习惯的动物，被老板否决过一次以后，就经常会被老板否决。自己越没有信心，老板否决的信心就越坚定。下属应该改变自己的态度，不提议则已，提出来就要老板接受。彼此越来越有信心，事情才可能越来越顺利。不胡乱提议，一提议就要通过。这样的下属，前途光明，也容易获得老板的赏识。

胡雪岩不是左宗棠的下属，却时时把自己当作下属看待，不敢不提出建议，却又不敢乱提建议。

杨昌浚报告左宗棠，宁波道台以洋兵助威打了胜仗，请大人论功行赏。左宗棠听了非常生气，第一句话就是放肆，靠着洋兵打仗还敢邀功行赏。并且要大家离洋人远点儿，对洋兵严加限制。在这种气氛之下，一般人不是默不吭声，便是顺着左宗棠的意思讲一些奉承话，以迎合老板的心意。胡雪岩却完全相反，居然主张靠洋人打回杭州城。左宗棠不客气地说：我不是商人，不会唯利是图。一般人此时不是赶快打住，不敢再往下说，便是改口顺应左宗棠的意见。胡雪岩又刚好相反，他不但提出不同的意见，而且敢坚持，反而引起左宗棠的反思，觉得胡雪岩的话有一点儿道理。此时，胡雪岩马上适可而止，说：大人雄韬伟略，自会明断的。不管怎么样，老板的面子还是要顾的。

（3）左宗棠认为胡雪岩所言，不无张狂之嫌，也不无道理，最后指派胡雪岩到上海协力组建常捷军，是什么用意？

老板接受下属的建议，多数不会只说好话，不说坏话。因为只说好话，似乎完全赞成下属的意见，使下属认为他的建议十分完美，否则老板为什么连一句责骂的话都没有？因而得意忘形，以至于执行起来，就会粗心大意，甚至阴沟里翻船，大意失荆州，那不是太惨了吗？聪明的老板，当然不愿意看到这样的结局。所以赞成之前，先说几句不好听的话，让下属提高警觉，慎重办事，以期圆满完成任务。

左宗棠先说，昨天你说的那些话，不无张狂之嫌，告诫胡雪岩以后说话仍旧要特别小心，不要以为得到上级的信任，便可以大胆地说话。然后才说也不无道理，现在赦免你张狂之罪，要你用心办好不无道理之事。

（4）左宗棠的必杀之律是什么？为什么由王将军说出来？对胡雪岩有什么作用？

左宗棠把如此重大的责任交付给胡雪岩，他不能不提防，万一胡雪岩有变，他要怎么办？可是他又不能因为不信任胡雪岩，而不把这么重要的事情托付给他。这样也为难，那样也不是的情况，被称为两难。两难还是要办，不办解决不了问题。所以他趁着浙江布政使林福祥求见的时候，大声指责他临阵脱逃，阵前投敌之罪。中国人说话特别大声的用意，就是要其他的人都听到，以收杀鸡儆猴之效。

林福祥大声求饶，口称：“卑职该死，卑职有罪”。左宗棠毫不留情，一声“推出去砍了”，吓得林福祥大叫饶命，也无济于事。王将军追随左宗棠多年，当然很有默契，马上向胡雪岩指出：这是左宗棠的必杀之律，借着这个机会，让胡雪岩明白出尔反尔、脚踏两只船是左宗棠最痛恨的事情。违反的人，必定要杀头。左宗棠和王将军真的是心有灵犀一点通，配合得天衣无缝，恰到好处。

胡雪岩这一次要到上海，左宗棠知道他机警而善于应变，但是毕竟是初生之犊，对可能遭遇的事情还是要防而再防。同时左宗棠也是为了防止胡雪岩不小心上了他人的当，造成脚踏两只船的恶果。那时候再来杀他，岂不是太可惜？

老板事先防范，不让员工做出不利公司的事，是一种明智的方式。否则员工不慎，做出不应该做的事，老板处罚他不好，不处罚他也不好，对员工、对公司都有害无利。胡雪岩如果明白左宗棠的苦心，应该有正面的、积极的好处。

（5）做生意的人，只讲和气，不讲骨气，这是什么道理？

这句话是胡雪岩用来响应王将军的话的，意思是他了解左宗棠的用意，为人必须忠诚，不能脚踏两只船，做一个不忠不义的人。但是他毕竟是商人，并不是军人，所以没有必要也没有办法和王将军一模一样。希望王将军以后不要时时用左宗棠来压制他，也不能要求胡雪岩和他有一样的想法，处处用军人的标准来衡量他。

王将军说出左宗棠的必杀之律后，胡雪岩当然没有话讲，而且也不应该有所怀疑，也就是必须谨记在心，永不违背。王将军认为左宗棠的威势足以压制胡雪岩，所以趁机又提出左宗棠最恨没有骨气的人。胡雪岩知道时机合适，而且不可不稍微表示一下自己的看法，才能足以保护自己的安全和自由，也以轻松的口吻，简单地说：我们做生意的人只讲和气，不讲骨气。一方面替自己找盾牌，一方面也提醒王将军，要做生意，还是要遵守商界的法则和作风。

讲和气，才能和气生财；讲骨气，才能捐躯沙场。这是商人和军人最大的差异，胡雪岩想要由商界介入军界，就必须辨识得十分清楚。王将军一直在军界，对商界并不熟悉。胡雪岩趁机让他有一些了解，将来合作起来，必定更加顺利。

和气要忍，能忍得一时之气，才能求得大家的和谐。做生意的人以和为贵，所谓生意不成，交情依旧在，意思是要看得远些，想得长久些，忍耐第一。骨气要勇，只有勇敢面对一切困难，才不致阵前逃亡，对不起国家和百姓。军人打仗，以不败为目标，最重要的是勇冠三军的气概！

创业提示：信用贷款 VS 自有资金

胡雪岩的第一份工作，是在钱庄当学徒。这对胡雪岩的一生，产生莫大的影响。人最怕的，就是入错行。选错了职业，想要成功，实在非常困难。

做小生意，当然要靠自己的一点儿小本钱。做大生意，就应该想怎么才能有那么大的本钱。大企业，就是用别人的钱做出来的，要不然的话，银行、钱庄靠什么吃饭呢？用自己的钱做小生意，用别人的钱做大生意。

不用钱做生意，那就更加有本事。请看现代大企业家，哪一个不是这样的？胡雪岩的办法，是以信用贷款来代替自有资金。

以信用贷款，首先要有正确的信息，研判可能贷到款的对象。然后要有灵光的头脑，想得出对方可能接受的好点子。这时候必须配合能够打动对方的心，让他听得进去的嘴巴。眼光、头脑、口才三者结合起来，加上自己所造出来的势，信用贷款才有可能成功。

做生意主要靠信用，无论经营、管理还是个人的交往，信用第一。有信用才贷得到款，才有机会用别人的钱来赚钱。先动用信用贷款，才有机会用别人的钱来赚钱。

左宗棠向仁德钱庄借银子，要胡雪岩代购军粮，实际上也是一种信用贷款。政界、商界，有许多道理相通，所以才合得来。

信用贷款的要领是什么？这一点胡雪岩在钱庄受过良好的训练：走官场先拜宝眷，会同行先说油水。

07　用心建立关系

经商之道，最要紧在建立关系。无论筹募资金、购买原料、寻觅货源、广告销售，都离不开关系。

东西是怎么进来的？靠关系。东西是怎么出去的？也靠关系。法律是无情的，只对大家不对个人。关系则是充满人情味的，对个体远大于对众人。

中国人最喜欢也最擅长搞关系，有了关系一切都没有关系；没有关系什么事情都可能有关系。虽然说得有些夸大，却也不是空穴来风。关系够，什么话都可以直说；关系不够，什么话都不方便说。你看，相差有多远！

于公于私，都必须讲关系。所以平日应该广结善缘，用心建立关系，到时候才知道原来功效这么大。

王将军为了筹建常捷军的事求见李鸿章，在衙门口足足等了一个时辰，李鸿章开始说要接见，后来又推说租界赴会，必须剃头刮胡子，要王将军改天再来。

王德榜穿着全套官服和胡雪岩大摇大摆地走了进去。丁日昌挡驾，问他们是什么人，答说左宗棠派遣，有要事面见李大人。李鸿章听见喧闹，满脸怒气地走出来，面无表情地吩咐丁日昌，把客人带到里面去。

进了内室之后，李鸿章坐在椅子上闭目养神，丁日昌报告左宗棠有一封来信。李鸿章要他读给他听。听完之后，看着胡雪岩好奇地问：“左公怎么把这事交给胡先生这么个商人来办？胡先生又怎么看待国与商呢？”

胡雪岩不甘示弱地回答：“商人之利和国家之利是相得益彰的，朝廷允许通商，雪岩才敢。”李鸿章虽然表面上不动声色，可心里却暗叹：左宗棠手下有人才啊！等他们退下后，李鸿章又亲自把左宗棠的信拿起来，仔细看了一遍。

胡雪岩不愿意让洋炮局包揽常捷军的军火，决定自己想办法借钱。于是把脑筋动到玉惠身上，希望通过她向英国银行贷款。玉惠心想从中可以大赚一笔，答应冒险找高德立。他知道这个洋人对她有好感，常常找机会要亲近她。胡雪岩却连声阻止，表示不能让玉惠落入虎口。玉惠问胡雪岩要贷多少钱，胡雪岩故意轻描淡写地说：“五十万两。”并且说这原本是幕事机密，由于玉惠不是外人，才敢据实相告。胡雪岩发誓事成之后玉惠就不需要再落入风尘，给玉惠一片美丽的远景。

胡雪岩回来告诉柳成祥和谭则云，两人担心借这么多钱将来怎么还，胡雪岩坦诚地说：“成功了，算大家的；失败了，算我的。”说着说着玉惠竟然来了。胡雪岩把他介绍给柳成祥和谭则云，然后把藏在后院的轿子抬出来，让玉惠坐上去，由胡雪岩和柳成祥两人抬着，弄得玉惠心花怒放，觉得十分骄傲，下决心要为胡雪岩找到钱。

通过玉惠的努力，真的让胡雪岩从外商银行借到五十万两银子。胡雪岩向借来的银子下跪，口中念念有词。柳成祥和谭则云不约而同地尊称胡雪岩为东家，要他立个规矩，大家可以有所遵循。

智慧问答

（1）胡雪岩和王将军直捣租界俱乐部，要面见李鸿章，为什么要这样煞费周章?

中国人常常用避不见面来抬高自己的身价，让对方知道要见一面都十分困难，因而不敢冒犯，更不敢提出太多的要求。李鸿章听说左宗棠的部将求见，心中有数，马上料到他这一次来访的主要目的是要他帮忙筹建常捷军。要拒绝嘛，传出去不好听；要出力嘛，终究对自己不太好。所以王将军求见时，李鸿章让他在衙门口足足等了一个时辰，暗示不会给他帮什么忙。后来又说租界赴会需要剃头刮脸，改日再来，意思是和洋人打交道不简单，光凭这一点你左宗棠就比不上我李鸿章。王将军气得要死，可惜有勇无谋，想不出对策来。胡雪岩够机智，想出衙门不能进，租界总可以闯吧！就和王将军直捣租界俱乐部，利用李鸿章当着洋人的面怕闹事的心理，终于会见了李鸿章。

（2）李鸿章当着王将军的面，要丁日昌读左宗棠的信，过后却又自己拿信来看，他为什么这样做？

如果李鸿章是位听觉型的人物，只习惯用耳朵听，不喜欢用眼睛看，那倒也没有什么特别的用意。如今王将军走开以后，李鸿章又亲自把信拿起来看看，可见他并不排斥使用眼睛观看东西。纵使他不是一位视觉型的人物，也是生怕会听错了，或者根本听不清楚，甚至听不进去。他可能是一位耳清目明的聪明人，用耳朵、用眼睛都十分灵光。

既然这样，他为什么当着客人的面要丁日昌念信，而背着人家却又自己看呢？很明显的，他在摆架子，特别是在左宗棠的部将面前，不亲自看左宗棠的书信，叫旁人念，分明是看不起左宗棠的表示，同时也在向王将军表态：你家主人在我的眼中，没有太大的分量。你不可在我面前太放肆，也不必提出太多的要求，当然更不能抱有太高的希望。

俗语说得好，打狗也要看主人。谁敢打老板的狗？打老板的狗就等于打老板，一定得罪老板。反过来说，给狗难看，就是给狗的主人难堪。李鸿章给左宗棠的部将难堪，也就等于给左宗棠难堪。如果不是这样，李鸿章就会亲自把左宗棠的信接过来，很高兴地打开来，面带笑容地看下去。但是，他如果这样，就等于鼓励王将军和胡雪岩可以把他当作自己人，有话请讲，不用太客气，岂不是给自己找麻烦？而且自己的部将也可能会错意，认为李左一家人，以后不再提防，那还得了？所以才会有这么一出戏。

（3）李鸿章当面质疑胡雪岩怎么看待国与商，胡雪岩回答国家之利与商人之利相得益彰，与现代社会是不是相符合?

古代士农工商四民，分得相当清楚。士的儿子，继承为士，并不从事其他工作。到了宋太祖，将天下的利权都尽归于官，使得士大夫的生活产生困难，不得不兼务农业。农家子弟变成士大夫的概率很高。有农耕的支持，才能专心读书，以求取功名。商业发达以后，商人比农人更有钱，可以栽培子弟。所以宋以后的士大夫，大多出自商人家庭，以至于士与商的界线很不容易清楚地划分。由于商人拥有财富，许多有关社会公益的事业，也逐渐从士大夫的手中转移到商人的身上。左宗棠对于国事和商务的配合，比李鸿章开通得多。

现代社会，更是工商为重，经济发展成为治国的根本。无论外交、内政、军事、教育，都需要大量的金钱来支应，以至经贸挂帅，连总统出国，也要带着一大批生意人，才会被外国政府所重视。钱来总比炮火来更受欢迎。只要国家的利益和商人的利益相配合，不因为商人的利益而影响到国家的利益，那么两者相得益彰，应该是十分可能的事情。

读书人不一定要做官，从事农工商业照样可以报国，为国家社会，尽一份责任。现代人对商业的兴趣，往往比政治、外交还要大，因为有钱人当官，大家比较有信心，大概不会贪污；没有钱而当官，大家都很怀疑，不贪污，日子怎么过？因此由于担心害怕，而对他们失去信心。

（4）要借钱，不能不装轻松；要贷款，金额小不如金额大。胡雪岩通过玉惠贷款，又是为了什么?

借钱给人家的人，最关心的是什么？是能不能收得回来。否则借出去收不回来，岂不血本无归？债务的偿还能力，是贷款的时候，大家最注意的事情。借钱给人家的人，还有一种习惯，就是宁愿借给有钱的人，也不愿意借给穷人。原因很简单，有钱人还得起，没有钱的穷人还不起。所以越穷越需要借钱，却越借不到钱。越富有越不需要借钱，却偏偏被人家看上，常常来拜托贷款，而且贷得越多，他越高兴。天下事就是这么矛盾，让人觉得不可思议。

要借钱，就绝对不能小气。穷得连请吃饭的钱都没有，还借什么钱？请客气派，出手大方，表现得很轻松，给人以借得到借不到钱，好像无所谓的样子，钱就借到了。请客寒酸，舍不得付小费，表现得很紧张，好像等待借钱买米下锅，谁看了都会害怕，当然借不到钱。装阔借钱，才容易借得到。

贷款的金额小，大家认为这么一点儿钱都要借，可见很穷，千万不要借给他。一开口金额很大，有这种勇气的人，一定很有钱，不然谁敢借这么多钱？于是就放心借给他。

胡雪岩通过玉惠贷款，如果是为了熟人方便说话，关系够比较容易打点，那是情有可原。假定是为了借机会找玉惠，结识如花似玉的小姐，那就是自讨苦吃。嘴巴说三生有幸，心里想到此为止，那还好办。若是真的以为人财两得，又可以贷款，又可以获得美人芳心，将来的苦，一定有的受。不过聪明如胡雪岩，恐怕也难过美人关呀！

（5）谭则云、柳成祥担心贷款数额太大，胡雪岩则说明成功了是我们大家的，失败了我自己愿意承担。为什么？

胡雪岩好像有这么一个习惯，就是自己做的事情自己承担责任，这是一种成功的保证。因为没有这样的决心，不但不会用心思考，以策安全，而且容易半途而废，遇到困难就产生退却、避开或者放弃的念头，当然不可能成功。

胡雪岩在钱庄越权决定借银给湘军时，他向谭则云、柳成祥保证：没关系，二位有事，有我呢。老板追究，我担着。

决定做粮食生意时，胡雪岩对柳成祥说：你去钱庄借银子，我去闯那鬼门关。以原价抛售生死米，柳成祥担心得很，胡雪岩说：如果这次咱们败了，由我胡雪岩一个人去承担。

漕帮老大难见，胡雪岩自己去见。王将军查哨，胡雪岩自己去对付。有责任不逃避，有危险要承担，这是胡雪岩十分可爱而且非常可贵的个性。跟着他的人，相信都很喜欢。

胡雪岩认为生意场上，向来是小险小利，大险大利。敢冒大险所得到的好处才会多。最要紧的是要有眼光，看得准，以求有惊无险。万一看不准，结果会险象百出。

这一次贷款，连钱庄出身的柳成祥和谭则云都觉得金额太大，万一失败了，恐怕倾家荡产之外，还要把性命赔进去。胡雪岩为安两人的心，坦诚地说：成功了，是我们大家的；失败了，是我的。有这样的气魄，不是东家，也有了东家的气概，难怪谭则云、柳成祥明明是合伙人，却心甘情愿地称呼胡雪岩为东家，而胡雪岩也当仁不让地当起老板来了。

（6）胡雪岩向借来的巨额银票下跪，口中念念有词，他在干什么?

老实说，胡雪岩当初想用嘴巴借钱，并没有想到能够借到这么多的钱。他在钱庄工作那么多年，看到多少银子进进出出，但是从来没有同时在自己手中掌握过这么多银子。胡雪岩现在的心情，究竟是什么样的呢?

如果他很开心，开心到毫无戒惧，他就会太顺了，反而很快会掉下来。这样对他并没有好处，反而可以看出大难快要临头了。很多人有了钱以后，什么都忘记了，很快就招祸。这是非常不幸的事情，偏偏很多人都逃不出这种厄运。

胡雪岩很开心，但是他仍然十分戒惧。生怕运用得不好，将来身败名裂，岂不更加可悲?他向借来的巨额银票下跪，口中念念有词，为的是什么?为的是向自己宣誓，给自己一个警惕，务必要谨慎，特别要用心，绝对不能大意。

一个人下跪，如果用来求神保佑或者求人原谅，那就非常不值得，也没有一点点把握。胡雪岩下跪，不求神，也不求人，他是对自己的良心下跪，加重自己的信心，也增强自己的责任心。他对自己宣誓：好不容易借来这么多的钱，胡雪岩哪，你可要特别用心，好好加以经营，不要对不起自己啊!

创业提示：利益交换是经商的基本策略

经商要求顺利，必须充分利益交换。彼此互惠，双方自然乐于合作。如果是只求片面利益，除非抓住对方的把柄，施以高压，不然很难达成协议。

胡雪岩为了贷款购买洋枪洋炮，约会戏子玉惠，信誓旦旦地给玉惠以美丽的远景，希望通过利益交换，使玉惠帮助向英国银行贷款，此举可说为美男计，勾引术。

玉惠同样以利益交换，向唐廷枢买办打通关节，获得五十万两的巨额贷款，是典型的美人计。

谭则云和柳成祥担心贷款金额太大，搞不好会把自己的身家性命也赔进去。胡雪岩慨然承诺：成功了是我们大家的，失败了我个人承担。这一句话，听起来很有力，也很受用，认真深究起来，也不过是一句空话。

胡雪岩购买洋枪洋炮，侵害了丁日昌的权益。他借口私自购买枪炮是反叛罪，没收胡雪岩所购买的军火。幸亏郭大人及时赶到，以官大一级压死人的势，将丁日昌吓得抱头鼠窜而去。官场斗法，全凭权和势。

有事来让下属去顶。因为他实在缺乏同丁日昌利益交换的东西，可以说毫无办法。不躲起来只有平白受罪、受辱，反而不好。当老板的都会这一套，而且到时候都用得上。

郭大人一出现，胡雪岩也马上从暗处跑出来。他自问有条件可以和郭大人利益交换，所以斗胆站出来。

胡雪岩善于运用利益交换的策略，拉拢左宗棠作为靠山，和漕帮老大合作，通过玉惠贷得巨款。逢人就给一点儿好处，好像是利益交换的先决条件。

互利互惠，原本是合作的最佳方式，只要目标正大，利益合理，应该是很好的策略。问题是正大、合理的标准并没有公定的依据。各人的看法不同，很容易引起纷争，这是必须特别谨慎的地方。

合理的利益交换，为公的互利互惠，通常比较安全。公和私一念之差，但是结果经常有天壤之别。经商必须合乎公道，是不是很有意思？

08 彼此互相帮忙

现代人喜欢说：敬请合作。听起来富有平等的精神，大家站在同一水平线上，彼此合作。但是内心的感受，也相当平等，把它当作普遍性、一般性来处理，那些特殊性、个别性的成分，全都不见了。

聪明人知道讲求平等，就得不到特别的照顾，因此宁愿能屈能伸，说：请帮忙。同样一句话，听的人要受用得多，至少知道我在帮忙，而不是合作而已。心中充满乐意，当然格外施惠，只要尺度松动一些，已经十分方便。请人帮忙，要比敬请合作，诚意得多。

这对胡雪岩的成功，得到人家的帮忙，是一大要因。而且他能屈能伸，拿捏得恰到好处，所以大家也乐于帮忙。

玉惠借到五十万两银子，自己和毕四姐也搬过来和胡雪岩一起住。胡雪岩为了给玉惠赎身，给了戏馆四百两银子。谭则云心中不满，认为这样花费，很不值得。柳成祥比较看得开，认为也没有什么大不了。谭则云念念不忘那四百两银子，咒骂着："这女人早晚是个事儿。"

李鸿章听说胡雪岩借到了钱，大骂丁日昌办事不力，劝不动洋人。丁日昌亲自到阜康钱庄兴师问罪，胡雪岩听见丁日昌的声音，马上避入书房，让柳成祥和谭则云去应付。丁日昌威胁柳成祥：尔等私购军火，意在谋反。玉惠挺身而出，说这是左宗棠的货。丁日昌搬出洋炮局的御封，下令把在场所有军火都封了。幸好郭嵩涛大人及时赶到，胡雪岩赶紧出来见面。丁日昌害怕，带着部属落荒而逃。

胡雪岩避开兵家征战的杭州城，把生意的根基扎在经济繁荣的上海。利用外资，协助左宗棠建立装备精良的常捷军。

他想起杭州的家人，要阿宝回去一趟，看看家人和芮瑾，也到柳成祥家看看，再把谭则云的妻子接过来。

说到芮瑾，阿贵显得很高兴，好久没有表姐的消息了，心中十分挂念。但是站在门外的玉惠听见芮瑾的名字，虽然不知道是谁，却又好奇又嫉妒。等到晚上，还吃醋地问胡雪岩芮瑾是谁。

柳成祥和谭则云看到胡雪岩在生意扩大的好时机，居然能如此体贴下属，而且连家人都照顾，不禁感动得泪都快流下来了。

胡雪岩豪言壮语地说："只要我能办到的，我就不能亏待了大家。"听得柳成祥和谭则云又是深为感动。

胡雪岩交代阿贵带一船好米回杭州，而且明说要送给太平军。柳成祥不知道胡雪岩为什么要冒这种险。

毕四姐抱怨胡雪岩什么人都想到了，单单没有想到玉惠的老娘，气得玉惠一转身就到房间去了。

智慧问答

（1）谭则云和柳成祥两人在背后议论胡雪岩，是不是正常的现象？

我们最好认定，这是一种正常的现象。如果谭则云和柳成祥不敢在胡雪岩背后议论他，不是胡雪岩过分霸道，凶狠到没有人敢在背后议论，便是谭则云和柳成祥已经到了貌合神离、各怀鬼胎的笑里藏刀的局面，这些对事业的发展，都没有好处。

谭则云首先发难，说为了一个女人，给了戏馆四百两银子，意思是稍微有钱就乱花费，这样下去还得了吗？柳成祥回答说：要是和那借来的五十万两比起来，并不算多。

谭则云说胡雪岩被任老板辞退的时候，任老板赌气说，要想成自己的气候，就得自己去打柜台，真的让他说准了。柳成祥的说法就不一样：我看他就是比咱们强，不服不行。

同样和胡雪岩一起做事，谭则云只不过把胡雪岩当作工作上的老板，就像过去追随任老板一样。谭则云对待胡雪岩恭敬小心，并没有把胡雪岩当作难得的老板。柳成祥就不一样，他对胡雪岩不仅仅是下属对老板的感情，也不仅仅是邻居加上老朋友的友谊，他把胡雪岩当作工作上的导师，这一点非常难得。

谭则云说柳成祥是开山老祖，没有柳成祥去借钱，胡雪岩怎么会有今天？柳成祥赶快说：还提当初干什么？从这一点更加可以看出两人不同的心情，可惜胡雪岩不清楚这些事情，不知道两人的议论。

（2）谭则云看出玉惠搬进阜康钱庄迟早会出事，胡雪岩为什么看不出来?

工作场所，是工作的地方，和居家的住处，最好有所区隔。因为工作场所，原则上只容许和工作有关的人员活动，大家有共同的认知，也有共同的工作经验，对事情的看法相当一致，不容易出现错误的研判，发出不正确的讯息。如果住家和工作场所混杂在一起，某些对工作不熟悉的人，很容易由于一知半解、断章取义或者缺乏经验，有意无意地导致若干误解，产生传言甚至于谣言，弄得士气低落，误会丛生。

谭则云看到胡雪岩把玉惠接进阜康钱庄，马上预感到：这女人哪，早晚是个事儿！可是胡雪岩聪明一世，却糊涂一时，居然看不出来。大凡一个人在最得意的时候，必须特别小心，因为灾祸的种子，可能悄悄地种下去了。所谓祸福无门，祸福相依，就是说有祸的地方就有福，有福的地方就有祸。他如果和玉惠只保持工作上的联系，付给她合理甚至稍微优厚的待遇，却不和她扯上感情上的纠缠，也不让她住在自己的事业体里面，可以减少许多无谓的困扰。可惜胡雪岩初到上海，事情也特别顺利，高兴得不能更深一层去考虑这一方面的事情。谭则云、柳成祥都不方便劝阻，所以种下了祸根。

（3）丁日昌来阜康钱庄兴师问罪，胡雪岩为什么反而躲起来？

胡雪岩一向敢作敢当，从来一人做事一人当，不逃避困难，也不临阵脱逃。为什么这一次丁日昌来访，胡雪岩却一反常态地要柳成祥去抵挡，自己躲起来，和一般人一样，用说“我不在”来避而不见面？胡雪岩这种作风，和任老板有什么不同？简直一模一样，这又该怎么解释？

虚拟一下，胡雪岩跑出去迎接丁日昌，结果会怎样？丁日昌如果不分青红皂白，当场把胡雪岩扣押起来，以私自买卖军火论罪。左宗棠鞭长莫及，远水救不了近火，等到想出办法来搭救，恐怕为时已晚，岂不造成很大的遗憾？

说胡雪岩不在，丁日昌当然不会相信，这么大的事情他不在？一定是躲起来了！可见中国人都很灵光，蒙不了什么人的。玉惠什么身份都没有，反倒好说话，她说：这些东西是浙江巡抚左宗棠左大人的货。丁日昌哪里不知道，他只是存心找茬儿。柳成祥趁机鼓起勇气，问丁日昌凭什么来查问。

胡雪岩不轻易现身，看看事情怎么演变，再做打算。中国人主张能拖就拖，并不完全是坏主意。有办法，当机立断；没办法，能拖就拖。还有时间，再拖一下；时间已到，这才当机立断。

（4）郭大人及时赶到阜康钱庄，丁日昌完全变成另一种脸孔，是不是官大一级压死人呢？

对一般民众来说，现官不如现管。管得到才算数，管不到官再大也没有用。但是同样是政界人士，那就不一样了。官大一级压死人，只要官位比较高，就威风凛凛，就不怕官职较低的人不低头。丁日昌刚刚还神气活现，郭大人一出现，他就矮了一大截，赶忙打躬作揖，拜见郭大人。

中国人的规矩是大家都依法办理。不过这个法，是有弹性的，可大可小。越基层，法的弹性越小；越高阶层，法的弹性越大。往往基层人员说依法不可行，高阶人士却认为同样依法，可以行得通。一句死脑筋、不会变通，便把基层的决定给否决掉了。官阶高，弹性大，当然认为基层人员死脑筋，而基层人员，也没有什么话说，挨骂就是。

还有更妙的，是高阶认为合法，却要基层来负责任。因为高阶往往口头指示，无凭无据。造成事实之后，如果效果良好，果然脑筋好，随时变通。一旦效果不良，甚至产生弊端，上级就把责任往下推。反正口说无凭，死不承认。部属又有什么办法？这种情况，自古迄今，似乎都在流行。官大一级压死人，在这种情况下，显得人人都不服气。

我们让高阶主管拥有较大的弹性，是希望把事情调节得合理。所以高阶有权改变，但是必须负起责任。而且要有把握，每次调整都更加合理。这样，部属才会口服心服，并且热心配合上级的调整，把事情做得更好。官大一级压死人，压得合理，才是正常的运作。

（5）郭大人一出现，胡雪岩立即露面，会不会更加得罪丁日昌？

胡雪岩躲在里面，并不是逃避责任。因为再怎么说，他是东家，必须负起全部责任。他又是一位勇于负责的人，面对应该负的责任，他不但逃避不了，而且也不想逃避。他之所以躲在里面是在等待转机。

玉惠的话改变不了丁日昌的行动。意思是让胡雪岩知道，这时候搬出左宗棠来并无功效。柳成祥的质疑，丁日昌胸有成竹。让胡雪岩知道，丁日昌有备而来，不会轻易改变心意。种种方法的尝试，都在警告胡雪岩，这一回事态严重，非同寻常。他唯一的希望，便是祈求贵人早日出现，救星快一点儿光临。在这种热切的期盼中，郭大人出现了。不管有没有效果，这是唯一的希望。胡雪岩迫不及待，赶快出现，顾不得刚才跟丁日昌说过，自己不在家。反正不是自己亲自说的，可以推说柳成祥不知道自己在里面，才这样说的。老实讲，丁日昌怎样想，这个时候的胡雪岩已经管不了那么多了。赶紧走出来，说：拜见郭大人。郭大人一句左宗棠所派之士岂能与小人同拜，丁日昌当然听得明白。再一句：狗眼看人低，耍威风耍错了地方，让丁日昌锐气尽失，果真有如丧家之犬。随着郭大人一声滚，只好一肚子委屈地滚了出去。

胡雪岩的危机，由于贵人的临门，而立即化解，谁说不是有人好办事呢？这种情形，到今天仍然比比皆是。

（6）胡雪岩派阿宝回杭州接谭则云妻室，为什么不考虑柳成祥的家人呢？这样做可能产生什么后果？

谭则云的职责，是管钱的钱柜，按理说必须常驻上海。他只身来沪，妻子远在杭州。胡雪岩自己有玉惠做伴，两相比较，未免不近人情。胡雪岩将心比心，要阿宝回杭州的时候，顺便把谭则云的妻子阿莲嫂带到上海来和谭则云团聚。胡雪岩的这种决定，是安定下属的心，安定下属生活的措施，十分人性化。相信谭则云的内心，会感觉到无比的温暖。

胡雪岩看看自己，想想谭则云，这种推己及人的心情，是老板照顾下属的最佳方式。那么，柳成祥又如何呢？为什么胡雪岩只想到谭则云，却不同时顾及柳成祥呢？是不是胡雪岩偏心，或者考虑得不周到，才会发生这种顾此失彼的差错？

柳成祥的主要职责，在总管各地事务联系，不可能固定待在上海，把家搬到上海和住在杭州，基本上差不多。再说，柳成祥的小舅子苏晃是太平军首领之一，照顾柳成祥的妻子，顺便也会照顾胡雪岩的母亲和妻子。因此，胡雪岩才没有交代阿宝把柳成祥的妻子也带到上海来。就算胡雪岩开口，相信柳成祥也会反对。

胡雪岩以个别状况来处理家室问题，做出不同的决定，原本是正确的态度。可惜他只知道他很公正，很合理，却没有想到谭则云和柳成祥能不能体谅他的用心，接不接受他的安排，将来会不会因此而导致柳成祥和谭则云两人之间的不平。

各位朋友，若您是胡雪岩，在这种事情的处理上，有何打算？有哪些思考点？又可能产生哪些后果呢？

创业提示：互利互惠 VS 互相利用

本来互利互惠和互相利用的差别相当模糊，不容易说得清楚。大概我们高兴时，说得动听一些，就称为互利互惠；一旦发起脾气，情绪不好时，那就说得难听，不是互相利用，是什么？

中国人的事情，其实也很简单。心里头认为互利互惠，自然就真的互利互惠。心中念着互相利用，果真变成互相利用。心想事成，一点儿也假不了。

胡雪岩对左宗棠，一心一意互利互惠，丝毫不敢有互相利用的念头。可是胡雪岩对李鸿章，却是心存互相利用的想法，不敢有互利互惠的奢望。

人与人之间的关系，就是这么奥妙。都是一面之缘，但是所结的缘有厚有薄。有互利互惠的缘，也就有互相利用的缘。一念之差，效果大不相同。但是内心的感受，则有如寒天饮冰水，点滴在心头，非常清楚。

我们相信，存心互利互惠，比较容易产生良好的结果。双方互相利用，到头来往往反目成仇，演变成互相残害，结果是两败俱伤，悔不当初。

胡雪岩的成功之道，就是把自己和柳成祥、谭则云紧紧地绑在一起，互利互惠。同时也将自己的从商事业和左宗棠的军事生涯紧密地连在一起，不管左宗棠怎么想，胡雪岩总是朝着互惠互利的方向去努力。

一生当中，能够找到几个志同道合的朋友？大家互利互惠而不互相利用，就已经奠定了良好的成功基础。如果还能够找到坚实有力的靠山，把自己和靠山紧紧绑在一起，成功的机会更大。胡雪岩在这一方面的成就，实在不容易，也可以说十分幸运。

09　随时都在押宝

有人说：人生就是赌博。这一句话从功能上看，并不正确。因为赌博只想赢钱，而人生在赢钱之外，还想要得更多。从性质上看，果然一样，都是十赌九输，而且人人有希望，个个没把握。

在创业的过程中，胡雪岩随时都在押宝。只要有一次押错了，他的人生就很可能完全改观。幸好他每押必对，掀开来都是宝。虽然辛苦得很，却也快乐无穷。

一连串地押对宝，使胡雪岩由一个失业的穷人，摇身一变，成为柳成祥所说的心里也会发毛的大老板。胡雪岩没有一般暴发户的轻浮、自大与浅薄，已经很不容易了。也难怪他看起来，越来越专横，越来越跋扈！

胡雪岩和阿贵在室内商量回杭州的事宜，不料玉惠站在门外听得一清二楚。凭空出现芮瑾的名字，引起说不出来的妒意。听来听去，又让毕四姐听出什么人都想到了，就是没有想到玉惠老娘，这使玉惠既伤心又生气。

晚上的时候，胡雪岩想通过玉惠去找唐廷枢，再从唐廷枢的口中打听李鸿章最近在想些什么。胡雪岩知道李鸿章和左宗棠的斗争，因此不愿意把所有鸡蛋都放在一个篮子里。伺机拉拢李鸿章，争取一些好感，至少可以降低风险。这时候胡雪岩想起玉惠的家人，便要她明天上街，买一些稀罕的东西，等阿贵去杭州时，给家人带去。

阿贵的一船白米，原本要运回杭州给家人食用，半路上被丁日昌的手下拦下来。胡雪岩十分担心家人断粮，柳成祥劝胡雪岩想开些，谭则云认为白白丢了一船粮食，又想起那四百两银子，忍不住又抱怨起来。柳成祥十分体谅胡雪岩，说：放在谁身上，也难免如此。才混了这么一段时间，就变成了大老板，他心里也发毛呀！

唐廷枢透露李鸿章最近要与洋人商议朝廷购买铁厂机器的付款事宜，玉惠告知胡雪岩，胡雪岩立即提前一步，向洋人预付订金五万两。李鸿章发现此事，非常生气。回到府邸之后，立刻叫丁日昌过来，责问既有此事为何不报。丁日昌也是一头雾水，更加痛恨胡雪岩。

李鸿章感慨“左宗棠用人，决不容无用之徒”，责备丁日昌不学无术，私闯钱庄，若不是郭嵩涛大人从中阻拦，一旦朝廷怪罪下来，还有脑袋吗？接着又说：“我淮军多为能征善战之将，竟没有胡雪岩这样懂得商道的人。”丁日昌对胡雪岩，自然更加不满。

李鸿章传令，让张树声帮助左宗棠的人，把常捷军建起来。丁日昌连忙阻止，认为帮助建立常捷军，岂不等于为虎添翼？李鸿章反问丁日昌：“拆胡雪岩的台就真聪明？”然后又说：“你不帮，他也要建。左宗棠的势力日强，倒不如成其好事。”

智慧问答

（1）胡雪岩利用玉惠向唐廷枢打听李鸿章的消息，美人计加上情报战，这样做合适吗？

胡雪岩对玉惠的感情，一开始就不纯真。他们既不是青梅竹马，也不是亲戚、朋友。胡雪岩到上海之前，为了找门路，建立人际关系，早就有心找一位花女，因为交际花的人脉广，跟许多政要富商很容易攀上交情。没想到这么巧，刚到上海就碰上玉惠。事先不知身份，事后又知道是杭州老乡，于是一拍即合，感情发展得十分迅速。

这种掺杂着利害关系的感情，本来就不单纯，要玉惠向唐廷枢接洽贷款事宜，只是其中的一项关系。现在要玉惠向唐廷枢打听李鸿章的消息，也不过是其中另一项关系。美人计是常用的计策，谁叫唐廷枢总是见到玉惠就色眯眯的？

对于这么会搞情报的中国人，要想保守秘密，实在非常不容易。一下子就漏了风声，还找不出是什么人泄密的。胡雪岩利用玉惠向唐廷枢打听李鸿章的消息，这种方式，李鸿章岂不是防不胜防？美人计加上情报战，就做生意的角度来看，并没有什么不好。只要不害人，不谋财害命，这样做并无不可。

（2）胡雪岩发现玉惠知道芮瑾的事情，为什么还不能够提高警觉，进一步做好防备内情外泄的工作呢？

我们已经分析过，住家和工作场所混在一起，会引起许多是非，增加很多困扰。胡雪岩在屋子里对阿宝说话，怎料到玉惠在外面听得一清二楚。好在玉惠是个直肠子的人，晚上就忍不住询问胡雪岩：那个芮瑾又是谁呀？胡雪岩紧追着问：你怎么知道她的？谁告诉你的？却没有因此而提高警觉，并做出具有预防性的改进措施。聪明的胡雪岩，为什么会这样呢？他不是很机灵吗？难道不知道防备吗？

大概每一个人，都有他致命的缺点，不过各不相同而已。例如甲的致命缺点在贪杯，有酒必喝，每喝必醉。我们可以断定，甲将来死在酗酒上的概率非常大。乙的致命缺点在好赌，什么东西，都可以拿出来做赌注。我们也可以推测，乙将来会把自己的性命都赌掉，乃是十分可能的结局。胡雪岩再怎么机灵、聪明、有才干，他仍然是人而不是神。而只要是人，就一定有他致命的缺点。那么，胡雪岩的致命缺点在哪里呢？至少到目前为止，我们稍微看出一点，那就是：对异性的感情，警觉性比较低。

虽然说胡雪岩风流而不下流，而且对原配妻子，始终给予应有的地位，并没有始乱终弃的卑劣行为，但是胡雪岩对异性朋友的感情，显然防范得不够。

（3）胡雪岩家里吃太平军的粮食，是不是真的商人无祖国呢？对胡雪岩可能产生什么影响？

胡雪岩家里吃太平军的粮食，和商人有没有祖国丝毫关系都没有。柳成祥的妻子有一位兄弟在太平军当头目，时常以粮食接济柳成祥的家人。这是亲戚关系，亲人理应如此。柳成祥的妻子，由于柳成祥和胡雪岩的交情，彼此又是邻居，也常常接济胡雪岩的家人。这是朋友、同事、邻居多重关系，原本应该这样。和商人有没有祖国，扯不上关系。

太平军起事时，不过万人。但是攻下南京时，已经有百万人之多。他们对一般老百姓，宣传拜上帝会教义，解决民众的生活。对知识分子，则鼓吹民族大义，报仇雪耻。加入太平天国的人，一律采用军事组织。而且纪律严明，战斗也很勇猛。

刚开始的时候，英国、美国还把它当作新兴的革命运动。后来越来越变质，内部纷争四起，外国人才改变态度，来帮助满清政府攻打太平军。至于一般老百姓，看到太平军的西方宗教性质太浓厚，违背传统文化，大多不敢接近。但是在改善生活方面，由于实际的需要，多数欣然接受，不可能加以拒绝。至于胡雪岩的家人，更是间接来自柳成祥的妻子，只有感谢，没有其他的联想。

胡雪岩呢？心理上当然对太平军有一些感激，至少不会深恶痛绝。因为胡雪岩自己在外奋斗，无法照顾母亲、妻子，难免觉得内疚。听说母亲、妻子，间接接受太平军的接济，所以在胡雪岩的心中，太平军的分量，其实并不在官兵之下，而这种心理，和商人无祖国并没有关系。

（4）谭则云和柳成祥，背后议论胡雪岩，胡雪岩的问题出在哪里？

胡雪岩要阿宝送一船粮食回杭州，结果被丁日昌派人扣押。谭则云去求见郭大人，郭大人下令把粮食没收掉。谭则云很不甘心，向柳成祥发牢骚，说：白白丢了一船粮食，还搭进去四百两银子。柳成祥从来没有说过这么难听的话，现在竟然也说：这才混了多长时间，就变成了大老板了，他心里也发毛啊！意思是发迹得太快了，免不了不把钱当钱，爱怎么花就怎么花，好像是暴发户似的。

实际上胡雪岩并不是这样，他一心惦念着家里断粮的事，怕家人熬不住，这才要阿宝顺便运一船米回家。按理说给家人送粮食，用不着这么多的量。但是胡雪岩心想，阿宝怎么可能直接把米送到家？不如让太平军半途拦截，送给太平军，苏晃还可以偷偷地接济柳成祥的家人，间接也分一些给其他两家人。可惜他没有把他的设想和柳成祥、谭则云说明，才会引起两人的不满。但是柳成祥也应该把两人的想法反映给胡雪岩，让胡雪岩有机会澄清，用沟通来促进彼此的了解。

三个人是老同事，没错。不过以前做事的层次差不多，大家的看法不致相差太远。现在呢？三个人的层次逐渐拉开，距离不断拉大，如果不经常通过沟通，互相加强了解，势必越来越不能配合。企业成长太过迅速，大家忙于工作，没有充分的时间沟通，常常会产生这种脱节的现象，这是企业主持人必须特别注意防范的事情。胡雪岩太忙了，柳成祥太客气了，有话不便说。谭则云太小心眼儿了，一直往小缝里面钻。三个人的交情再够，也防不了各有所思。

（5）胡雪岩代李鸿章预付订金，这是为什么？对胡雪岩有什么好处，又有什么坏处？

胡雪岩明知李鸿章和左宗棠是对头，却依然代李鸿章预付订金，因为胡雪岩经过这番折磨，已经充分认识到：谁有办法就要依靠谁。他向柳成祥说：我们不能在一棵树上吊死。这一句话和现在我们常说的不要把所有的鸡蛋全放在同一个篮子里，是完全一样的。他又说：在上海谋事，有奶便是娘，因为生意场上没有固定的朋友。这一句话，到现在还是一样。利害关系一改变，朋友变敌人，敌人变朋友，那是常有的事，谁也料不定的。现在靠左宗棠，说不定以后还要靠李鸿章呢！趁这个时候，代李鸿章预付订金，拉拉关系，将来也好有个照应。可是李鸿章不领情，要丁日昌立即将此款退还。

但是胡雪岩代付订金的举动，对李鸿章也产生了若干影响。他决定让张树声帮助左宗棠的人把常捷军建起来，这一举动连丁日昌都吓一大跳，连忙请问李大人，帮他们组建常捷军，岂不等于为虎添翼？李大人说：左宗棠势力日强，倒不如成其好事。李鸿章的眼光，当然比丁日昌远得多。看到左宗棠有胡雪岩这样懂得为商之道的人，而自己的下属中却没有脑筋动得这么快的人。看来，只有先应付应付再说比较妥当。他交代丁日昌好好读点儿书，动动脑子，不料却增加了丁日昌对胡雪岩的怀恨，下定决心，总有一天要胡雪岩好看。胡雪岩预付订金，一方面得到李大人的协助，一方面又惹得丁日昌怀恨在心，得失都有，难以两全呀！

（6）李鸿章责骂丁日昌无用，却又仍然重用他，这是什么缘故？

全世界的管理发展到最后，都是心腹知己的管理。企业的规模很小，自己就可以完全照顾，这时候当然由自己管理，不必假手他人。企业的规模扩大以后，事情越来越多，完全事必躬亲，靠自己一个人掌管，势必忙不过来。这时候就必须寻找可靠的人，来协助自己。这些可靠的心腹知己，形成一个管理阶层，我们称之为“班底”。

李鸿章和丁日昌的关系，并不是单纯的上下级而已。他们彼此信任，李鸿章再怎么责骂，丁日昌都逆来顺受。如果不能做到这种地步，怎么能够把他当作亲信来看待，什么话都对他说，什么机密的事情都放心地交给他办呢？

古人有“一朝天子一朝臣”的说法，实在是自己带上来的人才可靠，不得不这样呀！李鸿章把丁日昌换掉，用一个新人，他会不会更加担心，这个新人可靠到什么程度，比丁日昌好到哪里去？丁日昌再坏，李鸿章都能充分控制，放心用他就是。当今多少大老板，跟前的人老是那几个熟脸孔。为什么？用久了，摸透了，放心。

人是老的好，东西是新的好。老人有什么缺失，有什么短处，老板已经知道得一清二楚，再坏也就是这样。新人呢？不知道会变出什么花样来，掌控不住，当然不敢重用。

丁日昌愚笨得很，看起来就像一个军阀，可是他对李鸿章忠心耿耿，绝对没有二心，而且怎么骂都受得了，李鸿章不继续重用他，用谁呢？

（7）李鸿章表明要协建常捷军，丁日昌不明白他的用意，李鸿章趁机沟通，是不是一种好办法？

李鸿章原本不想帮助左宗棠组建常捷军，后来看见胡雪岩这么能干，打通各种通道，想阻挠也阻挠不了，心想不如卖个顺水人情，将来见面好说话，而且明处协助，暗地斗争，左宗棠也不会过于提防。打定主意之后，交代左右传话下去，要协助左宗棠建立常捷军。这种重大的改变，是合理的随机应变。对左宗棠固然有利，但对李鸿章自己，也有相当的好处。至少传扬出去，可以显得李大人为国为民，不计私人的利益，不做卡位的争夺。

丁日昌搞不懂，李鸿章趁机沟通。不但让丁日昌扩大视野增强思考能力，而且能促进彼此之间的了解，拉近两人之间的距离。对今后工作上的配合，有很大的好处。

反过来看，胡雪岩和柳成祥、谭则云之间，就是缺乏这样子的沟通。胡雪岩越升越高，而柳成祥稍有长进，谭则云却仍然在原地踏步。这样下去，三个人之间的互信互谅，可能越来越有问题，很不容易维持原有的情况。

见微知著，是企业经营者十分重要的修养。看到任何风吹草动，都不可以大意放过，必须用心考察，细心思量，并且设法防患于未然。只有做好未雨绸缪的工作，才能够在事态尚未严重、情况尚未恶化之前，加以防止。

胡雪岩有这种素养，可惜他对柳成祥和谭则云太信任了。从小一起长大的，多少年的同事，一起吃苦熬过来的，还有什么话讲？就这一念之差，使他忽略了一些重大的事情。

创业提示：押对宝自然一本万利

依经营的角度来看，做生意先要市场调查，获得正确的讯息，掌握顾客的需求，做好妥善的计划，然后才一步一步付诸实施。

然而，环境不断变化，人事也有更替，变量很多。最后能不能达到预期的成果，恐怕谁也没有太大的把握。所以经商和赌博差不多，押对了宝，一切预测、筹划、配合、应变，都显得可圈可点。万一押错了，那就什么都不对了。事后诸葛亮多得很，真正能够未卜先知的人实在很少，就是这个道理。

每一次合作，都是一次赌博。胡雪岩的个性，不喜欢小赌，却喜欢豪赌。柳成祥和谭则云，没有这种勇气，只好放弃共同创业的股东身份，低声下气地尊称胡雪岩为东家，他们自知赔不起，也就是不敢下这么大的赌注。

眼光准确，叫作押对宝。由预测到计划，从执行到考核，其实都需要眼光，及时反应到合理的地步。

10　勇敢面对挑战

吃得苦中苦，方为人上人。一个人想要出人头地，必须不畏艰难、不怕吃苦。但是，更要紧的，不是硬碰硬去闯，或者仿效苦行僧的做法，以吃苦为乐。反而要多动脑筋，想出可行的良策，以求化解，达到苦尽甘来的那一天，勇敢面对挑战的成果，才能够出现。

杭州城内绝粮，街道堆满了尸体来不及掩埋。城外清军的营地大多被太平军攻破，只剩下曾得胜这一营，仍然屹立不倒。

浙江巡抚王有龄上吊自杀。胡雪岩的家人躲在竹林内，粮食都靠苏环和芮瑾的接济，难免埋怨胡雪岩。

常捷军和太平军决战之日，胡雪岩显得十分不安。他一生的成败，都决定在这一战役上面。

胡雪岩坐立不安，干脆跑到左宗棠的军营，想亲自问清楚前方的情况。守卫挡驾，说大帅正忙着。

胡雪岩不得晋见，只好在帐外徘徊。忽然听见帐内传出一阵嬉笑声。胡雪岩不顾一切，冲了进去。

原来左宗棠正在和士兵下棋聊天，胡雪岩赶紧禀告：“大人，小的一切可全仰赖您了。”

左宗棠叫胡雪岩陪他下棋，胡雪岩无奈，只好遵命。看见左宗棠气定神闲的样子，自己却是心思纷乱，完全定不下来。

杨昌浚满身是血，冲进来大喊：杭州城破了！

左宗棠下令更衣，进城，一副胜利者的模样。

杭州城内民众夹道欢呼，欢迎左宗棠进城。胡雪岩赶紧回家探望，妻子惊讶他终于回来了，母亲则低头不语，看都不看胡雪岩一眼。

胡雪岩蹲在母亲前面，把头靠近，说："娘，您看孩儿是不是老了？"胡母不禁笑了起来，又恢复了一家人的笑谈。

杭州城的太平军伤亡惨重，苏晃也被洋枪打死。苏环十分不能谅解，芮瑾也不理会胡雪岩。胡雪岩却说没有他，会死更多人。但是他的内心，仍然十分愧疚。他决定放手一搏，要求左宗棠答应他，为亡者义葬。左宗棠同意，胡雪岩办了一场规模很大的义葬。其中送葬的队伍包括三支旗队、三支乐队。还有高达数丈的白幡。芮瑾披麻陪着苏环，为苏晃致哀。

王德榜看见胡雪岩明目张胆地替太平军举办这么隆重的丧事，显然是敌我不分。向左宗棠告发，大帅却认为没有什么值得大惊小怪的。

左宗棠原本送一把扇子给胡雪岩，后来被芮瑾送进当铺。幸亏王有龄把它赎回来，辗转交回到左宗棠手中。左宗棠想想，还是把它送给胡雪岩，留作纪念。

智慧问答

（1）杭州大捷，对胡雪岩有什么重大的意义？

胡雪岩第一次冒险，是把买进来的米，以平价售出，他成功地平抑了米价，顺利地购买了预订要收购的粮食。第二次冒险，是把原本要运给太平军的粮食，献给左宗棠的湘军，结果获得左宗棠的赏识和信任，把采购军粮的重大责任交付给他。这一次杭州大战，湘军能不能打败太平军，是胡雪岩的第三次冒险，他把全部财力及债款完全投在常捷军上面。如果湘军打了败仗，胡雪岩的所有财产，就要完全泡汤。所以杭州战役，是胡雪岩命运的转折点。

胡雪岩提心吊胆，紧张得连水都喝不下。他要阿宝去打听前线的消息，柳成祥则担心万一攻不下杭州城来，那就血本无归了。胡雪岩一方面说这一次赌的是我们两家的身家性命，一方面则坚定地说：第一次做生意不能败。

这哪里是第一次做生意，分明不是。但是胡雪岩这样说，可见他把每一次都当作前所未有的第一次，这是非常高明的态度，不致因为已经有了那么多次的经验而掉以轻心。第一次，非慎重不可。第一次对自己而言，不能失败。这种自我激励，才是保证成功的最佳方式。

胡雪岩越等越紧张，越想越不对。干脆自己奋不顾身，直奔前线而去，想自己去看个究竟。尽管柳成祥大喊前边危险，仍然阻止不了胡雪岩。这个战役，湘军大捷。胡雪岩的冒险，终于顺利过关。由此可见他的前途一片光明。他的事业成功，更是一切在自己的手掌中。杭州大捷，胡雪岩成功了。三次冒险，毕竟是值得的，有眼光，有魄力。

（2）前线战争惨烈，统帅左宗棠却坐在营中下棋，这是什么道理？

会当老板的人，由于知人善任，把所有工作都合理地分配妥当，指派给合适的人员去处理了，所以自己无所事事。

胡雪岩紧张得要命，要晋见左宗棠。卫兵挡驾，硬是说左宗棠有要事。有人可能会问，卫兵为什么要骗胡雪岩呢？大家想想看，他不这么讲，难道说左宗棠闲得没事干，正在下棋打发时间吗？将军下棋，也是重要的事呀！

左宗棠远远瞧见胡雪岩，反而主动招呼他：胡先生你来，你来。胡雪岩以为左宗棠要告诉他打仗的情况，左宗棠却一句话也不提，只叫他坐下来跟他下这盘残局。胡雪岩无奈地回答：我们的身家性命全押在这一仗上面了。意思是在这种生死存亡的紧要关头，怎么还有心下棋呢？

将军出生入死，早已把生死置之度外，打仗还有不死人的？正在这个时候，杨将军来报：大帅，杭州城攻下来了。胡雪岩如释重负，大喜过望，赶紧说：这盘棋您赢了，您赢了！实际上胡雪岩的心里大喊：我赢了，我赢了！

左宗棠笃定得很，不愧是大将。不慌不忙，不喜形于色，只是从容不迫地下令：更衣，进城！这种定力，才显出大将风范。大企业家、大政治家，都应该如此。

（3）胡雪岩回家，母亲百感交集，胡雪岩如何化解？让母亲破涕为笑，是不是证明胡雪岩确实有一套？

胡雪岩的母亲在战争期间，几乎熬不过去，几次想到可能再也见不到胡雪岩了。如今胡雪岩回家，母亲真是悲喜交集。悲的是胡雪岩如此不孝，竟然在母亲最困苦的时候，家里最需要的时候，不知道跑到哪里去了，连个音信都没有。这样的儿子实在靠不住。喜的是战争过后，合家团圆，一家人又聚集在一起，实在是皇天保佑，祖宗有灵。

胡雪岩回来，母亲一肚子怨气，不理会他。胡雪岩不说母亲如何如何，反说：娘啊，你看我是不是老了？把自己当作小孩子一般，引起慈母的疼爱，终于使母亲破涕为笑。

一般人一回到家里，都是大声叫喊我发财了。做母亲的是会高兴呢，还是更加生气？一说起发财，总喜欢说自己奋斗得来，却不知道后果会怎么样。我们做一番比较之后，不难发觉胡雪岩在讨人欢心方面，有其独到的地方，与众不同。

胡雪岩并没有解释，自己在外也十分辛苦，心里也时常惦念着家人。因为说这些话有什么用？不过希望减少自己的罪过罢了。胡雪岩把自己当作小孩子，希望母亲原谅他少不更事，母亲还能计较什么呢？母爱的伟大，不就是这样？

（4）胡雪岩为亡灵义葬，是不是负起社会责任的表现？幸亏左宗棠开明，否则误会难解，是不是？

胡雪岩知道苏晃接济他的家人，不管直接间接，总是十分感激。他看见苏晃被洋枪杀死，不管直接间接，总是良心有不安。因此想借义葬亡灵来答谢苏晃，也借此安慰苏晃的亲人。

他毫不隐瞒地报告左宗棠：小人的家眷在杭州被困之时，也曾有朋友相帮，现在这些朋友有的战死街巷，有的曝尸日下，所以为了安顿亡灵，请准予义葬。左宗棠十分开明，回答说：生前作乱，贻害无穷；死后安葬，人之常情。中国人主张人死为大，不必再计较生前的种种，也是一种希望平息纠纷，不要再冤冤相报的意思。

胡雪岩的这种举动，很有可能引起误会。因为两军交战，互为敌人，哪里有为敌人义葬的道理？但是如果胡雪岩不做，就没有人敢做。这些亡灵的亲友，就会把怨恨深埋在心里，对社会的安宁、民众的和谐，都会产生负面的影响。

胡雪岩向左宗棠提议此事，事实上也是一种冒险。好在刚刚大捷，左大人心情喜悦。而胡雪岩功在湘军，由他提出，左宗棠比较容易接受。胡雪岩是为了平息怨恨，为社会上尽一些责任。左宗棠很欣赏胡雪岩在经商赚钱之外，还有这样的心思。同时也觉得亡灵无辜，大部分是环境所造成的。因而动了慈悲之心，所以满口答应：此事由你去办。

左宗棠原本就有救济灾民难众的想法，现在胡雪岩提出义葬亡灵，不过是扩大范围的一种做法。胡雪岩提出的时机，十分合适。

（5）左宗棠一再把扇子赠送给胡雪岩，有什么用意？

左宗棠从敌将李世贤手中获得一把扇子，心想这种胜利品，应该送给对战争有功劳的人。于是他想起在仁德钱庄越权出借银子，结果被任老板开革的胡雪岩。所以他特意派王德榜将军转赠，以表示敬意。无奈王将军找不到胡雪岩，只找到了芮瑾。

他把扇子交给芮瑾，要她转告胡雪岩，三天之内拿着这把扇子，到杭州巡抚大堂回话。

芮瑾为了拼凑资金，帮助胡雪岩做粮食生意，竟然把扇子送进当铺。幸亏王有龄又把它赎回来，辗转又回到左宗棠手中。现在由左宗棠当面赠送给胡雪岩，更加有意义。

左宗棠一向认为养口体不如养心志，他十分廉洁。不想用金钱来酬谢胡雪岩的义举，所以用扇子来表达心意，十分高雅，可以看出左宗棠的风格。

人际关系当中，送礼是一件大事，而且也是一件难事。千万不要认为有钱就可以办好送礼这件事情，实际上不送还好，送了反而闹出不愉快的事情，也时常发生。送什么人？送什么礼？怎样送？什么时候送？由什么人来送？都是必须仔细考虑的因素，只要任何一个项目出了差错，就会产生不良的后遗症。送重了不好，送轻了不行。早送不对，晚送也不对。

亲自送，叫别人转送；送给本人，请别人代收；送到家里，送到工作场所，样样都要规划妥当，以免送了礼还挨骂，花了钱还得罪人。

送礼可能送出重大的纰漏，不送礼也可能因而结怨成仇，不要认为送礼是小事，它的本质，应该是可大可小的。

（6）赚不到钱，固然十分痛苦；赚到了钱，又会惹出一大堆烦恼，这该如何是好?

赚不到钱的时候，胡雪岩一天到晚受柳成祥的气。因为柳成祥的眼光不及胡雪岩，无法充分了解胡雪岩的决定，时常有不同的意见。胡雪岩对外要应付一波又一波的挑战，对内要设法安抚柳成祥的情绪，当然十分痛苦。高阶主管的处境，经常如此，看起来没有什么实际表现出来的具体工作，却要不断地动脑筋、费心思，常常弄得精疲力竭。

赚到了钱之后，要打点的事情更多。自己的家人要照顾，同事的生活要安顿，帮过忙的人要酬谢，得罪过的人也要想办法弥补。加上心情喜悦，稍微一放松，又会惹出许多感情上的困扰。胡雪岩之所以把玉惠接进来，主要是在长期紧张的生活之余，也想有所调适的一种反映。然而因此所引发的事端，刚刚才开始，势必又是一大堆烦恼，接踵而来。

有一些人，常常认为有钱好办事，好像有了钱以后，什么问题都能够迎刃而解，一切困难都将随着钱的到来而消散。殊不知钱来之后，自己变成有钱人，大家的观感也随之产生重大的改变。好处固然不少，坏处往往更多。这时才发觉原来的困苦真的减少了一大部分，却增加了许多其他的困苦，这才觉悟人只要活着，好像就有苦恼。人生原本是阶段性的困苦，每一种情况，都有其不同的难题。

创业提示：面对挑战 VS 逃避现实

面对挑战，设法化解是胡雪岩的一贯态度。他面对被钱庄开除的厄运时，仍然梦想着有朝一日，自己也会成为掌柜的。他丝毫不逃避现实，更不向现实低头。明知道替太平军买大米非常危险，却坚定地要柳成祥去钱庄借银子，而他自己去闯“鬼门关”。挑战固然可怕，逃避更加可悲。所以胡雪岩每次遭遇困苦艰难，总是勇敢地面对，并且勤动脑筋，想办法化解。

表面上看起来，胡雪岩很勇敢地接受各种挑战，也十分明快地解决问题。事实上，如果深入观察和思考，不难看出胡雪岩所用的方法，并不是西方式的解决方法，而是中国式的化解方法。

解决和化解的最大区别，在有没有融入心灵的层次。就事论事，不管心里的感受如何，纯粹是解决问题的形态。把事和人结合在一起，并且注重心灵的感受，那就是化解。

11　不要看轻自己

胡雪岩要购足所需要的粮食，柳成祥不以为然。胡雪岩想开钱庄，柳成祥担心资金不足。两个老邻居、老朋友、老同事，对一件事情的看法，为什么有那么大的差距？

柳成祥的问题，正如胡雪岩所说：总是把自己当伙计看。而胡雪岩呢？则是永远把自己当老板看待。

一个人应该谦虚，却不可以看轻自己。这两者并不矛盾，可以相辅相成。看得起自己，是对自己的一份期待，给自己一份激励，也给自己一些鞭策。谦虚不自满，是对人的一种态度，让人家乐于亲近，更愿意帮忙。

成功的人，不骄傲，但是，也不看轻自己。对自己有信心，还要谦虚地不断充实自己，才是真正看得起自己。

胡雪岩明着为战争阵亡的将士发丧，暗地里为太平军头目苏晃义葬。左宗棠不是不明白，却以死者为大，要胡雪岩自己好好去做。一方面表示支持，一方面则撇清关系。对于胡雪岩的仗义行为，十分赏识。

在小茶店受小二的气，使胡雪岩耿耿于怀。他现在好不容易衣锦还乡，还特地到小茶店坐坐。小二哈腰谄媚地称呼胡大先生、胡大官人。胡雪岩依然不为所动，强调说“白开水养人啊”，还说“像我这样经常空着肚子，苦惯了的人，不禁涮啊”。小二请求开恩，责怪自己有眼无珠。胡雪岩拿出一锭大元宝，要小二把乡亲们都请到茶楼来喝茶。小二高兴地照办，使胡雪岩的美名，传遍了整个杭州城。

胡雪岩利用杭州城正需要重建的机会做出很多善事，并且开了他的第二家钱庄。钱庄头一天就存进三万多两银子。胡雪岩又把存进来的银子，拿到各处去开当铺。他要柳成祥当总管，谭则云负责上海。由于杭州战役，使他体会出“商无官不安，官无商不富”的道理。胡雪岩交代柳成祥，多准备些银子，随时供左宗棠使用。

芮瑾为了苏晃被杀的事，对胡雪岩大发雷霆。胡雪岩举办义葬，芮瑾应该不再生气。胡雪岩要阿贵带路去看看芮瑾。想不到芮瑾还是越想越气，拿起扫帚就要把阿贵赶出去。就在这个时候，仁德钱庄的任老板偷偷地走进来，要找芮瑾帮忙，特地送上一千两银票。芮瑾忽然语气尖锐地大骂任老板，表示要让胡雪岩把仁德钱庄击垮，让任老板没有退路。她又拿起扫帚，把任老板也赶出门去。

任老板跑出去之后，原本躲在门后面的胡雪岩才现身而出，双眼直视芮瑾，没有笑，也不说话。看了一会儿就和阿贵离开了芮瑾的家。

隔天，任老板不得不亲自来通裕钱庄，要求胡雪岩帮忙。胡雪岩看见任老板，老远就称呼师傅，并请他进来。任老板表示不方便，只说出通裕本金雄厚，月息高出仁德三厘，害得仁德的存户都快撤光了，希望胡雪岩高抬贵手，手下留情。胡雪岩说：“其实干这行的，互相都应该有个照应，可我这银子来得容易，想让大伙儿宽裕些，恐怕仁德也要提高利率了。”胡雪岩还假装好心地说：“放银子由通裕帮你操手，获利之后，咱们五五分成。”

任老板当然知道胡雪岩不怀好意，愤怒地走了。

左宗棠要自造铁甲兵船，希望多年之后，中国能够有自己的海军。胡雪岩全力附和。李鸿章得到这个消息，却非常的震惊，交代唐廷枢和丁日昌，想办法加以阻挠。

胡雪岩动身到上海去，特别交代阿贵好好照顾芮瑾。阿贵到钱塘江口，帮芮瑾养鸭子。

智慧问答

（1）左宗棠默许胡雪岩为太平军首领发丧，胡雪岩才不致被告发入罪。左宗棠为什么要支持?

一般来讲，主管会支持部属做一些部属想做的事情，表示给他一种鼓励。我们不是说，每一个部属要求做什么，主管都会支持他。这件事情要是由别人提出来，左宗棠不一定会答应。但是胡雪岩提出来，左宗棠会给他支持，因为这是当作对胡雪岩的一种奖励。

有些事情按照主管的意思，有些事情按照部属的意思，这当中到底标准在哪里？我觉得我们中国人很简单，就是两个字：合理。这个性质很重要，合理不合理？当时的情况大家心里有数，彼此做一个协商。主管讲得有道理的，部属就按照主管的意思去做；部属讲得有道理的，主管就不要坚持，就照部属的意思去做。

另外，我们还会考虑到部属的立场，使他以后更好做事情。这样对上司也是有好处的。这种事情如果让左宗棠自己来做，那就不好了。为什么？有点儿假仁假义。你把人家打败了，杀死了，然后再来给他们发丧义葬。老百姓看起来，总觉得好像假假的。可是你让胡雪岩去做，一旦做好了以后，可以安定民心。而且也使左宗棠以后做起事情来，更得民意的支持。暗地里是左宗棠在支持，明的让胡雪岩去表现，我想这一明一暗的搭配，我们中国人心里头都非常清楚。对胡雪岩有好处，因为他可以解掉很多的怨，但是对左宗棠也有很多好处，因为他可以得民心，两全其美，所以左宗棠会大力地支持胡雪岩。

（2）胡雪岩重返茶馆，对伙计重提旧事，有这种必要吗?

我相信一般人都认为何必这样呢？过去就过去了，当时他给你难堪，现在你一定要给他难堪，这不是太小气了吗？可是我还是比较赞成胡雪岩的这种态度。为什么？因为要教育他，要让这个伙计将来也能够养成好习惯。

所以，胡雪岩就是要用行动来让伙计知道，你那种态度要改，不改的话，你下辈子可能还是穷跑腿的，你没有什么机会。但是他讲完以后，并没有给他一点儿好处的话，那我们就觉得胡雪岩太小气了，有仇必报，是没有必要的。他没有，他骂归骂，讲归讲，但是他给他机会，请所有的人喝茶，我出钱，这个钱里面，他又让伙计也赚了一点儿。我想这样的一个做法，应该值得我们深思。光是嘴巴骂人家，这个就是有冤报冤、有仇报仇，这样做完全没有意思。用行动来改变别人，使别人能够改变习惯，以后做得更好，我想这才是胡雪岩的真正用心所在。

（3）通裕钱庄刚开张，为什么就十分兴旺？胡雪岩要柳成祥到各地开当铺，是什么道理？

我们都知道，在中国社会做事情，关系永远摆在第一位。现在钱庄一开张，人气很旺，就表示关系够。头一天就进了三万多两银子，胡雪岩说这种状况，还要持续半个月。各位算算看，所累积起来的钱会有多少？仅靠关系够，也不一定有这样的情况。还要加上通裕本身的利息高，我到这边来，可以拉到关系，又得到一点儿好处，谁不来？所有的人都来了。所以关系够只是一个诱导台，利息高才是给人家实际的利益。一方面有关系，一方面有好处，大家就通通来了。

胡雪岩没有一般人的毛病，这个钱庄做得很好，我就把这个钱庄搞好就行了。他马上想到，战争刚刚停息，百废待兴，很多人需要钱来买材料，重建家园。有钱的人，把钱存到钱庄；没有钱的人，会把家里东西拿去典当。所以这个时候，开当铺是最好的时机。

很多人看着手上好的，就不会去想其他的。胡雪岩不是。胡雪岩认为手上好，这是手上的事情，还可以延伸出去，多元化经营。所以他说，你到各处去开当铺，这个时候一定会有很多人来找我们。钱庄利息高，这个利息从哪里来？就是把收进来的钱，拿到各地去开当铺，然后去收买东西。人家把东西拿来当，你用钱庄的钱给他。将来他还不了钱，这些东西自然就是你的。这样的做法，在今天我们已经很清楚，只是我们没有料到，在当年胡雪岩就有这样的策略。我们可以看出来，做生意，预测力非常重要，这点是胡雪岩非常高明的地方。

（4）胡雪岩说“商无官不安，官无商不富”，是什么意思?

我们都很清楚，做生意的人，如果得不到官方的支持，就很难开展，甚至于很难维持。他一会儿要取缔，一会儿要查禁，你还能做什么生意呢?

他动不动就给你断电断水，又说你这个不合格那个不合格，三天两头来查，你生意怎么做?自古以来，只有配合政策的人才能够赚大钱。所以我们常常怀疑，官商到底有没有勾结?我相信这个谁也不知道。他说我没有勾结，我们两个彼此配合而已，那也是一句话。全世界要做大企业的人，没有人不注意政府的政策的。

所以我们常常听到政治献金、受贿这些丑闻，到底是真的，还是假的?我想这些都有待考证。一个人出来竞选，要花那么多钱，他为的是什么?始终是我们非常怀疑的事情。而且有的人，当了官以后，常常回忆自己以前很穷很苦。我奉劝当官的人最好不要讲这种话，因为讲这种话对你非常不利。你说你以前很苦很穷，连穿鞋子的钱都没有，那当了官以后，你又可以买房子，又有很多的钱来培养你的子女，你这些钱从哪里来?人家用计算器一算，你每个月赚多少钱，通通存起来，不吃不喝的话，你也买不起这栋房子，那你就完了。所以我建议最好不要讲这种话，因为官久自富。当官当久了就是富翁。官商之间未必勾结，但是一定有相当的关系。

（5）任老板找芮瑾帮忙，被严词拒绝，是不是自作自受?

很多人问我：到底什么是天理?因为我们中国人都很相信天理良心。天理良心，我们凭良心就是要顺天理，所以我们都很关心，到底天理是什么。我的答案非常简单，天理就是四个字，叫作自作自受。世界上有一个永恒不变的定律，就是自作自受。

任老板给人家难堪，总有一天人家也会给他难堪。但是他没有觉悟，没有想到他以前对芮瑾的父亲是什么态度，现在居然想要找芮瑾帮忙，这不是很奇怪吗？我们中国人最难忘记的，就是杀父母之仇。老实讲，别的事情我们可以忘记，父母的深仇大恨，没有一个人会忘记的。芮瑾的父亲为了保全钱庄的银子而牺牲，任老板并没有给她抚恤，也没有好好地照顾芮瑾，芮瑾怎么会忘记呢？任老板来找芮瑾，我们可以说他完全是不自量力，他没有想到：后果一定是自讨没趣的，这不是很奇怪吗？稍微有知识的人都知道，这种话讲了等于白讲，最好不要开口。但是他还是开口了，而且还为这个问题想不通，实际上是很简单的。

国家大事、公共事务、社会公道，不应该恩怨分明。因为这是公事，拿公事来报私仇，这是绝对不可以的。一个人为公共事务考虑的时候，不应该考虑个人的恩怨。以个人恩怨来处理公务，这是大忌。可是私人事务，一定要恩怨分明，因为人家对你好，你没有理由不对人家好；人家对你不好，你也没有理由对人家好。否则就是一厢情愿、是非不明、善恶不分，那这个人还有什么价值呢？可是我们处理得稍微圆满一点儿，我们嘴巴不明说，只付诸实际行动就好。

（6）胡雪岩为什么支持左宗棠自建铁甲兵船？

我们可以大胆地说：胡雪岩根本不了解什么海军、陆军对国家的重要性，他也不会真正为国家的国防来考虑事情。但是他跟左宗棠相处，听了左宗棠很多话以后，感觉到这个人实在是了不起。左宗棠一心一意为国家，从来没有替自己私人考虑过。胡雪岩就凭这一点，就认定了左宗棠。

我觉得这也是我们中国人的一种选择，依此来决定这个人讲话我会听，那个人讲话我不会听。同样一句话，这个人讲我听，那个人讲我不听；同样一件事情，他说我认为很有道理，而别人说我就认为没有道理。为什么？因为我对这个人有信心，否则怎么去料定这些事情？

老实讲，凭胡雪岩的水准，要把这些事情了解得很透彻，我想是很难的。可是他有一个好处，我既然追随你左宗棠，我既然认定你是为国为民的，那你讲的话我都听，我跟你配合。同时，在实际的运作上，他跟左宗棠的配合，也一直很顺利，合作得很好。在这种情况之下，没有理由不做下去。胡雪岩既然知道左宗棠的为人，也愿意为左宗棠效劳，所以左宗棠讲什么，他当然就顺着他的话去执行。再说，这当中有很多赚钱的机会，我想胡雪岩在商言商，是不会放弃的。

一个人事业要做大，就不能说你一定要支持我，而我不听你的话，你想什么我都不管你。这种心态，人家是不会全力支持的。胡雪岩不是，我可以赚钱，但是我也要配合你。配合人家来赚钱，配合对方的需求来发展自己的事业，这是一条很有利的途径。

（7）李鸿章为什么不愿意左宗棠建造造船厂？

我们看到，胡雪岩那么热心在支持左宗棠。我们也分析过，他实际上只是为左宗棠跟他自己的利益，不一定会考虑到整个国家；相反的，我们认为左宗棠应该能够得到李鸿章的支持才对，因为大家都是为国为民。可是事实上我们发现，李鸿章的态度好像不是这样的。他看到左宗棠样样要跟自己争，我搞这个，你也要搞这个；我搞那个，你也要搞那个，你将来不是我的敌人是什么？所以李鸿章认为兴办水师，这是强兵富国之策，不是私人的事情，不是说你想搞就能搞的。

各位发现了吗？中国人要斗争，都会找一个冠冕堂皇的借口。他不会用私人的利害关系来说，我反对这种事情；他一定是用国家民族这顶大帽子，来把对手打击下去。李鸿章想尽办法要阻止左宗棠建造造船厂，是为了不要让左宗棠今后的势力太大，避免产生卡位战争的麻烦。他也想到湘军发展到最后，势必要有个领袖，那这个领袖到底是左宗棠，还是我李鸿章？他现在已经想到这个问题，所以才会先下手为强，来阻止这件事情。

对这种作风，我们也不要太过反感。因为一个国家太大，我们没有办法使全民时时刻刻都一致对外，那也不是好事情。因为那样对全世界来讲，就会引起很大的恐慌。幸好中国人对外的时候会一致，但是对内的时候也会内斗。我们放轻松一点儿，以平常心来看，站在全世界来看，这么大的一个国家，它这样做，是不是也是世界和平的一种安定的力量呢？

（8）胡雪岩指定阿贵专门伺候芮瑾，这是为什么？

到现在为止，我们来想一想：胡雪岩跟芮瑾到底是什么关系？他们是不是一家人呢？我认为心跟心连在一起，就算是一家人了。所以芮瑾常常把胡雪岩当作自己人，而胡雪岩也有意无意地用行动来表示他跟芮瑾是一家人。因此他现在派阿贵去专门伺候芮瑾，芮瑾也知道胡雪岩是怎么想的。如果胡雪岩现在赚了钱，还只顾他自己，没有去顾虑到芮瑾，各位想想看，芮瑾的内心会是怎样一种感受？胡雪岩很感激芮瑾一直支持他，并且用资金来实际参与他的从商行动，可是他们两个没有办法在一起。所以他就说，阿贵你去伺候她。用这种行动来表示，我们不管形式上有没有在一起，我们是一家人，它可以拉近芮瑾和胡雪岩的距离。说难听一点儿，阿贵除了帮助芮瑾以外，还可以就近搜集芮瑾的情报，让胡雪岩也了解一下。同时芮瑾从阿贵的口中，也可以得知胡雪岩的一些行为跟做法。这样不是使大家沟通的管道很畅通吗？

我们再说一遍，因为这是非常重要的话，中国人不太注重形式，我们非常注重实际的行动。我们会相信一个人的行动，而不太会相信一个人的话。所以，胡雪岩用阿贵去专门伺候芮瑾来表达他的心意，我想这是个非常有效的方式。

创业提示：不平凡的人做不平凡的事

胡雪岩没有钱的时候，日子过得相当辛苦。现在赚了钱，住高楼大宅、包歌女、洗上海浴，他还是紧张得很，日子过得也不轻松，这是为什么呢？

因为他心中始终有一个信念：不平凡的人，应该做不平凡的事。“以钱赚钱”是平庸商人的平庸之策，但是，对一般人而言，已经十分难能可贵了。“以人赚钱”才是胡雪岩这位不平凡的商人，所使用的不平凡策略。

不平凡的人，也应该过不平凡的日子。胡雪岩和所有平凡以及不平凡的人一样，都摆脱不了“自作自受”的命运。

12 逐渐有所不为

年轻的时候，没有选择的机会，什么事情都要做，什么事情都需要亲自去做。这时候有所为十分重要，有事做总比没事做要好得多，借此磨炼自己、充实自己，奠定成功的基础，也积累丰富的经验。

但是，一辈子停留在这个阶段，保持这种情况，可能永远没有出息，不能出人头地。于是，逐渐拥有选择权，有些事情自己不必做，叫别人去做；有些事情干脆不要做，是不是更有时间、更有精力，做一些别人不能做、做不了的事情呢？由有所为逐渐转移到有所不为的地步，才是人生努力的目标。有所不为不是偷懒，而是做更有益、更有效、更有贡献的事。

阿贵奉胡雪岩之命，前来伺候芮瑾，无意间透露胡雪岩在上海认识了位玉惠小姐，芮瑾追问细节，阿贵知道事态严重，赶紧要求芮瑾千万不要告诉胡雪岩是他说出来的。芮瑾把鸭子全数委托别人代养，带着一些鸭蛋，要阿贵陪她到上海去。

胡雪岩为了讨玉惠的喜欢，叫阿贵从玉惠父母坟墓上包了包泥土，要带到上海。果然玉惠十分感动，欢喜地依着胡雪岩。胡雪岩问：满意了？不耍小性子了？

阿贵和芮瑾终于到了上海，来到胡家大院门前。阿贵敲门，毕四姐打开门来，看见阿贵，显得很高兴。

芮瑾和玉惠见面，一开口就没有好话，直截了当问玉惠是谁。玉惠叹口气，说:“我是被胡老爷收留的同乡戏子玉惠。”但是在态度上，玉惠却摆出一副女主人的样子，邀请芮瑾多住几天，免得老爷回来，怪罪玉惠怠慢了贵客。

谭则云和阿莲嫂也进来见面，玉惠看他们人多势众，先退了下去。芮瑾对谭则云很不满，责问他为什么看着胡雪岩如此这般，也不加以规劝。谭则云和阿莲嫂都劝芮瑾息怒，阿莲嫂更是七嘴八舌，好容易才留下芮瑾。

大家欢迎胡雪岩，芮瑾则听到胡雪岩回来，心酸地狂奔了出去。胡雪岩请大家坐定，说今天都是家里人，大家都不要客气。胡雪岩很高兴，又喝酒又吃菜。当他吃到其中一道菜的时候，居然低沉着脸，紧皱着眉头，问是什么人烧的。大家不知所措，胡雪岩却严厉地说:“来客人了吧！”于是芮瑾走了出来，站在门口，又高兴又悲伤地看着胡雪岩。正当胡雪岩惊讶的时候，芮瑾又跑了出去。

谭则云起身要去把芮瑾追回来，胡雪岩制止，说：让她去吧！阿莲嫂为了讨好玉惠，说了几句话，想不到胡雪岩竟然狠狠地提出警告:这是我家里的事，别人最好都不要多话。

芮瑾知道留在上海会妨碍胡雪岩的发展，她既看不惯玉惠，也知道自己不能见容于其他的人，干脆回杭州养鸭子，反而自由自在。

智慧问答

（1）胡雪岩那么忙，还要从杭州带一包泥土到上海给玉惠，玉惠抱着泥土包不放。有什么感想?

我们回忆一下，胡雪岩老早就发现玉惠知道芮瑾的事情，但是他没有很正面地解释。因为这一解释，就会养成习惯，样样都要说明，好像自己样样都要报告一样。那以后怎么相处呢？所以他并没有把这件事情，当作一件事情来做；但是他会把它放在心里头，他常常在想，我怎么样去化解掉。我觉得这是一种处理事情很好的方式。有的人听到玉惠知道芮瑾的事情，就一直跟她解释，一而再，再而三，恐怕不是个好办法。可是你就此不理，将来玉惠的情绪也会越来越糟糕。后来他到了杭州，打听到玉惠的双亲葬在什么地方，然后就把它的泥土，包了一包，带到上海去。

各位想想看，玉惠还在怪胡雪岩，可是当她发现，胡雪岩千里迢迢从她父母的坟上带了一包泥土来，她还有什么好疑虑的呢？如果胡雪岩不是把她当作一家人看，会这样做吗？可见用行动来化解，比用语言来说明，要强上好几百倍。

我们以后要记住，行动比空口说白话，要有力量。嘴巴承诺，嘴巴说明，甚至妄想要去说服别人，都是浪费精力的。少说一点儿，多做一点儿，让对方心里头自然而然产生一种感受，这才是人与人互动的最佳途径。可惜一般人都急急忙忙要说明，急急忙忙要辩解，甚至更可笑的，就是企图去说服人家。

在我的脑海里面，始终没有说服这两个字，因为中国人是不可能被说服的。不要做梦，中国人自己心里的感受怎么样，他心里很清楚。你想说服他，恐怕连门儿都没有。用行动让对方有感受，把疑虑化解掉。胡雪岩这一次这样做，值得我们思考背后的道理。

（2）芮瑾为什么要去上海探望胡雪岩？阿贵为什么要说出上海的情况？

我们想想看，如果芮瑾听到阿贵说，胡雪岩在上海跟一个戏女同居，她也毫无反应，这样合乎情理吗？那是不合乎情理的。可是她也不能够正式地提出什么样的抗议。一方面她没有名分，另一方面在那个时代，也不合适这样说。因此她用出我们中国人认为最可贵的方法，就是用关心对方，来打动对方的心，来使对方自己有所改变。所以她马上就决定，要去上海看胡雪岩。她没有说我去上海纠正他，我去上海跟他吵，她都没有。这些时髦的东西，不是以前我们中国人所用的做法。她只是把胡雪岩最喜欢吃的鸭蛋带到上海去，然后表达她的关心。至于胡雪岩怎么样，那是胡雪岩的事情。她纯粹就是说，我来关心你，不要吃坏女人的亏。她就这么一个动机，其他没有。

至于为什么阿贵要把上海的事情说出来，我想这也是人之常情，我们一直认为中国人是没有秘密的。我们怎么会有秘密呢？我们听到秘密，就很紧张了。而且我们都相信，纸是包不住火的，鸭蛋再密也会有缝，迟早人家会知道的。你看阿贵，他有意无意就说出来了。

中国人向来就是这样的，你要给我守秘密，这事只有我们两个人知道。他一定说好好好，但是你走了以后，他就想：我一个人怎么守得住秘密呢？我让别人来守，我们大家一起守。守到最后，就等于没有守。我想这种现象我们经常可以看到，绝不是说，阿贵没有受过训练或者他有心破坏人家，并不是这样子。

世界上的事情，如果希望别人不知道，只有一个办法，就是自己不要做。你做了，就不要寄望人家不知道。不要说我的事不要让任何人知道，这种话，我们尽管可以讲，但是心里头，不要抱这种希望。我比较喜欢开玩笑说：我们中国人没有秘密。所以大家才会开口就说，请你保守秘密。

（3）胡雪岩批评谭则云所说的经营策略，不过是平庸商人制定的平庸之策，这是什么意思?

胡雪岩跟谭则云在干什么？他们在洗澡，在洗上海浴。一个人洗澡的时候，应该是什么都不想，充分休息才对。事实上不然，一个有责任感的人，他时时刻刻都在动脑筋，动脑筋也是可以休息的。不是说休息，就要休息到完全不动脑筋。胡雪岩在洗上海浴，满脑子在想这个策略，那个策略。同时他也不放弃任何机会教导他的部属。我觉得这也是一个当主管或者当老板的人应有的责任。人家跟你，把他的青春花在你的左右，你完全不教导人家，那不是浪费人家的生命吗？所以胡雪岩问谭则云说：那个政策怎么样了？谭则云说错了以后，他再告诉他这个是没有用的，那是很平庸的，那是一般人做生意的理念。我们应该有比较特殊的，比较高明的经营理念，才能够突破现状，才能够跟别人拉远距离，而有所精进。

各位看看谭则云的反应，就可以知道他到底成不成材。胡雪岩可以不教导他，可以说你就一辈子当我的下属好了，你不需要平时努力。但是他没有，他是一而再、再而三地想办法，把柳成祥和谭则云提升起来。但是谭则云好像没有什么兴趣，他只是说我一向就是这样，我也就打算这样子了。可见一个人的性格，就代表了他的命运。胡雪岩做他应该做的事情，至于谭则云长不长进，还是那句话，自作自受。

（4）阿莲嫂七嘴八舌，对谭则云产生了什么影响？

我们最好这样想，不管男人女人，都有一些人很喜欢七嘴八舌。只不过女人家爱说话，好像是一种更普遍的情形。我们不要认为，阿莲嫂是恶意的。我相信没有，她只是很热心，认为既然是大家的事情，我就不应该置之度外，好像漠不关心一样，那像一家人吗？所以不管她懂不懂，不管这样处理合适不合适，她总是满怀热情，总是非常热心地参与。

可是言多必失，说多了话，得罪人的机会一定增加。我们常常讲，一个人不说话，人家不会把你当哑巴，就是这个道理。你一说话，人家听起来非常不舒服，你就得罪人了。你看阿莲嫂说东说西，最不高兴的就是胡雪岩了。他心里想你懂什么？这是我家里的事情，我把你带来，是为了谭则云在这里生活可以安定一点儿，想不到你越管越多，那以后还得了！他第一个就反感了。

阿莲嫂毕竟不了解胡雪岩的心情，没有办法赶上胡雪岩那种为人处世的水准。她热心有余，但是对事情根本没有帮助。而相反的，受害的人就是谭则云了。因为夫妻夫妻，你不能对方说什么话都不听吧？十句你总要听一句吧，越听耳朵就越软，然后慢慢就受到妻子的影响，慢慢就对胡雪岩产生一种猜忌的态度，就感觉到公司对自己有很多不公平的待遇。

我们常常讲，一个人不要受太太的影响，但是要听太太的话。这不是很矛盾吗？其实不矛盾。就是说太太的话是有道理的，你一定要听。可是有很多事情，她了解得不够透彻，知道得不够清楚，只是凭着主观的感受，你就少听为妙。把这两个区隔好，就不会受害，相反会得到好处。但是我们可以看出来，谭则云的判断力也不是很强。阿莲嫂叽叽喳喳，对胡雪岩不会产生坏的影响，但是对谭则云，将来我们可以看到，有些不利的影响。

（5）玉惠替芮瑾安排工作，合适吗？

玉惠要替芮瑾安排工作，我想大家都会觉得，这是很不合适的事情。如果玉惠不知道芮瑾是谁，这样做，不是很可怕吗？万一搞错了，怎么去收拾这个场面？如果玉惠已经知道芮瑾的身份，她这样做，不是很可悲吗？简直是自己找麻烦。不是可怕，就是可悲，这种事情最好不要做。

玉惠心里头也很矛盾，一方面要巩固她的既得利益，要使她的身份能够确保。可是她也不能不顾虑芮瑾，芮瑾毕竟是胡雪岩的老朋友。所以她心里想，我用安排工作，来压低你的身份，来抬高我自己的身价，看你以后还不就范？没有想到这对胡雪岩、对芮瑾，都是不可能接受的。她这样做只能使自己下不了台。

胡雪岩一听，就很不高兴，心里想你凭什么？要论交情，我跟芮瑾还厚一点儿，你算什么？居然来安排她？她不安排你就好了。这不是很可笑吗？我相信胡雪岩心里头一定这样想，所以胡雪岩就感觉到，玉惠喧宾夺主了。你把我当什么了？这种事情都可以替我做决定，以后你什么事情都会替我做决定，那我还能安心吗？所以，我觉得玉惠毕竟懂得的道理还是很浅的，她认为她这样做，可以得到胡雪岩的欢心，而且可以巩固自己的地位，其实完全错了。胡雪岩不高兴，芮瑾也不高兴，两个人都不高兴，这种事情做它干什么？

创业提示：有所不为 VS 有所为

胡雪岩要柳成祥当总襄理，总抓所有的大事，谭则云负责上海的业务，自己好像无所事事。柳成祥有一些不明白，反问胡雪岩：“你干什么？”

从行为可以看出一个人的性格，而性格往往决定一个人的命运。有所不为的性格，才够资格谈无为而治。满脑子有所为的人，当然一辈子为人所用，有人用他，就十分幸运。可见人人都是自作自受，怨不得别人。

有所不为可以解释为“做其他人做不到的事情”，胡雪岩并没有闲着，只不过别人动手，他动脑而已。动手看得见，叫作有所为；动脑看不见，所以很像有所不为。脑筋动得快，快到好像根本没有动，那就更加有所不为了。

我们不认为人人都可以有所不为，也不认为大家都必须有所为。人生应该从有所为开始，能做的多做一些，不必过分计较。但是，在有所为的过程中，要常常动脑筋，探究各种根源，想一想有没有做得更好的可能，使自己有朝一日，也能够有所不为。做得到当老板，做不到也不觉得遗憾。因为不管怎么样，已经尝试过了。

13　分别轻重缓急

凡事必有轻重缓急的区分，弃车保帅，便是属于这种道理。帅很重要，不能放弃。一弃，连车也保不住。车当然很要紧，但是和帅比起来，那就轻得多了。为了保帅，非弃车不可。

胡雪岩好不容易从穷苦中挣扎出来，获得财富。如今奉召进京，显然非同小可。一定是左、李政治斗争，李鸿章拿左宗棠没有办法，打算找胡雪岩当替罪羔羊。所以胡雪岩特别交代柳成祥，万一遭遇不测，弃财保家。家和财比较起来，家重要得多。保住家，留得命在，再来想办法赚取财富，当然比较妥当。

芮瑾和玉惠，孰轻孰重？左宗棠和李大人，谁比较重要？胡雪岩心中的轻重缓急，影响到他的重大决策。

胡雪岩吃得很高兴，忽然发现有一道菜，是芮瑾烧的。他询问这道菜是不是阿莲嫂烧的，责怪大家都在隐瞒他。后来发现芮瑾果然来了上海，但是和玉惠格格不入，弄得他很伤脑筋。阿莲嫂又七嘴八舌，胡雪岩干脆立下规矩，不许任何人干预他的家务事。

西太后正在午睡，一个刚净身不久的小太监，急急忙忙地跑进来，嘴上喊着启禀大总管。李莲英狠狠地揍了他一拳，叫他小声点儿。

太后听到声音，威严地叫小李子。李莲英一惊，赶快柔声回答：“奴才伺候着呢！”

太后问有什么事，好像并无不悦的样子。李莲英赶紧把小太监送来的折子呈上去，太后要他拣重要的念给她听。听后太后命令李莲英，火速传左宗棠到京，进宫密商大计。

左宗棠接到懿旨，知道机不可失，赶紧前往京城，顺道要胡雪岩一同进京晋见太后。

胡雪岩接到左宗棠的密函，看了一遍又一遍，而且不断地叹气，弄得在门外的柳成祥都觉得奇怪。一向果敢的胡雪岩，就算遇到再大的困难，也未曾如此，为什么这一次奉召进京，居然担心到这种地步！

胡雪岩担心的是，左宗棠他们动不了，很可能会拿胡雪岩当替罪羊。唯恐此去稍有差池，财命两空。

他交代柳成祥，必要时弃财保家。来到京城，打听出李莲英是西太后身边最红的人，知道非想办法搭上李莲英不可。于是找到论古斋老店，要买见所未见、闻所未闻的东西，准备送给李莲英做见面礼。

老板推荐宣德炉，胡雪岩二话不说，付了十多万两银子。拿着宣德炉，送往宫中给李莲英。这是李莲英奢望已久的东西，所以对胡雪岩的印象特别好。

西太后召见胡雪岩，有李莲英在旁边说好话，西太后很欣赏胡雪岩，也给了他很大的好处。从下季起，江苏、江西、福建、浙江四省的税收，统由胡雪岩的钱庄代收。

智慧问答

（1）胡雪岩正吃得高兴，谈得愉快，突然间停下来，询问这道菜是不是阿莲嫂烧的，这表示什么?

我们从一开始，就发现胡雪岩有一个过人之处，就是他的警觉性非常高。一个人警觉性高，他的怀疑心就很重。同样的，怀疑心重警觉性就高，是一模一样的。他怀疑心很重，一吃就吃出味道不同了。你看大家都在吃，却没有人感觉到。可是他一嚼，就觉得这个味道不同，这味道很特别，这不是阿莲嫂烧的，这是芮瑾烧的。他这种敏感度，我们很佩服他，但是相反的，我们看到芮瑾也有办法，就是烹调的功夫好一点儿，烧菜烧出特别的味道，不怕他不回来吃饭。芮瑾就是用这一套方式。对一般人，也许没有什么用，对胡雪岩却产生了很大的作用，因为胡雪岩这个人对差异性，一向具有高度的敏感。

我觉得一个从事管理的人，应该要记住，差异性就是管理的切入口。而管理就是充分掌握差异性。有什么风吹草动，马上怀疑，马上去看，马上去调整，马上去改变，这就是管理了。

（2）胡雪岩夹在玉惠和芮瑾之间左右为难。于是他在餐桌上立下规矩，家里的事，最好别人不要多话。这样做对胡雪岩有什么好处？对其他的人又产生什么影响？

我们一直认为，家务和公务本来就应该分开。因为家务以情为主，我们常常讲一家人，如果样样要讲道理，那可能整天吵个没完。因为公说公有理，婆说婆有理，谁都有道理。家人本来应该以情为主来处理家务事，用情来彼此感应，总比样样讲道理要好得多。可是处理公务，我们就希望大家不要用情来做主。应该换一下，用理来做主。大家照道理来，事情就好办了。再熟悉的人，也应该尊重当事人的感受，不应该不理会他的反应。

阿莲嫂虽然跟胡雪岩很熟，但是毕竟这是胡雪岩的家事，她没有权利插嘴。发表这么多的意见，也难怪胡雪岩不高兴。因为在胡雪岩的心中，芮瑾的地位可能比玉惠还要高。现在在这里扯来扯去，他不能不维护芮瑾。可是他又要在大家面前，顾虑自己的尊严。你看他跟芮瑾的表情，各位可以看得出来。他叫芮瑾坐下吃饭，芮瑾走了。谭则云要去追的时候，他反而说让她去吧，这是他的尊严问题。他心里头有情，可是这里头有公有私，他得讲一点儿理吧。情理之间，我觉得胡雪岩拿捏得很好。看起来他好像很无情，实际上他又很有情。可是他的有情，用无情来表现。这是一般人很难拿捏得这么准的地方。

胡雪岩干脆就立下规矩，以后我家的事，你们少插嘴，你们少啰嗦。我觉得它可能来得太晚了一点儿，既然大家都在一起，公私又混在一起的时候，胡雪岩如果早一点儿立规矩，可能今天这种事情，就不至于发生。可是胡雪岩毕竟是人，他不是神，有很多事情考虑不周，也是不能够苛求的。事情发生了，他马上意识到，非立规矩不可了，还算是反应相当快的。

（3）李莲英的逢迎功夫怎么样？职位低微却拥有很大的影响力，是怎么做到的？

我们最好这样想，各人有各人的生存之道，谁也不要笑谁，谁也不要羡慕谁。常常有很多人，一听到李莲英就破口大骂，就看不起他。这也许是嫉妒心，也许是酸葡萄的心理，谁知道呢？如果换成他是李莲英，他会不会也这样做，我想谁也没有把握。

我们最好尊重每一个人的生存方式，我们自己要怎么做，那是我们的事情，他怎么做是他的事。老实讲，没有李莲英，西太后就不可能是那样子的吗？谁也不知道。一般人都没有办法像李莲英设想得那么周到，这是我们应该反省的。就算你想向李莲英学习，恐怕也做不到，这才是事实。

我没有说李莲英的好坏，因为这是个人的价值观问题。你觉得很值得，自然会仿效他；觉得不值得，自然会放弃他这种作风，这一点用不着我们来操心。我们只是了解到，一个人不管在组织里面处于哪一个位阶，像李莲英，他的职位很低微，但是可以发挥重大的影响力，这一点比较重要。一个人如果一心一意寄望于将来职位高了自然可以影响别人，现在我算老几，这就不对了。在组织里面，不管这个人的位阶如何，哪怕职位再低，也应该可以充分发挥影响力。这一点才是我们看到李莲英之后，应该有的一种反省。

（4）李莲英推荐左宗棠，为什么要说明是先皇赏识过的，而且不明指姓名？

我想最重要的一点是李莲英在表示这不是我的意见，而是先皇的高见。各位想想看，如果李莲英说这是我的意见，西太后有什么感想？李莲英把自己要推荐的人，却通过先皇来向西太后推荐，当然更有力量。我觉得这是李莲英思考非常周密的表现，他说这是我的意见，西太后会不会怀疑，你跟他有什么利害关系？你怎么推荐他？他说的是先皇的意见，那西太后怎么会怀疑呢？已经去世的人，不会引起怀疑，也不会引起争议。

所以中国人常常把自己的意思，说成是先人的意思，已经去世的人的意思，这对自己非常有利。至于他为什么不明白说出找左宗棠很好，其实是因为他把左宗棠说出来后，万一被西太后否决掉，很快就会传出去，说你看李莲英推荐左宗棠，西太后不同意。这种后遗症是很麻烦的。现在他没有讲左宗棠，如果西太后说不要找他，传出去谁也不知道是什么人。就算有人说那就是左宗棠，两个人都会否认。怎么是他，不是他。如果是左宗棠，老早就请他来了。我想这也是中国人很高明的地方，不到紧要关头，不要把所有事情通通讲出来。只讲一部分，你听懂、我听懂就够了。为什么什么事情都要抖出来？有这个必要吗？

（5）左宗棠为什么要带胡雪岩进京？对胡雪岩有什么好处？对左宗棠又有什么作用？

我们中国人很喜欢讲打铁趁热，如果说左宗棠这一次去见西太后，一切讲好了，然后再第二次带胡雪岩进京，可能整个的情绪就会冷却。打铁要趁热，要一鼓作气，不要拖拖拉拉。可是另外一句话，叫作趁热打铁。

到底是打铁趁热，还是趁热打铁？我们需要花一番脑筋去想一想。热的时候你来打铁，比较好打。冷的时候，再打铁就不行了。所谓一鼓作气，可以获得一些好处。西太后正在兴头上，就把胡雪岩带去，胡雪岩又很会进退应对，而且做答做得非常地恰当，西太后很高兴，当时就给了他一些好处。

只有在热度高的时候来打铁，这个铁才打得好。所以两边的好处，这一次都得到了。这对胡雪岩来讲，是一个难得的荣耀。老实讲一个商人想要见到西太后，谈何容易？可是对左宗棠来讲，就是打好海军的基础。他想要报国，从此有了更多的机会，可以实施他的理想。两个人都有好处，都获得相当大的利益。

（6）胡雪岩明白动不了左宗棠，会动到他头上，临行前提示弃财保家的策略。为什么要这样？

我们都很清楚，自古以来，弃车保帅就是常用的策略。一到紧要关头，把车放弃掉，保住老帅，我们下象棋的人，都这样做。人家要将军了，你怎么办？只好用车来挡。人家要吃车了，那有什么办法？不然老将没有了。为了保住名将的性命，连车这么重要的将军，都可以牺牲。胡雪岩马上意会到，大家要整左宗棠，但是整不了，所以会拿我胡雪岩开刀。

既然政府可以弃车保帅，那我一个老百姓怎么办？他的策略马上想出来了，叫作弃财保家。就算把钱花光了，也要把家保住。留得青山在，还怕没柴烧？很多人就是看不开，紧要关头，还把钱抱得紧紧的舍不得花，结果连性命都赔掉了。胡雪岩警觉性很高，怀疑心很重，一听到要他追随左大人进京，他马上想到，来者不善，善者不来。他灵机一动，就想到弃财保家，花钱消灾这个策略。

我觉得胡雪岩这一种凡事都事先仔细盘算，预先做好充分的准备，往最坏处打算，而做最好的处置，是不可多得的好习惯，值得我们学习。虽然他心里想，是福不是祸，是祸躲不过，但是他还是要打点好、交代好，做万全的准备。

（7）胡雪岩买稀世珍品，店老板的做法是不是代表另外一种不同的经营方式？

行行有不同的经营方式，这才是正确的看法。不是说各行各业，它的经商之道都是一模一样的。各位看到胡雪岩跟老板讲，我要稀世珍品。可是老板好像无动于衷，按照我们常理推断，既然人家开口要稀世珍品，就应该马上把稀世珍品拿出来。我觉得在古董业里面，好像不可以这样。因为每一个人所谓的稀世珍品，标准是不一致的。有人看到一个花瓶，就认为是稀世珍品了。你怎么知道呢？所以各位去看卖古董的人，他都是把最差劲的展示出来，而不是把最好的展示出来。顾客如果觉得这些就很好了，可见他的水准很差。那就把这些卖给他，何必给他看好的？好的要留给内行人看，大家都看，就没有什么稀奇了。所以古董业跟一般行业不一样。一般展示，是把最好的放在橱窗里面。而古董业是永远不让你看最好的，这样才知道你的水准在哪里。而且我们从卖古董的角度来看，稀世珍品是很少的。一次卖掉，就没有了。所以按照买卖的原则，先卖普通的，再卖稀奇的。实在没有办法，才卖珍品，这也是很对的做法。这样做，可以满足不同的客户的需求，可以满足不同的虚荣心。我想这是古董买卖与其他买卖不同的经营之道。

（8）稀世珍宝送给李莲英，值得吗？效果如何？

我觉得一般人常常觉得不值得，送给小人，送这么贵重的礼物干什么？其实这只是一种看法而已。当然，我们很希望没有李莲英。但是我们实在不知道如果没有李莲英，清廷就会处理得很好吗？也不见得。有了李莲英，你就要知道，你非经过他这道关卡不可，非使他改变他的心意来支持你不可，否则一定吃大亏。所以如果从现实层面来看，我们觉得非常值得。因为他的影响力最大，帮忙的效果也最明显。从投资报酬的角度计算起来，当然非常值得。

会产生什么效果呢？就是让胡雪岩进来的时候，通关很方便。你看我们要出国，很多达官贵人，通关就是比我们快。我们却要排队，搞半天。而他在西太后面前轻轻讲几句话，西太后对胡雪岩就有很好的印象。问他：你是属什么的？你是六月羊，很吉祥。她怎么可能这样？我不相信西太后对所有老百姓都是这样。一方面左宗棠已经给他美言一番，一方面李莲英发挥了作用，李莲英说来说去，让西太后对胡雪岩有很好的印象。这就够了，你还要怎么样？

我们要记得，阎王好应付，小鬼很难缠。你看多少人败在李莲英的手下？多少人有志难伸，就是因为李莲英这一关过不去。胡雪岩是个生意人，他知道要投资，才有报酬。连这个都舍不得送，李莲英凭什么帮我忙？我觉得这种看法也未尝没有道理。很多人太理想化，认为最好没有李莲英，最好大家都为公设想，但是那种情况在现实生活中是不存在的。怎么样送礼，怎样送得对方很高兴，送得对方能帮我们忙，是经商之道里面十分重要的一个课题。

创业提示：领导的要领在抓人先抓心

一家人正吃得开心，胡雪岩忽然停住筷子，满脸怀疑地问阿莲嫂："这道菜是你烧的吗？"

玉惠不知道发生了什么事，赶快问："怎么了，老爷，不对味儿吗？"胡雪岩说："太对味了！"他断定芮瑾来了，所以站起来走向后堂，果真看到芮瑾。

这种敏锐的感觉，是胡雪岩成功的大本钱。别人感觉不出来，他先感觉出来；别人看不到的机会，他已经看出先兆。他之所以每次都能够抢得先机，全靠这种本领——对事物的"差异性"，具有十分锐利的分辨力。

大家七嘴八舌谈论芮瑾的事，胡雪岩马上正色说："这是我家里的事，最好别人别多话。"他看出有一些变化即将持续地展开，赶紧抓住机会，立下规矩。胡雪岩这种作风，真正的作用，在抓人心。

对属下的抓心，主要来自经营的规矩。柳成祥在北京阜康钱庄开张的日子，要胡雪岩对员工讲话。胡雪岩只是抽问伙计："三回三清的规矩，你讲讲看！"并且询问司库，为什么不义之利和投机之财也是银子，而阜康不收？他借着这个机会，向大家说明我胡雪岩"拔毛是拔在明处，买空卖空、投机取巧这种事不干"的大原则，赢得司库的表明心迹："请老爷放心，我们正是看了柜上的庄规，才来投靠老爷的！"

人心不同，所以抓心的时候，策略和方法都不尽相同。抓左宗棠的心，显然和抓玉惠的心，有所不同。但是"让他开心，再关住他的心"的开关原理，则完全相同。

14 必须见微知著

胡雪岩根本没有神通，不可能预知未来的变化。否则也就用不着如此伤神，一天到晚动脑筋、想点子。他所秉持的，只是见微知著的本事。看见微细的征兆，赶快预测可能产生的后果。预测的时候，先想坏到什么程度，自己能不能够承担，用什么方式来支撑；再想好到什么地步，有没有需要特别小心的地方；然后在这最坏与最好之间，寻找一条最有利的途径，全力以赴。

晋见西太后之前，胡雪岩早已做了充分的准备，所以获得十分丰厚的奖赏。对待钱庄员工，胡雪岩也立下严格的规矩。在微细处都能够充分要求，当然可以见微知著。钱庄业务的发展，必然蒸蒸日上，远景大好。

李莲英帮助左宗棠，让他有机会晋见西太后。左宗棠趁机举荐胡雪岩，让他也有机会同太后见面。胡雪岩花大钱买稀世珍宝宣德炉，送给李莲英。李莲英在太后面前，巧妙地替胡雪岩说话，说什么“太后您老人家赏他什么都应该”。

太后问胡雪岩想升官还是想发财，胡雪岩回答只求国家安定，百姓安康，只要好好经营阜康钱庄，便知足了。太后听说经营钱庄，就把江苏、江西、福建和浙江四省的税收大权，交给胡雪岩代理。并且要他辅助左宗棠，选址福建坚固海防。

左宗棠恭喜胡雪岩，要他马上一起到福州察看地理，着手船厂的计划。胡雪岩趁机提起南北通汇的问题，左宗棠笑他：没生意发愁，有生意还是发愁。

他带着胡雪岩拜见淳王府的七王爷。只要七王爷在西太后面前打个招呼，没有什么事行不通的。果然，南北票号从此互通，经济更灵活、更活络，胡雪岩的金融事业，当然发展得更加顺利。

胡雪岩决定在北京再开一家钱庄，一方面是出于业务的需要，一方面则是既然和京城拉上了线，必须保持密切的联系。

柳成祥和阿贵负责寻觅店面和寻找人手，胡雪岩更是特别制定钱庄的规矩，尤其是三回三清。包括回绝押款，不与京城银客发生实财纠纷；回绝商贷，全部银根用于本庄投用，不承担风险；回绝押汇贴现，不为他人承担风险。以及满心诚意讲清庄规，耐心说明以讲清缘由。

钱庄开张，胡雪岩趁着柳成祥集合店员的机会，抽查同仁，什么叫作三回？为什么要回？什么叫作三清？为什么要清？从同仁的答案中，来了解各人对店规的明了程度。同仁对胡雪岩的经营理念，也都十分钦佩。

有一天，胡雪岩和柳成祥一同巡视钱庄，发现有一伙计，居然在工作时间坐着喝茶。胡雪岩铁青着脸，二话不说，马上要他走路。柳成祥看不过去，劝说不必把庄规定得这么严。胡雪岩认为在京城开钱庄，不比其他地方，必须如履薄冰，才能安全。

智慧问答

（1）胡雪岩怎么能够获得晋见西太后的机会？李莲英又帮了些什么忙？

我们看到左宗棠要进京之前，就派人去通知胡雪岩，赶快到北京。他们同时到北京，但是左宗棠绝对不敢第一次就把胡雪岩带进宫去，没有人会冒这么大的险。我们很容易发现左宗棠，是一个计谋很周到的人。到了北京以后，他让胡雪岩在旅馆里面等待，他自己先晋见西太后，看看情况如何。所以，第一次面见西太后的时候，他就把胡雪岩以前在钱庄，为了借钱给他而被老板开革；打太平军时又冒险把军粮送给湘军，整个的过程都描述得很清楚。就在这种情况之下，西太后才会召见一个平民。否则的话，依当时朝廷的规矩，是不会这样做的。

后来胡雪岩见到西太后，又很会应对，西太后对他印象很好。再加上李莲英也美言过一阵，所以西太后就问李莲英，我该怎么奖赏他呢？李莲英说您老人家赏他什么都应该，你看就这么一句话，他就获得了很大的奖赏。

我们从这整个的过程里面可以体会到，中国人任何事情都是未雨绸缪，都有周密的计划。千万不要认为中国人没有计划。我们脑筋转得很快，灵机一动，全盘的计划都出来了。这才是我们从小被父母教导出来的一身本领。

（2）西太后金口一开，胡雪岩就得到四省税收的特权，政大于商，政策可以决定经商的成败。为什么这样？

我们想想看，政府凭什么来控制商人？为什么生意做得越大，就要越听政府的话？原因很简单，就是我们常讲的一句话，政府依法治国。他依的是什么法？就是依的政府所定的法，叫作法律，叫作政策。凡是配合政策的，政府就给他奖励，可以减税，甚至于可以免税，可以减租，给他种种的好处，当然经商就非常方便。如果违反政策，就要来罚款，就要来停水，就要来找这个找那个的麻烦，使你根本就没有办法安心经商。我不认为，政府官员是有意捣蛋，因为站在整个国家的角度思考，往往跟个别的人的想法会有出入。我们可以向政府建议修订哪些法律，但是还要配合政策。

以前像西太后这样，随便一句话，整个政策就跟着改变，这是人治。可是现在呢？我必须要说明：全世界，无所谓法治也无所谓人治。那都是很奇怪的分法，哪一个国家是完全人治、没有法律呢？全世界所有的国家都有法律。哪一个国家完全是法治的？它没有人在执行？所有法律都是人在执行的。可见没有人治，也没有法治。只是某些国家人治大于法治，某些国家法治大于人治，比重不同而已。我们现在还是人的分量比制度要大。

制度还是要靠人来执行，只不过，我们对以前那种所有的权力集中在一个人身上的方式，真的很不放心。现在政府有制度，而且是集体领导。大家分担一部分责任，共同来策划。我觉得，我们应该越来越相信政府，越来越配合政府的政策。这样来经商，会比较保险，也会发展得比较顺利。

（3）胡雪岩乘胜追击，要求打通南北汇银的关节，是不是善于把握时机呢?

所谓打铁趁热、趁热打铁，就是把握最有利的时机，来解决自己最困难的问题。胡雪岩在这方面的功夫，实在非常到家。他趁着左宗棠非常高兴的时候，提出南北汇银不能相通的困难。这个时候一提，左宗棠一定会尽全力来想办法。所以马上就想到，我们去找七王爷。你看，李鸿章找六王爷，左宗棠找七王爷，可见再大的官，背后还是要有靠山。

我们常常讲派系，其实就是这么自然形成的，也不是说有意打造的，所以也不必把派系看得太严重。胡雪岩一提出来，左宗棠马上想到七王爷，这是不是派系呢？也不必把它看作是派系。也许就是说你找他是很自然的，也不一定。左宗棠说我们去找七王爷，因为七王爷对我很好，这个问题他会解决的。这么一来，胡雪岩的很多问题当时就解决了。如果等到事后再来，左宗棠很可能会说，你自己想办法，我也没有办法，那不是完蛋了吗？

管理里面，有一种方法叫作 ABC 重点管理。就是你面前如果同时出现好几个难题的时候，不要想一次都把它提出来。胡雪岩如果一次提出五六个难题，那左宗棠心里想，我给你打包票，我还要操这么多心，那我不干了。不就糟糕了吗？他想来想去，就这个问题最重要，当时就把它提出来，因为这个一解决，其他问题胡雪岩自己会去想办法。他可以解决，这样就好了。

（4）柳成祥要胡雪岩向同仁说几句话，胡雪岩却要伙计说出钱庄“三回三清”的规定，要司库说出“三不收”的规定，这是什么用意?

我相信一般人的做法，跟胡雪岩是不同的。只要柳成祥说，东家你说几句话吧，一般的老板多半会上去训话一番，鼓励一番，讲得头头是道，结果严重地打击士气。只是很多人没有想到，后果这么糟而已。

胡雪岩非常聪明，他用相反的方法。他问伙计，我们的规定是怎么样的？老实讲，一个人有没有在听人家的训话，我们真的不知道。可是你要他讲的时候，他一开口你就知道，他到底了解了多少，有没有用心，记得多少，一目了然。所以，要考核人家，提问题并让对方把答案说出来是最好的方式。胡雪岩问他什么叫“三回”，然后问他为什么要回，问他什么叫“三清”，为什么要清。这样一来他就很清楚，这个伙计的确所有规定都记住了，而且知道为什么要这样做。

他用另外一种方式，故意把一个不很妥当的答案，说给司库听。说司库就是做这种事情的，司库说不是这样，然后把他对司库的看法说出来。胡雪岩才知道，这个人是非常用心的，可以信任他、委托他。

一般人的做法，跟胡雪岩的做法刚好相反。但是我们从胡雪岩的所作所为，跟后面的效果来印证，可以知道胡雪岩的这套方法，应该是比较有效的。

（5）钱庄立好规矩，大家才放心前来投靠，和现代经营的原则，有什么不同的地方？

现在大家都很清楚，企业形象非常重要。因为求职的人会先看看，我所要应征或者求职的这一家公司形象怎么样，对社会大众来讲，印象好不好，这是非常重要的。企业形象良好，大家才会放心来投靠，踊跃来求职，才可以选到比较好的人才。同时，老板的理念要正确，作风要明快，使大家很乐意追随他，知道在这里，不但可以学到东西，而且会有长期工作的机会。

我们回想胡雪岩当年的作为，就可以知道，跟现代的经营法则实际上很接近。他知道立规矩很重要，可是下属不能照规矩去做。我想这一点是很重要的，基层员工规规矩矩，下属要能够随机应变。如果听到一个下属跟我讲，我是依法办事，我是按照制度来处理事情，我就会觉得很好笑。因为，依法办事、按照制度做事情的是基层员工，而不是下属。凡是依法办得通的，基层都办到了。会找到下属的，就是依法办不到的。这种区别，才是胡雪岩很注意去拿捏的。你看，他要柳成祥随机应变，要谭则云提高层次，可是他对一般员工，要求照规定办理，一切守规矩。层次分得很清楚，非常符合现代化经营管理的作风。

（6）店员喝茶，胡雪岩不许，柳成祥认为庄规不必那么严，胡雪岩的看法有没有道理?

我们可以这样想，柳成祥的话没有错。钱庄就相当于现在的银行，只是把钱搬进来搬出去，反正过手就赚你的钱，要那么认真干什么？上班时间，有钱进来我就去处理，没有钱，喝喝茶，看看报，会怎么样呢？但是胡雪岩的看法不一样，他认为京城不比别的地方，来往的人非常复杂，而且每一笔资金，背后是什么人，金主是谁，谁在操控，我们都要特别小心。是不是有人借着资金的来往，想要陷害我们？是不是有的资金来源不明，将来可能会出纰漏？他会考虑到这些事情，所以看到有人在那里喝茶，他就觉得不应该。不是不应该喝茶，而是一喝茶，一看报，整个心情就放松了。心情一放松，警觉性就不够，就不会去考虑，这个钱的来路怎么样，我们该不该收，收了以后怎么办，哪些事情要报告老板，哪些事情我自己处理就可以了，他一时就搞不清楚了。所以胡雪岩也许在杭州、在其他各地，不会这么严格地要求，但是他在北京，会有特别不同的、严格的要求。我想这是因为他了解到，京城是非常的地方。非常的地方，加上非常的时机，再加上他个人特殊的条件，如果不战战兢兢，迟早是要出问题的。一个人有这样的警觉性，有这样谨慎的态度，我觉得会使整个企业的风气特别良好。

果然不错，整个钱庄，收入那么多，每天进进出出多少各色各样的人，但是他们都处理得井井有条，让胡雪岩非常放心，让顾客非常有信心，就是因为他要求非常严格。

我们看到现在很多银行，要求行员穿制服，对顾客表现出不同的态度，经常有很多跟别的银行不同的做法，主要为的是什么？加强顾客的信心，防止内部发生流弊。我想胡雪岩的用意大概也就是这样。

创业提示：常态性 VS 差异性

经营者从市场的常态性和差异性中，找出市场的潜在需求。管理者从员工行为的常态性和差异性中，施行合理的领导和激励。发现差异性，必须有差异性的安排，今天叫作市场区隔。针对不同的市场区域，开发出不一样的产品，才能因应不同的需求，达到有利可图的目标。

管理就是掌握差异性的过程，任何风吹草动，都不可以掉以轻心。等到差异性越来越大，慌张起来，才要去处理，恐怕已经来不及了。

发现差异性，应立即加以检查。不要紧的，先摆在一边。要紧的，趁着事态并不严重，不费力，也比较有把握要马上加以处置。

一个人要成功，首先要培养警觉性。稍微有一点儿差异性，马上提高警觉，丝毫不能放松。发现差异性，最好不要立即反应。这样太危险，等于下赌注，万一赌错了，岂不后悔？想想胡雪岩的样子，先站在门边想一想，看清楚了，有了好主意，还要等待时机，合适地介入，合理地化解，才有成功的机会。

15　时时广结善缘

胡雪岩有权宜应变的机智，也有果敢决断的魄力，这是处事的才华。而在做人方面，他恩怨分明，却能够时时广结善缘，以求多恩少怨，增加经营的助力。

在京城开钱庄，目的在“各位当官的，把银子往我这里一放，就算和我胡雪岩绑在一起了”。京城的政治行情最为敏感，朝里的反应，朝外的动静，随时都有变化，也时时都有机会。通过存款来广结善缘，是胡雪岩大展宏图的坚实基础。胡雪岩对员工的要求特别严格，是因为京城的顾客来头大，得罪不起。

金钱来往，最容易拉近人与人的关系。但是金银来往，也最容易引起误会，造成纠纷，甚至种下祸根。

胡雪岩在北京开设阜康钱庄顺天分号，他认为上海钱庄的业绩蒸蒸日上，京城的分行少赚一些也不要紧，主要是打开京城的关系。因为京城的银子，用起来十分有气势。因此他对京城钱庄，规矩定得特别清楚，要求也特别严格。

柳成祥看到在京城开设钱庄，需要如此紧张、谨慎，感叹商无官不安，有了官也不安。商人和做官的在一起，似乎官的势高过商人。

李莲英应邀到钱庄用餐，胡雪岩和柳成祥全力奉承。忽然通报文大人来访，胡雪岩不知道来者是谁，李莲英却急着想要逃走。因为文大人是刑部尚书、武英殿大学士，李莲英惊叫祖宗来了，可见文大人的威势。文大人也来钱庄存钱，胡雪岩特别优惠，说小庄便是文大人的银库，随时可以不限金额，随用随取。文大人很高兴，嘴巴却说刑部尚书不可知法犯法。

胡雪岩和柳成祥抽空逛八大胡同，看见一个满身是伤的小姑娘跪在那里，看起来不过十三四岁，却被老鸨打得遍体鳞伤。胡雪岩向老鸨说要替她赎身，让她远走高飞。老鸨开了一个高得不合理的价钱，以为可以吓阻胡雪岩，想不到胡雪岩想都不想，马上把钱付清，把小女孩带回家。

回到钱庄，胡雪岩问小女孩叫什么名字，回答说妞子。胡雪岩认为不好听，替她改名叫海棠，并且告诉柳成祥，再给她十两银子，让她做路费，打发她回家去。柳成祥会错意，以为胡雪岩那么用心，是另有作用。海棠也不想回家，所以柳成祥也没有催促她。

胡雪岩很不高兴，说明花大钱替她赎身，是为了传出去留个好名声，想不到柳成祥把她留下来，简直是要胡雪岩留下骂名。还告诉柳成祥这里是北京，不比上海，可以像玉惠那样，随便留人。

李鸿章听说胡雪岩获得四省税收的代理权，左宗棠也得以筹建船厂，让他十分恼怒。他想什么风头都给左宗棠占尽了，决定亲自进京，以便议事。

胡雪岩得到通报，李鸿章进京了。他肯定此事很不简单，必须小心应付。

李鸿章求见六王爷，亲自携带一桌英式大菜为六王爷开胃。六王爷也知道李鸿章有备而来，指点李鸿章运用策略，先占两江总督的位置，再设法让左宗棠挪位。

智慧问答

（1）阜康钱庄的规矩定得特别严，是什么道理?

我们都知道，任何一家公司，都有它自己的规矩，而且彼此并不相同。凭什么一家公司的规矩，可以定得特别严格，而员工还愿意去遵守？这是有条件的。不是说老板爱怎么规定，都行得通的。第一，你的企业一定要形象良好，否则的话，你自己胡作非为，而要求员工遵守特别严格的规矩，我看员工心里是不服气的。第二，你的待遇要比人家好，如果只是给一般的薪资，而要求大家特别规矩，我想很多人会跑掉。第三，老板要以身作则。胡雪岩之所以对阜康钱庄要求特别严格，最主要是什么？就是用来警惕他自己的。你看员工马马虎虎，老板也可以马马虎虎。可是员工一认真，表现出特别的态度，老板自己也会比较谨慎一点儿。我想这才是胡雪岩的用意，由下而上，培养一种很谨慎小心的风气。对阜康钱庄的发展，一定很有帮助。

我们都知道，创业不是一件容易的事情。好不容易把业创起来，这时候要有一些规定，建立一些制度，大家共同遵守，才会形成良好的风气。

（2）柳成祥认为商无官不安，有了官也不安，和左宗棠所说的你们这些商人没生意发愁，有生意还是发愁，有什么关联性？

我想大家都很清楚，这两句话有很密切的关联性，只是从不同的角度来说明而已。你看做生意的，当货品很畅销的时候，坐立不安。因为卖光了再进货，是不是又要涨价了呢？卖出去的钱，还能够进多少货呢？可是当货品销不出去的时候，也是很愁。东西卖不出去，怎么周转呢？怎么生活呢？可见时时刻刻都有问题，才是正常的心态。

有了靠山，就依赖靠山，而胡作非为，最后必然同归于尽。我们不主张彼此勾结，大家一起舞弊，最后是没有好结果的。我们希望做官的，按照法律来保障这些生意人。而生意人也一样，如果你照顾我，我当然也会适当地给你回报。你看，很多人退休以后，去当银行的董事，这不是一种回报是什么？为什么一般公务员退休就退休了，而这些人就可以当银行董事？就是他在位的时候照顾银行，退休后当然可以去当董事。只要是光明正大的事情，有什么不可以呢？还有什么好避嫌呢？本来就是互惠，本来就是彼此帮忙。只要一切秉公处理，没有什么不正常的。为了赚大钱，一定要看准风向。从事商业的人，对政界的变动也非常敏感，这是必然的道理。

（3）文大人与胡雪岩的对话，各有什么玄机？

两个人一见面就互相捧场，说一些客套话，都在套交情。中国人见面捧捧对方，对方捧捧自己，互相把场面搞热一点儿，没有多大的作用。可是到紧要的时候，就不能嘻嘻哈哈，不能够老讲那些没有用的话。

胡雪岩马上告诉他，不计利息。不计利息的意思，就是说你随时可以拿，不受利息的限额。文大人何等的老到，他如果说好啊，谢谢你，万一被录音了怎么办？将来不是很倒霉吗？所以他绝不露一点儿口风，他说以自己的身份，向来公正廉明，绝不会做这种事情。你看，就算你录音了，能抓到他的把柄吗？我觉得一个中国人，做事情最要紧的，就是不要留下任何的把柄。这一点现代人恐怕还要多多留意。做任何小小的事情，都会被人家抓住把柄，然后搞得一塌糊涂，请问这个人还有什么本领？其实，一件事情，只要为公，只要无私、守法，怎么做都没有问题。

文大人讲得很漂亮，但是实际上他是不是这样？我们也不妨存疑。胡雪岩如果不这样试探试探，文大人会怎么想？你对别人就可以，对我就比较刻薄，将来整你，看你怎么办？胡雪岩也要试试看这位文大人。他是怎么想的，相信胡雪岩并不了解。因为尽管他嘴巴讲得很好听，事实上，他到底拿不拿谁也不知道。

（4）胡雪岩为什么要替妞子赎身？和收买人心有什么关系？

我们想想看，如果胡雪岩逛窑子的时候，随便看到一个妓女就替她赎身，他能做好广告吗？大家会认为他很风流。因为你帮一个妓女赎身了，还有更多的妓女，你仍然没有办法替她们赎身。胡雪岩很聪明，他看这些正常的，看这些在那里跑来跑去的，知道这不是他的对象。他一眼看到那个人，被罚跪，搞得满脸脏兮兮的。他觉得这就是我要找的对象了。因为你放这么一个人，跟放其他的人，效果是不一样的。

可是柳成祥不能配合，他不了解，搞了半天，效果并没有如胡雪岩所预期的那样。可见主管跟部属，我们常常讲要一条心，就是要有充分的默契。为什么要逼胡雪岩清清楚楚地告诉柳成祥，说我这是假的，这是做广告。可惜柳成祥就是没有办法了解。

你看现在做公益广告，是不是也是同样的功能？我这边赚了很多钱，做了一些公益广告，叫大家不要吸烟。跟放一个妞子出去，有什么不同？收买人心的方法很多很多，做一些慈善的活动，参加一些公益性的活动，做一些公益广告等。

（5）柳成祥和胡雪岩相交已久，也相知颇深，为什么在很多方面，仍然不能了解胡雪岩的心意？老板比较容易了解下属，下属却不容易了解老板，这是为什么？

我们常讲知子莫若父，父母很了解子女。但是，我们很少讲说知父莫若子。虽然是亲子关系，但是子女想了解父母的可能性不大。因为父母有很多经历是他们根本没有经历过的，怎么能够完全体会父母的心呢？

我们今天说，要做子女的朋友。我对此提出很严重的警告，父母做子女的朋友，子女只不过多了一个年纪大的老朋友，却失去了父母。有了朋友，而失去了亲人，值得吗？像很多子女，等到为人父母，了解到了一部分的时候，很不幸的，父母已经不在人间了。这种了解，也等于不了解。

管理就好比登山一样，高阶层的人爬得高。在山上，可以看得很远。快要下雨了，因为远方已经黑了。前面还有山挡住，所以风吹不过来，他看得很清楚。可是山底下的人，永远没有办法了解山顶上人的感受。

员工跟老板怎么沟通？我觉得我们要有一种层次性的分别，老板要关心部属，部属就凭你关心他而听你的话。而不是说，你有道理他才听你的话。他没有能力，他没有经验，来分辨你是不是有道理。这一点，也请各位好好思考一下。

（6）胡雪岩为什么觉得李鸿章一进京，肯定是出了事呢？

一般人喜欢把数据跟明牌分开来看，认为数据是科学的，而明牌根本就是迷信。我们不赞成这样，因为明牌就等于数据，数据就等于明牌。同样是一大堆数字，你看到这些数字，知道所以然，它就变成数据。你看到这些数字，根本搞不清楚它是干什么的，那就是明牌。

胡雪岩看到李鸿章到北京来，马上想到大概出事情了，这是神通还是推理呢？如果是一般人，会把神通跟推理分开来看，认为推理才是科学的，神通就是迷信，这也是胡说八道。神通就是推理，推理就是神通。一个人只把结果说出来，不说过程，就是神通。一个人把过程说出来，告诉你结果是这样，就是推理，两个是一模一样的东西。

老实讲，李鸿章亲自出马，一定非同小可。如果说是慈禧太后叫他进京的，倒还没有什么稀奇。现在没有啊，敬事房说，西太后没有召见李鸿章。以李鸿章的身份，西太后没有召见他，他居然亲自进京，当然不是小事情。这个通过推理就可以知道，并不代表胡雪岩有什么神通。

我们一路看来，总觉得胡雪岩好神，料事如神，什么事情他都知道。其实没有，胡雪岩没有神通，他只是很小心，不放过任何具有差异性的事情。他一路推理，想当然。想当然，大家都知道，叫作预测力。我们一直认为首长能够掌握未来的变化，对未来有预测力，是非常重要的。从这一次可以看出来，胡雪岩不过是警觉性高而已，不过是怀疑心重而已。他很容易了解到，以后的变化怎么样。这个叫不叫诸葛亮？其实跟诸葛亮也是大同小异。不过诸葛亮比较神化，而胡雪岩比较实际，大家都做得到。

创业提示：为官经商各有生存之道

京城是政治中心，凡事特别敏感。胡雪岩在京城开钱庄，是希望当官的把银子往阜康一放，就和胡雪岩绑在一起，建立了关系。他更借以打听朝里的反应，观察朝外的动静，以期看准风向，赚大钱。

李莲英呢？一心一意讨慈禧太后的欢心。身份再低微，照样可以影响大局，令人不敢不买他的账。可见，不同行业，有不同的生存之道。同样行业，依据“市场区隔”的原则，也可以发展出不相同的生存之道。

16　善尽社会责任

除了权变之智，决断之勇，胡雪岩还拥有取予之仁。他在善尽社会责任方面，做了不少事，令人十分感动。

从出售生死米开始，就可以看出胡雪岩把经商和社会公益结合在一起。不像一般人那样，认为“企业是营利事业，不是慈善事业”，非到情不得已，不考虑承担社会责任。胡雪岩在艰苦时期，几乎都以社会责任来脱困。因为取之于社会，用之于社会的理念，大家普遍都能够接受，也乐意加以配合，使其收到更为可观的利益。

李鸿章获得六王爷的指点，准备晋见西太后。他想送礼，要丁日昌打听京城中哪里有珍奇古宝，回说有一处，叫论古斋。于是，丁日昌便陪着李鸿章一道到论古斋，直接指明要买稀世珍品。

老板拿出宣德炉，原来是胡雪岩买去送给李莲英的，后来老板又以较低的价钱买回来，现在正好卖给李鸿章。

李鸿章不放心，问:“若是假的怎么办？”老板回以“愿开证明，如假甘愿受罚”。再问:“若是有人追究，怎么办？”老板马上变脸，把宣德炉收起来。李鸿章赶快问多少钱，老板开价一万五千两，丁日昌嫌贵，老板说留着不卖。李鸿章忙说要了。

丁日昌拿出银票，老板一看，知道是上海来的，立即奉上端砚一方、象牙虎笔一支。李鸿章心想其中必有蹊跷，追问原因。老板说李鸿章给的是官银，如果拿到胡雪岩的钱庄去兑现，还可以多得二厘利息。存着不取，又可以多得二厘利息。老板十分高兴，所以赠送礼品。

老板把丁日昌的银票拿到胡雪岩的钱庄去存，免得夜长梦多，有什么变卦。阜康钱庄一下子收到这么大数目的银票，而且是上海的官票，赶紧呈报胡雪岩。问清楚是论古斋存进来的，胡雪岩知道李鸿章已经动起来了，马上就跑到论古斋，想要问个清楚。

胡雪岩来到论古斋，老板只开个小缝，连店门都不敢打开。探出头来，直说自己的店，只卖些破旧器皿，专门吓唬人用的，硬是不让胡雪岩进门说话。胡雪岩一直劝说，老板却更加不相信胡雪岩真的只是想来看一看，直说抱歉，很快就把店门关上。

胡雪岩吃了闭门羹。想到李鸿章已经开始有所行动，而且老是把他当作眼中钉的丁日昌也跟着来了，心中一直不得安宁。好不容易获得西太后的赏赐，会不会因而遭受破坏？特别是现在李鸿章的气势比不上左宗棠，像李鸿章自尊心这么强的人，怎么忍得下这口气？他动不了左宗棠，会不会动胡雪岩？胡雪岩越想越不对劲，赶紧找人再送东西给李莲英，要求特别照顾。

智慧问答

（1）李鸿章为什么要购买稀世珍品？

因为他要送礼给西太后。为什么他也要送礼呢？难道他没有老板吗？难道他不要送礼给老板吗？我们来讲一个笑话。

美国的 IBM 公司，规定不能送礼。因为它是全球性的公司，所以一个命令给所有 IBM 分公司，说大家不能送礼。第一个反应的不是中国，因为中国人，反正你讲归你讲，我送归我送，我不必跟你反应。反应回来的是日本分公司。日本分公司说不送礼怎么行得通呢？ IBM 总部觉得很奇怪，不送礼怎么就行不通呢？不送礼就不送礼，怎么行不通？就派了一个小组，到日本去了解，为什么不送礼会行不通。一个礼拜以后，这个小组的人回来了，说我们不必讲任何话，你只要看我们这一小组的人就好了，全身都是礼物。日本人要租房子，第一次见面送礼物，第二次送礼物，每一次都要送礼物。送礼有好有坏，不见得通通是见不得人的。这个观念我觉得比较正确，生意人要送礼，做官的也要送礼，因为再大的官也有顶头的人，有时候还送不进去。

请客跟送礼，是非常困难的事情。一般人没有做过，总觉得有钱，送礼是很容易的，其实送礼常常是很困难的，特别是送稀世珍品。结果又便宜了李莲英。可见李鸿章在这一方面，还是不如胡雪岩。

（2）李鸿章和胡雪岩，对宣德炉的反应有什么不同？是什么原因？

我们看一看，胡雪岩第一眼看到宣德炉，就知道这是真的宣德炉，他二话不说就要了，可见他很内行。可李鸿章问了一个很外行的问题，他说有人追究怎么办。我们常常觉得，一个人只要把问题说出来，人家就已经掌握到你了。

我们现在以第三者的身份来看，胡雪岩的表现，跟李鸿章的表现，你觉得怎么样？李鸿章很少送礼，只有收礼的份，所以他对送礼很外行。胡雪岩是个跑街的，过年过节都要送礼，所以对送礼很内行，一下就看出来了。李鸿章问价钱，还在讨价还价。既然要稀世珍品，还讨价还价干什么？你看胡雪岩，值不值得自己估量一下：要不要花这个钱？值得，二话不说买了。可是李鸿章就不一样了，丁日昌还在旁边问能不能便宜一点儿，结果那个老板说，我自己收下来好了。多难看？李鸿章是做官的，不擅长做生意。胡雪岩做生意的时候，他是做生意的样子；做顾客的时候，又是大老板的样子，这是完全不同的。我们可以看出来，胡雪岩的长处就是弹性比较大。如果他有机会做官，我相信也会做得很好。做生意像做生意的样子；当大客户的时候有大客户的气派；当伙计的时候是伙计的样子；当老板的时候，又有老板的魄力。这样是不是证明他的弹性比较大？扮演各种不同的角色，都能够恰到好处？这是非常不容易的事情。

（3）老板收受银票之后，为什么奉送李鸿章端砚一方、象牙虎笔一支？这种手法现代还流行吗？

中国人做生意，讲求的是公平交易，不占客人的便宜，当然自己也不能吃亏。老板收到钱以后，一看是官票，可以从中获利，因为我拿到胡雪岩那里，可以多得利钱。一个人占便宜以后，就要分享给对方，这种分享的做法，才能够持久。所以老板一看，占到便宜了，马上送你礼物，表示说我跟你分享才叫作公道。如果老板一看，这个银票对我有利，于是闷声不响，自己把好处独吞了，客户迟早会知道，就会影响到他往后的生意。

现代人有一个毛病，就是鼓励别人去抗争，然后自己来当和事佬，这是人家很容易发现的事情。当然，两个人真的在争吵的时候，你出来当和事佬是很好的。可是你暗中鼓动一方，然后再来做调停者，这就有一点儿虚假、不实在了。

论古斋的这个老板是很实在的。他起初不知道李鸿章的银票是有好处的，所以说一毛钱不能少，就是这样子。可是后来一看，就觉得我应该送你礼物。

我们再举个例子，当你坐飞机的时候，行李跟不上这班飞机，航空公司怎么办？有的航空公司认为，那是你的事，你倒霉，人家的行李都到了，只有你的没到，活该。这是一种做法。另外一种做法是说：好，我先给你一个随身用品袋，包括换洗的内衣裤、牙膏、牙刷、刮胡刀等，最起码让你可以先应付一阵子，我马上找你的行李在哪里。有的航空公司说，你没有找到你的行李是不是？没有关系，我替你打电话，看看他们是怎么回事。在你等待的时间，你拿我的票到餐厅去喝杯咖啡，稍微轻松一点儿，忍耐一下。因为我耽误你的时间，所以应该请你喝咖啡。这种做法也比较合情合理。

（4）官家的威风，商人如何因应，才比较安全？

自古以来，我们都非常清楚，商人不与官斗。你要跟做官的斗，最后一定倒霉。一看情况不对，做生意的人最好怎么办？躲一躲，避一避，不要去触霉头，不要直接去接触，这是上策。把店门关起来，出去休假，其实是躲在家里面生闷气。到现在还是这样子。政府要查禁了，主动把铁门拉下来，然后整修内部，暂时休业，其实你是无法跟人家抗争的。我们都知道官很威风，来势汹汹，你去跟他顶什么？

所以我是觉得我们不要直接去跟官斗，这是上策。我们还是要通过合法渠道，好好去陈情比较有用。平常要建立官商沟通的管道，到时候他才听得进去。老实讲，同样去找做官的，关系够，他就能够听你的话；关系不够，根本就是封闭的。

（5）古董店的经营策略，有什么特别的地方？

我们看得很清楚，这个老板从来不主动去打听顾客需要的是什么，只是把东西陈列起来让他们自己看。你看中什么，就要什么。因为打听得越多，知道得越多，将来就越倒霉。不知道送的人是谁，会不会惹来麻烦？谁知道？你看我们今天追查来、追查去，经常会追查谁卖的，什么时候卖的，跟他有没有勾结，跟他有没有关系，这不是很麻烦吗？所以古董店的老板最好就是，你要软的，你就买软的；你要硬的，你就挑硬的；你觉得什么好，你就买什么。我跟你只是很单纯的买卖关系，不做什么私人顾问。小东西要标价，贵重的东西不标价，表示什么？无价之宝。或者标得很贵，到时候再来调整。要老老实实的不二价非常困难。

再说经营古董店，一定要抱持这种心情，就是不急于卖。越急，客户就知道这东西不是假的，就是东家太多了。如果东西很少，货源很难得，你根本舍不得割爱，急着卖干什么？卖古董的人跟一般做生意的人不一样，绝对不可能用薄利多销的方式，而是优哉游哉，一直跟你聊天，聊东聊西，聊到你出价，他还表现出爱买不买的样子。这样，他就成功了。我们常听说卖古董的一年卖个两件，他就可以过日子了，却始终没有人知道，成本到底是多少，利润有多高。

（6）老板赶快把门关上，是什么用意?

我们已经讲过商不与官斗，这个老板很聪明，一看外面乱纷纷，不会去凑热闹，不会去问到底怎么回事。万一事到临头，躲都躲不及，怎么办？他机灵得很，尽量避避风头，少触霉头。最好的办法，就是把门关起来，眼不见为净，跟外面隔绝，总是比较安全。他表示什么，表示我不跟你抗争，表示我没有抗拒，表示我没有跟别人联合起来。这样一来，自然不会惹起官方的注意，也就不会找麻烦。我们最怕的就是变成官方注目的焦点，把你拿来杀鸡儆猴，把你拿来开刀，那你就倒霉了。所以这个时候，不是出风头的时候，能躲就躲。

中国人是很聪明的，该出风头，就当仁不让；该躲，躲得比谁都快。现在有很多人很少有这种警觉心，该躲的不躲，不该出面的拼命出面，结果怨天尤人，一天到晚骂人家，自己倒霉。我们惹不起官府，只好逆来顺受。关起门来，躲一阵子是上策。你看他一看到胡雪岩，马上说我不认识你，因为他搞不清楚胡雪岩是谁。胡雪岩跟他买过高价的产品，他一定记得住，就是来过的那位大爷。可是这个时候，再大的生意都不要做，保平安比什么都重要。

我觉得一个人看得开，就是该你赚钱的时候不要放弃，该你躲避的时候不要为钱所困。但是有很多人，只知道赚钱，不知道麻烦已经来了。最后赚来的钱，还不够弃财保家的，那才是可怜。

创业提示：真才实学 VS 广告吹嘘

人有才能，还得靠三分宣传。钟常常撞，钟声会扰乱人；钟老不撞，谁知道钟会响那么大声？自我推销是人人都必需的补助品。

做得再好的产品，也需要广告宣传来引起大家的注意。现代社会主要是信息太泛滥，而人的注意力十分有限。如果不是特别引人注目，实在不容易产生卖点。

胡雪岩买放小妞，便是不像广告的广告。柳成祥看不懂，小妞不配合，难怪胡雪岩说：“再精巧的算盘，也有打错的时候。”人的真才实学，当然十分要紧，但是，人间是非，是非人间，岂是真才实学所能够算透、看穿的？还是相机宣传，做一些广告吧！

结语　胡雪岩创业成功的原因

（一）适时展现才能发展事业

胡雪岩的第一笔生意，说起来相当可笑，竟然是送粮食给湘军，然后从左宗棠手中，赚取了一千四百两银子。能赚就赚，当取则取，是胡雪岩的商人本色，不是吗？

他征求谭则云和柳成祥这两位老朋友的意见，是要继续赚一笔呢，还是要分钱各干各的？柳成祥担心资本不足，胡雪岩说可以用“嘴”来解决本钱短缺的问题。谭则云表示愿意，胡雪岩马上委以钱柜的重任。在三人当中，胡雪岩以他的才能，逐渐取得主导权。

从再度拜访漕帮老大，和谭则云、柳成祥商量筹建钱庄，与左宗棠下棋，建议左宗棠成立常捷军，和王将军一道到上海购买洋枪洋炮，处处都是难关，胡雪岩则适时表现才能，逐一加以突破。

这种功夫，并不是先天带来的，而是后天好学、勤练的结果。只有平日多听、多看、多想、多问、多学习、少吹牛，才能够蓄积许多为人处世的常识，一旦面对问题，能够适时展现，使问题迎刃而解。

和漕帮打交道，如果不懂得帮规，根本不得其门而入。筹建钱庄，应该遵照老规矩：走官场先拜宝眷，会同行先说油水。与权威人士下棋，不是先输后赢，便是先赢后输，走到和棋最为安全。一边下棋，一边还要接受考验。因为权威人士，喜欢通过下棋来了解一个人的人品及修养。向当惯首长的人建议，必须明白“不建议不行，说错了会没命”的道理，把话说得恰如其分，恰到好处，还可能被视为“不无张狂之嫌”。若是幸蒙认为不无道理，那就已属万幸。初来上海，人地生疏的时候，要懂得找门路，建立关系，才能够由点而面，逐渐求发展。

有靠山，就有人眼红。亲信的人，为了表示忠心耿耿，也为了维护首长形象及团体利益，免不了要打小报告。于是种种考验，有意无意地杀鸡儆猴，以及派人随同行动，协助兼监视，都应该及时运用智慧，适当地因应。官商之间，由互相提防而彼此信任，小心翼翼。

胡雪岩读书不多，只受过四年的私塾教育，但是他悟性很高，而且勤于学习。在提任钱庄跑街期间，接触到各色各样的人，对“否极泰来”“乐极生悲”“大树底下好乘凉”“义无反顾”“忍辱负重”这一类人生哲理，体会甚深。加上他喜欢听说书，从说书人那里，获得了许多为人处世的道理和方法。

人有两种：一种是初看很行，越看越不行；另一种是初看没有什么，越看越经得起看。胡雪岩是经得起看的人，谁能够想象，一个年纪轻轻，没有受过高深教育，而且阅历不深，经验尚浅的胡雪岩，怎么经得起军威的惊吓、帮派的考验、左宗棠的教训呢？

同样从无到有，一起合作创业，胡雪岩却自然而然，树立起“东家”的身份与地位，这是他的才能表现，使柳成祥和谭则云自叹不如，看在阿宝眼里，当然出自内心尊称胡雪岩为东家了。穷小子变成东家，大家都服他。

出钱当老板，不如不出钱当老板。前者现在叫作经营者，后者则称为专业经理人。胡雪岩身兼经营者和专业经理人，完全是他适时表现才能所获得的自然结果，既装不出来，也争夺不到，自然获得同仁的尊敬和拥戴，实在非常不容易。

英雄不怕出身低，经商不怕学问浅。为人处世的本事，加上独到的眼光，不难适时展现才能，发展事业。

（二）胡雪岩创业成功的要因

如果没有胡雪岩，柳成祥和谭则云闯得出这么一片天地吗？他们两个人，会不会死守在仁德钱庄，等到太平军攻入杭州，再落荒而逃呢？

可见阜康集团创业成功，和胡雪岩有密切的关系。其中的要因，分别说明如下：

第一，胡雪岩对自己极具信心。军爷把刀架在柳成祥和谭则云的脖子上，胡雪岩向他们保证："二位有事，有我呢；老板追究，我担着。"他不是吹牛，而是有信心在危机处理上面，老板会肯定他的做法。想不到被开除，失业在家，却仍然勤练算盘，认定将来准能用得上。时时刻刻想经商致富当老板，终能心想事成，如愿以偿。

其次，胡雪岩不断充实自己的实力。有信心，如果缺乏真才实学，不过是整天做梦，却一事无成。胡雪岩自当学徒开始，就有计划地自我学习，并且多听、多看、多体会，对于人情世故，历史故事，各种随机应变的案例，都尽量吸收，终于把自己磨炼成一个口才好、反应快、能屈能伸、脑筋清楚的人才。

第三，胡雪岩获得千载难逢的机会。有信心，有才能，若是遇不到良机，也将一辈子委屈，做梦做到死。太平军和湘军打仗，造成胡雪岩创业的大好机会。加上王有龄、左宗棠的大力支持，胡雪岩的梦想终于成真，而他的真才实学，也得以尽情发挥，不但令昔日同僚刮目相看，而且使李鸿章、慈禧太后，都不得不格外重视。

有信心，有本事，加上有机会，任何人都可以创业成功。所谓心想事成，应该分成两部分来看。心想包括信心和本事，所以不能空想，要配合着自己的本事来确立信心；事成是机会，一部分由人寻找、开发，大部分由天决定。心想的主导权在人，事成的主导权在天，成功是天人合一的事情，任何人都没有绝对的把握。

努力的人不一定成功，成功的人必定十分努力。胡雪岩绞尽脑汁，随时都在应变。但是连续应变得宜，固然是平日用心学习的结果，却也免不了上天的庇佑，才能如此顺利，处处化险为夷。

胡雪岩并没有接受经营管理的专业训练，然而他做起生意来，不但头头是道，而且符合现代的经营管理法则，这是什么原因？事实上到现在为止，大部分企业界人士，都还在沿用胡雪岩这一套来自中国传统、平淡无奇却能够历久弥新的修齐治平之道，也就是一般人常说的做人做事的道理。胡雪岩自学的是这一套，发挥出来的，也是这一套。

在中国，通常是老板多，专业经理人少。老板依靠这一套从小耳濡目染的做人做事道理，治国平天下都不怕，哪里怕经营企业？所以不用训练，就顺理成章地登上老板的宝座，并且一回生两回熟地越来越像东家的样子。

经营管理，不过是做人做事的一部分道理。一个人的经营理念，如果和他的人生理想相违背，我们很容易看出，他的经营理念纯粹是口是心非，用来欺骗社会大众的，根本无法真正落实。说不定一段时间之后，他自己也忘记了。胡雪岩成功的要因之一，是他的经营理念和他的人生目标一致：重诚信，说到做到，绝不虚伪行骗；讲道义，走上仁义的大道，不赚取有害人群、危害社会的钱财；有国家观念，不致以“商界无祖国”为借口而当了“经济汉奸”。

做人表现在人际关系良好，从王有龄到左宗棠，都大力支持，给了他非常大的帮助。做事表现在工作绩效良好，从采购粮食到设立钱庄，业绩都十分可观。胡雪岩做人做事，都依据中国人家喻户晓的一些道理，却能够发挥得恰到好处，效果良好。证明中国人的道理，原本没有错，是我们长期以来，没有好好地加以整理，而且日用而不知，能做却说不出所以然来，这才有时候做错了，或者做得不够好，以致结果打折扣，降低了自己的信心。

第二部分

宏图大展

商界重和气不重骨气，在和气生财的大前提下，竞争起来还比较客气，大多来软的不来硬的，来暗的不便明目张胆，放谣言中伤而不至于公然破坏。

政治人物嘴巴上很喜欢说双赢，实际上心中有数，不是你死，就是我活。商场上还可以多赚少赚，政界沉浮，加以世态炎凉，反映出来却是：浮出线的门庭若市，沉下去的门可罗雀。

01 巩固集团势力

胡雪岩看到官场和商界的斗争，知道必须设法加以巩固集团势力，才能够发展壮大。通过钱庄的运作，把许多官员的关系搞好。要打通宫里李莲英的路子，还要动脑筋，想办法缓和李鸿章这一边的紧张关系。

他知道左宗棠生性孤傲，容易得罪人，完全靠他，恐怕靠不住。因此极力拉拢各方势力，以增强自己集团的力量。

但是，丁日昌这一股势力，始终采取敌对的态度，使得胡雪岩不得不特别小心。而对左宗棠这一方面，则加强联系，坦白表明愿意和左宗棠共赴危难的决心，以争取左宗棠的信心。

胡雪岩害怕李鸿章拿他开刀，赶紧叫人送东西，向李莲英求救。李莲英得到好处，便百般刁难，不让李鸿章晋见西太后。李鸿章很不喜欢李莲英，也不想送红包。可是李莲英再三暗示，为了能够晋见西太后，不得不送上文银两千两。李莲英这才和缓起来，为他打开门路。

西太后装作不知道李莲英在捉弄李鸿章，心想整整他也好，谁叫他老是说什么新法，弄得自己头痛。于是西太后直接问李鸿章："是为了两江总督的空缺来的吧！"看在六王爷的份上，西太后答应了。李鸿章替六王爷多说了几句好话，惹得西太后不高兴，下了逐客令，李鸿章赶快退下。原本想趁机说一些左宗棠的坏话，也不敢讲了，把带来的宣德炉放在地上，提都不敢提，就退了下去。

西太后问是什么东西，李莲英说是稀世珍品宣德炉。太后觉得好笑，宣德炉什么时候也变成稀世珍品？她看都不看，叫李莲英扔到地沟里去。

李莲英连声说是，把宣德炉私自收藏起来。趁着太后休息的时候，叫小太监去通报消息，告诉胡雪岩有关李鸿章升官的讯息。

胡雪岩赏了一个元宝给小太监，小太监说依他的身份，不敢领这个赏钱。胡雪岩也替他立了一个账户，存了起来。

李鸿章向六王爷拜谢，并埋怨左宗棠掌握两江财政。六王爷说："谁让你没有一个阜康钱庄？"李鸿章叹气说："钱庄好办，人才难寻哪！"

左宗棠在福州主持船厂事宜，看着现有的一些规模，心里感到骄傲与欣慰。

胡雪岩前来福州，一走进船厂，王德榜就大叫：财神爷来了。胡雪岩报告说李鸿章派唐廷枢在上海开办招商局，而且他们的江南制造局也在黄浦江边造船。左宗棠毫不在意，反而说大家比一比，看谁造的船好。

胡雪岩担心李鸿章派人到船政大臣沈葆桢那里，打听马尾造船厂的底细。左宗棠觉得胡雪岩想得太多，不必如此杞人忧天。

左宗棠霸气地说："我左宗棠来时两袖清风，去时一贫如洗，我就不信邪能压正。"

智慧问答

（1）胡雪岩为什么叫小太监向李莲英通风报信？为什么商人最喜欢结交李莲英这样的人？

我们想想看，西太后为什么欣赏李莲英？当然有很多原因。但是其中之一，就是李莲英常常提供一些情报，必要时点西太后一下，所以很得西太后的赏识。

我们看到李莲英没事的时候，一定打瞌睡。因为跟大人物在一起，他精力旺盛。他不睡觉的时候，一会儿叫你这样，一会儿叫你那样。他睡觉前，又交代你去做这个，做那个，然后他去睡觉了。你想想看，他醒着的时候你很忙，他睡着了你又干事情，最后一定死得很快。李莲英深深懂得这种道理，没事打瞌睡，所以一有声音，他马上就说，奴才在这儿。一听到是小太监，脸色马上板过来，你吓了我一跳，这都很正常。小太监给他信的时候，他往桌上一丢，表示你给我信，我就要看，你胡雪岩算什么？后来看到礼物，就看在礼物的份上，看看你的信。

我们不能要求李莲英是圣人，这样比较好。小太监也做了一个非常好的示范，他把胡雪岩给他的东西拿出来，今天的人几乎都做不到。一般人认为，这是胡雪岩给我的，何必给李莲英看？不对，不应该这样。别人给小孩儿礼品，是看父母的面子。胡雪岩给小太监一些赏金，是看李莲英的面子。小太监把东西拿出来给李莲英看，李莲英也很懂事，连说：拿走，拿走。两边都恰到好处，小太监以后也很得李莲英的信任，而李莲英也可以随意指使小太监。从某一个角度来看，也不算是坏事情。也许他能够在紧要关头，提供一些讯息，或是给你一条活路走。我觉得这对商人来讲，是非常重要的。所以商人很乐意跟李莲英这样的人交往，我觉得是必然的道理。

（2）李莲英叫太监告诉胡雪岩李鸿章升官的事，对胡雪岩有什么好处？

我想通风报信是李莲英唯一能够做的事情。当然这件事情迟早会传到胡雪岩的耳朵里，但是早一点儿告诉他，早一点儿有心理上的准备，对胡雪岩很有帮助。

胡雪岩也不会寄望李莲英太高，希望他把西太后的心意改变掉，那是不可能的。他不过希望能够多少影响一点儿西太后。实在不行，那就把已经决定的信息，让我早一点儿知道。我想胡雪岩所求的，只不过是这样。所以当西太后决定之后，李莲英很够意思，马上叫小太监告诉他。这样一来，两边来往很频繁，慢慢地，关系就会拉得很近。胡雪岩知道这个信息以后，就知道怎样对付李鸿章这班人。虽然没有办法拉拢，但是我可以想办法来减少敌意。

任何消息，对一个做决策的人来讲，都是非常重要的，不可以放过。胡雪岩在这方面，下了很多功夫。平时多方去搜集资料，到了紧要关头，才可以很明快地下决定。但是，在搜集资料方面，平常是要花很多时间的，不是说一个命令，人家就会把情报告诉你。也不是说，你临时要才去求人家。这是做不到的。平常要撒网，把网布得很广。同时要往来，使对方很乐意替你做事情，紧要关头马上提供信息。这样一来，最新的信息都掌握住了，这叫作打情报仗。胡雪岩的成功，一个很重要的因素是他的情报抓得很紧。

（3）胡雪岩赏钱给太监，太监为什么不敢拿？

儿子有很多行为跟爸爸一样；部属有很多行为，越来越像他的上司。这个小太监，跟李莲英久了以后，慢慢学到李莲英的一些技巧。各位可以看出来，这个小太监是很聪明的，他心里想，我把元宝拿回去，就是个元宝而已。我又不能开口说，我要比照李莲英一样，存在你们的钱庄里面。我什么身份，我什么分量，我敢这样讲吗？所以他很有技巧地说，我不敢领这个赏钱。胡雪岩很聪明，他马上听懂这个小太监的意思。我想今天很多人这种能力已经慢慢在消退。没关系，没关系，你拿，你拿。小太监就觉得很奇怪，我不拿吗？我不应该拿吗？我不愿意拿吗？你怎么这样讲呢？胡雪岩他很清楚，他说，我明白，我明白。他就叫里面的人，也设立一个账户，比照李莲英处理，小太监当然很高兴。以后对他的事情就更加热心。同时小太监讲了这番话，也是希望这番话会传回去，传到李莲英的耳朵里。这样，李莲英一定更重视这个小太监，将来对他的升迁，有很大的帮助。这就是一石二鸟，一方面我得到好处，一方面我的话又传回去，使我的主子对我更加信任。这么一来，两边都对他有很好的印象。从今以后，无形中就变成两边不可缺的桥梁。

一个人要慢慢把自己做成非我不可，才是最安全的。什么职业保障，什么合同，其实都是不重要的。能够做到让老板觉得没有你我会糟糕，让上司感觉到没有你的话我很辛苦，有一天非你不可的时候，这才是最佳的保障。

（4）李鸿章为什么感慨钱庄好办，人才难寻？如果他真的欣赏胡雪岩，又为什么要当面给他难堪？

我们都知道，有人就可以开公司，但是不一定赚钱，因为这个人不一定是人才。有人，这个人是人才，开公司就可以赚钱。有人，可惜这个人不是人才，开公司就要亏本。我们要开公司，去申请，去登记，很快就开起来了，但是也很快就倒闭了，因为你没有人才。很多老板都很积极地要找人才，可惜社会上人很多，但是你真正所要的人，实在是太少了。

李鸿章对胡雪岩很欣赏，为何不把他挖过来呢？他挖不过来的。他知道胡雪岩这个人很讲义气。你没有办法挖他，如果他投靠你，你更害怕。因为像胡雪岩这样的人都会弃左宗棠而去，将来他一定同样会弃李鸿章而去。所以他不会动这个脑筋，他很欣赏他，但是不会想办法把他挖过来。可是他又怕丁日昌这些人，也会说他非常欣赏胡雪岩，所以老骂他，老给他难堪。因此他也要当面给胡雪岩一些冷言冷语，给他脸色看。这样一来，才能够平定丁日昌的心。

中国人在摆平这方面，考虑很周到。该骂的时候骂；该给你面子的时候，给你面子。该赞美胡雪岩的时候，赞美；该给他难堪的时候，给他难堪。这样一来，丁日昌这些人心情才会平稳，否则就开始怀疑了：是不是要把我赶走？是不是想把胡雪岩挖来？那就天下大乱了。

李鸿章在这一方面很有独到之处。你看他每一个表情，每一个措施，如果好好体会的话，都知道他在表示他的心意。中国人的习惯是，心里想的事不太用嘴巴讲出来的，他会用行动来暗示。中国人是常常要看对方的行动，去揣摩他的心意。这一点在今天还是非常必要的。

（5）左宗棠为什么把胡雪岩当作财神爷？他为什么不会怀疑胡雪岩倒向李鸿章那一边？

一般来讲，官员的理财能力总是差一点儿。最起码他的经验不够丰富，而且不方便自己出面。现在既然有胡雪岩这么好的理财人才，干脆把理财的事情让胡雪岩去做。我觉得这是左宗棠很高明的一点。何况自从跟胡雪岩合作以来，左宗棠觉得胡雪岩每件事情都做得很好。他所答应的事情，没有一件没有完成。可见胡雪岩的信用，是他自己建立起来的。这一句话很重要：一个人的信用，是他自己建立起来的。常常没有信用，人家就越来越不敢相信你；常常有信用，人家就越来越相信你。

胡雪岩跟左宗棠没有什么渊源，以前也不认识。一方面是左宗棠很放心用人，一方面是胡雪岩非常争气。每次承诺，都做得好好的。双方配合，凑成了他们这种合作的关系。

左宗棠这个人，跟李鸿章最大的不同，就是他很坦然。他觉得胡雪岩要倒向李鸿章就倒吧，无所谓。所以他不会去怀疑这些事情。我觉得一个人会不会怀疑人家，完全是看你脑子里面有没有这种观念。一个没有变来变去观念的人，是不会怀疑一个人变来变去的。左宗棠觉得，胡雪岩跟自己和跟李鸿章一样，大家都是为国家做事情的人，所以他不会去怀疑。因此他也不会觉得李鸿章升官了，势力大了，胡雪岩就会偏向他，出卖自己。而且他还有一个好处，就是认为即使这样的话，那又怎么样？我们慢慢可以看出来，左宗棠这种个性，是他的优点也是他的缺点。

（6）左宗棠自许“来时两袖清风，去时一贫如洗”，真的就能邪不压正了吗?

我想各位心里都很明白，这是不可能的事情。自古以来，多少人有这样的豪情壮志，最后都不幸死在小人手下。我们一直埋怨小人那么厉害、奸诈、滑头，可是这是不能解决问题的。我们看看，中国历史十分可怜：治少乱多。太平时间很短，战乱的时间很长。一般人都认为这是小人的过失，因为小人把君子害死，所以天下大乱。我建议大家最好换一个角色，换一个角度来看。不要只知道批评人家的这种立场、这种角色来看问题，我们反过来看，可以感觉到，这完全是君子的错。像左宗棠这样：我就是这个样子，你把我怎么样？最后他的下场是不会好的。

一个人，不是说你很正直，很诚恳，一切为公，就够了，不是这样子。还要跟小人周旋，还要能够战败小人。尤其是现代社会，根本就是好人跟坏人斗的一个时代。如果好人都斗不过小人，然后一天到晚骂小人，那这个好人有什么用？清流固然值得赞美，但是清流没有什么力量，也是一种遗憾。

左宗棠认为，我不贪污，我不舞弊，我问心无愧，我一心为国为民，我还要跟你们这些小人打交道吗？我想这是他的致命伤。相反地，如果左宗棠在这一方面再加强一点儿，你小人，我装做不知道，我跟你应付应付。在必要的时候，我可以治你，可以打击你，他对社会的贡献会更大。很可惜，他就是受这种从古到今，几乎很多人不能改变的观念所束缚，使得他贡献有限。胡雪岩在这方面，我们可以看出来，比左宗棠稍微宽松一点儿。他知道谁是坏人，但是不会揭发他。以正胜邪，只是一种信心而已，还要加上技巧。

创业提示：搞政商关系最怕卷入卡位之争

胡雪岩和左宗棠越走越近，就被迫和李鸿章越走越远。胡雪岩再擅长抓心，也抓不住李鸿章的心。搞政商关系，最怕的便是受到派系之争的连累。得了这一派的助力，却惹起另一派的打压。但是，有人就有派系，迟早要卡位，谁能够逃避这种争斗，谁又能够躲开这种旋涡呢？

胡雪岩再聪明、机灵，也不得不帮着左宗棠对付李鸿章的挑战。李鸿章再欣赏胡雪岩，为了打击左宗棠，也不得不使出杀手锏将胡雪岩整垮。

胡雪岩呢？政商关系密切，事业规模宏大。许多事情，已经身不由己。就算绞尽脑汁，叫人到租界俱乐部把李鸿章宴请恭亲王的餐费也一并支付了，还是得不到李鸿章的谅解，反倒是增加了丁日昌的恼恨。因为胡雪岩的举动，使他更显得笨拙，在李鸿章面前，更加抬不起头来。李鸿章越提胡雪岩的事，丁日昌就越恨胡雪岩。

官有清有不清，商有奸有不奸。官与官斗，商与商争。官场卡位之争，常常卡住清与不清，连带把奸或不奸都一并卷进去，令人防不胜防！

02　誓死共赴危难

左宗棠出于“国家不可一日无陕甘，陕甘不可一日无总督”的心情，直奔兰州去捍卫新疆。胡雪岩马上警觉到，又要打仗了。他盘算着下一步要怎么发展事业，才能够因应市场的需要。

左宗棠由于胡雪岩一再大力支持，已经把胡雪岩看成不可或缺的助手。他坦白向胡雪岩说明：我此去陕甘，有三件难事：一是兵源不足；二为粮饷不够；三是武器不精。并且指明这三难之中，除了兵源不足，我再想办法以外，其余两件难事，都需要胡雪岩的帮忙。

胡雪岩满口答应，表示愿意和左宗棠共赴危难的决心。他知道自己应该怎样调整自己的步伐，这是成功的人必须具有的素养：随时合理地调整自我，以求制宜。

胡雪岩拍电报要谭则云赶到福州来。谭则云带来上海阜康钱庄的好消息，每月净存白银二三十万两，令胡雪岩十分得意。谭则云把胡雪岩交代带来的二百五十万两银票，交给胡雪岩，想不到胡雪岩退还五十万两给谭则云。谭则云说这是左宗棠订的，胡雪岩说要订也不能超出税银太多。

左宗棠这边，着着实实地讽刺了丁日昌一顿，还故意让丁日昌跪着，不叫他起来。左宗棠严厉地责问：“这一次到来，是不是奉李大人之命，来看一看马尾船厂成没成气候？”丁日昌赶紧辩称：“两江与闽浙如手足相关，唇齿相依。”左宗棠才不客气地叫他退下，气得丁日昌马不停蹄地跑去找沈葆桢，共商联手对付左宗棠的大计。并且告诉沈葆桢，左宗棠很快就要受命西征，调到新疆去了。

胡雪岩听到这个消息，大吃一惊。赶紧请问左宗棠是否要离开福建。左宗棠说上谕早就下了，很快就要去兰州就任陕甘总督。并且向胡雪岩说，国家不可一日无陕甘。

他向胡雪岩提出三件难事，一是兵源不足，二为粮饷不足，三是武器不精。指出这三件难事中，有两件和胡先生有关，要胡雪岩帮助。

胡雪岩向左宗棠表示共赴危难，责无旁贷。

智慧问答

（1）胡雪岩为什么先把五十万两银票退给谭则云？他的用意是什么？

我们已经看出来了，谭则云是一个很守原则的人。他非常谨慎，是一个很好的理财人员。所以胡雪岩也要在他的面前，表现自己是有原则的。他说这个钱先放在这里，因为我们不能够把自己的钱，无限量地给官府去使用。官府有官府的钱，他用他们的钱，我们没有话讲。我们不能把自己的钱也贴进去。这是个原则问题。他说我们是做生意，不是做朋友。我觉得中国人把做生意跟朋友分得很清楚，是很好的现象。朋友有通财之义，但是生意上什么事情，都要算得清清楚楚。不可以把生意上的钱，当成朋友一样扯来扯去，这是不好的现象。

胡雪岩很清楚，一旦左宗棠离开造船厂，所有造船厂的款项必须公事公办，不可能再和以往一样无限支持了。

现在我们从胡雪岩所做的事情，可以看出这个原则，就是说处理私人的事情，可以列出预算，要动多少钱，就尽量去赚，来满足我自己的需要。但是办公家的事情，那是有多少预算，就做多少事情。当然我们也不反对借外债，那是另外一回事情。因为借债也是一种预算，也是一种收入，只是不同形式而已。

（2）丁日昌认为当初李大人在这里教诲过他、骂过他，今后他也可以在这里骂别人，这是什么心理？

常常听到一些老板跟我讲，他还没有当老板的时候，那时候他是人家的伙计，非常不欣赏他那个老板的作风。他说就是因为不欣赏原来那个老板的作风，才自己出来当老板的。没有想到当了老板以后才发现，越来越像自己以前的老板。

这种情况，我们经常可以看到。有时候儿子总感觉对父亲有一点儿反感，怎么这样子呢？可是当他当了父亲以后，却跟他老爸一模一样。媳妇受到婆婆的气，可是等她当了婆婆以后，照样让媳妇受气，这都是我们经常看到的现象。

丁日昌来到这个地方，马上就想到，我在这里挨李鸿章的骂，现在轮到我当家做主，我可以骂人了吧？这种心理就是我们为什么始终没有办法改变作风的根本原因。

媳妇熬成婆，就慢慢忘记了她以前所受的罪，反而把这套施给她的媳妇。就这样子一直下来，很常见。这是很不好的现象。如果丁日昌改变一下心情：我在这里常常受气，李鸿章给我难堪，我心里是什么感想？一方面很感谢他提拔我，一方面觉得这种作风过分了一点儿。所以我就稍微调整一下，不要给我的部属那么难堪，是不是更好一些？

丁日昌的想法，左右了他今后的作风。他老是想到以前那套，于是他就不会改变；其实只要他稍微调整一下，很快就改变了。我们常常讲，不要要求别人改变，最要紧的是自己改变。你看，丁日昌只要自己一改变，以后的日子就不一样了。可是他不改变，我们可以看出来，他也是用那种方式，来给他的部属难堪。这样一代一代传下去，这种官僚的作风，大概永远不可能改变。

（3）丁日昌为什么向左宗棠表示两江与闽浙如手足相关、唇齿相连呢？左宗棠有什么感想？

我们看到左宗棠对丁日昌那种态度，会感觉到有点儿奇怪：以左宗棠这么好的修养，怎么也是官架子十足呢？可是我们回头一想，丁日昌百般地刁难他的部属，如果今天不把丁日昌这股气压下去，给自己的部属出出气的话，他这个老板怎么当？如果从这个角度来看，我们就觉得左宗棠应该这个样子。

只是如果一个人老是官架子十足，就表示他修养不好。偶尔官架子很足，而大部分时间很随和很亲民的话，我们就觉得，这个人修养相当好。因为恩威要同时都有，不能只有恩，而完全没有威。

丁日昌知道，人在屋檐下不得不低头。他平常给人家难堪，给人家委屈受，现在轮到自己，他也乖乖地趴在地上，不敢造次，不敢顶嘴。他知道左宗棠一气，就可以把他斩了。所以他服服帖帖的，而且讲了一番很好听的话。他说我们双方是唇齿相依，彼此要合作。丁日昌如果不讲这个话，他会怎么样？他肯定没有办法把左宗棠的怒气稍微消除一点儿。所以他这样讲也是对的。他说：不能说小人，因为小人也要活命。另外左宗棠在骂了一顿给他难堪之后，还会收拾这个场面，就表示他修养很好。骂归骂，还要给他一种安慰。最后告诉他，回去跟李鸿章报告，我对你不客气。

这句话是挑明地讲，反正丁日昌一定会报告的。意思也就是说，少添油加醋，对你比较好。我们从整个的过程可以看出来，左宗棠拿捏得恰到好处。在这种功夫方面，左宗棠会欣赏胡雪岩，就是因为胡雪岩在拿捏方面，跟他有同样的功夫。只是立场不同，一个站在官方，一个站在做生意的立场。当然胡雪岩顾虑会比较多一点儿，不能像左宗棠说我就是官，就是给你威风。他做不到，这个我们要把它分得很清楚。

（4）左宗棠为什么向胡雪岩坦承此去陕甘，有三件难事？又为什么说三难之中，有两难与胡雪岩有关？

我们想想看，一般人碰到胡雪岩，一定是牢骚一大堆。说他们整我，看我在马尾刚刚开始要造船，就想办法把我调到陕甘去，这里面派系斗争很可怕。他没有这样说，他非常坦然，因为他的脑海里，没有这种整来整去的观念。他认为陕甘需要我，我就去。国家需要我，我就听命令。我在这里是为国，到了那里也是为国。我为什么一定要在福建，到新疆去不是一样吗？

这是他很了不起的一种心态。因此他没有发牢骚，只是告诉胡雪岩，这件事情老早就已经决定了。只不过，我在这里还没有一个眉目，所以我要求让我晚一点儿去。现在我要离开福建了，这边事情还是拜托你。但是那边事情，你要给我帮忙。他使得胡雪岩感觉到，已经把他当作自己人了。

各位想想看，如果左宗棠不是把胡雪岩当自己人，他会这样说吗？他敢这样开口吗？所以一个人交朋友，就是要有一天我敢跟他开口。这样才叫作交情。不然什么叫交情？你看我们碰到一般朋友，老实讲要借一千块，都半天不好意思开口，就是交情不够。交情够，拿两万元来周转一下，你很快就讲出来了。可见平常要让人家占便宜，到时候，你才敢开口要占人家便宜。人家占来占去，这样才有交往。但现在的人都认为，我是我，你是你，分得很清楚。到了紧要关头，你就会发现完全没有一个朋友。

左宗棠心里想，你胡雪岩有什么难题，我都给你解决了。我有什么机会，都提供给你了。我对你还要怎么样？你有今天，你心里很清楚，但是我没有拿你一毛钱，放在我口袋里面。我所要求你的，都是为公。所以他很敢讲，我有三件难事，其中有两件，你要给我负责。一方面，表示跟胡雪岩共患难；另一方面加强胡雪岩的责任，说你也跑不掉。不要以为，只有我挑这个重担而已，你也一起来。所以胡雪岩也没有办法，只有说好。这两个人的交情，很值得我们玩味，不是一般人能做得到的。一般人不敢向胡雪岩开口，就算开口，胡雪岩心里也会觉得好笑，你什么都找我，我欠你那么多？但是胡雪岩不敢有这种想法，而左宗棠也很放心地提出他的要求。这一幕很感动人，同时也非常难得。

创业提示：灾难 VS 预警

台风带来大量泥石流，是一种灾难，还是一种预警？如果当作一种灾难来看待，就会想办法善后。如果是当作预警，不但想办法改善及预防再次发生灾害，而且会扩大范围，想到相关的事情，一并考虑在内。

胡雪岩得到左宗棠的信任，却惹来李鸿章的敌视，这究竟是灾难，还是预警？

灾难大多指已经发生的事实，而且过去就过去了。人是健忘的动物，很容易忘记灾难所带来的教训。等到下一次灾难再度发生，才又哭哭啼啼、怨天尤人。预警则是提高警觉，认为灾难刚刚开始，以后还有的受，不可以为事情已经过去。我们希望胡雪岩能够明白这一点，做好预防的准备。

03 派系优先策略

左宗棠当然也不是对每一个商人都一视同仁。他一生清廉自持，恐怕也只有对胡雪岩才敢下这么大的赌注。派杨昌浚当面把信交给胡雪岩，以此信为证。一切有关利率和款额问题，悉由胡雪岩自己定夺。

杨昌浚提及时机、果断是商道的智能，胡雪岩就是能够掌握时机，及时果断，才有今日的成就。

可惜胡雪岩读书不多，脑海里存有“只要手里有银子，不管是谁的钱，过咱们的手，就得生出新的来”的观念。虽然他坚持“拔毛要拔在明处”，不做买空卖空的投机生意，终究不了解左宗棠劝他多读书的苦心。

胡雪岩听说左宗棠要离开福建，就任陕甘总督，赶快要谭则云算一算，在马尾造船厂一共投入多少银子。谭则云报告到目前为止，已经垫进去四十七万两。胡雪岩交代，从现在开始，停止拨款。写一封信给沈葆桢，说是家母病重赴杭尽孝，今后需要用钱，请凭批谕列支四省税款。他说：钱庄帮官家，不过是为了盈利，不能把阜康钱庄变成朝廷的米袋面缸。

沈葆桢看完胡雪岩的信，感叹：李鸿章骗了我，左宗棠扔下我，胡雪岩甩了我，丁日昌早晚要收了我的摊子，灰心丧气地独自守在马尾船厂。

李鸿章保荐丁日昌出任江苏和福建两省巡抚，丁日昌又惊又喜，提醒李大人朝廷历来把浙江和福建绑在一块。李大人不以为意，只说你能够搞船政，办洋务，我就有办法保你出任江苏、福建巡抚。

回杭州老家，胡雪岩见到老太太，告诉她自己晋见太后的经过。老太太却说穷踏实富劳心，总觉得这家业是赊来的。

阿宝跑到钱塘江边找芮瑾，芮瑾一直打听胡雪岩的消息。阿宝说得很多，芮瑾嘴巴上说不相信，心里却很感动。

胡雪岩好不容易说动母亲，可以把芮瑾接进门来。他跑去看见芮瑾，不料却说出心中的约法三章，芮瑾很不高兴，独自跑到江边，划着小船走了。

智慧问答

（1）胡雪岩急着要离开福州返回杭州，是什么道理？搞政商关系，不过是为了盈利，这样对吗？

有一句话叫此时不走，更待何时？各位想想看，再待下去，他和沈葆桢斗法，是中国人常用的策略。沈葆桢当然心里明白，可是又不能发脾气。我们跟做官的在一起，这种关系是为了什么？我想并不像胡雪岩说的那句“为了得到一些利益”那么简单。你看，他同左宗棠在一起，就有很多感情上的交往。可见他现在这句话，是冲着沈葆桢讲的，意思是我跟你没有特殊的关系，干吗为你拼命？

历史证明，中国人也可以为国毁家。为了国家的安全，不惜把自己的家财都散尽，也有这样的作为。只不过我们要搞清楚，中国人向来是两把刷子，一把刷紧急的，另一把刷平时的。国家有难，我没有话讲。哪怕家财万贯，通通捐出来，也无所谓。这是紧急。但是平时呢？不到最后关头，那么多人，为什么要我一个人负担？所以他这样走，我们也不能说是不对的。

（2）李鸿章为什么要保举丁日昌出任江苏、福建两省巡抚？丁日昌说朝廷历来把浙江和福建绑在一起，李鸿章为什么也不在意？

这件事情，使我们想到三个作用。

第一，李鸿章要占地盘，他一定想办法，要把对自己有利的关系建立起来。像丁日昌这种人，他虽然很不欣赏，但是他一定会不断地提拔他，因为他是心腹知己。换别人来当巡抚，会不会像丁日昌这么听话？这是他的第一个想法。基于占地盘，一定会安排自己的人，所以为什么我们常常讲有派系，而当事人都觉得我哪里有派系？我用人唯公，我用人才。但是我们看，他都在建立派系。我想他心目当中，也是为了占地盘。

第二，让丁日昌知道，我李鸿章是有办法的。我爱怎么样，就可以怎么样。虽然以前没有这个案例，但是我还是可以做得到。你放心，只要乖乖听我的，一直对我忠心耿耿，就少不了好处。

第三，他对恭王爷也不是很服气，但是最后想想还是自己人，大清的江山，又不是我一个人的，是祖宗留下来的。虽然这边给他难堪，那边还是要给他一些面子。所以我们常常感觉到很奇怪，为什么他一方面对恭亲王不欣赏，一方面又很支持恭亲王。看起来好像矛盾，实际上是一种摆平的作用。我这边给你难堪，那边弥补回来，你心里就不会恨我。恭亲王对李鸿章也是这样，我这里给你难堪，但是你要，我就给你，反正这也不是什么了不起的事情。李鸿章也用这一套来对丁日昌，我有好处，会想到你，但是你要好好做，不能背叛我。至于其他的事情，你看不可能，我看可能。我做给你看，就好了，大概就是这个意思。

（3）沈葆桢感慨“李鸿章骗了我，左宗棠扔下我，胡雪岩甩了我”，为什么会弄到这种地步呢?

我们觉得沈葆桢这种想法，未免太不了解他自己，未免太把自己看得重要了。他为什么不想一想，就是在这种很尴尬的情况之下，才轮到他沈葆桢。如果他这么一想，整颗心就松下来了。他办事情，也比较不会觉得有那么大的挫折感。很多人不是凭他的才能，而是凭在夹缝当中求生存，可是他还觉得自己很委屈，这是非常可笑的事情。各位可以想想看，如果李鸿章不是事先想把他当作一个棋子，说我把你埋伏在那里，将来我比较好变动，他会考虑到沈葆桢吗？如果左宗棠不是想到沈葆桢跟李鸿章是同科进士，彼此会照顾，他也不一定想把沈葆桢请出来吧！

至于胡雪岩，他跟沈葆桢根本一点儿关系也没有，纯粹是因为左宗棠的面子，他才说：好吧，有你这么一个沈葆桢的存在。从这种事实的衡量，沈葆桢应该觉得很幸运，就在这三方面矛盾之下，才有了生机。如果他这样想的话，自己自然会走出一条路来。

命运摆布人。你看，沈葆桢就在这么一个看起来很矛盾的情况当中，但是他最后还是有一条路的。这种案例，在我们社会上是经常发生的，所以我们常常感觉到，这个人没有什么才能，为什么当这么大的官呢？为什么有这么大的责任呢？其实很简单，就是各方面摆不平的时候，他得到机会。各方面都想利用他的时候，他就被利用了。就这么简单，却往往造成我们想象不到的结果。沈葆桢就是很好的案例。

（4）胡母认为穷踏实、富劳心。胡雪岩发财了，胡母却一想起来就发慌，总像欠谁什么，这是什么道理？

这句话是事实，一个人没有钱的时候，不会想太多，很踏实。反而有了钱以后，担心这个，担心那个，心就安不下来。

曾经有一个人去算命，那个看相的人倒是很有智能，就问他：你现在有什么好担心的呢？这个人说：我不知道，就是一天到晚担心。看相的人问：你很有钱吗？那个人说：我没有。看相的人问：你想做官吗？那人答：我也做不上。看相的人又问：那你的子女有什么问题吗？那人说：我根本没有子女。看相的说：你是不是有财富怕人家偷走呢？那人说：我根本没有。看相的就说：你什么都没有，担心什么呢？什么都没有，就没有什么好担心的。

所以为什么穷人很踏实，就是他什么都不用担心。这是很多人有了钱以后，所没有办法享受的一种福分。我们常常觉得钱够用，刚刚够用最好。越多越烦恼，这是很多人在追求金钱的时候，所没有办法体会到的。

胡雪岩的妈妈，感觉到我这个儿子怎么一下子这么有钱呢？我们是不是欠了人家的，偷了人家的？将来迟早要偿还吧。所以她心里始终非常不安宁。我们看到很多有钱人，心很不安，所以要参加各种宗教活动，要常常做善事，要搞很多名堂。当然了，你往正当的方向走，我们不会反对。但是我们还是建议，心里头要自己调适。不安从哪里来？他们做很多事情，我们可以看出来，都是因为有钱所带来的不安，很可惜他们自己不太了解。因此胡雪岩再怎么安慰他的妈妈，他的妈妈还是觉得不太对劲，就是这个道理。

（5）胡雪岩为什么对芮瑾约法三章？芮瑾为什么不愿意接受呢？

我们看到胡雪岩在很早的时候，非常穷困，就一直想把芮瑾接到家里面去。可见他对芮瑾的那一番心意，是老早就已经有了。他的母亲不同意，他就不敢造次。因此他这个时候，又一次向母亲提出要求，说让芮瑾进门来吧。母亲看他这个样子，就说：好吧，我不反对。

有了母亲的承诺，胡雪岩就满怀信心，来向芮瑾求婚。芮瑾当然也很高兴，可是胡雪岩做错了。胡雪岩好像并不充分了解芮瑾，居然会提出约法三章。我想以胡雪岩这么聪明的人，选择这个时机是绝对不正确的。结婚以后再提，慢慢再来，何必急着现在就要讲呢？我们常常觉得一个人，当他很顺的时候，就很容易放纵自己。这一点是一个成功的人，应该常常记得的。

当我们走逆运的时候，当我们比较不顺的时候，我们会比较谨慎，考虑得比较周到一点儿。一旦有办法了，什么人都要听我的，我爱讲什么就可以讲的时候，常常招来对自己很不利的一些事情。

各位可以看到，如果他把芮瑾接回去，慢慢再跟她讲，我想芮瑾也是会配合的。可是这个时候，你就来下马威，说你要听我三件事情，以芮瑾的个性，她是万万不可能接受的。这是胡雪岩一生当中，少数几次的大意而造成自己不利的其中一个，很值得我们借鉴。

一个人越顺，越要小心，越要警惕，尤其这么重要的关卡，居然掉以轻心，居然错失良机，我想胡雪岩肯定很后悔。相信胡雪岩如果有机会重新来过，这一幕他会安排得更好。

创业提示：私人关系重于国家利益

左宗棠调任陕甘总督，胡雪岩表示共赴危难的决心，是因为他和左宗棠相交甚深，冲着私人的关系，不能不对左宗棠的公务，全力加以支持。

马尾造船厂既然交给沈葆桢，和胡雪岩没有什么密切的关系，所以胡雪岩吩咐钱庄掌柜，从现在开始，停止对马尾用银的投入。他认为沈葆桢要用钱，应该禀奏朝廷，凭户部的折子从税银中扣取。

胡雪岩这样做，站在“法”的立场来看，当然合法。这样的态度，叫作“公事公办”。中国人一旦公事公办，这件事就难办了。

在商言商，胡雪岩的主张并没有错。历来大家对商人的评价不高，大概是由于商人有这种不得已的苦衷。一直到现在，老板还是经常告诫员工们：“企业不是慈善事业，是营利事业。”

04　扩大经营范围

曾几何时，胡雪岩企业集团，已经掌握了钱、典、丝、茶、烟五大行业。柳成祥这位总管理处处长，认为已经够折腾的了。偏偏胡雪岩一听到左宗棠调到新疆，知道快打仗了，根据上一次战争的经验，料到药品的需求，必然大增。所以赶快要柳成祥筹建制药厂。

柳成祥说：搞药品不是一件容易的事。胡雪岩却认为他这个人，就是不怕费力。胡雪岩说我们发展得太顺利，应该好好回馈社会。我们救不了穷，也应该要救急。搞药品能够让江南的老百姓都记着我们，非要做不可。

胡雪岩扩大经营范围的动机，并不在增加自己的财富，也不为自己壮大声势。他所关心的，乃是国计民生。居于老百姓的需求，来扩大经营的范围，才是正道。

芮瑾听说阿贵在胡府支领薪水，气得把他赶出家门。胡雪岩却任命阿贵为胡府的内管，要他把上上下下，都管出个规矩来。阿贵感激地谢过胡雪岩，答应一定要好好做。

杨昌浚来访，拿出圣旨，告诉胡雪岩身为上海转运局委员，不仅代表湘军，而且代表朝廷，可以大胆行事。胡雪岩说：我在上海，大人在杭州，左宗棠又在兰州，相距遥远，联系不便。万一急着决定利率和款额，如何是好？杨昌浚说左宗棠早有来信，指示一切由胡雪岩定夺。他暗中佩服左宗棠真是神机妙算，预先知道胡雪岩的疑虑，要杨昌浚以信为证，让胡雪岩好做事。

大家在柳成祥家里打牌，梦瑾很得意，因为她刚学不久，就赢了许多。胡雪岩问梦瑾：你能不能赢，我还不知道。可是你会输吗？梦瑾回答谁不会输，显得对自己的牌技十分有自信。胡雪岩说："牌桌上想让谁赢，就让谁赢；想让谁输，就让谁输，这不是件容易的事！"

打完牌，柳成祥送胡雪岩出门。胡雪岩吩咐柳成祥，把二十几家当铺、上好的万亩良田上的茶山、桑田，还有稻谷管好，并且再建一个制药的作坊。柳成祥认为现在已经掌握钱、典、丝、茶、烟五大行业，搞药品可不是容易的事情，劝胡雪岩不要这么贪心。胡雪岩却坚持要搞，说什么不赚钱也要搞。他认为前方打仗，需要药品。我们救不了穷，至少可以救急。再说这样能够让江南的老百姓，都记住我们。他还强调，要让左宗棠看看，胡雪岩办事非同一般。柳成祥一听是这么回事，于是不再反对，马上着手筹建药厂。

智慧问答

（1）胡雪岩升阿贵为胡府内管，首先交代他要把胡府上上下下，管出个规矩来。阿贵满口答应，他做得到吗?

我们心里都很清楚，阿贵是做不到的。阿贵曾经做过事情，他是王有龄的得力助手。他可以把一个职场安排得井井有条，可是他要想把胡雪岩的几个妻子管好，我想大概很不可能。连胡雪岩自己都没有办法，何况阿贵！可是他一定要满口答应。如果一开始就说有困难，那他不是自己砸饭碗吗？一个人，既然上级认定我们有这个能耐，给我们这个责任，那我们就要全力以赴。至于下面要怎么做，再说吧。想办法，一步一步去做就是了。

谁不知道你有困难？难道胡雪岩说：你把我上上下下管出一个名堂来，就表示一切可以很顺吗？没有。胡雪岩会叫阿贵做这件事情，已经表示他心里头，有这么一个问题存在。如果他觉得一切已经很好，他会这样交代阿贵吗？

他不会的。所以当主管把责任交给我们的时候，我们心里头应该知道，就是有这么一个问题，才会把它交代给我们。如果一下把他顶回去，那他怎么办？所以满口答应，然后自己看着办。不看着办，又怎么样呢？

可是看着办有几种，一种是马马虎虎，应付应付；一种是尽我的力量，花我的心思，好好去做，就是这么不同而已。我们有一句话，也是最近常常讲的，但是很多人刚听，会觉得很奇怪，就是努力工作没有用。你看阿贵只是很努力地工作，但他肯定还是做不到的。胡雪岩应该了解这一点，一个人就算当到大老板，也得乖乖地自己去小便。你一内急，自己去小便。你能不能说，我有钱，我请个秘书，叫作小便秘书，到时候就替我去小便。做不到啊！你再有钱，再有势，你自己惹来的事情，还要你自己去处理。所以现在他把这个丢给阿贵，我想他心里也明白，只是说说而已，做不好也不会去怪阿贵的。

（2）胡雪岩为什么向杨昌浚提出定夺利率的权限？他打的是什么主意？

我们最好不要一下子就往坏的地方去想，说胡雪岩希望有这么一个权，就可以得一些暗藏的好处，就可以谋一些私利。我们不必一下子就这样认定。比较可能的是他想得到自主权：既然把这么大的责任交给我，我连一点儿权力都没有的话，那我在干什么？所以很多人很喜欢说，你可以让我做，但是你必须让我做决定。这是一般人所希望得到的东西，胡雪岩当然不会例外。他认为利率怎么订，由我决定。另外，他会想到，你现在到了新疆，那么远，我怎么跟你商量？有时候为了争取时效，他也会提出这个要求。再说他在洋人面前，要表现他是有权的人。所以从这些层面来分析，胡雪岩自然会想到利率怎么订的问题。

左宗棠老早想到了，他告诉杨昌浚说，你怎么怎么交代胡雪岩，可见左宗棠也有同样的想法。只不过我们慢慢发现，胡雪岩有了这个自主性以后，到底是对他好呢，还是对他不好？这倒是值得我们关心的。

有很多人，当老板不授权的时候，他非常不愉快；可是当老板授权的时候，他也没有任何的权。我们并不像西方一样，一定要什么权责合一，权责分明。中国人几乎都是权责不分的，而且权责不合一的。你去看很多公司，他是总经理，但是他没有权；他没有，也不能做决定。旁边有一个人，根本不是总经理，但他什么都可以决定。职权跟职位分离，而不是合一，这才是中国常见的现象。

（3）左宗棠为什么事先准备好授权信，让杨昌浚拿给胡雪岩？

我们从这当中，可以想到三件事情。第一，左宗棠用人，经常将心比心，他会站在胡雪岩的立场来考虑。我离得这么远，你好不容易接洽过以后，又不能做决定，这样一定很辛苦。我干脆就把该怎么决定利率的权授给你。他替部属想，用将心比心的方式，很快就知道部属的需求，这是非常好的主管。

第二，表示他气度很大，认为我既然把这事情交给你，你就应该好好办。你也要将心比心，站在我的立场想一想，不要让我将来下不了台。既然我没有办法控制你，干脆让你做主。

第三，才是最高明的，就是这么一来，左宗棠完全没有责任。当然我们不能认为他是在放弃责任，而是我们可以感觉到，他非常了解胡雪岩这个人，知道他有才干，但是读书读得少，不是非常周到，不会考虑得很长远。再加上他没有那种使命感，要为国捐躯，为国奉献，他没有这个必要。所以他很早就料到胡雪岩大概有一天会出事。出事那一天，把我左宗棠也连累下去，划得来吗？假定我平常，常常拿些银子回家，常常接受他一些礼品，那没有办法，两个人挂钩挂得很深，最后一起来挣扎吧。没有。既然没有，何必跟他绑得那么紧呢？所以干脆授权给他去弄。把这部分的权交给他，我乐得轻松，同时也没有责任。

我想很多主管也有这种心情，因为一个人有长处，就有缺点，你只能用他的长处，没有办法把他的缺点割掉，有什么办法？如果每一个人都看他的缺点，那就无人可用了。现在胡雪岩有这个长处，你用不用呢？左宗棠说用，用了怎么办呢？事先防范，他的缺点不会把你牵扯下去。左宗棠这点非常高明，他替胡雪岩着想，主动替他解决问题，同时又摆脱了自己相当的瓜葛。

（4）胡雪岩为什么要柳成祥筹建制药厂？他已经掌握了钱、典、丝、茶、烟五大行业，难道还不够吗？

我们最佩服胡雪岩的，其实是他的市场敏感度。他对市场的需求，有高度的敏感性。这一点是经商的人，非常重要的因素。如果不知道市场的变化，再做也没有用。

胡雪岩听说左宗棠又要调到新疆去了，马上想到，他到新疆去干吗？去观光吗？不是。去干吗呢？去打仗啊。所以他又想到，又要打仗了。打仗最需要的是什么？就是药品。于是他就说，我们来开个药厂。有这样的管道，有这么一个市场，我们可以掌握。这样子又扩大了自己的事业。但是他这样跟其他的人分析，其他的人不一定听得懂。所以他就说，我们要赶快来做。他没有分析这些事情，以致他们那些人都不太了解。认为这个人野心那么大，这样还不够，还要多。其实他不是的。他是见其可为才为之，有这么大的市场，有这么好的销售管道，为什么不做呢？

我们也了解胡雪岩有一个心愿，就是说，就算不赚钱，也要开药厂，这一点是很重要的。因为他觉得，我做这些东西，都赚人家的钱。真正帮人家忙，还是要开药厂。他把他的心愿，最后都集中在药厂身上。他看钱庄只是把钱搬来搬去；开当铺，其实进当铺的人，心态也是奇奇怪怪的。他看多了以后，觉得做跟不做，没有什么了不起。至于说香烟、蚕丝、茶，虽然讲起来是民生必需品，但是毕竟没有像药对人命这么重要。所以他下决心要开药厂，当然这里头又牵涉到赚了这么多钱，能不能守下去的问题，老实讲他自己也没有把握。

我们中国人老喜欢做一些对民生、对大家有好处的事业。你看有些行业坚持不杀牛，面里面有牛肉，但是我不自己杀。别人杀可以，我买现成的来做，其实也是根据这种理念。大家都要吃牛肉，可是我不杀牛，我向那些杀牛的买牛肉来。是不是也是同样的心情？最起码不是我杀的。你们要吃，我两边凑合凑合，这也是中国商人很有意思的一种做法。

（5）胡雪岩说救不了穷，能救急，是什么意思？

我们中国人都知道，救穷是很困难的；救急是很必要的。我们主张救急不救穷。朋友有急难，我们一定要救他！可是他很穷，你怎么去救他呢？你救不完的，没完没了。所以人不能穷，一穷没有人敢救你。可是你有急要的时候，你向人家开口，人家会帮忙的。换句话说，我只求你这一次，你无论如何帮我渡过这个难关，以后绝不再麻烦你。人家就敢救了。我没有办法，全身赖在你身上，那谁也不敢惹的。

胡雪岩这种说法是对的。那么多穷人，救也救不完。但是生病的人，是很急的，我们救得了他。他把赚的钱，拿来做社会福利，拿来救济穷人，那是没完没了的事情。那不是我们私人的能力，所能做得到的。所以我们现在开药厂，对人的生命来救急，这是我们应该做的。同时他也希望，在北方有一个很好的药厂，南方也应该有个药厂。他希望江南的老百姓，都能够记住胡雪岩，对他产生好感。他要设药厂，是传播好名声，留给后人好印象的一贯信念。同时他还有一个心愿，就是他认为，既然左宗棠这么看得起我，我胡雪岩就要让左宗棠了解，我办事情跟一般人不一样，不是说推一步我才进一步，不是说你要我做什么，我才做什么。我很主动，事先会推测，你有什么需要，到时候我就能提供相应的帮助。让他有一种耳目一新的感觉，觉得碰到这个人，是我的运气。这么一个感觉，也是胡雪岩很渴望得到的。所以他掌握了这么多的行业之后，还想跨入制药业，不纯粹是野心，而是一种自我期许，很想把它实现。

创业提示：党政支持 VS 自由企业

国营企业和民营企业，并没有“孰优孰劣”的问题。我们不能说国营企业优于民营企业，凡事都应该以国营企业为优先，才符合国家社会的利益。也不能认定民营企业才合乎自由竞争的企业精神，因而主张所有国营企业都应该开放民营，转移到私人手上，才能起死回生。

事实上，国营企业和民营企业都有存在的价值，对国家社会，也都有相当的贡献。而且，国营企业和民营企业当中，同样有经营得很好的，也有经营得不好的。从管理的角度来看，某些事情，在国营企业很容易办理，在民营企业很难行得通。反过来讲，也有一些事情，在民营企业简直轻而易举，到了国营企业，变成难以推行。

一般而言，国营企业的弊端，在制度上绑死了大家，而心态上又以公事公办为准则，不设法变通，也不敢随便变通，以致因循苟且，似乎在坐以待毙。而民营企业，则又不够重视制度，心态上也以老板的意见为准则。大家随着上级的指挥而起舞，常常自乱阵脚。好像不攻自破似的，忽然间就倒闭了。

好在聪明人懂得通过政商关系，把党政支持和自由企业合在一起，借党政支持的力量，来增强自由企业的实力。既可以自由打拼，又可以享受若干特权，当然得天独厚，自己觉得高人一等。

政商关系处理得好，企业和个人两蒙其利。企业的经营获得成长，个人的权势也因而加大。但是，一旦陷入政治斗争，那就难免受到波及。不但个人受累，企业也跟着被压制，说不定比其他企业更加不自由。

胡雪岩凭的是什么？左宗棠支持，李莲英支持，再加上西太后支持，难怪他的家业越来越大，企业的范围也越来越广。

政商关系最怕的是互相勾结，营私舞弊。像左宗棠这样难得的清官，我们用不着担心，万一碰到贪官污吏，那就害国害民，不知道有多少人要遭殃。生意人也一样，胡雪岩要赚钱，却不赚不义之财。比起某些什么钱都要赚，而且什么钱都敢赚的商人，真是不可同日而语。官有清也有污，商有奸也有不奸，怎样结合，才是我们所必须关心的。

05 荣膺东南大侠

果真是树大招风，上海的一班难民，听说胡雪岩又升官又发财，竟然把阜康钱庄团团围住，弄得想要存兑银子的人，都不敢靠近。

胡雪岩问他们想干什么，他们毫不避讳地说：您是上海有名的东南大侠，应该慷慨救济穷人。胡雪岩拗不过，干脆要大家明天到泰昌粮店，由阜康出钱，放粮三天。

中国人向来有分享的观念，谁多赚钱，就应该请客。一直到现在，公司钱赚多了，如果不敦亲睦邻，表示一些好意，周遭的人，就会用很多名堂，给公司找麻烦。

我们认为一个人或一个组织的成功，努力固然重要，运气也十分要紧。努力得来的部分，可以独吞；运气致荫的部分，当然应该分享。胡雪岩看得开，东南大侠嘛，慷慨一些，也是应该的。

胡雪岩风尘仆仆，赶到上海。居然看到一堆难民，把阜康钱庄的大门，围堵起来，赖在那里不肯离去。谭则云报告说这些游民已经围了三天，要求给予施舍。胡雪岩摆出笑脸，说：大家为什么这样？大家七嘴八舌，说胡雪岩是东南大侠，在北京又捞了一份肥差。既然升官发财，应该救济穷人才对。胡雪岩很高兴，大声宣布：阜康出银子，开仓放粮。交代谭则云给粮店五百两，放粮三天。谭则云表示心疼，胡雪岩干脆叫他连放六天。

进入内堂，看到玉惠和梦瑾，胡雪岩心情大好。先告诉玉惠，向英国汇丰银行贷款时，不必太委屈自己，不行可以向别的国家申贷。又交代梦瑾，以后要和玉惠好好学习，梦瑾也乖巧地答应了。

谭则云也出去贷款，找了几家洋行，连印度老板都求了，就是贷不到。胡雪岩怀疑有人搞鬼，要梦瑾换一身漂亮的男装，和他一起出去办事。

梦瑾着男装随胡雪岩到外国租界去，等了快一个时辰，都没有人理会。胡雪岩于是拉着梦瑾，坐在沙发上，动手脱梦瑾的衣服，梦瑾急得快哭出来。胡雪岩把写好的字条，叫梦瑾大声念出来：汇丰汇丰会发疯，肥门往外拱，三千万两换百万，却往鼻子里面插大葱。洋人吓到了，要唐廷枢赶紧通报丁日昌。

李鸿章接受英国公使的招待，叫一个洋剃头师傅帮自己剃头。公使讽刺李大人在英国人的刀下，还这么匆忙。李鸿章则反讽：公使特意来到上海，为鸿章北上赴命饯行。后来公使明说左宗棠要借钱，问李大人意下如何，李鸿章还是答以借不借两可。

梦瑾回到家里，想起穿内衣见洋人的窘状，放声大哭。玉惠劝她不必如此，还激动地说：以后我还不如你呢！正好胡雪岩进来，听到这话，非常不高兴。

唐廷枢知道事态紧急，找丁日昌商量，说胡雪岩要用各地的钱庄、当铺和全部家业共两千万两银子，做资产抵押，还放话汇丰不借，要向各国领事馆筹借。

丁日昌见事已至此，反而表示借给胡雪岩算了。

智慧问答

（1）难民包围钱庄，是什么道理？胡雪岩为什么不听谭则云的劝阻，直接和难民见面？

我们今天，也看到同样的情况。把一个厂给包围起来，说得好听，是为了环保；说得难听，就是中国人一个很古老的观念：你赚了钱，拿一些给大家花用吧。当然，有人听到这种话，会觉得很生气。怎么把人看得那么坏呢？其实这也没有什么不好，因为中国人自古以来就有两个字：分享。

这是一种很好的想法。当一个人赚到钱的时候，一定要拿出一些钱，请他的亲戚朋友吃饭。不然的话，亲戚朋友心里头就会很不高兴，觉得我们要你这种亲戚干吗？我们要你这种朋友干什么？很多人看不懂，认为中国人见不得人家好；一看到人家好，就开始嫉妒，就开始想要绑架，要危害人家。其实不是这样。一件事情，看你从哪个角度来想。不要想得太严肃、太紧张。往紧绷的方向去想，是没有好处的。

胡雪岩很清楚，难民包围，我只好出面来解决。倒是谭则云的态度，是很矛盾的。他一面发牢骚说：这种情况，我们怎么做生意呢？一方面看到胡雪岩要出去面对难民，又说你不要出去。我觉得这也没什么奇怪。中华民族本来就是一个矛盾的民族。这样他有意见，那样他也有意见，就是希望在这两样当中，找出一个平衡点来。

谭则云尽了他的责任，首先跟胡雪岩抱怨说：这种情况，我们怎么做生意，你要解决。另外一个，就说你不要出去吧。这两种意见都提供给胡雪岩做参考。胡雪岩是个当机立断的人，从来不逃避责任，他觉得既然是冲着我来的，那我就出去好了。他这种精神，其实是解决问题最好的方法。如果胡雪岩躲在里面，把谭则云推出去，是不能解决问题的。因为这件事情是冲着胡雪岩来的，而不是冲着钱庄来的。所以胡雪岩说，我出去好了，他也觉得应该跟人家分享。他觉得大家对他的抱怨，不是完全没有道理的。同时，他觉得难民把钱庄包围起来，不能说完全是难民的责任，自己其实也有些做得不到的地方。我想他用这样的心情，应该是比较容易化解的。

（2）胡雪岩为什么答应难民开仓放粮？谭则云为什么不表示赞同？

我想这两个人的态度，都是正确的。站在胡雪岩的立场，应该要花钱消灾。花钱消灾并不是消极，也不是说我只想逃避，纵容这些难民，都不是这样。我们应该想到，难民也不是他自己喜欢当难民，也不是他从小立定志愿，要一辈子当难民的，环境要负很大的责任，是当时的战争、政情的不安，所造成的一种结果。每一个人都分担一点儿责任，也是应该的。胡雪岩既然得到机会，赚了钱，虽然说没有办法救所有的穷人，但是应急一下，救济救济，也是应该的。所以他马上决定开仓放粮。

可是站在谭则云——一个钱柜的立场，必须站在管钱人的立场，而管钱人的基本原则，就是合理地小气，而不是合理地大方。所以他说：哎呀，这样的话，我们要花多少银子啊？这也是正确的。如果老板想要做好事，而部属又拼命照他的意思，一下把钱花光了，将来检讨起来，还是部属的错，不是老板的错。所以老板说花吧，部属要稍微拉一下，这一进一退当中，就可以得到一个合理点。

其实胡雪岩心里头，是有这样一种想法，说你们这些难民，既然尊称我为东南大侠，好歹要有一个东南大侠的样子；何况这些钱，对胡雪岩来讲，不过是九牛一毛。而且说难听一点儿，你赚钱比人家容易，拿一点儿跟人家分享，应该是合理的事情吧！你看那些难民，就是冲着他来的。你又得到好机会啦，你又赚到钱啦，我们可怜兮兮的，你总要想个办法吧。两边都稍微退一步想，不就海阔天空了吗？

（3）胡雪岩为什么要梦瑾以后多和二太太学学，出去见见世面？玉惠这一次又出去办什么事？

胡雪岩想从内部培养人才。按理说，玉惠懂得外交，见过场面，又会讲一些英语，对他应该很有帮助才对。但是玉惠很喜欢耍性子，让胡雪岩为难。胡雪岩一方面要用玉惠，一方面又要受她的气。在这种情况之下，他才会想到，干脆把梦瑾培养出来。这就让我们想到，一个人如果让老板感觉到他在你面前，还要相当的忍耐，还要相当委屈的时候，他自然会想到叫人取代你。结果呢，对自己也是不利的。

你看玉惠，她对胡雪岩也很好。可是她就是很喜欢耍小性子，弄得家里的气氛不是很和谐。这样对她其实是没有好处的。所以我们也不能怪胡雪岩，下决心干脆培养一个新人。

不必完全依赖玉惠，弹性会比较大一些。再加上他发现这个梦瑾是很聪明的，反应非常快。要学事情，很快就学会。他觉得这个人值得栽培，而且机构也需要人，所以基于内部培训人才的需求，胡雪岩会这样决定。同时他也知道，这一次要向外国银行贷款，如果完全靠玉惠，是不是能够很顺利，实在没有把握。多一个帮手，也许会增加一些机会，也说不定。

（4）谭则云为什么借不到钱？胡雪岩为什么要梦瑾女扮男装，跟他一起出去？

我想当时的情况，是要跟外国人打仗。要到新疆去跟外国人打仗，又向外国人去借钱。借洋人的钱，来打洋人，洋人当然不肯借，这是一个主要的原因。再加上贷款是要抵押的，政府担保，非常不可靠。因为政府说没钱就没钱，你要抓谁或是向政府要钱，就必须打仗。外国人如果把钱借给政府，将来要钱又要打仗，那不是花更多的钱？所以他们不愿意。

叫谭则云去借钱，他凭什么？凭他是司库，钱庄的重要下属。外国人会觉得，你跟我借钱，你用什么抵押？没有抵押免谈，我觉得这是很正常的。胡雪岩呢，一向很喜欢动脑筋。他的原则就是此路不通，我走别的路。我觉得这是一个很重要的策略。如果此路不通，还一定坚持要往这里走，最后一定碰得自己到处都是包。

我们常常讲笑话，说西方人比较喜欢走直路。看到一座山，西方人第一个念头就是开一个山洞。因为他只能走直路，非开山洞不可。再怎么辛苦，再怎么艰难，就是要把它打通。日本人就不一样。日本人是用爬的方式，一座山非把它爬过去。再怎么辛苦，我也要征服你，要爬过去。我们中国人会吗？中国人不会打洞，打洞是破坏自然，而且也会费很多精力。去爬，要爬到什么时候？中国人专门看山跟山当中有什么缝，顺着缝就过去了。我们比较会走弯弯曲曲的路子，所以中国人走出来的路，都是弯的，很少是直的。现在有些人会走得很直，那是学西方的。这样稍微弯一下，很自然没有阻碍。

胡雪岩说此路不通，我不走这条路，我走别的路。他动脑筋。其实他也不晓得要怎么办。他试试看要梦瑾干脆女扮男装，跟我出去，我们随机应变啊！到时候再看有什么办法。再说吧！我觉得他应该是这样子的。到时候再看，到时候再想点子，说不定临时有什么灵感。因为我不知道，他要怎么对我嘛！人家怎么对我，我不知道。只有到时候，再来想办法。这是中国人的看家本领，一切看着办！

（5）李鸿章对英国公使的态度，为什么那样模棱两可，不有话直说呢？

现在有很多人，都在鼓励大家有话直说。这种层次是很低的，一般人当然可以有话直说，可是高阶层的人，怎么可以有话直说呢？你看政治人物，向来讲话都是模棱两可的。话说得太明白，完全没有弹性，没有自留余地，最后是逼死自己。

各位想想看，如果李鸿章直截了当地告诉英国公使你可以借钱给胡雪岩，英国公使反而会觉得很奇怪。有时候有话直说，会使对方更加怀疑，也更加不敢接受。人家是个公使，人家自己有脑筋，自己会判断，你凭什么直截了当地说借给他？他模棱两可的意思，就是要引发英国公使自己去猜测，自己去设想，自己去判断，最后他自己做决定。这是很合理的事情。

我们再看看，英国公使问李鸿章左宗棠会打胜仗吗，李鸿章也是模棱两可的。他凭什么说左宗棠不能打胜仗？他又凭什么说左宗棠一定打胜仗？这种话，谁也不敢讲。所以有话直说，层次非常低，不是任何人都可以做得到的。常常有话直说，后果不堪设想。反正你说不说，其实是一样的。英国公使会听李鸿章的话吗？你叫他借，他就借；你叫他不借，他就不借了吗？既然结果是一样的，说这么清楚干吗？

再说李鸿章的话，如果讲得很清楚，有话直说，这话迟早会传出去，有一天会传到左宗棠的耳朵里。那还不算什么，万一传到西太后的耳朵里，那担负得起吗？所以中国人讲话含含糊糊，有几个目的：第一是尊重，让对方自己去想；第二是减少自己的后遗症，免得传来传去，最后像是我一个人在挑。第三个，其实中国人看得很开，说跟不说有什么不同？说得很清楚，跟说得不清楚，有什么两样？都没有两样。英国公使听起来都是一样的。何况英国人也都是模棱两可的。你看现在美国人也在学模棱两可，可见模棱两可有很多好处。只不过，长期模棱两可是不行的。有一句话大家要记住，经由模棱两可的含糊过程，最后得到很清楚的结果。结果要清楚，过程大可以模糊。

（6）李鸿章为什么要唐廷枢游说洋行，不要助左宗棠西征？

我想这是很简单的道理，因为我们一向可以看出来，派系的利益大于国家的利益。很简单，国家的利益是大家的，派系的利益是我个人的。我要顾国家没有错，但是我先要顾个人。个人顾不住，怎么去顾国家呢？一般人都会这样想。大家都是为国为民，但是一看到派系利益，总是优先去顾虑，优先去照顾，事实是如此的啊！所以我们觉得，怎样把这些小团体的利益，把它结合成大团体的利益，才是我们从事管理的人，应该思考的事。不要一天到晚高喊口号，说为了团体的利益，要牺牲个人的利益。讲起来很好听，实际上往往做不到。

我们站在李鸿章的立场，如果他尽量帮助左宗棠立大功劳，慈禧太后对他很赏识，将来一定对李鸿章不利。谁愿意搬石头砸自己的脚？所以站在李鸿章的立场，他在旁边说，你去跟这些洋行讲，表面敷衍敷衍就好了，不要借钱给左宗棠，这也是很合理的事情。左宗棠自己想办法，不能因为受了李鸿章的压制，就不去冒险。你要借钱，自己去想办法，果然左宗棠也是这样的人。

（7）胡雪岩为什么宁可以全部家产抵押贷款？对他有什么好处？

我想第一个我们应该想到的，就是胡雪岩的面子问题。他是一个很爱面子的人。我们现在老觉得爱面子不好，其实从某个角度来看，甚至从很多角度来看，爱面子并没有什么不好。一个人如果连基本的面子都不要，这个人还会争气吗？

我们常常骂中国人爱面子，其实中国人之所以永远不败，永远不认输，一直力争上游，一个很重要的支持点，就是面子。胡雪岩认为我借不到款，完全没有面子，宁可用全部家产做抵押，也要这个面子。我不能让左宗棠看不起，不能够让承诺泡汤，否则我这个面子，整个丢光了，这是第一点。

第二点，他也知道有人在搞鬼，因此他一定要把那个搞鬼的人找出来。他一定要跟他分个高低。我觉得这也是我们中国人不认输、不服输的很好的一种内驱力，使得自己不折不挠，会去奋斗到底。如果他觉得贷不到款子，贷不到那就算了。我们会佩服胡雪岩吗？他以后事业会做得大吗？我想不可能了。他也知道丁日昌在搞鬼，丁日昌背后就是李鸿章，他很清楚。可是他一下就被打垮了？不会的。他心里想，我还是要动脑筋。你阻挡我，我不会认输，我一定要破解，无论如何也要贷到钱，这是他的第二个着眼点。

第三点，当然也有点儿责任感。我们今天很喜欢讲使命感。使命感，我觉得多少也有一些。他认为左宗棠那么辛苦，迢迢万里为国为民去打仗，我答应他的事情，一定要做到，才不会让这么好的人，受到那么大的挫折。他帮我，我帮他，我觉得中国人向来是他帮我，我帮他的。我们不会说我得到好处，就什么都不管了，我们大概不会这个样子。他也欠了左宗棠很多人情债，这个时候该他还了。所以他拿家产出来。我觉得胡雪岩如果看开的话，应该想到这些钱，左宗棠帮了很大的忙；现在左宗棠要贷款，就算这些家财都丧失掉，也是应该的。如果有这种心态，我们会更加佩服他。

（8）左宗棠说为富者，权势之大，大到可以治国；其势之小，小到抵不过百姓的议论。这是为什么？

我想官员有好的，也有坏的，如果他凭良心来治理，老百姓感受得出来，就会觉得这是个好的官员，我们要尊敬他。如果他不凭良心，老百姓不会跟他斗，因为向来民不与官斗。因为你斗不过他，他有权有势，可以为所欲为。他可以表面上说没有问题，背地里照样整你。中国人很聪明，你跟他搞明的，有什么好搞的？所以我觉得，中国老百姓最厉害的智能，就是大家在家里头诅咒，一直诅咒，对方就完了。大家不要以为，这是没有用的。如果了解宇宙磁场的变化，就知道诅咒是很有用的。一个人，经不起背后很多人的指指点点，因为这样他的运气一定是坏的。

很多做官的人，大家都觉得他很神气，但是背后那种诅咒的声音，使得他越来越倒霉，这是我们经常可以看到的事实。所以今天做官的人，更需要一切凭着公道，一切凭着良心，就是这个道理。不过千万不要灰心，因为好官大家是很尊敬的，我们千万不要以为中国人是非不分明，好像谁好谁坏都看不清楚，不会。我们嘴巴不太讲，心里非常清楚。好官就是好官，我们不会冤枉人的。不好，就是不好。我们当面不讲，但是心里很清楚。

历史上有太多的证明，各位到杭州，看到秦桧跪在岳飞前面。秦桧如果有灵魂，看到他老是跪在岳飞前面，而且还真的有很多人向他吐痰，弄得他满面都是苍蝇，我想他是很难过的。

创业提示：权势可大可小

做官的人，如果凭良心做事，其权势之大，就大到可以决定国家的所有政策，把国家治理得国泰民安。从这一个角度来看，学而优则仕，是一条光明大道。许多人乐此不疲，也是理所当然。

但是，若是不凭良心，全凭个人好恶，不顾百姓的死活，其权势之小，便小到抵不过百姓的议论。百姓不一定要揭竿而起，掀起革命的浪潮；也不一定要走上街头，公开指责官员的罪行。只要天天在家里边看报纸边咒骂，边看电视边诅咒，迟早就会产生意想不到而又逃避不了的不良报应。

06 再次孤注一掷

胡雪岩担任上海转运局委员，要向外国银行贷款。英国公使威妥玛问李鸿章能不能借钱给胡雪岩，李鸿章直说借不借两可，私底下命令唐廷枢游说洋行，不要助左宗棠西征，当然不必借钱给胡雪岩。

胡雪岩一向胆大心细，他用各地钱庄和当铺，以及其他家产，总共两千万两银子做资产抵押，由朝廷具名，向洋行贷款。并且放话：如果英国汇丰银行不借，他会向各国的领事馆筹借。然而，洋行还是不为所动。

后来丁日昌调侃胡雪岩，笑他为上海三胡之一。其中有一位名妓，叫作胡宝玉。胡雪岩不顾一切，决心再次孤注一掷。毅然决定，去找胡宝玉帮忙。他的意思是，一定要想办法把外债借到，兑现对左宗棠的一番诺言。

左宗棠的儿子向左宗棠报告，在京城时，听说胡雪岩的名声不大好。左宗棠说用人应重对于国如何，至于私事，也只好让他咎由自取了。

丁日昌上门，胡雪岩起身迎接，丁日昌说怡和洋行可以帮忙贷款事宜，他也可以当连保。胡雪岩故意说受宠若惊，丁日昌接着说胡先生大名，在上海被捧为三胡之首。

三胡是谁，胡雪岩并不知悉。丁日昌说是东南大侠胡雪岩，绘画大师胡公寿，以及胡宝玉。胡雪岩不知道胡宝玉是谁，谭则云告诉他是个妓女。胡雪岩并没有生气，反说有趣、有趣。

玉惠告诉胡雪岩一些有关胡宝玉的事，胡雪岩马上要阿宝拿几个大元宝，要去会这个胡宝玉。

来到胡宝玉住处，看到她身着外国男装的俏模样，胡雪岩看得说不出一句话来。胡宝玉知道胡雪岩是浙江人，觉得很好奇。胡宝玉说干这一行的，不用出门，便能够听到外面的贵人贵事。

胡雪岩见到胡宝玉说："深知小姐落入风尘，乃于生活所迫。要借小姐的芳名香威，做一件为国的大事。"胡宝玉不在乎地问："什么事？"胡雪岩说出向汇丰银行贷款的事宜，胡宝玉说她从心里恨官府、恨洋人，因而满口答应。

回家后，胡雪岩吩咐谭则云，拿一千两银票给阿宝，送给胡宝玉，筹划贷款相关事宜。

智慧问答

（1）左宗棠说用人应该着重在对国家的贡献，至于私人生活，只好让他咎由自取，是什么道理？

我们都知道，任何人有优点，就有缺点。其实再讲简单一点儿，一个人的优点，往往就是他的缺点。而他的缺点呢，恰巧就是他的优点。你看，胡雪岩如果不是他这种个性，能够施展得开吗？三教九流都可以来往。戏子又怎样？只要对我的事业有帮助，照样跟他交往。如果不是这样的个性，左宗棠用他，又用什么呢？所以左宗棠的想法很对，是不是对国家社会有益？有益，我就敢用他。至于私人生活，实在无权过问，也过问不了。因为你要胡雪岩改掉很多左宗棠认为不合适的地方，那恐怕要等下一辈子了。左宗棠能够无人不可用，就是他用人之所长。

我们看胡雪岩也是这样，胡雪岩无人不可用，只要用他的长处就好了，管他有什么缺点呢。尽管很多人，在左宗棠面前打小报告，说胡雪岩这样不好，那样不好，左宗棠听了，都是一笑置之。因为他一开始，就抱定了我要用这个人，但是我不会把自己跟他绑在一起。他的私生活，他将来咎由自取。我觉得咎由自取这句话，最能够代表左宗棠的心态。我用你，是用你对国家有利益的部分。可见左宗棠有知人之明，又能够善任。我觉得当一个老板，“知人善任”这四个字是很重要的。但是要把它分开来看。有很多老板，会知人，但是不会善任。他了解这个人的长处，但是没有办法去用他，这是很可惜的事情。左宗棠了不起的地方，就是他了解胡雪岩，知道他的长处在哪里，又能够很适当地用他。而且一开始，在很多地方，就划分界限，不让自己被胡雪岩拖下水去，很值得我们做参考。

（2）丁日昌为什么要拜访胡雪岩？为什么要当面给胡雪岩难堪？

我想这是为官之道，想尽办法，要挡住胡雪岩的财路，不让他顺利借到洋债。可是后来发现好像挡不住了，这个时候，他就顺水推舟，干脆让他借。所以他跟唐廷枢讲，你就让他借好了。因为借了以后，我可以再利用机会，弄得他鸡犬不宁，这又是种策略啊。我们这样走有路，那样走也有路啊，这才是真正中国人的本领。反正我要整你，不管你怎样，我都要整你，整到底就对了。

现在他直接来看胡雪岩，目的是什么呢？就是打听打听虚实。我是地方官，我要来，我就可以来，你也挡不住我。我来看你怎么应对。所以他就来了。胡雪岩并没有买丁日昌的账，他说：我不知道你要来，所以很失礼、很失礼。这就暗示，丁日昌你最好少来。你来了，我也是不会买你的账的。但是丁日昌毕竟官架子十足，他的官僚习气很深，没有办法节制自己。他不是很高明的人，我相信他要跟胡雪岩比，那真的是如同李鸿章所讲的，差得太远了。他来看人家，又要当面给人家难堪。最后呢，自讨没趣。很多事情，要么去化解，要么就摆明说你看着办，这都比较有君子风度。像丁日昌这样，我们中国人比较不欣赏。你去看人家，就是客人，客人要有客人的礼貌。你要侮辱人家，在外面侮辱人家。要给人家难堪，人家去找你的时候，你再给他难堪。现在你登门拜访，再给主人难堪，这是中国人不太喜欢做的事情。这叫作什么？叫作登门问罪。登门问罪，让全家人都受不了。最后呢，丁日昌自己也受到很大的难堪。这也是左宗棠所讲的，咎由自取啊！

（3）胡雪岩得知胡宝玉是娼门名妓，为什么不发脾气，却说有趣？

我觉得胡雪岩的根本原则，就是商人不重骨气，重和气，因为和气才能生财。我相信胡雪岩是很气、很气、很气。你看他的表情，他只是没有把气发出来而已，他能够把自己控制住，把自己的情绪稳定下来，嘴巴还是讲：有趣、有趣啊！使得整个气氛，不会一下子凝结起来。这就是和气，而不是骨气。如果是骨气，当时就拍桌子，大骂你怎么可以这样，把他赶出去，那就表示他没有风度。我们也不希望胡雪岩是那个样子的人。他心里很不舒服，可是嘴巴上，还是讲有趣。

关于这件事，我们所能评论的是丁日昌再坏，李鸿章也还是要用他。李鸿章用他，也有李鸿章的道理。我们不是李鸿章，我们无权来评论这种事情。这个人不好，但是他的老板要用他，那是他老板的事情。

胡雪岩的长处就是：一听到胡宝玉是名妓，马上想到这又是一个门路，不如动脑筋，找胡宝玉帮忙，而不要跟丁日昌斗气，我觉得这是非常高明的反应。他根本不知道谁是胡宝玉，所以他就问胡宝玉是谁啊。后来一听是娼门名妓，他当然有点儿生气。但是他很快就想到，生气没有用。我把这个化解掉，好好找胡宝玉，把路走通，那才是真正气丁日昌的方法。现在跟他斗，谁也不知道谁对谁错。我相信有很多人，也不见得认为丁日昌是完全错的。因为每个人看法不一样，立场不相同。至少李鸿章认为，丁日昌是很值得栽培的下属，那你又能讲什么呢？对整体，对个体，往往看法是不一致的。

（4）胡雪岩为什么去找胡宝玉？他打的是什么主意？

我们都知道，胡雪岩的长处就是从不放过任何机会。他的脑海里面，很少有不可能的概念。他总认为，只要有路，就可以走得通。天无绝人之路，所以从不放过任何机会。而且任何启发，他都会很快抓住。无缘无故弄一个丁日昌来跟我讲什么胡宝玉，一般人都是用发脾气、骂人来斗气，反而错失了良机。胡雪岩没有，他认为你今天跟我提这个人，对我有好处。我去找胡宝玉，说不定又是另外一条生路。他抱着这种心情，去试一试，行不通就算了，行得通又多一个机会。

一个人应该这个样子，把任何事情，都从相反的方面去想，不要老是从一方面去钻牛角尖。无缘无故，蹦出一个胡宝玉来，把她看作是对胡雪岩的一种侮辱也可以，但是那样无济于事。胡雪岩说：说不定我找这个人，她来替我打通关节，对我很有利。因为她既然这么有名，一定有她的一套。他马上想到，玉惠都可以行得通，胡宝玉不是更神通广大吗？所以他就抱着这种心情，准备去看胡宝玉。

（5）胡宝玉对胡雪岩相当了解，这是什么道理？

说起来很好笑，公众人物经常是公共场合共同的话题。大家见面，讲什么好呢？就讲一些大家认识的人，有什么秘闻啦，最近出了什么糗事啊，又创造什么新闻啊，我想这是最好的话题。公众人物，逃不过众人的耳目，大家对他们都很有兴趣。好的拿出来讲，不好的讲得更多。到今天为止，还是这个样子。

胡雪岩既然在商场这么有名，妓女聊天，聊什么呢？就谈胡雪岩怎样怎样。所以这些欢场的女子，对这些商界的名人，对这些政界有名的人士，非常清楚。这些人一直是她们茶余饭后，喝酒聊天的共同话题。

胡宝玉对胡雪岩了如指掌，胡雪岩对胡宝玉反而不太了解。任何人见面的时候，都喜欢找一些话题：政治人物啊，商场的一些主持人啊。既然有这个地位，很容易被大家炒成话题，就要特别小心！当然啦，也可以趁这个机会，闹些小新闻，来增加大家对你的认识，这也是一种广告，我们也不反对。但是丑闻最好少发生。偏偏很多人，就是没有这种警觉性，一天到晚闹东闹西的，弄得自己名誉很坏，也是左宗棠所讲的咎由自取！

我们也可以看到，现在很多商界名流，保镖好几个，每天定时招摇过市。对他们来讲，是保护自己的安全；但是别人会当作话题。你看他把自己扮得好像是大首领一样，车子一停下来，好几个年轻人去开门。一只脚踩出去，另外一只脚放在汽车里面，红毯马上就拿来了，显示他是非常重要的人。这样做，到底对他是好还是不好，看来只有他自己知道。

（6）胡雪岩说他深知胡宝玉为生活所迫才入娼门，否则也是位巾帼英雄，有什么用意?

我想他所使用的，是我们中国人常用的一种方式，叫作高帽子政策。反正把对方捧一捧，给他戴一戴高帽子，他总是比较高兴！

有个传说，说的是有一个人，一生专门给人家戴高帽子，死后阎罗王审判他的时候，很不高兴，说：你一生就只做了一件事情：到处捧人家，到处给人家戴高帽子，你是干什么的？那个人说：他们那些人，就喜欢这一套，所以我才会因应他们的需要，给他们戴高帽子。像阎罗王您这么英明的人，我就不会给您戴高帽子啦！阎罗王很高兴，就放掉他了。可见阎罗王也是喜欢被人家戴高帽子的。

人不管到哪里，总是喜欢听好听话的，阎罗王也不例外。胡雪岩就是用这个来做见面礼，说胡宝玉是为生活所逼，不然怎么会走入这条路呢？我看你也是个巾帼英雄。胡宝玉听后当然很高兴，两个人以后的谈话就会比较投缘。

同时胡雪岩暗示她，我说你是巾帼英雄，就表示我也是英雄。一个人会看人家是英雄，就表示他自己也是一个英雄。英雄惜英雄啊。你看人家没有什么了不起，就是自己也没什么了不起，我想这种心跟心的投射，是非常明显的。

那么胡宝玉呢，当听到她要为国为民去借钱，心里想我是个妓女，能够担当这么神圣的任务，能够负这么重大的责任，一定要做吧！我想胡雪岩就会成功了。经他这么一激，胡宝玉的意愿被他激发起来，很快就答应胡雪岩希望她帮忙的事情。

创业提示：疑人不用 VS 全面干预

疑人不用，用人不疑，是用人的最高原则。怀疑他的品格或能力，就不必用他；一旦经过考验，证实他的品格和才能都没有问题，那就不应该再怀疑他。

左宗棠让部将去打仗，自己坐在营中下棋。因为他疑人不用，用人不疑，相信他的部将，会好好打胜仗。

李鸿章好像就不是这个样子，他对丁日昌一百个不放心，采取全面干预的态度，把丁日昌当作奴才使用。

现代的人，既不能疑人不用，也无法全面干预。用人的策略，变成表现得好，就留下；表现不好，就滚蛋。换句话说：有利用价值的，留；没有利用价值的，去。美其名为公正无私，实际上毫无道义，只见利害。

疑人不用，是主管的才能；全面干预，同样也是主管的能力。最起码有知人、识人、用人的修养，才敢疑人不用，也才敢全面干预。对某些人疑人不用，对某些人全面干预，只要区隔得合理，分辨得恰当，谁也不能说左大人比较会用人，而李大人比较不会用人。

对胡雪岩，当然可以疑人不用；对丁日昌，非全面干预不可。但是现在很多人却并没有采用这种方式，认为只有短暂的同事，没有长远的伙伴。说起来还很动听，以绩效为依据。实际上显示主持人十分无能，既不能知人、识人，又不能合理指派工作。否则怎么会产生这样换来换去还换不好的惨局呢？

用人之初，要明白这个人的长处和缺失。用其所长，并且设法不让他的缺点有发挥的余地，自然无人不可用。胡雪岩用阿宝、用玉惠、用阿贵，都是按照这个道理。阿宝把一船粮食弄得被扣押，胡雪岩并没有责怪他，反而安慰他：怎么还哭哭啼啼？随我到王将军那里再做打算。玉惠已经是二姨太，对芮瑾的处置不当，胡雪岩照样给她难堪。阿贵无缘无故，走漏上海的消息给芮瑾，胡雪岩也没有说他什么。既然用一个人，就必须觉悟：这个人的优点和缺点，同时都请来了。科学再发达，也无法把一个人的优点和缺点隔离开来，只把优点带到工作场所，而将缺点留置在家中。何况一个人的长处，往往就是他的缺失。这个人的缺点，正好就是他的优点。

柳成祥的缺点是不够机灵，但是对胡雪岩来说，刚好是一种优点。否则两个人都同样机灵，会不会形成左宗棠和李鸿章那样，弄得水火不兼容呢？

用一个人，必须同时用他的长处和短处。用得好，发挥长处而抑制缺点；用得不好，反而抑制了长处而放大了缺点。

做得好，疑人不用；表现得不理想，赶快改变策略，全面干预。这才是负责任，有担当的主管。

全面干预，部属能够接受，也承受得了，那么把他留下来，不断教育辅导，总有一天表现得好。不愿意接受，或者承受不了，他自己会走路，急什么？

自己走，其他同仁没有话说，自作自受嘛，怪不得老板。叫他走路，同仁的反应如何？看柳成祥对任老板的观感，可想而知。

07　官府也分忠奸

人在衙门好修行，这句话的意思是，官员有权，可以为百姓造福，也能够找民众的麻烦，甚至压榨百姓的血汗。如果造福，那就是带职修行，将工作当作行善来看，对自己十分有利，对社会大众也有好处。若是趁势欺凌民众，谋图私利，那就是造孽，不利于自己。

好事不出门，坏事传千里。大多数百姓心目中，官员贪污舞弊的居多，恐怕就是这个道理。

左宗棠奉旨督办新疆事务，决定向新疆用兵。俄国派侵占伊犁的索斯诺夫斯基前来兰州访问，故意提出在营中制定的爱惜洋枪、洋炮条例，向左宗棠请教。

士兵把条文背得很清楚：洋枪、洋炮、洋火、洋药，不但价值昂贵，购买费用亦高。凡我官勇，务宜爱惜，不可浪费。左宗棠听了，十分满意。

俄国人认为平时不练枪，战时不可能打得准。有一个士兵听不下去，猛地一枪，打下了俄国副官的帽子。俄国人吓得跌倒在地，抱怨说太危险了。

胡雪岩故意看英国汇丰银行的大班葛德立一眼。他将德国大班带到旁，让葛德立看到他们在进行一些私人谈话。

葛德立赶忙找胡宝玉，希望她拉拢胡雪岩。胡宝玉欲擒故纵，拉他上舞池跳舞。葛德立最终答应贷款给胡雪岩。丁日昌发电报给英国公使，转知各大股东，否决掉这笔贷款。唐廷枢告诉他晚了，葛德立已经获得授权，才敢出席胡宝玉的宴会。

葛德立自信地向胡雪岩夸耀着英国的实力，胡雪岩却关心利率是多少。葛德立出价伦敦金融市场拆息加百分之五，胡雪岩还价百分之一，并且说如果葛德立可以保守秘密的话，他可以向朝廷多报，中间的差额由两人对半分。葛德立终于松口，看过胡雪岩的财务资料之后，更放心地说：一言为定。胡雪岩说，在金钱面前，你我都没有把祖宗当自己的。

胡宝玉告诉胡雪岩，丁日昌要她出一趟牌局。胡雪岩要她安排在阜康钱庄后宅，并且要梦瑾参与。果然把丁日昌杀得脸色一阵红一阵绿，打翻牌桌才愤然离去。

智慧问答

（1）胡宝玉从心里恨官府、恨洋人，是什么道理？胡雪岩为什么告诉她官府也有忠奸之分，有什么用意？

社会上大多数的人，都对做官的没有好感。其实，这也是不公平的事情。因为实际上，做官的还是好的多，坏的少。可是我们从小就听到父母在抱怨，说这些做官的怎么坏，长大以后，所听到的，也都是贪官污吏。这样就造成一个印象，好像做官的都是坏蛋。

至于洋人嘛，因为近百年来，洋人进到我们中国，就是一种非常不友善的表现。让我们感觉到，他们专门在欺负我们。中国人可以委曲求全，但是不会认输。胡雪岩特别讲官府有忠有奸，他的用意，是想要化解胡宝玉心里头那种疑虑。否则的话，你一开口，她就拒绝了。

我们这里讲到一个关键问题，就是你要跟人家开口，先要做一番心理建设，让对方能够接受，最好是乐意接受。如果对方是封闭的，你再怎么讲都没用。因此我们十分佩服胡雪岩，他先说官有忠有奸，不要一概而论，使胡宝玉的心理防卫，稍微松懈一点儿，比较容易接受胡雪岩的建议，来帮胡雪岩的忙。这叫作说话的有效性，今天叫作沟通的有效性。

（2）左宗棠为什么要求部属爱惜洋枪洋药？俄国使者为什么怀疑湘军士兵打枪打不准呢？

我想这就是西方人不太了解中国人的地方，我们中国人讲爱惜，并不是说不用。俄国人认为爱惜枪炮弹药，不敢操练，怎么打得准呢？所以他们认为：要士兵打枪打得准，就要让他们多多练习，这种练习的钱是不能省的。现在左宗棠居然说洋枪洋药价值昂贵，得来不易，要爱惜使用。在这种政策之下，大家不敢动用洋枪洋药，怎么打得准呢？他没有想到，我们中国人讲要，就含有不要的意思；讲不要，就练习，但是这一枪一定要命中，这一枪如果不命中，那就是浪费弹药。带着这种心情，每一枪都很仔细在仿真。这样子打一枪，等于打好几十枪。在这种情况之下训练，虽然花的弹药不多，但是训练出来的，照样是神枪手。

俄国人风闻左宗棠爱惜弹药，觉得很好笑。外国人要求证，就派人到湘军这边来，一下子就开枪把这个目标打下来，好像要吓吓左宗棠。左宗棠说：我五十七岁的人，你这种小玩意，还吓得了我吗？你看中国人多有默契，他并没有叫他的士兵做任何动作。可是只要主帅讲这个话，士兵马上懂，立刻一枪就把俄国副官的帽子打了一个洞。好险啊！当然险啊，不险你怎么知道我准呢？我觉得这个士兵非常有把握，才敢拿人家的帽子做目标，出乎俄国人意料。他一直不能理解，在这种情况之下，中国人怎么能把枪法练得这么准呢？我想我们中国人，心里都很明白。中国人做事情，马马虎虎的话，那就是没有用的。如果很仔细，很用心的话，我想什么事情，都难不倒我们中国人。从现在开始，做事情不是说努力不努力，而是用心不用心。要每件事情都用心，把心灌进去。虽然我们爱惜弹药，可是照样枪法非常之准。记住，努力工作没有用，用心做事才要紧。

（3）汇丰银行原本不同意借钱给胡雪岩，现在为什么改变主意呢？

我们都知道，汇丰银行的老板是英国人。英国人所实施的，是一种愚民政策。把一般老百姓，培养得中规中矩，好像一点儿应变能力都没有。可是他们的高阶层，那种策略的运用，那种应变的能力，是非常强的。你看英国的老百姓一板一眼，但是英国的政治家非常的老到，可见他们区隔得非常清楚。

在英国，如果能够受到高深的教育，那都是绝顶聪明的人。所以因材施教，的确是个好方法。我们现在提倡不要能力分班，我想这是个笑话。没有能力分班，老师怎么教？怎么样因材施教，把有潜力的人的能力激发出来？英国人高阶层应变力很强，一看情况不对，马上见风转舵。

英国这些银行家，看胡雪岩跟德国人谈得很近，心里想糟糕啦，这一仗败给德国人的话，那我还像英国人吗？因此就赶快想办法，来争取胡雪岩。其实胡雪岩是故意设计让他来中计的。从随机应变这个角度来看，我们不得不佩服汇丰银行，很有一套。

（4）丁日昌为什么要出席胡宝玉的酒会？唐廷枢劝他不要去，是什么道理？

我们都知道，丁日昌要去出席酒会，是为了面子。唐廷枢劝他不要去，也是为了面子。可见我们中国人的事情，大概大大小小，都跟面子有一点儿关系。

你看丁日昌这个人，可以说是既自大又自卑。他觉得大家都有请帖，只有我没有被邀请，这还像个地方官吗？所以我一定要去，给他们难堪，才知道我这个地方官的威风，这就是又自大又自卑的一种表现。

唐廷枢比较冷静。为什么冷静？因为旁观者清。他是不是比丁日昌稍微高明一点儿？我们也很难讲。只是一个当局者迷，一个旁观者清。所以唐廷枢就跟丁日昌讲，没有请帖你就去，不是不请自来吗？

我们都看得出来，这件事是胡雪岩有意安排的。这样安排，到底是好还是坏？我们往后还可以看下去。对付丁日昌这样的人，是不是应该用这种方法，值得我们深思。

老实讲，对君子用这种方法，还无所谓。因为他会自己反省，会自己检讨改进。可是对这种小人，用这个方法，应该不是很恰当。因为丁日昌会恼羞成怒，一个人到了恼羞成怒的地步，就会毫不讲理，反映出来的行为很难控制。这样一来，就会增加胡雪岩的很多苦恼。所以我们再往下去看，看看他们的进展是怎么样的。

（5）葛德立为什么急着要与胡雪岩单独会谈？胡宝玉为什么向他保证没有问题？

葛德立是汇丰银行的代表人，既然银行决定要贷款给胡雪岩，他就必须把握时机，赶快跟胡雪岩会谈，以免被别人半途争取掉。我们在管理上，如果上面已经答应这件事情，因为我们耽误了时机，而没有完成的话，那个责任是负不起的。当上面一旦下定决心，代表去执行的人，一定要记住，把握时机。不要错失良机，不要耽误时间。因此，葛德立来参加酒会，虽然说他在跳舞，但是他的心情，始终没有放松过。一个人在跳舞，到底是很轻松还是很紧张，就看那个时候的任务是什么。

我们可以看出来，很多间谍、政治人物、大商人，跳舞只是做个样子而已，根本放松不下来。你看葛德立眼睛到处在观望，看什么？看胡雪岩在干什么。胡雪岩是有意表演的，跟那个德国人好像谈得很亲密，好像什么事情都已经决定。于是他更加慌张，这个英国人毕竟很老到，他知道一开口，万一胡宝玉跟他讲：我没有办法，很抱歉，那不是糟糕了吗？所以他马上拿出事先准备好的，一个最珍贵的瑞士新产品。那个名贵的手表，一戴上去，胡宝玉心里就有数了，她说：好，没有问题，我给你安排。

至于胡宝玉，怎么敢这样笃定地答应他呢？也是她事先已经跟胡雪岩套好了。胡雪岩本来就想跟英国人借钱，只是怕英国人不答应。这些事情都经过先前的沙盘演习，就是我们中国人所说的套招。把招数套好了以后，自然就没事了。我们中国人最会套招。

中国人这种套招，是非常管用的。胡雪岩跟胡宝玉套招。加上胡宝玉也很老到，不会事先讲出来，不会跟葛德立说：没问题啦，他本来就想借钱。因为这么一来，英国人又提防了，你们在搞什么玩意儿？而且她也得不到那个名贵的手表。所以有时候，有话就说，有话直说，这些话到底是对还是错呢？我希望各位自己去想一想。不到紧要关头，不要开口，这才是中国人的真功夫。

（6）胡雪岩为什么要和葛德立对分剩下的九厘利率？又为什么说“在金钱面前，你我都没把祖宗当自己的”？

各位心里有数，胡雪岩跟湘军打交道以来，就发现左宗棠这个人很厚道。你开口，他都会相信。所以我们常常觉得一个人的厚道是一回事，如果对别人完全没有怀疑的心理，到底好还是不好，也是应该想的问题。

如果说左宗棠比较认真一点儿，多怀疑一点儿，当然不能过分怀疑，过分怀疑，胡雪岩就不干了。稍微有点儿怀疑，让胡雪岩更谨慎一点儿，会不会更好呢？你说多少钱就多少钱，你说怎么样，我就相信你，利率也让你去决定。这样就好比开一部奔驰车，停在路旁边，钥匙又放在里面，路人看到，自然就开走了。到底是路人偷你的车，还是你引诱他偷车？我想这还有争议。

胡雪岩办事情办得很顺，因此他很大胆地说：我们向朝廷报高一点儿，另外多余的这九厘，我们对半拆。你有好处，我也有好处。他不知道这件事情，对他来讲，迟早会变成致命伤。他认为我们既然谈钱，那就不谈祖宗。

很多商人就是败在这里，钱一出来，祖宗算什么呢？为什么中国人从小就灌输我们有祖宗的观念，就是说你不要因为钱，而把祖宗的面子都扫光了。可是胡雪岩认为洋人是不认祖宗的，跟洋人打交道，还认什么祖宗？这是他的想法。同时，他认为洋人比较守信用，不像中国人那么不守信用，因此比较放心跟洋人勾结。到底是不是这个样子？我想这也是很危险的想法。中国人会窝里反，我们都很熟悉。外国人会不会一生一世守秘密呢？我想我们也不知道吧。

（7）丁日昌为什么要胡宝玉出一趟牌局？而且地点由胡宝玉安排？

我想这又是面子问题。丁日昌想，你让我没有面子，日子会好过吗？我没有面子，就这样认了吗？那我以后怎么做人啊？我想这是中国人常常感觉到很苦恼的主要原因。自己放不下，自己想不开。可是大部分人都是这个样子的。

丁日昌说：“好啊，你给我难堪，我就让你难过。”因此他就想办法，看看怎么来整整这个胡宝玉。于是他就出了个难题，说你给我出一趟牌局吧。如果丁日昌说，你到我这儿来，或者你到哪里，跟她都安排得好好的，那就整不了胡宝玉了。所以他现在把一个火烫的罐子，往胡宝玉手上丢。等于我们现在讲的把球丢给对方，丢出去说：“来，我们来打一场牌，地点你安排。”才够胡宝玉伤脑筋。地点由她安排，丁日昌才能够采取主动，要答应或者不答应，要挑剔还是要接受，对丁日昌是有利的。他这样做，也不愧是官场老手。

可是胡宝玉呢，拿了以后，就把这个热罐子又丢给了胡雪岩：这是你惹的，你来解决吧。我想这也是很好的办法。胡雪岩当然不怕。胡雪岩说：那就在我阜康钱庄好了。这样一来，胡宝玉就壮了胆子。胡雪岩如果说，你们到外面去，随便找个地方打牌，那就表示他要推卸责任，想置身事外。现在他说，进来我家，就表示我们两个站在同一个立场。我支持你，要支持到底，这种行动很够义气。所以胡宝玉受到鼓励，很快就把讯息传给丁日昌。意思就是说，看你敢不敢来，看你怎么办。这样把球丢来丢去，也是我们中国人常用的一种方法。

丁日昌呢，一看好啊，你们两个人穿一条裤子，他也想办法一石二鸟：一方面整胡宝玉，一方面整胡雪岩。他在这个方面，当然也有他的功夫，也不是好对付的。我们还可以进一步来看他们，怎么继续玩这些花样。

（8）胡雪岩为什么选在阜康钱庄后宅打牌？梦瑾的表现如何？是不是帮胡宝玉的忙？

我们已经讲过，选在阜康钱庄，表示我们支持胡宝玉。整个阜康钱庄做胡宝玉的后盾，意思就是说，你输赢都不用担心，我们出钱就是了。而选在后宅呢，有更深一层的用意，就是我们全家人都可以出动。那个时候，胡雪岩有比较大的弹性，可以在场，也可以不在场。他不在场，有家人在那边哄抬；他在场，有家人的气势一起来助阵。这样一来，客人更是单薄，更没有办法发挥力量。把人家请到家里面来，是一种壮大自己声势的做法。胡雪岩用这种方法，胡宝玉当然很高兴，所以就欣然接受。

丁日昌在气头上，并没有想到这么多。一个人在气头上，只想发泄气愤，只想要回面子，往往不够冷静。他如果很冷静地盘算一下，就不会在这个地点跟人家打牌。他去了以后，果然不错，受到相当的冷淡，三缺一。可是他还是继续闹下去，怎么主人不出来呢？后来梦瑾出来了。

你看梦瑾迟到出来，第一已经先把丁日昌的气焰压下去；第二扛出两个金元宝，就是杀杀丁日昌的威风；然后又说她是高手。就这三件事情，已经把梦瑾的气焰捧得很高，丁日昌怎么会不输呢？赌场其实跟战场一样，就是要造出声势，使对方情绪低落，斗志受到抑制。然后一出手，当然无可抵挡。

梦瑾很聪明，学会打牌以后，加上胡雪岩的调教，现在技术高人一等，要谁赢就谁赢，要谁输就谁输，已经能够控制自如。要帮胡宝玉的忙，是很简单的。她一来一往，往来自如。你看她赢跟让胡宝玉赢有什么不同？各位可以从这里面去想。如果一个人只能自己赢，不能够帮别人赢，这个人的技术还是差一点儿。

创业提示：爱惜枪炮 VS 打枪不准

左宗棠说洋枪洋药价值昂贵，得来不易，要爱惜使用。俄国人就认为：中国士兵一定打枪不准。其实，中国人讲的爱惜是，如果打一枪命不中，就是浪费弹药，所以要每发都仔细打，才能从心底里做到珍惜弹药。而不是每天无所谓地、不用心地去练习，那样的话，再多的弹药也练不出神枪手。

胡宝玉说她从心里恨官府、恨洋人，胡雪岩却告诉她，官府也有忠奸之分。他明说是奉左宗棠之命，所借款项主要是用来购买武器，以抵御沙俄亡我西北、占我新疆的狼子野心。胡宝玉对胡雪岩的不畏强权，更为钦佩。

08　不慎埋下祸端

常言道：聪明一世，糊涂一时。胡雪岩当然是聪明人，却在借洋债这件事情上，动了手脚，向朝廷高报利率，从中赚取差额，岂不是糊涂一时？

一个人，发展得越顺利的时候，就应该越加谨慎，更加小心。因为这个时候，可能越来越大胆，而忽略了心细这一方面的重要性。胆大而不心细，一时大意，很可能种下祸根，酿成无可挽救的悔恨。

这种事情，发生的概率非常大。差不多到了这种地步，都会动这种脑筋。一方面是太容易了，简直一开口就能够如愿；一方面是太有利了，几乎一张口就有大量金钱收入。不拿白不拿，少拿自己吃亏，也没有人感谢。多少人因此而坐牢，多少人为此而自毁前程，应该引以为鉴。

胡宝玉问胡雪岩，这笔外债到底赚了朝廷多少。胡雪岩回答不赔就不错了。胡宝玉不信，说她这辈子什么也不图，就图个痛快。

胡雪岩不懂胡宝玉的意思，胡宝玉说：我的痛快，就是让你们不痛快。胡雪岩认为胡宝玉的话太多了，把她哄睡了，赶快离开。

谭则云向胡雪岩报告毕四姐走了，玉惠哭了一夜。胡雪岩说："我是个商人，不管是活人还是死人，都重不过我的算盘珠子。我的眼睛里只有钱，没有女人。"

玉惠刚好站在外边，无奈地掩面哭泣，伤心地走开。谭则云看见了，忍不住叫玉惠。胡雪岩也看见玉惠伤心欲绝的样子，问谭则云：“我是不是太无情无义了？”

谭则云不得已回答：“东家待人，历来是善始善终。”胡雪岩感叹现在有财有势，怕人家为了图利而靠近。谭则云说向洋人借债，弄得东家太累了，又冒风险。胡雪岩却十分有把握地说：“向洋人借得越多，越不可怕，他会越替你维持。”他说自家人窝里反，才最可怕。

智慧问答

（1）胡宝玉所期盼的痛快是什么？她为什么怀疑胡雪岩借外债赚了银子？

建议各位想一想，当你听到胡宝玉这句话你能够让我痛快吗？不知道对痛快两个字的反应是什么。一个比较冷静的人，听到痛快，也许觉得胡宝玉的痛快，会有另外的解释，这个人就比较冷静。

我们每一个人，对一件事情的反应，其实可以反过头来，用来了解自己。胡宝玉所想的痛快，就是使男人不痛快。因为她有一种报复心，男人到我这里想找痛快，我就让你不痛快。很多欢场女子，都有这样的心思。这是一种报复行为。你想从我这里得到痛快，才怪，我就让你不痛快！你不痛快，我就痛快。因此她问胡雪岩：这次借外债，到底从中动了多少手脚？赚了多少钱？她为什么会这样想？最主要就是平常跟大家谈来谈去，发现几乎每一笔交易都是不干不净的。每一次交易，总有人从中得到好处。因此她十分怀疑，胡雪岩真的是一心为国为民吗？真的找我出来，完全没有好处吗？她非常怀疑。但是这句话讲出来以后，对她非常不利。

我们建议大家，不要让人家不痛快，也不要要求自己痛快。一个人最好慢快，不要痛快。慢快就是慢慢地快乐，它会很长期地愉快。痛快，一痛就快，快完更痛，没有好处的。因为胡雪岩从此跟她有了距离，他认为你知道得太多，你知道我很多秘密，我不会跟你善罢甘休的。祸从口出，但是胡宝玉并没有想到这么多。她只求我的痛快，是建立在你的不痛快身上，那怎么才能使你不痛快呢？就是问这些你不喜欢听的话，问这些你不想让别人知道的事情。结果呢？种下自己更不痛快的祸根。

（2）胡雪岩为什么自觉太无情无义，而谭则云却说他待人历来是善始善终？

我想用有情有义来看胡雪岩对，用无情无义来看胡雪岩也对。为什么？这两个不是很矛盾吗？没有。胡雪岩是个非常有感情的人，很讲义气，这点我们从很多地方可以看得出来。但是他的感情，他的义气，如果跟他的事业相提并论的时候，很快就会被比下去，只是这点而已。如果不妨碍他的事业，他有情有义；一旦妨碍他的事业，他可能很狠，无情无义。其实这是他的拿捏，我们也不能说他错。

如果有情有义到妨碍自己的事业，请问这个人会成企业家吗？我们常常讲老板要够狠，就是说不狠下不了决心。狠到没有人敢接近，愿意在一起工作，那就无人可用，所以还是要有情有义。用有情有义把人招来，用狠来吓唬大家，使大家不敢乱来，这就是老板。

胡雪岩自己知道，可是他很想听听谭则云的意见。一个人自己觉得这样，总喜欢别人来印证一下。所以他故意跟谭则云讲，你看我这个人，是不是无情无义啊？可是他这样问，谭则云怎么敢回答呢？谭则云当然会回答说：没有啊，你是善始善终。你看这个善始善终，跟有情有义还是有点儿区别的。可见谭则云心里头也有这么一点儿感觉，有些地方，你的确显得无情无义，但是你会有头有尾。有头有尾跟无情无义，又稍微有点儿不同。无情无义，就是说我这一刀砍下去，不管你的死活，你以后怎么样，通通跟我没有关系。这种人，没有人敢再追随他。胡雪岩不是。胡雪岩砍别人一刀，后面他会去照顾他。他跟毕四姐讲，你要走，就走啊，好像无情无义。但是他又说，只要玉惠一天在这里，你就一天有的吃。意思就是说，你没有钱，随时回来拿，可见他还是善始善终。

当然，谭则云现在的身份，已经跟以前不一样了。以前他会跟胡雪岩讲：你叫我怎么说呢？现在他会这样讲吗？他不会。当然说：哎呀，你不错啦，你已经做到该做的事情啦，你是善始善终啦。总是要讲得好听点儿吧。

（3）为什么胡雪岩认为向洋人借债，借得越多越不可怕？他为什么又认为风险并不可怕，自己人窝里反才可怕？

胡雪岩这种观念，一直到今天还存在。很多国家为什么欢迎外资？就是外资进来以后，外国人就跟着要保护这个地方。各位想想看，如果我们投资在某一个地方，我们会拿炸弹去炸那个地方吗？大概不会。因为炸来炸去，都是炸到自己的财产，损失更重。对方有我们的资金，有我们的资产，我们不但不会去打他，反而更加保护他。所以引进外资，成为很多国家的一种国策，就是这个道理。进来得越多，越关心这个地方，就越不敢在这个地方引起战争，所以就更加安全。多向洋人借钱，洋人就不会在我们这个地方发动战争，所以越多就越安全，越不可怕。胡雪岩当时有这么一个看法，实在很了不起。当然，今天已经变成一种常识，大家都想得到。

风险是经营企业不可避免的东西。胡雪岩一开始就认为做生意，本来就有风险。太平军要他买粮，说你这一次替我们担了很多风险。他当时就说，这是我们生意人应尽的本分！生意人如果不冒风险，怎么赚得到钱？风险越大，赚的钱就越多。风险越小，赚的钱当然就相对减少。至于最可怕的是什么？就是自己人窝里反。我们可以看出来，很多事情，都是自己人提供情报，勾结外人，然后才会一枪射中目标。因为我们的弱点在哪里？别人不知道，只有自己人最知道。自己人窝里反，串通外人，一下子就抓到弱点，根本没有办法挽救。所以胡雪岩最怕的是自己人造反，他并不怕外人给他制造问题。外人制造问题，他一向都处之泰然。他最担心的，就是自己人。奇奇怪怪的动作，使他不放心。

创业提示：中介佣金 VS 收取回扣

胡雪岩的致命伤，在向英国汇丰银行贷款时，居然拿回扣。如果胡雪岩以上海阜康钱庄老板的身份，向汇丰银行大班葛德立要红包、拿回扣，那是相当平常的事，不值得大惊小怪。问题是胡雪岩以大清朝钦封谕授的上海转运局委员的身份，由朝廷出据，向英国银行贷款。双方说好利率四厘，然后向朝廷申报一分三厘。剩下的九厘，胡雪岩和葛德立对分，各得回扣四厘五。

可能是胡雪岩一路走来太顺了，使得他艺高人胆大，为自己埋下了祸根。胡雪岩如果提高警觉，在众人最可能怀疑的地方，保持清白，大家一阵叫骂，然后查无实据，他就站稳了。要在大家注意不到的地方动脑筋，不要在大家注意到的地方丢人现眼。不知道胡雪岩的算盘，是怎么打的？是不是真如他所说的，再精巧的算盘，也有算错的时候。中国人喜欢说：人算不如天算。好像真的如此！

09　权衡轻重利害

一般人都认为自己具有判断力，能够权衡轻重利害。有时还把自己当作神看待，认为自己对是非曲直看得很准确。事实上，一旦事到临头，才发现自己简直是刘姥姥进大观园，什么都没有把握，也弄不明白。

事后之明，人人都具有。事先和事中，由于当局者迷，而且事态不断在变化，实在很不容易看得清楚。

中国人回答问题，很喜欢说：很难讲。因为我们知道，自己是人而不是神，看不精准。何况一切都在变化，世事难料，当然很难讲。

所有问题，对中国人而言，可以归纳出一个答案，那就是简单的三句话：很难讲，看你怎么讲，随便你讲。放诸四海而皆准。聪明人听得很明白，不聪明的人听得十分迷糊，认为说了好像跟没说一样。

丁日昌得意地告诉唐廷枢，左宗棠建功京西，李鸿章建功京东。两人谁也不让谁。不过李大人荣任直隶总督，兼军机大臣，这就有了朝臣和地方官的区别。只要李大人海防压住左宗棠的陆防，胡雪岩就完了。

唐廷枢问新任两江总督是谁，丁日昌说李鸿章举荐沈葆桢。要他荣升，才能交出快办成功的船厂。

丁日昌想起胡宝玉，恨得穿起官服，带着大批人马，封了胡宝玉的妓馆。胡宝玉请阿宝带信，向胡雪岩求助。胡雪岩却说找我有什么用，到租界找洋人求救。他不能为了胡宝玉，和丁日昌闹下去。

唐廷枢偷偷会见玉惠，告诉她胡宝玉嫁给了江西巨富。可是心里对胡雪岩的避不见面，恐怕有所不甘。

玉惠说胡雪岩一向不让女人参与他的生意，推想胡雪岩这种反应，大概是因为胡宝玉知道得太多了。

唐廷枢说胡宝玉为朝廷办了一件大好事，已经传遍整个上海滩。玉惠不小心，竟然随口说："朝廷为此付出的利息，可是太高了。"说完十分后悔，赶快要求唐廷枢不要说出去。

毕四姐回到杭州，找到芮瑾。芮瑾虽然讨厌玉惠，还是忍不住问起玉惠怎么办。毕四姐说玉惠是重情义的人，芮瑾却嗤之以鼻，说世间哪有什么情义可言，只有傻女人。芮瑾把毕四姐留在家里，令毕四姐十分感动。

胡妻听说毕四姐住在芮瑾家里，硬是要阿贵带她过来看看，探听一些胡雪岩的消息。想不到芮瑾一番气话，胡妻哭着回到家里，拿起剪刀就要割腕自杀。

阿贵不知如何是好，赶紧去告诉老太太。胡母气得七窍生烟，吩咐阿贵将柳成祥叫来，务必把胡雪岩在外边的女人，全都接回来。她说："别让人说我们胡家，门里没有规矩。日子长了，还不定在外面惯出什么毛病来。"

智慧问答

（1）丁日昌为什么希望李鸿章的海防能够压住左宗棠的陆防？李左二人，不都是为朝廷做事吗？

我们都了解，国家是大家的，而派系才是自己的。嘴巴都讲得很好听，国家的利益。但是心里头，都很注重派系的利害。因此派系斗争，好像永远没有办法停止。几乎只要有人，就有斗争。李鸿章、左宗棠都不是坏人，他们都一心一意要替国家做事情，一心一意要为国为民来谋福利。可是组织是金字塔的，底下的人也许不会觉得压力那么大，可是越往上就会越觉得不一样，好像卡位卡得很紧。慢慢就觉得，有你没有我，有我就没有你。何况他们两个都是曾国藩所看重的人。曾国藩的接班人是谁呢？两个人都会想。当然，左宗棠也许比较不在乎，可是李鸿章呢？比较有志在必得的决心，其实也不是坏事情。如果大家都无所谓，那也不见得好。何况做首领的人，只是有这个雄心壮志而已。他们也不见得希望用一些卑劣的手段，而手下偏偏不择手段。丁日昌就是个很标准的人，处处用尽心机，不管是正是邪，反正只要达到目的，什么都可以做。我们最怕的，就是这种人！

一个人有策略是很好的事情。但是有谋略，就比较可怕了。现在有很多人动不动就讲谋略，我觉得中国人最好讲策略，尽量少讲谋略。权谋奸诈，看在中国人眼里，都是小人。丁日昌是个小人，眼光不够远大，心胸不够宽广，容不得别人。他的心中，好像只有李鸿章。除了李鸿章以外，什么人都不对劲，好像什么人都是敌人一样，这又何必呢？

（2）李鸿章为什么推荐沈葆桢接任两江总督？对沈葆桢而言，是不是因祸得福？

沈葆桢是李鸿章的同科进士，对我们中国人来讲，有关系总比没关系好。多一重关系，将来拉扯起来，总是比较方便。李鸿章会找沈葆桢，就是出于这种心理。拉一个自己人，总比放给别人要好。这是一种占地盘的心理。也难怪，大家要竞争啊。谁的地盘大，谁的势力自然就强。何况李鸿章有意把马尾造船厂拿下来。

这种事情在官场，我们倒是常常看到。比如有一个很讨厌的同事，可是你拿他没有办法。他整天在你的左右，跟你斗来斗去。所以你就想尽办法，把他推荐出去，让他高升。他一高升，心里头多少有一点儿感谢，就不好意思再斗你。而你，也消除了一个心中大患。

大家不要认为某人推荐的你，那个人就一定是好人；也不要说某人推荐的你，他就一定是坏人。都不一定，也许他真的很好，认为你对我贡献很大，应该高升，所以就推荐你了。也许他是觉得，你在我面前老是捣蛋，我干脆做个顺水人情，让你高升，我就可以找一个比较合适的人来坐这个位置。

对于沈葆桢来讲，完全是因祸得福。他在马尾几乎已经没有办法了，几乎已经干不下去了。而因为李鸿章看上了他这个缺，反而高升了。我们常常在社会上看到，这个人又没有怎么样，怎么职位升得这么高，就是他好几次因祸得福，所造成的一种结果。

（3）胡宝玉有难，向胡雪岩求援，胡雪岩却避不见面，是什么道理？

各位都看到，胡雪岩是一个很讲义气的人。当然前提就是说，不要影响到他的事业。他求胡宝玉帮忙，胡宝玉满口答应，说连人带事都免费奉送。这个时候，胡雪岩怎么会避不见面？这个避不见面，好像跟胡雪岩做人做事的道理有点儿违背。但是我们不妨想一想，他们两个交往的时间很短，纯粹是利害关系。原先他并不知道有胡宝玉这个人，是偶然听到的，而且是在一种很不愉快的情况之下听到的。但是他很机灵，认为我管他呢，只要对我有好处，多一个桥梁有什么不好？他是抱着这种心情去找胡宝玉的。

而胡宝玉很早就听人家说，胡雪岩这个人很讲义气，值得交往。所以很快就变成利害上的朋友，而不是道义上的朋友。这种以利害相结合的朋友，大多数结果不会很好。因为利害一散，就各自离开了。我们有信心，如果这一次是芮瑾有难，胡雪岩再怎么样也会全力以赴。就算会被关起来，他照样会去救。如果换成玉惠的话，就要找机会考验考验。很多人就是没有在平时考验自己的朋友，所以一到紧要关头，常常被朋友出卖，这是非常可惜的事情。

（4）胡雪岩不让女人参与他的生意，是什么道理？玉惠参与借洋债的事，又作何解释？

一般来说，女性的接触面比较窄，因此看得不够远。往往看近不看远，因而放不开。如果让女性参与生意的话，有很多的意见可能会妨害到胡雪岩的做法。胡雪岩所接触到的女性，从他的母亲、妻子以及芮瑾，然后到玉惠，这些人给他的感觉，都是对世面的认识不够多。因此对她们参与他的生意很不放心。我们不能用现代的眼光来看当时的女性，因为当时的女性读书比较少，参与社会活动的机会也几乎没有，长期呆在家里，让她们去参与外界的生意，当然比较危险。胡雪岩这样决定，基本上也没有错。

至于玉惠，为什么让她参与借贷洋债的事情？因为那个时候，胡雪岩刚到上海，举目无亲，找不到关系。因缘际会，正好在街上碰到玉惠。玉惠又认识很多洋人，而且也会讲洋话，正是胡雪岩所需要的人选，所以就很热心地去找她。玉惠大概也是因为搞久了交际的缘故，很厌恶歌唱的生活，所以就热心地来帮胡雪岩的忙，这样子才发生感情关系。刚开始不过是个桥梁而已，打算借完钱，送她一些礼物就算了。可是后来，因为这么多的因素，才把她变成二太太。

（5）柳成祥为什么说没有女人就办不成大事？他为什么要把苏环带到上海？

柳成祥刚刚到上海的时候，就发现这个玉惠简直神通广大，通过她的媒介，那么一大笔钱就借到了。后来他又发现，还有一个比她更厉害的人，这个人叫胡宝玉。她一出现，各国的银行家都来捧场。所以他有了没有女人，根本办不了大事的这种想法。可是我觉得，他跟苏环讲这种话的用意，是希望苏环不要对胡雪岩有不好的印象。

我常常看到很多员工，喜欢在自己的家人面前，批评自己的老板这样不对那样不对，结果有一天，我们需要家人来支持我们的时候，家人认为这样的老板，你跟着他干什么，反而给我们泼冷水，增加我们的困扰。所以一个人要决定要不要跟这样的老板，要的话就替他美言几句，不要让家人对他有不好的印象，将来产生很大的阻碍。因此老板的一切一切，我们要不要很真实地跟家人讲，也是值得考虑的。

柳成祥一方面希望苏环不要对胡雪岩有太坏的印象，一方面也觉得既然她也有这种想法，干脆跟我出去，让她实际了解一下。对这些传言，自然就不会放在心上。免得将来有一天，对柳成祥也怀疑起来，不是更糟糕吗？我觉得这种方法很好，就是让自己的家人有时候也到自己的工作场所来了解一下。看看自己的生活，增加对自己的了解，减少彼此可能产生的误会，对大家都有好处。

（6）左宗棠为什么感叹大清朝怎么能不完呢？他为什么不直接向朝廷奏明实际情况？

左宗棠是一个很正直的人，他听人家讲起关于贪污和舞弊的事感觉非常痛心。他感叹："这样下去的话，老百姓一定非常怨恨。得不到民心，这个国家还有什么希望？同时把银子这样子乱花，整个国库，有一天会被这些贪官污吏掏空。大清朝不完才怪！"

尽管有这样的忧虑，但他还是不敢把笔拿起来，直接就写上一大段，然后上奏给朝廷。为什么？因为这里头又牵扯到很多派系的问题。就算把事情抖出来，最后也是公说公有理，婆说婆有理，大家牵扯不清，说不定把自己也卷进去，更是让人家看笑话。以他的身份地位，看起来要上达很容易，实际上非常困难，可以说是有理说不清！像这种事情，不是一个人一句话，或者胆子大，或者勇敢站出来，或者全力挑战，甚至于走上街头就能够改变的。没有那么简单！风气的转移，主要看最高位子的人是不是脑筋很清楚、威望很够，同时大家是否从心里头服他。只有这样的人，才有办法转移风气。否则的话，到最后都是亲者痛、仇者快，没有好处的。

创业提示：是非曲直实在很难讲

毕四姐离开胡府后，梦瑾怕玉惠想不开，玉惠却说："人的命天注定，人的情自知重。"是耶？非耶？这些问题，说起来只有一个答案："很难讲！"

是非曲直原本没有一定的标准，各人的立场不同，看法就不一样。要不然，社会上为什么有那么多意见，而又彼此难以协调呢？

李鸿章和左宗棠，是曾国藩的左右手。对曾国藩的"体制内改革"方案，李左无不衷心敬服。然而李左之间牵涉到卡位之争，自然非明争暗斗不可。

孰是孰非？很难说。中国人常说凭良心，就是因为除此之外，怎么说都说不明白。人事、人事，好像只有当事人才心知肚明。其他的人，实在难以臆测。

10　避开正面冲突

胡雪岩一向重视诚信原则，言出必行。但是，胡宝玉为他奔走，惹出大祸，求救于胡雪岩的时候，他却理直气壮地说：找我有什么用？去找洋人帮忙才对。他的理由是不能因小失大，跟丁日昌闹下去会对胡雪岩集团不利。为了组织的团体利益，避免和丁日昌正面冲突，胡雪岩才暂时回避，交代先把胡宝玉安顿在一家上等客栈，告诉她胡雪岩正在忙着打点，不久就会来见她。

避开正面冲突并非懦弱、胆怯，而是让一步海阔天空的做法。人家正在气头上，顶上去准没有好事。不如躲开，让对方情绪稍微平静下来，再做计议，通常可以收到良好的效果。硬碰硬，是不得已的手段。闪开些，会有回旋的空间。

王德榜抱怨胡雪岩的动作慢，左宗棠要他沉住气。他说前中后十五营，每营要配足三十八辆。王德榜好奇地问："为什么要这么多？"左宗棠反问他："不然借那么多外债做什么？"

晚上，左宗棠和士兵闲聊，解解乡愁。士兵们和左宗棠开玩笑开得有一些过火，吓得士兵们跪下来请大帅恕罪，左宗棠毫不在意，大家才松一口气。

文大人从京城中传来信，说借外债的事在朝廷引起纷争。左宗棠赶忙修书告诉胡雪岩，并且决定火速进京替胡雪岩辩护。可是胡雪岩看到信以后，却咬牙切齿不以为然。

胡雪岩接到左宗棠来信，虽然对朝廷十分不悦，却也赶紧打理一切，风尘仆仆赶到北京。听说李鸿章一到军机处，便接连奏本，认为新疆旷地不值得收复，想撤回西征，将所借洋债用来作为海防开销。

至于左宗棠如何，暂时尚无新的信息。胡雪岩交代部属继续打听，自己则用心考虑对策，不允许有人阻挡他的财路。

智慧问答

（1）左宗棠为什么要借那么多的外债？他想为自己造成什么样的势力？

我们看到现在，都有信心。左宗棠从来不为自己设想，这是他的优点，但也是他的缺点。因为他不为自己设想，满脑子只有国家民族，借那么多外债，纯粹是为了把军中的装备弄好，使得英国人、俄国人，不管什么人来，都有办法对付，纯粹是这样而已。可是别人看起来，就不是这样子了。一口气借那么多外债，是不是想把你的势力搞得很壮大？将来还会有什么企图？我觉得左宗棠就是比较缺乏这么一点儿敏感性，如果他把这些外债留一部分，自己使用；另外一部分，好，你现在海防需要，我就拨一部分支持你的海防。这样一来，整个的局面可能又会改观。我们也不能够说所有怀疑左宗棠的人都是错误的。因为各人立场不相同，所以观点不可能一致。左宗棠只有为国为民的想法，但是他没有派系的观念，固然显得坦荡荡，却也经不起人家的打击，因为他没有提防别人的心理。一个人有派系观念，不一定要去打击敌人；有派系的观念，也可以用来防备自己。今后左宗棠会产生什么样不利的后果，我们等着瞧吧。

（2）左宗棠为什么和士兵们开玩笑？他的领导哲学是什么？

我们一天到晚都在职场里工作，虽然说回家的时间也不短，但是毕竟回家大部分是在睡觉。所以我们的一生，可以说大部分时间是在工作中度过。特别是像左宗棠这样的人，大部分的时间，不是跟他的家人在一起，而是跟他的部属，跟这些士兵们生活在一起。如果他整天都很威严，整天板着个脸，你想想看，他的生活还有什么乐趣。而且大家看到他以后，就会敬而远之。反而没有什么亲和力，很难去抓住部属的心。

左宗棠发起威来很威严，但是平常他会尽量保持轻松，跟部属开开玩笑。我们常常感觉到，一个老板如果经常板个脸，说难听一点儿，你有时候不高兴板脸人家都看不出来，这样害了自己。

左宗棠说：我左宗棠也没什么价值，放下身段，跟你们亲近，大家开开玩笑，好像一家人一样。但是你们要小心，当我板脸的时候，你们要自己注意。这样他就达到目的了。而且大家对他也会在亲近当中，保持一种高度的警惕。这样双方的配合，都非常之好。

（3）胡雪岩借外债，在朝野引起纷争，胡雪岩有什么反应？

我们都知道，一个人如果什么事都不做，最起码不会得罪人。胡雪岩如果要求默默无闻，可能会平平安安。一个人庸庸碌碌，好像无所作为，这种人有个好处，就是没有人要打击他。谁会打击一个没有能力的人？谁会打击一个没有出息的人？谁会打击一个没有表现的人？大概不可能。相反，一个人如果想有所作为、有所表现，就要小心了。各种打击不管明的暗的通通会出现。所以从某个角度来讲，有人打击的人，表示他比较有成就。如果没人想打击他，大概这个人就没有什么好说的，没有什么好看的，也就这么回事。但是，大家不会把他当目标，他也会减少麻烦，这都是相对的。

胡雪岩应该心理上有准备，突然间冒起来，而且有这么大的神通，有这么好的表现，各方人马都不会放过他。他有这种准备，就会好好去应付，知道非应付不可。可惜胡雪岩不这样想，他心里想我债也借了，钱也花了，干吗还要跟你们这些人东解释西解释？就是这么一个很痛快的表现，使得他将来不痛快了。所以我们还是再说一次，做人九分努力，还要加上十分忍耐。胡雪岩事业越成功的时候，越需要的就是忍耐。可惜他的脖子还是不够软，将来有的碰的。

（4）李鸿章为什么认为新疆不值得收复，海防比较重要？

我们不要说他有私心，也不要认定他完全基于派系的斗争，完全没有国家观念。李鸿章不是这样的人。我们看当时的情况，不难发现中国疆域太大，早已成为西方列强觊觎的对象。英国从印度发展，一直向我们逼进；俄国要开拓中亚细亚，必须从新疆做一个过路。很多国家之所以在中国动脑筋，就是看到我们地大物博，是个好地方。所以在我们这里跑来跑去，他们是不怀好意的。

同治十三年，也就是 1874 年，日本派兵侵略中国台湾。海防又引起全国的注意。新疆有英国、俄国；台湾有日本。这样一来，到底是海防重要，还是陆防重要？引起很大的争论。李鸿章为了筹划海防，主张与其花那么多钱，去保住一个不毛之地，不如把钱移过来，充实我们的海军，扩充我们的舰队，使得我们能够把日本人打退；我们能够把东南这块富庶的地方保住。这样一来，就直接保障了北京的安全。可是左宗棠认为不要看新疆是不毛之地，只要好好去种植，照样可以绿化。它有很丰富的资源，每一寸土地都不可以随便丢掉。东南固然要紧，西北也很重要。这样争来争去，构成当时议论纷纷的重点。左宗棠说：保新疆才能保蒙古，保蒙古才能保北京。而李鸿章说保台湾就是保江浙，保江浙就是保北京，都有道理。最后还是由西太后决定。当然有人说笑话，说因为她自己是西太后，当然认为西比较重要。所以她就决定，先把西北问题解决，然后才来提升海防的力量。因此才会同意借那么多外债供左宗棠使用。

创业提示：花女中介 VS 欢场寻乐

政商关系的建立，商人之间的交易，花女中介在其中经常扮演一种十分重要的角色。谭则云和柳成祥要到上海开钱庄，什么关系都没有。胡雪岩特别交代他们，初步安顿下来，就要物色一位花女，通过她去建立关系。

找官员讨论事情，到官府太严肃，只有打官腔和说一些不着边际的应酬话，等于浪费时间。到家里拜访，又过分唐突。除非有足够的交情，一般人不敢造次。就算有交情，也有很多不方便的地方。顶多聊聊家务事，关心一下，也不便多谈公事。因此最好的办法，便是请其吃饭喝酒、喝茶。酒醉饭饱之际，往往三两句话，就把一切化解。看起来很花钱，实际上最省力。

社会上声色场所很多，主要的对象，当然不是一般的社会大众。越是隐秘性、不对外公开的场所，花费越大，越是高官贵客、大商人聚集的地方。

花女是固定的，官员和商人是流动的，于是花女成为商人寻求中介的桥梁。通过花女做中介，是古往今来常用的方法。

到底做生意需不需要酒色的媒介，就这一点见仁见智，各有不同的见解。同样一个人，喜欢此道时，会觉得非如此不可，不然做不好生意。不喜欢此道时，又会毫不犹豫地说：做生意重在诚信，大多数官员都规规矩矩，根本用不着这套。可见话都是人说的，花女中介或者欢场寻乐，也都是自己的选择。真相如何？自己最清楚。

11 奠定药行基础

药业界有一句老话：修制不明，则药性不准；汤方无准，则症不验也。简单说起来，药品制造得好不好，直接影响到治疗的效果灵验不灵验。

胡雪岩一直有心要办一个好药厂，他始终认为事业发展得太快了，也太顺了，必须多做善事，才能够持续成长。而办药厂制造好药品，则是正确的途径。

梦瑾回到杭州以后，过不惯无所事事的生活，常常跑到工作场所去凑热闹，被胡雪岩责骂为：小姐身子丫鬟命。

但是，梦瑾闷出病来，却歪打正着地增强了胡雪岩办好药行的决心。他认为自家人的病，最好用自己制造出来的药品。这种动机，恐怕只有胡雪岩自己心里明白。

胡妻拜访芮瑾，说玉惠很得老太太欢心，希望芮瑾帮她出个主意，改个名字。芮瑾问她叫什么名字，回答叫水莲。芮瑾不主张改名，却告诉水莲要强势一点儿，要不然一辈子都是给人欺负的命。

梦瑾走进药厂，假装自己是老爷，边巡视边指点。忽然听见一个冰冷的声音："是谁站在那儿？"原来是胡雪岩，板着脸问她怎么到这里来，简直是小姐身子丫鬟命。要她回去。

梦瑾第一次被胡雪岩骂得这么惨，心中很不高兴。回到胡府，已经是下午梳洗时间。耳边传来丫鬟们的脚步声，梦瑾自言自语道："好吧，我今天就当太太给你看。"她冲到丫鬟们面前，尖声大叫："都给我站住，听见没有？"丫鬟们吓得不敢动。梦瑾指着她们大骂："怎么不在我门前站一个？你们没看见我吗？"

玉惠听见吵闹声，出门阻止。老太太和水莲也出来一探究竟。老太太不悦地问："谁这么没规矩？"梦瑾看见老太太，更为火大，泼辣地回吼几句。玉惠叫她少说几句，梦瑾根本听不进去。老太太叫大家回房去，梦瑾则气得吐血。

胡雪岩不知道家中发生吵闹，在药厂和柳成祥闲聊。他告诉柳成祥，经营药厂的三大要件：一是有好的药工；二是有严格的规矩；三是要有丰厚的待遇。胡雪岩笑着问柳成祥："定了几条规矩？"柳成祥说要胡雪岩来定。胡雪岩说："你很能干，为什么不敢挑大梁？"他还问柳成祥，让他在闹区开药店的事办得怎么样了。柳成祥笑着说："先把药厂办好，忙过这一阵子再说。"

智慧问答

（1）胡妻要改名，芮瑾不赞成，是什么道理？

中国人对名字，非常重视。自从秦桧把岳飞害死了以后，就从来没有人用桧字做名字。为什么胡妻不喜欢她的名字呢？我们从头看到现在，玉惠是有名字的，芮瑾是有名字的，连胡宝玉都有名字。可叫惯了，就觉得顺耳了。别人叫你的名字，就是尊重你；你接受你的名字，就是接受自己。芮瑾虽然没有读过什么书，但是相当懂得道理。她鼓励胡妻说，对自己要有信心。你就是这个名字：水莲。水莲很好，有什么不好？把父母给你的名字改掉，更不好。

现在有很多人，一直想要改名，有没有这个必要？改了以后，又怎么样？实在是很难说的。一个人最要紧的，是自己要奋斗，自己要有信心，自己要走正道，至于叫什么名字，我们承认它有关系，但是没有我们所想象的那么重要。把名一改，整个命运就改掉了，那是不太可能的事情。

（2）梦瑾到药厂看看，胡雪岩为什么不高兴？小姐身子丫鬟命，是什么意思？

胡雪岩一向反对女人参与他的事业。他认为女人家，应该打扮得漂漂亮亮的，在家过舒舒服服的日子，才表示男人有能耐。你不要来参与生意。男人这么紧张，这么操心就够了，还要女人也一起来吗？我想这是他的看法。所以他看到梦瑾，居然到他所禁止的地方，在那里七搞八搞，当然很不高兴。这是你该来的地方吗？这是女人该来的地方吗？这一句话代表他的心意。然后他就想到，我给你小姐的身份，你偏不要，你非干这种丫鬟的事情，不是自讨苦吃吗？

他没有想到，梦瑾不是这样想的。梦瑾从小过惯苦日子，不动就不舒服。你要她整天待在家里，她就觉得自己没有价值。每个人有不一样的价值观，尽管胡雪岩认为男人工作是为了让女人过舒服的日子，但最起码芮瑾跟梦瑾都不这样想。胡雪岩在这方面，似乎应该尊重每一个人的想法，而不要以他的想法强迫所有的女人都要接受，这样会比较好。

关于这个问题，到今天也值得商议，到底夫妻两个人是一起出来工作比较好，还是先生或者太太一个人出来工作，留一个人照顾家里面会比较好，都值得我们思考，值得我们探讨。我觉得不必固定，但是至少可以多一个选择。如果整个社会都是由家庭里面的一个人出来承担家计，一个人赚的钱，就够全家人生活，当然也是一种方式。现在每个人都出来工作，搞得家里没有人照顾，小孩儿回来以后找不到父母，难道这是很理想的吗？

（3）梦瑾为什么大吵大闹？玉惠又为什么对她好言相劝？

我们替梦瑾想想看，她会不会觉得：好，就算我不能同大太太、二太太比，最起码我可以和三太太、四太太比一比吧！但是她发现事实不是这样，她连一个可以帮忙的人都没有。她就觉得很奇怪，难道你们通通可以欺负我吗？那我算什么呢？所以她一下子觉得自己非常委屈。她最受不了的，就是发现好像所有的人都吃定她。我想作为一个中国人，最不能忍受的就是这一点。可以受人家一点儿欺负，可以忍受一些委屈，但是你们吃定我的时候，我就跟你们拼了。

我想梦瑾就是基于这种态度，反正豁出去了，大吵大闹，看你们怎么来收拾。

而玉惠，因为她唱了那么多年的戏，唱了那么多年的歌，她从这些歌词、戏文里面，想通了很多事情。而且从上海回到杭州，她慢慢也体会出一套善于打圆场的作风。这是她的长处，但是也很显然是她的短处。所以她劝梦瑾不要生气，了不起以后我伺候你。你看她是二太太的身份，都可以说我来伺候你。可见她在这方面的涵养，是相当好的。可是看在别人的眼中，又觉得你看，她在讨好梦瑾。其实，不要讨好任何人，不要得罪任何人，才叫作两全其美。

（4）胡雪岩要柳成祥在闹区开药店，柳成祥为什么不去办？

我想这里头牵涉到一个我们时常看到，而且也很重要的事情。柳成祥想，你要办药厂，是那么简单的吗？所以他觉得，你要给我时间。匆匆忙忙办出来的药厂，会办得好吗？我们现在已经有那么多事情，我根本就照顾不过来。你说开药厂就开，它不像开钱庄，不像开当铺，不像卖茶叶，总要充分准备，从长计议吧！你昨天讲完，今天就催；前几天讲，今天就逼。幸好柳成祥修养很好，因为他很了解胡雪岩，两个人配合得非常好。如果换成一般人，恐怕就不那么容易沟通了。

主管不是不能催，而是部属最好及时做阶段性的报告。比如说这件事情，柳成祥换一个角度，主动跟胡雪岩讲，你交代要办药厂，我已经在注意了，目前进行到什么地步，胡雪岩就不会催了。而胡雪岩催的时候，柳成祥如果能心平气和地不认为胡雪岩在逼自己，两个人就能够配合得很好。

一方面问是可以问，但是不要说得好像是在埋怨的样子。我叫你做，你怎么还没有做？不要有这种态度。一方面主管催的时候，你不要认为，逼这么紧干什么？你反过来想想：抱歉，是我的错误，我疏忽了，没有主动跟你报告。这时候主动把筹办的情形，遭遇到的困难，打算怎么解决，通通向主管报告，这样沟通就良好了。

（5）胡雪岩为什么说药行要有好的药工，有严格的规矩，还要有丰厚的待遇？

胡雪岩在这方面，给我们一个非常好的启示，也是非常有用的一种模式。

我们都知道，要创立一家公司，最要紧的是人才。人才第一，永远是经营者要记住的一个原则。有人可以开药厂，但是不一定开得好。必须要有真正懂得药的人才，不但对药材内行，对管理有所认知，而且能够以身作则。这样的话，才能够把药厂开好。有人才还必须要有制度，如果没有制度，各人有各人的看法，就算都对，也是一团糟的。制度也就是胡雪岩所讲的有规矩。但是有一句话非常重要，管理必须要有制度，可是制度化的管理，不是好的管理。因为制度会把所有人都绑死了，这点是我们特别要说明的。有人才，有制度，这个制度还必须弹性运用，才能够让一个人在制度底下充分随机应变。这就必须要有丰厚的待遇，如果没有丰厚的待遇，他心里想，我就照制度做好了。一旦照制度走，那就是公事公办。公事公办，有什么问题，那活该。制度是这样定，我就这样做，管你效果怎么样。今天我有了丰厚的待遇，舍不得这份工作才能够在做好工作之外，还会用心去研究发展。

（6）柳成祥为什么要胡雪岩定规矩？胡雪岩说柳成祥很能干，只是不敢挑大梁，是什么意思？

各位觉得，胡雪岩这个老板容易相处吗？觉得柳成祥这个下属值得我们学习吗？我想大家都很清楚，如果不是柳成祥，别人恐怕很不容易跟胡雪岩共处得这么好。柳成祥有开创性，但是也有相当的保守性。他不是完全开拓，不顾一切。他相当尊重制度，相当守分。他也知道，反正是要定规矩的。

因为胡雪岩那么忙，怎么可能来做这种事情？可是在礼貌上，他一定要说，东家，你来定规矩。他一定要这样讲。讲完了，胡雪岩才会顺理成章，而且很放心地说：你定就好了，干吗我定？我们想想看，柳成祥如果没有这么一套，就擅自定了很多规矩，胡雪岩会不会高兴？胡雪岩一定不高兴。他就开始怀疑了，你翅膀硬了，功夫高了，心目当中没有我的存在，连问一声都不问了，那就糟糕了。可见老板跟下属之间有些互动是非常重要的。下属一定要先尊重老板，说你来做，看看老板怎么样。老板说我做，那就表示他本来就要做。你率先做了，一定冒犯他。他不高兴，还不是自己倒霉。柳成祥先说你来定吧，胡雪岩就说你定好了，何必我定呢？这就是授权。可是授权还是不算的，柳成祥定完以后，还是要给胡雪岩看一看，胡雪岩说不必看了。这么一来一往，这件事情才比较圆满。

柳成祥对胡雪岩的感情，纯粹是说，我们当年是同事，没有错；我们是邻居，没有错；而现在你是东家，我该守我下属的分。我有没有能力是一回事，该怎么表现，是我应该守的本分。这样一来，他才可以跟胡雪岩相处得这么融洽。大家处得这么久，成为非常难得的工作伴侣，彼此都很有福气。

创业提示：企业成功的三大要件

胡雪岩的雪记药行，第一有优秀的药工，第二有严格的规矩，第三有丰厚的待遇。有了这三大要件，雪记药行自然兴盛发达，为众人所称道，而享誉业界。

正如柳成祥所说，药工都是从各地请来的，个个身怀绝技，都是制药高手。因为胡雪岩一再强调，没有高手，就炼不出精品，人才是企业成功的第一要件。

有了优秀的药工，还要立下严格的规矩。因为无规矩不足以成方圆。大家要分工合作，协调配合，必须共同遵守规矩，以期分中有合，合中有分，把药品做好。

人才找到了，规矩立好了，如果没有丰厚的待遇，照样留不住人。识才、觅才、征才、用才之外，还需要留才。大家长期共处，互相了解，更容易建立默契，配合得恰到好处。药品做得好不好，直接影响药效的灵验不灵验。留住好人才，不断研究改善，自然精益求精。

12 成为三大后盾

左宗棠奉命调到新疆，临行前告诉胡雪岩，要他多多协助。胡雪岩对左宗棠的知遇之恩念念不忘，自然完全承诺下来。两人之间的交情，令人十分感动。

胡雪岩不但全力支持左宗棠，而且非常用心，要做到让左宗棠觉得，胡雪岩非同凡响。他这种想法是把事情做得尽心尽力的最佳驱动力量。他在粮饷、枪支弹药之外，还想出一项左宗棠没有交代，而胡雪岩却从经验中充分体会出来的，那就是药品。

任何事业，都以人才为根本。左宗棠之所以打败太平军，远征新疆，击退俄国人，主要得力于胡雪岩的鼎力相助。他看出胡雪岩是商场上的奇才，所以十分信赖他。果然他的眼力不错，胡雪岩的药品、粮食、枪械成为他的三大后盾。使他的抗俄目标，得以局部完成。

一个人能够自动自发，主动为他人设想，才是真心诚意的表现。若是交代一件办一件，交代两件做两件，是不是和推一下动一步，不推不动，同样令人觉得毫无诚意，只是存心应付应付，能省即省。

左宗棠快马加鞭，从西北赶回京城。可是当他到了城门口，居然被守城人拦了下来。原来守城人认为这些在外当差的，天高皇帝远，早捞足了，当然要懂得规矩，送一些银子。

跟随的小厮，为了不耽误左宗棠的行程，赶紧送上一些银子。左宗棠却气恼地命令王德榜，下守城人的腰刀，摘下他的顶子。

守城人听说是左宗棠，马上跪下，死命磕头求饶。左宗棠厉声说："回去告诉你们的九门提督荣大人，左宗棠没有这份买路钱。"守城人连称自己该死，不是东西。左宗棠返回，守城人气恨地说要去告诉荣大人。

进不了城门，左宗棠只好先去找胡雪岩，严厉批评这种收红包的陋习。胡雪岩请左宗棠息怒，交代开一百两银票，给守城人送去。左宗棠厉声喝阻，并走到桌前写折子。荣大人求见，胡雪岩报告。看到左宗棠正在写折子，荣大人变了脸色，要胡雪岩劝劝他。

一进内室，荣大人马上转笑脸，亲切地叫左大人，说荣禄特来请罪，并请左宗棠进城。左宗棠不理会，继续写奏折。荣大人愤愤地甩甩手，转身就走。这时李莲英忽然来了，要左宗棠接旨。原来要召左宗棠早朝进宫，御前议事。

李鸿章在早朝时直言新疆地广人稀，遍地不毛，不如将其人力、财力，用于海防。西太后不高兴，要左宗棠表示意见，还让李莲英搬凳子给他坐。左宗棠不敢坐，只说在西北患眼疾。太后说咸丰爷留有一副茶镜，送给左宗棠使用。左宗棠谢过太后，说宁可抬棺材出关，战死疆场，也绝不许外侵的敌人，侵入大清朝一寸领土。太后大喜，命他为钦差大臣，规定从现在开始，三年之内不得参左。

下朝后，李鸿章气得差一点儿吐血。三年不参左？难道三年内左宗棠说的都对？

唐廷枢求见，谭则云建议胡雪岩不要见他。胡雪岩则说见了才知道他想干什么。唐廷枢表示想做一笔茶叶生意，要借五万两银子。胡雪岩摇头，笑着说可以借他五十万两。胡雪岩表示有钱大家花，越花越多。

智慧问答

（1）左宗棠为什么要守城统领回去告诉九门提督荣大人？他难道不怕得罪荣禄？

左宗棠生性孤傲，认为自己清廉、公正、正直，谁都不怕，谁也不必买账。这是他的优点，我们非常钦佩；但是也是他的缺点，正是他吃亏的地方。当然我们不反对，有些人认为这样就够了，你还要怎么样？但是讲这种话的人，经常是不得意的人。

他怕不怕荣禄？他当然不怕。有什么好怕的呢？可是他就没有想到，荣禄也不怕他。你一个左宗棠，能够把我荣大人怎么样？可是荣禄会很委屈地来看左宗棠，跟他赔罪，讲得左宗棠的气又消掉了，就比左宗棠厉害。一个很耿直，得罪你我也不怕；一个是我不怕你，但是我会跟你敷衍一下。这两个人，哪一个比较高明？各位自己可以判断。当然也可以自己选择：要做左宗棠，你就做左宗棠。相信很少人要做荣大人。如果左宗棠有荣大人这一套功夫的话，左宗棠就会立于不败之地。

左宗棠一点儿不圆滑，这是很可喜的事情。但是他不够圆通。不够圆通，是他的致命伤。我们现在看不懂，什么叫作圆通，什么叫作圆滑，所以会非常佩服左宗棠这样的人，因为他已经很了不起了，不能再苛求。但是有一天当我们知道什么叫作圆通之后，恐怕很多人的观念会改变。左宗棠如果再圆通一点儿，对大家会有更大的帮助。圆通是大士，圆滑才是小人，这两个一定要区分清楚。

（2）守城人为什么一面求左宗棠饶命，一面却说“我告诉荣大人去”？

我们回想一下，胡雪岩也曾经拍过胸膛说：有事我担着，我负责。可是当任老板要把他开除掉的时候，他照样下跪求饶。因为人到了这个时候，还不求人，那你是什么？这样算勇敢吗？好像不是。对家人没有交代，对生活没有交代。

中国人说，好汉不吃眼前亏。这的的确确是大家都应该做到的。左宗棠一声令下，就可以把这个守门人杀掉。性命攸关的时候，守门人一定跪下求饶。保命第一，脑袋不搬家最要紧。这没有错。可是左宗棠走了以后，这个守门人发现部属都在笑他，大人是不能让部属笑的。一笑，就没有面子了。没有面子，就要想办法找回面子。所以他就说：我怕你，才怪？刚才是因为你在我面前，我不得不向你下跪；现在你离开了，我怕你？我去告诉我的老板。我老板是谁？荣大人。可见他之所以敢这样为非作歹，后面是有一个人撑腰的。如果不是荣大人默许，甚至于纵容的话，他会这么大胆吗？现在碰到挫折，当然要去告诉荣大人。只要荣大人出面，什么事都可以解决。我想这是他的想法。是不是真的这样？我们也不清楚。

我们为什么说，打狗也要看主人。因为狗会对谁凶，会对谁好，都是主人在后面控制。主人稍微暗示一下，狗就很听话。我们常常觉得，把一切罪行都推给守门人，这是不合理的。守门人背后那个荣大人，才是罪魁祸首。

（3）胡雪岩为什么害怕西太后准了左宗棠参荣大人的奏折，还说会家破人亡?

这牵涉到一个很重要的问题，就是主管常常告诉部属说，我是很公平的，我会明察是非，你们要相信我的判断力。而且他会说，我是有规矩、有原则的。一旦判断出是非，我会惩处该惩处的人，也会奖励该奖励的人。尽管嘴巴经常这样讲，可一旦事到临头，都做不出来。因为主管有一种心态，很奥妙。就是说我会支持你们，但是你们不要给我找麻烦。我会分是非，但是你们不要在我面前制造是非，因为是非都是很难判断的。奖惩也由不得主管决定，因为他上面还有人。上面的人一个脸色，一通电话，他明明知道这样公平，也就自然变成不公平了。

左宗棠和荣大人斗，西太后摆不平的时候，一定拿胡雪岩开刀——就是这个家伙，才害得我两个爱将在这里斗。他们两个都没有错，你就倒霉了。她要整胡雪岩太容易了。胡雪岩的警觉性很高，令我们十分佩服。因为你们两个大的斗，害死我这个小的。在这两大之间，实在是很难存活的。中国人在摆不平的时候，常常拿第三者来开刀。有时候，不相关的人也会被抓去，就是因为相关的人摆不平，那就把不相关的人抓来充数。反正你有话也没的讲，你讲了也没有用。

我们最好心眼儿放灵活一点儿，多设想一些可能的状况。我常常觉得，所有的人际关系，在我们中国是最复杂的。所有事情的变化，在中国也是最神奇的，往往料想不到。我们多推演几个可能性，设想得更周到一点儿。也就是说，警觉性要高，怀疑心要重，才能够趋吉避凶。中国人因为警觉性很高，所以怀疑心很重。因为怀疑心很重，才证明警觉性很高。胡雪岩脑筋一动，知道你们两个在拼，最后一定害死我，他是很高明的。

（4）李鸿章为什么敢在西太后面前提出主张放弃新疆?

我们都看得很清楚，凡是自己经管的事情，一定要让它显得特别重要，这样自己的贡献，才会显得更加有价值。所以中国人上当经常不讲出来。我上当，讲出来了，别人就不会上当。他们没有上当，就笑我是傻瓜。所以中国人上当的时候，总是说一切都很好，然后别人才会上当，我想是相同的心理。

一个人去看电影，看完后说：糟糕，这种电影有什么好看的？可是有人问他怎么样，他却回答很好很好。再骗几个人，心里就安慰了。一个人到外国去看一看，明明在那里受尽委屈，回来却说很好，样样好，觉得这样大家才会重视他。留美的一定强调美国好，政府才会重视留美的；留英的一定强调我们要学英国，他才有价值。李鸿章身为军机大臣，不可能完全不替国家的安全设想，可是现在新疆是谁在收复？是李鸿章的对手左宗棠在收复。如果新疆是丁日昌在收复，那他就讲新疆很重要。自己主管的业务，如果连他自己都不重视的话，别人怎么会重视呢？别人不重视他所主管的业务，怎么会重视他呢？这种连带关系，我们非常清楚。纯粹就是这一点儿私心而已，没有什么了不起。我们建议各位，以后少来这一套。因为这一套对中国人来讲，没有几个人看不懂。只是大家看笑话，不愿意讲出来而已。

（5）西太后为什么赐左宗棠坐，又给他一副茶镜？

我们很容易看得出来，在西太后的心目当中，左宗棠的分量远大于李鸿章。但是中国人的习惯是不会口头说出来，比较喜欢用行动来暗示。假定有人不服的话，可以否认说，我没有这个意思，是你们自己的猜想而已。如果一个人想做什么，就用嘴巴说出来，这就完了。因为你自己说了，别人都听到了，你还能否认吗？所以我们中国人比较喜欢用行动来表示，不喜欢用语言赤裸裸地说出来。

西太后赐左宗棠坐，就是让左宗棠知道，你在我心目当中是很有分量的，我很尊敬你，有话可以直说，没有关系。同时她看到左宗棠眼睛一直眨，问他为什么，左宗棠说因为新疆风沙很大，弄得眼睛得了一种病。西太后就讲既然这样，我有一副眼镜，反正现在没有人用，你拿去戴好了。中国人不能说“我送你一副很珍贵的眼镜”，不能这样。因为这样的话，左宗棠就不会接受了。反正没有用，搁着也是搁着，说不定坏了，你拿去看看，能用最好，不能用就没办法了。你讲得越轻松，越平淡，对方越容易接受。这是一种诚意的表现，而不是奸诈的行为。话可能是假的，心一定是真的。中国人不太相信人家的话，就是因为话可以讲得很好听，可以东拉西扯，见人说人话，见鬼说鬼话，说完又不认账，你怎么敢相信他的话？可是他的心，是没有办法隐瞒的。他的心会影响他的行为，会从他的态度里面显现出来。

我们中国人一定要磨炼一种方法，叫作读心术。就是把对方的心读出来。你一看，就知道他心里在想什么，而不是老听他在讲什么，这样比较保险。西太后讲这些话，你会觉得那有什么意思，就是给坐，就是送他一副眼镜，有什么了不起？但是你去体会她那种心意，可以感觉到，西太后对别人不是这样子，但是她对左宗棠的确是另眼看待。

（6）西太后规定“三年不参左”，是什么用意？李鸿章为什么不服气？

我们中国人嘴巴闲着没事，就喜欢讲几句闲话。反正是闲话，大家也不必追究。就是因为这种心态，所以弄得有人就有很多纠纷。闲话一句，一句闲话，有时候就搞得天翻地覆。但是你禁止不了，因为嘴巴长在他身上。他认为现在也不吃饭，也不干吗，讲一句闲话，会怎么样？你听得进去，你就听；你听不进去，你就不听。但是他就没有想到，是是非非，风风雨雨，就是由于闲话所引起的。

西太后很了解这种状况，也知道左宗棠这个人很耿直，看他顺眼的人不多，而左宗棠自己又没有办法对付。她为了使他的情绪好一点儿，能比较专心地把新疆顾好，所以规定三年之内，你们不要讲左宗棠的闲话。但是这一句话，传到李鸿章的耳朵里，他就非常不高兴。认为西太后保护左宗棠干吗？难道他三年之内，都没有错？左宗棠再神，再了不起，但是多多少少总会有点儿错吧！所以他就不服气。我想，这种事情也不能怪李鸿章。我相信，任何人听了都会不服气。只不过李鸿章说出来，别人没有说出来而已。

我们常常怀疑，老板赏识一个员工，用有形的物质来奖励他，到底是害他还是帮助他？这一点也让我们想到，为什么中国人常常用暗盘的？因为暗盘的，不会引起反弹。你摆明的就是他好，中国人你说他好，就是说我不好，我怎么能服气呢？我当面不敢讲，背后一定讲，结果又制造了很多闲话。三年不参左，只是参到不让西太后听到而已，没有什么实质上的意义。

（7）唐廷枢求见，谭则云主张不见，胡雪岩却要见他，是什么道理？

谭则云个性比较保守，比较拘谨，一板一眼，从来很少有什么变通。他是一个很好的管钱的人才，因为管钱的人，不可以大方，相反，应该要合理地小气，比较安全。所以在这一方面，我们很钦佩谭则云的做法。他说你见他干什么？他无事不登三宝殿。他神气的时候会来找你吗？你找他，他都不一定见你。现在他居然来找你，我们可以料到，他是向你开口借钱的。你不见他，什么事都没有，你干吗见他呢？可见他的分析很有道理。可是胡雪岩还记得，唐廷枢不管怎么样，总是帮过自己的忙。这个时候不见他，万一传出去的话对自己不好。有事求人，就缠着人家；人家倒过来找他的时候，就避而不见。所以唐廷枢找他，他说：好了，现在你找我了吧？该我扬眉吐气一番了吧？这种个性，使他不会放过机会，要见唐廷枢。

（8）唐廷枢开口借五万两，胡雪岩却答应五十万两，这是为什么?

胡雪岩很喜欢表现，他认为自己有办法，五万两算什么呢？所以要借就多借一点儿，这是一种想法。

第二种是说，反正我的银子来路多，这么多的钱，如果不用出去一些，也不合乎经营之道。他认为要贷款，就贷多一点儿，只要好好做，就放心了。

同时他又想到，你借他五万两，你能管他什么？你对他没有什么约束力。你如果借他五十万两，那他就得乖乖听我胡雪岩的。

在这么多的考虑之下，他就认为：好了，既然你敢开口，我就勇敢地答应你，五十万两，你好好去做。这么一来，唐廷枢受到感动，今后也许会收敛点儿，不找胡雪岩的麻烦。甚至于会站在胡雪岩这一方面，帮他一点儿忙，也说不定。我想一般人的想法也是这样，能够挽回的尽量挽回；能够化解的尽量化解；实在逼不得已的时候，中国人就豁出来了，有事不怕事，得罪你又怎么样？所以我们要从两面来看中国人，不要从一面去了解中国人，比较周全，比较保险。

（9）胡雪岩说：有钱大家花，越花越多，是什么用意?

我们常听到大家在说，舍不得花小钱的人，终究要花大钱。你看一个人很吝啬，人家吃饭，他都假装没有付款这回事，能混就混，能摸过去就摸过去。小钱能省，就绝对不花。这一种人，你看看后果怎么样？他的朋友一定会想办法，敲他一大笔，让他大大地心疼一下，大家才高兴。

凡是经营事业的人，对职位相对比较低微的人，要舍得花小钱。他跟你一起出去，不要老揩他的油；他赚的钱比你少，一出去，你就要他付钱，请你吃饭，成什么体统？跟部属一起出去，这些小钱要舍得花，部属自然心里有数，会替你多做一点儿事情。

我们看到很多老板，出去吃饭的时候，碰到了下属，也只是打个招呼就走了，那下属有什么想法？或者他在那里吃，吃完只付他自己的账，不管他的下属，大家又有什么想法？要当老板，连种气派都没有，还当什么老板？我们说树大阴也大，就是说，收入多，就花得多。花得多，才会赚得更多。有钱独吞，是做不成大事的。有钱要分享，人际关系才会好。我们看到很多人，看到钱就往口袋里面装。他的手好像有胶水一样，碰到钱，就掉不下来了，就粘住了。这种人，你说他的人际关系会好吗？你说他的事业做得大，我们真的不相信。

胡雪岩的这几句话，其实也是亲身印证过的。敢花钱，就表示会花钱。会花钱，比会赚钱还重要，还难。很多人一辈子只会赚钱，不会花钱，这个钱就没有价值。会赚钱固然重要，把钱花得有价值，所赚来的钱，才会有价值。

创业提示：圆滑 VS 圆通

胡雪岩的药品、粮饷、枪械，成为左宗棠西征的三大后盾。当初离开福建时，所提出的三大难事：兵源不足、粮饷不够、武器不精，胡雪岩已经解决大半了。

但是，李鸿章一到军机处，马上接连着上奏，说新疆不值得收复。他主张暂时不管西北，采取弃地分封的策略，不必卷入英俄的纷争。并且将借来的洋债，改作海防之用。和左宗棠的想法，有很大的差异。左宗棠为官，一直以来以两袖清风、去时一贫如洗自许，不相信邪能够压正。

一般人分不清圆滑和圆通，以致把圆通也看成圆滑。君子当然不可能圆滑，但是不够圆通的结果，常常使君子斗不过小人，为小人所害。连累国家社会也跟着动乱起来。治少乱多，好像是君子不够圆通的恶果。这一点，请各位朋友多花一点儿心思，好好想一想。

小人非常重视人际技巧，很容易打动别人的心，进而抓住别人的心。君子往往觉得自己凭良心，不做亏心事，有资格直来直往，不必讲求什么人际技巧，因而时常得罪人，引起别人的怀恨和报复。这一点是君子不及小人的地方，吃亏的是君子。为什么不可以改变一下，同样注重人际技巧，增强和小人的竞争力呢？

胡雪岩比左宗棠圆通。相信会有人认为胡雪岩不是圆通，根本就是圆滑。可见很多人没有办法区分圆滑和圆通。其实，要分清楚圆滑和圆通，非常简单。用推拖拉来推卸责任，不想解决问题，叫作圆滑。用推拖拉来解决问题，以求事缓则圆，能够圆满解决，就是圆通。

13 药好才能称王

雪记药厂只做军用药品，以至梦瑾病重，还得要向叶仲德堂买药。叶老板本来就对胡雪岩很有成见，趁机叫伙计放话刺激胡雪岩，有本事的话，自己开一间药店。

胡雪岩心里不服气，开就开，怕什么？他把知名的医生、药师，都邀集起来，一起来商议，筹建一个足以和北京同仁堂媲美的胡庆余堂国药店。

要做，就做最好的，这是胡雪岩制定标准的原则。取法乎上，有时候仅得其中。如果一开始便取法乎中，那就很可能只能得其下了。

只有药好，才能称王。胡雪岩的决心，加上不折不挠的毅力，果然使胡庆余堂成为江南最好的药店。但是，万丈高楼也要从地基盖起，所以胡雪岩一开始就非常小心，考虑到每一个细节，一点儿都不敢马虎。

胡雪岩听说梦瑾生病，玉惠要请大夫诊治，老太太不准，赶紧叫阿宝，快去叶仲德堂抓药，越快越好。

老太太认为梦瑾不明不白，主子不像主子，丫头不像丫头，这样撒野下去，怎么得了？水莲刻薄地说："有几个是明明白白的？"还白了玉惠一眼。玉惠当着老太太的面，不敢发怒，装出笑容说："水莲姐，有钱难买家和呀！"

阿宝抓药回来，诉说叶仲德堂不肯帮忙，很不客气地，硬是要他排队，否则不给药。

打开药包一看，居然发霉了，全不能用。阿宝跑回叶仲德堂，要求换药。阿大不但不换，反而凶恶地问："是胡宅的吧？"阿宝说对。阿大挑衅地说："回去告诉胡大先生，本店只有此种货色，嫌不好，你们自己有药厂，可以自己制造。"阿宝回说雪记药厂只做军用药品，阿大说："那就另外开一家吧！"

胡雪岩听了，有请柳成祥。要柳成祥邀请名医、药师，共商筹建胡庆余堂药店的大计。他认为江南没有一家像样的药店，所以不建则已，要建就要和北京的同仁堂一比高低。

柳成祥为了招募人才，发出通知。前来应聘的人，由他自己面试。宋宝财说保证每年赚进十万两银子，陈富贵夸口初赚小钱，再赚大钱，以稳取胜。柳成祥不待他们说完，立即送客。

叶仲德堂的阿大也混进来刺探军情。被柳成祥识破，嘲笑了一阵，同样下逐客令。

芮瑾举荐余修初，只告诉柳成祥，不直接找胡雪岩。胡雪岩原本不想接见，听说是芮瑾推荐的，马上要柳成祥请他进来。余修初力陈办药乃仁术也，必须以人为本，义利相济。胡雪岩大为欣赏，说要找的就是他。

阿莲嫂趁着谭则云高兴的时候，建议把后院收拾出来，搬进去住。谭则云被阿莲嫂弄得又羞又恼。

德国泰莱洋行的冯鲁克大班，派人送来帖子，请到六国饭店见面。冯鲁克提出武器的价格，要谭则云过目。表示有几十万两银子，要送给谭则云。谭则云推辞，冯鲁克说是中介费，应该得的。谭则云收了，快步离去。丁日昌从后面走出来，称赞冯鲁克办得好，并且把所亏款额如数奉还。

智慧问答

（1）叶仲德堂的伙计，为什么和阿宝过不去?

同行是冤家，本来他们彼此之间，就有一些敌意。何况阿宝来的时候，那一种神气，那一种气势，也让这些伙计受不了。他心里想，你们老板神气，是你们老板，你算什么？你来这里买药还不客客气气？还这么大声？所以他们就给他难堪。

一件事情的发生，两边多少都有点儿责任，不要完全靠哪一边，可以把它扭转过来，而是要靠两边互动，才有办法得到比较圆满的结果。换句话说，就是要大家主动来互动。这么一个转折，让大家都有面子，大家就不会嫉妒他，也不会打击他。胡雪岩在这方面做得不够。他心里想，我有钱，我有势，我爱盖多大就多大。我爱办药厂，就可以办最大的。我爱当江南药王，就可以当。这种作风多少还是有点儿英雄主义。当然，我们不能怪胡雪岩，因为他出身贫寒，能够有今天，多少有一点儿暴发户的心态。我们希望看了这一段以后，所有的人，如果赚钱赚得太快的话，要记得不要有暴发户的心态。任何事情还是从长计议，慢慢去促成，让大家把自己捧得高高的，这样比较自然。

我们现在可以看出来，阿宝因为跟着胡雪岩已经有了一段时间，说话的口气也已经有一些不对了。他如果说，我们老板叫我来的，请你们老板多多帮忙。我想这样一来，伙计听了也会比较心平气和。

（2）胡雪岩为什么叫柳成祥速来见他？有什么要紧的事吩咐？

我们都知道，胡雪岩的心思动得很快。一看梦瑾的病治不好，就觉得他们这个药是不是有问题？后来果然发现药材有发霉的，就说你要去买好药，可是人家又不买账。

很多不顺心的事情，换成一般人，就会在那里埋怨，发脾气，可是胡雪岩的态度一向不是这样。胡雪岩碰到困难，遇到挫折，碰到不顺遂的时候，会用一种积极的态度来因应，这是非常好的现象。他说买不到我们可以自己做。自己怎么做呢？我就盖药店。所以他说：你赶快给我找柳成祥来，我要跟他谈谈盖药店的事情。胡雪岩的一颗心，始终紧紧抓住他的事业，只要有任何机会，他都不会放过。

同时他发现，梦瑾的病虽然重要，可是他会把这种病的需要化为设药店的动机，他才会成就那么多的事业。这个时候，胡雪岩所要做的事情是什么？就是赶快自己办个江南最好的药店。我们建议那些钱赚得快的人，不要光是表现出暴发户的行为，反而要用来做更多的善事，使自己的根基能够更稳当，今天叫作回馈社会，善尽社会责任。我们用这种角度来看胡雪岩，比较不会误解，以为他什么都要抓，什么都要做，老是要发财，他不是这样的想法。他想：我今天有钱了，有什么方法可以善尽社会责任，回馈社会大众？当然是一种很好的思考方式。

（3）胡雪岩为什么要筹建胡庆余堂药店？为什么要和北京同仁堂一比高低呢？

我们如果细细斟酌，会发现胡雪岩很少临时起意。想要做什么事情，他不是那种冲动型的，看起来他是想到就做，实际上他是常常动脑筋，常常想东想西，才会快速地做决策。如果说平常不想，只是看到什么，便立即反应，那这个人是很鲁莽的，而且非常危险，已经不叫冒险，简直完全是在下赌注。胡雪岩看起来是这样，实际上不是。他常常动脑筋，心里头想要开药店这件事情，已经酝酿很久了。现在梦瑾的病治不好，买不到好药，只是一个导火线而已。如果用这种眼光来看胡雪岩，会比较深一层地了解他。同时他向来是不做则已，一做就要做最好的。他不是说马马虎虎，盖一个药店就算了。因为马马虎虎盖一个药店，做出来的药，不过跟其他药店一样，有什么意思？他马上想到，北京有个同仁堂，这个同仁堂是全国闻名的，不管在规模方面或者实质方面，以及将来在我的名声方面，就算不能超过同仁堂也一定要跟他们比一比高低。我很欣赏胡雪岩这种平常多想，到时机成熟以后能快速达成决策的性格。同时决策出来之后，他会有个目标，有个标准，同时有个期限，使自己很快地，可以完成他的理想。否则的话，就变成了空想。一个人做梦做太多了，就表示他是个空想家，做一次梦就实践一次，才叫作理想家。

（4）柳成祥甄选人才，标准是什么？为什么看不上宋宝财和陈富贵？又怎么能够一下子就识破叶仲德堂伙计的捣乱呢？

我们非常关心，在甄选人才的时候到底有没有标准。如果说毫无标准，只是看得顺眼就要他了，看不顺眼就叫他走，这样甄选人才，实在很危险。完全凭第一印象就要论断一个人，这是很可怕的，因为很可能看不准。

怎么看得准呢？平常我们在甄选人才的时候，都有一套标准。我们要先去打听，我们要去应征的那家公司需要什么样的人，我合适不合适，然后才去应征。而不是盲目地，人家在征求人才，我就去应征。结果浪费很多时间，也使得自己的挫折感很重。

胡雪岩这一次所要的人才，一方面要对制药很内行，一方面要怀抱着仁义济世的观念。一定要这两种条件都具备，胡雪岩才会要。柳成祥就秉持着胡雪岩的理念，来甄选人才。我们回想一下，当年在甄选钱庄的人才时不是这样子的。可是现在甄选药店人才，他非常重视有没有仁义为怀的想法。所以你看，宋宝财一副唯利是图的样子，只想怎么赚取利润，柳成祥当然是看不上的。另外我们可以看到，一开口就说先赚小钱，然后赚大钱，而他本身的名字，也叫作富贵。这个陈富贵，也是柳成祥看了会摇头的。这两个人，我们不能说不是人才，只是不合乎药店的需要，他们可以到别的地方去求职，但是到这里找工作，一定不会被看上。

柳成祥也懂得一些面相，面相在我们中国社会也是很重要的。很多公司甄选人才的时候，这边有一个主考官问东问西，旁边坐了一个人，就是专门看面相的。专门看应征人的举止行动，然后双方配合，才知道这个人可用不可用。所以，当叶仲德堂的伙计来应征时，柳成祥一看这个人有点儿面熟，马上就知道了，你就是叶仲德堂的伙计，今天来干什么呢？分明是来捣蛋的，所以他才会当面给他难堪。

（5）柳成祥选中余修初，是不是因为芮瑾举荐的关系？胡雪岩为什么也看上他了？

我们都知道，芮瑾这个人很讲道理。她举荐余修初，完全是因为他是个人才，只是运气不好，把自己的厂办倒了。可是她没有直接去找胡雪岩，因此胡雪岩根本不知道是芮瑾推荐的。我觉得这种态度是推荐人一种最好的表现。就是说我会推荐人才，但是我不会给你压力，我不会用人情包围，要你一定用他，我没有。你认为可以用，你就用，不能用，就算了。

我们在征求人才的时候，应该把门打开，任何人推荐的我们都欢迎，然后从中去筛选合格的。而不是一开始，就把门开得很小，限制这个不能推荐，那个不能推荐，令人怀疑到底有没有征求人才的诚意？

胡雪岩看上余修初，完全是欣赏他以仁为本，义利相济的理念。因为只有这种理念，才能够把药店办好。制药这一种行业，跟一般的行业不一样。我们如果把医院管理，也当作一般企业管理来做，非常不合适。规定一个医生一个小时要看几个病人，这是很奇怪的想法。但是我们很遗憾，现在有些医院，用这种企业管理的精神，来从事医生的管理，这也是值得我们深思的。

胡雪岩刚开始的时候，对余修初很不客气，讲了一大堆。后来他觉得这个人经得起考验。我们发现很多董事长，并没有亲自主持甄选。可是他会半路插进来，讲一些比较难听的话，一方面是试试这个人的胆识，另一方面是考考看，他经不经得起刺激。结果发现余修初表现得非常合乎胡雪岩的理想，他马上改变主意，从大概不可能是我要用的人，到我就是要他，这样的转变是很自然的。胡雪岩并没有一开始就有成见。他只是说我用些难题，设定些难关，看你能不能解决，看你能不能顺利闯过。如果可以的话，这就是我所要的人。一方面很认真在甄选人才，一方面是非常有诚意地来应征，当然可能合作得很好。

（6）阿莲嫂为什么要让人把后院收拾出来，好搬进去住？她为什么觉得柳成祥占的便宜比较多，而谭则云比较吃亏？

胡雪岩回到杭州以后，上海的房子就没有再住。阿莲嫂常常觉得很纳闷儿，你东家花那么多钱，回杭州盖大宅子，柳成祥家也盖起来了，我们就活该倒霉了吗？所以她经常在谭则云的耳朵旁边叽里咕噜讲些不好听的话。柳成祥当然不知道这种事情，胡雪岩也不知道这种情形。而谭则云又是一个很重视情义的人，认为这种小事情不要讲了，无所谓。可是经不起妻子在旁边三天两头地唠叨。谭则云虽然嘴巴上讲，以后不要再提这些问题，谁再谈这些问题，我就不客气了，但是我相信他的内心多多少少受到些影响。这一类事情也使我们常常感觉到，人事管理要延伸到员工的家庭里面，因为往往家里面的事情会影响到公务。你看阿莲嫂说：我跟站着的人怎么比？我们常常讲坐着的人，看着站着的人比较舒服；而站着的人，又看坐着的人比较舒服。因为他们两个是不同的背景，不同的基础，怎么去做比较呢？我们觉得，人最好不要和别人比，要常常和自己比。只要自己不断有进步，就心满意足了。自己和别人其实是无法比的。可是我们常常会不知不觉地跟别人扯在一起，然后比来比去。阿莲嫂就有这个毛病，常常跟这个比，跟那个比。比来比去，就觉得自己吃亏。因此就埋怨谭则云，谭则云多少会受到影响，将来很可能会在公务上也产生这种心理，那就更不好了。

（7）冯鲁克为什么要给谭则云好处？谭则云为什么会答应？

我想我们都很清楚，商界来往，几乎很少是朋友有通财之义的情形。人家给你好处，多半是有目的的。更可怕的是，他会设下很多陷阱，把你套牢在里面，把你牢牢掌控，一切要听他的，那就更糟糕了。冯鲁克会无缘无故地给谭则云好处吗？我想这是不可能的。谭则云难道没有这种警觉性吗？我相信他是有的。只不过长期受阿莲嫂的嘀咕，难免会在心里头发生一些作用。他一定是想到，我不上套。我们看到很多人，就是这么一下子，真正是：一失足造成千古恨。

中国人常常讲，要谨慎要谨慎。老实讲现在的教育，不太可能达到这个目标。我们从小对也骂，错也骂，骂到什么事情都不敢想到就讲，才会很谨慎。骂到不敢什么事情想做就做，才会说再考虑一下，才会推拖拉。推拖拉如果是用来思考，那是非常好的一种途径。谭则云如果说这个事情我回去研究研究，说不定他回来跟阿莲嫂讲，阿莲嫂一听反而会告诉他，这种事情，你不要开玩笑，也说不定。说不定他跟柳成祥研究研究，柳成祥说：你敢吗？你这样弄对你没有好处。人家怎么会平白送钱？人家会提醒他，但是他没有，一动念，好，要了，完了。我相信他将来会很后悔。

（8）冯鲁克和丁日昌在打什么主意？为什么有钱能使鬼推磨？

我想如果丁日昌摆明地把谭则云叫去，说我们两个设好套了，我们要害胡雪岩，谭则云一百个不会同意，而且马上会告诉胡雪岩，整个事情就明朗化了，也就失去了作用。真止有用心的人，一定会躲起来，不会自己出面。丁日昌设计好了以后，叫冯鲁克去执行。这样的话，谭则云比较不会警觉到，又是丁日昌在搞鬼，因此比较容易上当。

我们中国人的高明之处，就是认为眼睛所看到的都不一定是真的，我们要看到后面那个，我们看不到的部分。所以我们常常觉得，看不见的部分，其实比看得见的部分更重要。

创业提示：世间祸福都有可以预见的先兆

世间事有祸有福，然而不论是祸是福，都有预见的先兆。经营管理，其实就是敏感地抓住这种“差异性”，加以深入地分析和比较，从中找出趋吉避凶的道理。

先兆可能是细微的差异性，一般人看不出来，或者看出来并不加以理会，甚至理会了却找理由把它轻松地丢弃掉。等到事态严重，才来焦急、后悔，都已经太迟了。

梦瑾和家人处不好，胡雪岩如果联想到重要员工的家属，可能也有同样的问题，何不及时冷静检讨，以资改善！这一念之差，其实就是祸福的分歧。往往差之毫厘，失之千里。有人归之为命，实际上却掌握在自己的心中，不可不慎。

14 慎重选聘良才

有人才有事，先找到合适的人，才能放心求发展，这是胡雪岩经营事业的大原则。

战事甫告停息，胡雪岩第一件想做的事情便是开设钱庄。因为柳成祥和谭则云都是内行人，做熟悉的事，必然十分顺手。现在他要办药店，首先要找合适的人，胡雪岩才会放心。

胡雪岩看起来神通广大，好像什么事情都算得很准。其实他是慎重推理，按照事理，一步一步向前推进。问题是：良才也可能出差错。胡雪岩曾经说过：算盘打得再精，也有算不准的时候。谭则云在购买武器上面居然收取了冯鲁克的回扣，岂不是出乎胡雪岩意料之外！谭则云是一位能干的掌柜，却也掉入了人家的圈套，真是不知道从哪里说起。

谭则云根本不知道已经掉入了丁日昌的陷阱，认为只是拿一些回扣，又不是出卖胡雪岩的机密。

丁日昌的第二个陷阱随之就到，经营茶叶的徐润，主动找谭则云，表示要拒收货品，理由是名不副实，价格也不合理，要谭则云在退货合同上签字。谭则云不答应。徐润说："如果阜康钱庄收来的银子成色不足，会不会让它入账？"谭则云回答："茶叶质量的好坏，不是你徐买办一家可以定的。"徐润接着说："千真万确，恰恰是买家不肯妥协。"谭则云表示可以降级出售，徐润说洋人不要次茶，只好拒收。谭则云说只要不付钱，茶叶就是徐润的。徐润强硬地说：只是那几十条船的茶叶，停在码头上，你们不但每天要付码头钱，还要防盗、防霉、防沉船，一切与我无关。徐润最后指出，冯鲁克为了把洋枪洋炮卖给你们去打别的洋人，已经遭到友邦的攻击。如果再让他得罪其他的人，未免辜负他对你的器重了。谭则云心虚，终于投降了，签下了自己的名字。

梦瑾装疯，害得玉惠十分着急。柳成祥问胡雪岩，要不要把梦瑾带到上海去医治，胡雪岩则认为应该留在杭州，用胡庆余堂的药把她治好。即使是回天乏力，也要引以为戒，积善图新。

玉惠听到心有妒意。梦瑾凄凉地笑着，知道留在这种地方，治不好。水莲听了，转身讪讪地离去。

智慧问答

（1）徐润为什么要退货？谭则云为什么不答应？

徐润跟丁日昌是一伙儿的，他们都是李鸿章派系底下的重要人物。大家一起来计谋，怎么样把胡雪岩搞垮，他们的目的是想把左宗棠也一起打击下来。

谭则云是一个事务型的人，对策略性思考不太在行。我们在经营管理方面，最好把人才稍微区隔一下，有些人事务性做得很好，但是策略性就很欠缺。有些人策略性很强，但是事务性不一定内行。你看，胡雪岩就属于策略型的人物。你要他去做些枝枝节节的事情，他不见得做得很好。柳成祥可以说两面兼顾，所以能够考虑得周全一点儿。而谭则云很显然是办事务非常谨慎，按部就班，规规矩矩，非常可靠；但是在策略思考方面，却很难表现出可圈可点的地方。像这种事情，如果他只是很单纯地认为徐润说茶叶的品质不好，要求退货，从这个层面来考虑的话，就很容易上当。如果提升到策略性的思考，觉得这只是借口而已，后面还有更大的阴谋，就不至于上当。他会跟他讲，这些问题我们好商量。他会用推拖拉的方式，把事情往下推延。同时回去马上找胡雪岩或者柳成祥一起研究研究。

一个事业，要能够稳固的话，这里面的人才要彼此合理地搭配。现在我们看到胡雪岩，他把整个上海这么大的基业都交给谭则云，固然是很重视他，但是他没有想到，万一碰到策略性的事情，谭则云承不承担得了。如果他事先考虑到这一点，交代他一般事务尽可放心去做，碰到有什么策略性的事务的话，我们赶快见个面谈一谈，我想对谭则云也会有更大的帮助。

（2）徐润和谭则云的谈判，谁对谁错?

这牵涉到一个很有趣的问题，我相信我们如果问一个西方人，这两个人谁对谁错，他们的答案比较明确，会告诉你谁对谁错。可是你如果问一个中国人，他们两个人到底谁对谁错，我相信中国人的回答，多半比较暧昧。我们觉得这个人有对的地方，也有错的地方。那个人有对的地方，也有错的地方。像徐润跟谭则云这种事情，按照我们中国人的标准，就是两个人都有错，两个人都有道理，实在很难讲。

你看，我跟你买东西，能够说退就退吗？总要有一个退的理由。像茶叶这种东西，是会坏的，你跟我买了，拖很长时间才说我不要了，这谁也受不了。可是买的人说，我讲好是要上等货，你现在给我这种次等货，甚至于劣等的东西，我怎么能要呢？我当然要退。公说公有理，婆说婆有理。中国人的事情，几乎永远牵扯不清，更需要有一个明智的决定。

我们可以看到，如果事先他们两个都有比较长远的观点，说好，我们这次订个合同，如果将来我们两边有了分歧怎么办，我们是不是应该有个仲裁条款，如果有一方或者双方都违约了，我们怎么办，是不是来订个违约条款。有了违约条款，有了仲裁条款，就比较有依据。偏偏我们中国人，不太喜欢丑话说在前面，然后把一切都规定得死死的，所以才会发生这样的争执。

我们觉得朋友归朋友，做生意归做生意，最好把它分开来看。朋友无所谓，反正到时候再说。可是做生意，我们希望尽量把可能发生的事情加以预防。换句话说，丑话说在前面，应该是做生意比较合适的态度。不要说没有关系，反正到时候再说。做朋友可以，做生意最好把一些可能发生的事情先拿出来大家讲一讲。因为这个时候，大家的情绪比较稳定，讲起来也比较容易沟通。一旦事情发生了，每个人有每个人不同的利害关系，就会僵持在那里。实在讲，很不容易沟通。

（3）徐润用什么来要挟谭则云？谭则云有什么感想？

我们常讲一句话，给人家一点点好处，就等于把他整个人套牢。这是谭则云所没有注意到的原则。徐润给谭则云一些回扣，谭则云拿到手以后，他就翻脸了，就要挟了，谭则云拿他一点儿办法也没有。我们常讲，贪到小的最后失掉大的。我相信谭则云拿了回扣以后，心里很不安，非常后悔。但是有什么用？没有用。有些事情可以从头来，有些事情根本无法回头。

谭则云那么辛苦，一路跟上来，身负重任，有很大的贡献。但是这一次栽跟头，就是因为一不小心，一时大意。我们从《三国演义》里面已经知道“大意失荆州”的故事，用通俗的话讲叫作“阴沟里翻船”。我想这两句话，现在用来形容谭则云最合适不过。一个人，如果想要防止这些陷阱，最好的办法，就是不要贪小便宜。天底下没有白捡的东西。我们今天有一句话，叫作“天底下没有白吃的午餐”，当然这句话不完全对，实际上却可以警惕我们。人家凭什么白送给你钱？人家为什么给你好处？说不定后面包藏祸心，所以要特别提高警觉。我们得到人家一点点好处，就被他抓住把柄。这是最划不来的，一定要小心提防。

中国人为人处世，必须记住不要留下把柄。常常提醒自己，这样会不会给人家一个把柄？将来抓住以后，怎么办？当然，职位越低的人越没有这种顾虑。职位越高的人越需要在这一方面多多提高警觉。

（4）梦瑾为什么病成这个样子？

我们大概都可以感觉得出来，梦瑾和芮瑾的个性，真的相当一样。她们两个都相当明理，最主要的是都想贡献自己的能力，要求有所作为。换句话说，都是闲不住的人。有些人，可以忙于工作，也可以乐于清闲，这种人最幸福。

可是很多人，只有在工作当中才有乐趣。一旦闲下来，就觉得这样不对，那样也不对，因此就闷出病来。梦瑾这种病，严格说起来是心病。她心里头受到了很大的压抑，心想我在胡家，好像是被关在鸟笼里面的小鸟，还有什么价值？而且跟这些人整天扯来扯去，讲些废话干什么？

她这些心里话又讲不出来，也不敢讲。这样压抑的结果就是闷出病来。这种心病，药物很难医治。心病要靠自己调心、养心来治疗，并不是一般的药物，所能够奏效的。你看梦瑾，就是个很好的案例。一个很健康的小孩子，她有什么病？她没有病。可是在那种环境之下，她就闷出病来了。

（5）柳成祥为什么要带梦瑾回上海治病？

柳成祥对梦瑾的处境相当了解。而且旁观者清，比较容易体会梦瑾的心情。所以他大概知道，梦瑾得的是心病。心病当然要靠自己来调理。可是梦瑾毕竟年纪很轻，如果干脆让她到上海去，其他的人最起码可以和谐一点儿，免得胡雪岩心烦，影响他的情绪。

还有一点，就是说既然梦瑾在这个环境处不好，让她到上海去，也许自己会改变想法。在别的地方待一阵子再回来，可能会有一个重新的开始。这些都是解决问题的方法，只不过胡雪岩不一定会接受。这就告诉我们同样一件事情，每一个人因为立场不同，解决的方式也不一样，很难说谁对谁错。柳成祥有他的立场，有他的看法，不会牵涉到感情方面，只是站在公务的立场来考虑。因为他跟梦瑾没有那么深的感情，那么亲密的关系，反而比较冷静，会想出这些方法来。那么胡雪岩呢？各位可以看到胡雪岩的态度，好像不太一样。

（6）胡雪岩为什么要留梦瑾在杭州？什么叫作引以为戒、积善图新？

我们看得很清楚，如果让胡雪岩拿女人和事业做个比较的话，都会把女人比下去。他是个事业心很强的人，曾经讲过，所有的女人都比不过他的算盘珠子。那是不是表示他这个人没有感情？不是。他也是个感情很丰富的人。只不过在事业第一的情况之下，丰富的感情被压在了事业之下。感情第一是放在不会妨碍事业发展的前提下的。他也希望梦瑾自己改变，而不是老依赖别人。因为梦瑾依然是一个小孩子，所以他要用心来训练她。我觉得胡雪岩的这种苦心，我们也应该加以体会。

为什么积善图新？就是说杭州的医药界，如果只想着赚钱，发霉的药都可以卖的话，跟善心、仁心，完全背道而驰，这样的医药界是不可取的。他也希望用梦瑾来刺激药界，说得难听一点儿，就是甚至于牺牲了梦瑾他都不在乎。他要让大家激发善念，产生一个新的局面，我想这是胡雪岩心里头所想的东西。我们说他对，说他错，我觉得都不必要。我们已经看到柳成祥的反应了，现在再来比较一下胡雪岩的反应，可以看出这两个人的个性有很大的不同。但是我们很难说谁对谁错，因为价值观相当主观，我们不是胡雪岩，实在无法置评。

创业提示：神通 VS 推理

一般人的错误是把神通当作迷信，却把推理看成科学。其实，神通和推理是一样的，我们可以这样说：神通就是推理，而推理也是神通。

一个人把推理的结果说出来，而不把推理的过程加以说明，叫作神通。一个人把推理的过程说出来，然后才说出推理的结果，没有人认为这是神通，都说是推理。

从事经营管理的人，静坐、修炼，目的都在培养灵敏的第六感，配合丰富的经验，以期获得有如神通的推理能力。

15 特赐一品顶戴

胡雪岩的母亲听说胡雪岩见到了西太后，高兴地说："胡家祖辈积下的阴德叫胡雪岩赶上了。"中国人喜欢把祖孙几代的感情连结在一起。精神生活，无形中丰富了许多。而且一代一代、一辈一辈连贯起来，丝毫都没有代沟，彼此随时可以有效沟通，减少了很多疏离感。

现在由于左宗棠的大力推荐，朝廷特赐封胡雪岩一品珊瑚顶戴。胡雪岩受封之后，马上命众人退下，他自己要叩拜高堂。中国人把自己的成就归功于父母，是不忘本的表示。可惜现代人很奇怪，大多只说是自己的努力，心目中没有父母的存在，不知道孝道的观念。

谭则云从上海来到杭州，胡雪岩和柳成祥都很吃惊。难道是上海出事了？要谭则云马上到书房见面。

胡雪岩认为退货合约不应该说签就签，柳成祥更斥责谭则云，亏你还是总号主事，做出这样的事情砸坏自己。柳成祥越说越气，胡雪岩却淡淡地拍拍谭则云的肩膀，说上海不能一日无主，你先回去吧！

阿贵传话说，老太太吩咐的酒席准备好了。胡雪岩说已经和杨大人有约，因此要柳成祥好好陪谭则云。阿贵问胡雪岩要不要乘轿，胡雪岩回说什么时候说要见杨大人？阿贵知道胡雪岩心里有事便偷偷地跟随着。

胡雪岩心想茶叶生意不大，可这连着那笔国债，输也要输个明白，天时、地利、人和到底哪里失误？走着走着，竟然来到芮瑾的铺子。芮瑾问他怎么会有闲心到这里来？莫非心中有事？

胡雪岩说没有，芮瑾却直接指明是茶叶上的事，要胡雪岩不行就赶紧卖出，赚多少无所谓，不赔就好。胡雪岩说不是钱的事，是人的问题。

胡府上下忙成一团也快乐无比。杨大人穿着官服大声宣读圣旨："特赐封正一品珊瑚顶戴，候补江西布政使衔，并赐黄马褂一件，赐其骑马进宫。钦此。"

胡雪岩谢主隆恩。大家齐呼万岁。胡雪岩穿戴整齐后恭敬地向母亲磕了三个响头，然后坐着接受大家的叩拜。礼毕换上平常衣裳后，胡雪岩向杨大人屈膝一拜。杨大人口唤使不得，胡雪岩说这一拜表示对左宗棠的全力提携，感激之至。

杨大人说左宗棠还是劝胡雪岩，虽不以科名为重仍需发愤读书，求得正经学问，才能律己济世。接着又劝胡雪岩态度不要太硬以免得罪人。但是胡雪岩仍然说明自己的原则：既不欺世盗名，也决不委曲求全。

智慧问答

（1）胡母和谭则云是熟人，为什么交代阿贵要接待得讲究一些，而且她自己要去敬酒?

我们常常讲一家人。到底什么叫作一家人？就是说儿子的客人，就是母亲的客人。现在有很多人认为，这是儿子的同事，这是儿子的朋友，跟我这个做妈妈的没有关系。这不是我们中国人一家人的观念，所以胡母说，你帮我儿子的忙，就是帮我的忙。你是我儿子的客人，也就是我的客人。所以她交代阿贵，虽然以前是朋友，但现在身份不一样，我们要比较隆重地来接待他。何况以前我们做不到的时候，人家到我们家只是粗茶淡饭。现在我们家有钱了，对这些老朋友，更不可以怠慢。我觉得这整个的表现，就代表胡母虽然没有读过什么书，但是也很懂得道理。

阿贵当然照胡母的交代去做，只是他也不一定搞得清楚，为什么胡母要这么慎重地交代他说我要自己去敬酒。因为如果不交代的话，阿贵很可能不会来邀请胡母也一起去吃饭。胡母设想很周到，人家谭则云为自己的儿子在那里做事，我这个做妈妈的，如果表现得隆重一些，就表示我的儿子，跟我讲了他的很多好话，他会比较有面子。如果我对他冷淡，也许他就会怀疑，是不是胡雪岩在妈妈面前讲了一些对我不满意的话？反而使他们以后不好相处。为了表达这种心愿，她就交代说我要去敬酒。从这些措施里面，我们深深了解，什么叫作一家人。这种行动必须出自内心。最要紧的，一家人的彼此关心。

（2）胡雪岩为什么叫谭则云先回上海？柳成祥为什么责怪谭则云太糊涂？

我们很清楚地看到，胡雪岩始终放不下心。因为他的第六感让他隐隐约约感觉到，谭则云这次忽然间回到杭州来，好像不是很简单，不像他所讲的那么单纯。所以他让谭则云赶快回上海，因为上海不可以一天没有人做主。其实他的意思，是要谭则云回去以后，好好冷静想一想，看看整个状况到底有什么可以补救的。一个人难免做错事情，做错事情不要越陷越深，应该及时刹住，重新检讨，想办法挽救或者做一些弥补，这才是胡雪岩要谭则云赶快回上海的主要原因。

柳成祥责怪谭则云太糊涂，是因为柳成祥非常了解胡雪岩的作风。就是说，做生意有亏有盈。输了钱，或者丢掉一些本钱，胡雪岩是不在乎的。做错了，就算了。他最怕的就是这种见不得人的事情。大家也许会怀疑，你自己不也在贷款上面动了手脚吗？为什么对谭则云就这样斤斤计较呢？所以，柳成祥猜测到了可能背后有什么见不得人的交易。

（3）胡雪岩说输要输个明白，是什么意思？他为什么托辞要见巡抚大人而避开用餐？

胡雪岩最讨厌的，就是死得不明不白。死无所谓，死了再想办法。把它当个经验，下次避免不就好了吗？死得不明不白，就是没有得到教训，不能够积累经验。这样一次又一次，才是伤心的事。因此他一再说，你输没关系，但你要输个明白嘛！你告诉我，你到底输在哪里了？可是谭则云敢讲吗？我想他不

敢讲的。他不是不知道，只是他说不出来。至于说胡雪岩明明没有要去见巡抚大人，却说要去，弄得阿贵糊里糊涂：哎，你不是要见巡抚大人吗，怎么不坐轿子呢？胡雪岩问他，我有说过我要见巡抚大人吗？这也是使我们感觉很奇怪的地方。其实也没什么好奇怪的，老板常常说他要出去，实际上没有出去；老板常常借故要开会，实际上根本没有会议。要不然，他怎么讲？老板常常讲，那种话我是讲给他听的，你听那么清楚干什么？我想这种事情，我们应该加以体会才是。

（4）胡雪岩说赔钱不怕，只怕什么？是不是他对谭则云有什么不满或怀疑的地方？

赔钱当然不用怕，因为赔钱如果可以得到教训的话，也是很值得的投资。我们常常讲交学费嘛！你总要交一些学费，才能得到痛苦的经验。下次才会避开，才会走上正道。胡雪岩说亏点儿钱，有什么关系？我们可以再赚。就算赔光了，我们从头再来。我想他讲的是心里话，不是讲好听的。可是他怕什么？他怕人心变了，他怕一个可以信赖的人变得不能信赖，这才糟糕。

他一向对谭则云很相信，但是这一次茶叶事件他越想越不对。为什么？因为谭则云从来不会这样。我们已经讲过，他对这种差异性的敏感度是非常高的。一个人平常是这样，现在突然间变那样，这当中的风吹草动的差异性，我们一定要抓住。

他为什么会这样？谭则云向来是有话就说的，这次吞吞吐吐的；他用不着答应人家的，居然答应人家，这就是差异性。这是使胡雪岩感觉到很不解的地方，所以他有一点儿怀疑。我们也了解人是这样子的，不怀疑则已，一怀疑就会越来越怀疑，越想越不对，这也许是胡雪岩在钻牛角尖。但是他几次反复地思考，总觉得事出有因，很值得怀疑。到底他怀疑得对不对？我想往后我们可以进一步了解。

为什么说钱丢了，可以再找回来？因为那是有限度的，而且是很明显的。亏多少，大家心里有数，将来赚多少，大家也容易算出来。只有这种人心的变化是很难预料的，防不胜防。这次骗你五块钱，下次说不定骗你五十万，谁知道呢？这次跟你保证，下次也会翻脸做出完全违反保证的事情。可见人心的变化非常可怕。钱丢掉了，相对看起来反而是小事情。

（5）胡雪岩不让女人参与他的生意，为什么茶叶回抛的事，他却询问芮瑾的意见？

我们都很清楚，胡雪岩对芮瑾的感情相当特别。他发现芮瑾处事很冷静，很有条理。平常他不同意女人参与他的生意，可是这次他会主动地问。我想这就是我们中国人常讲的两把刷子，而不是一把刷子。一把刷例行，另一把刷例外。

平常我不问你，但是紧急的时候我会问你。你要主动参与，我不许可；可是我主动问你，你可以讲出意见来，这样并不矛盾。胡雪岩的意思是说，你平常叽里呱啦一直在参与，会把事情弄得很乱。可是当我需要的时候，譬如说他想要知道外人的事情，想要知道洋债的情况，他会问问玉惠，问问当时去找的那些朋友，他会主动去问。可是他们如果不断跟他啰嗦，他就不愿意。一个是平常的，一个是紧急的；一个是被动的，一个是主动的。这两种情况，不可同日而语，这叫作两把刷子。

我们中国人赞美人，很少说这个人很了不起，有一把刷子。我们常常讲，这个人很了不得，有两把刷子。这两把刷子，就是有变化的。我们常常感觉到，这个人好像没有原则，其实不是没有原则。有两把刷子的人，他的原则就是中国人最熟悉的，叫作持经达变，有原则地应变。胡雪岩这种做法，不是情绪不好，或者是临时起意，他完全是按照基本的原则在运作。

（6）胡雪岩为什么获赐一品顶戴，还可以骑马进宫？他为什么要叩拜高堂？

我们看到，胡雪岩一路走来，为清朝做了很多的贡献，对左宗棠也有很大的帮助。所以左宗棠向清廷建议，颁给胡雪岩一个红顶戴，送他一些书，给他一些荣誉。一个商人能够获得这么高的荣誉，是很难得的。胡雪岩得到这个荣誉以后，并没有像一般人一样，说这是我自己的能力表现。他首先感谢老天爷

的保佑，然后感谢父母的栽培。一个人能够这样做，就不会引起别人的嫉妒，同时大家相处得会比较和睦一点儿。可是他毕竟是一品大官，穿着官服，不能够向母亲下跪，所以就叫他的妻妾代表他向母亲下跪。他自己在旁边致意，这也是两全其美的做法。

千万记住，一个人最好不要把成就通通归给自己，认为这是凭我的能力，凭我的本事得来的，你们还有什么话讲？如果这样，这个人连老天爷都不会保佑他。

（7）胡雪岩为什么主张既不欺世盗名，也不委曲求全？

胡雪岩一向很爱惜自己的名声，但是他并没有用不法的手段来欺世盗名。这一点是我们很钦佩他的。他完全用实际的行动，来表示他的善心。当然我们不能否认，他是想留下一些好名声。

我想作为一个中国人，有几句话，一定常常放在脑海里。第一句话叫作钱要赚；第二句话叫作性命要顾；第三句话就是留一些名声，给人家好好打听打听。胡雪岩现在钱赚到了，身体还不错，因此他会想到，怎样使我的名声好好传扬出去？但是他是很倔强的人，脾气也不好，不委曲求全。一个人要做硬汉，也是很命苦的。太刚直，跟环境一定格格不入。我想，胡雪岩对委曲求全这四个字是不了解的。事实上懂得委曲求全的人，他的理解应该跟胡雪岩讲这种话的时候的心情不一样，并不是像胡雪岩所讲的那种才叫委曲求全。

要全一定要委曲，直线不可能全。我想这里有很深的道理。彼此都让一步，才可以委曲求全。大家都委曲才能全，其中有一个人不能够委曲，就无法求全。我很对，我就是这样，跟你干到底，这叫硬汉，并不是我们所追求的做人做事的目标。胡雪岩会吃亏，就是他有这种硬汉的个性。

创业提示：胡庆余堂仁本济世美名永传

公元 1878 年，即光绪四年，胡雪岩在左宗棠的大力保举下，被清廷封为一品顶戴候补江西布政，并赐黄马褂一件、御库全书238本，赐其骑马进宫。成为显赫一时的红顶商人。

胡雪岩自创业以来，历经二十余载。企业规模宏大，范围跨越钱、典、茶、丝、烟五大行业。又兼任陕甘上海转运委员，可以说登峰造极，十分辉煌。然而，如果没有胡庆余堂，胡雪岩的一生几乎和一般人一样，来也空空，去也空空，纯粹是白忙一场。幸亏有胡庆余堂源远流长，迄今一百多年，仍然蜚声海内外，为人们所交口称道。胡雪岩亲笔所写的“戒欺”两个大字更是令人难忘。由胡庆余堂而想到胡雪岩，应该是胡雪岩这一辈没有白来，血汗没有白流的最佳保障。

胡庆余堂没有正式开张，胡雪岩就决定招些闲人，让他们到江湖跑码头，背着胡庆余堂的太平袋，免费赠送药品，打算连送三年，使胡庆余堂的名声远播。这种行销观念和做法，到今天还有很多人想象不到呢！

胡雪岩规定所有药品都要由自己的分号直接销售，把全国各地的药号、药行、药店三种类型同时经营起来。现代化的连锁店、直营商，胡雪岩当时已经想到了。胡庆余堂的经营理念，胡雪岩明白指出：是乃仁术。用“饮和食德，俾寿而康”作为药厂的招牌，杨昌浚非常钦佩，说它既道出了养生之道，也说出了和德精神。

胡雪岩认为做药一定要采办务真，修炼务真。从采购药材开始，便要选购全国最上等的材料。否则药材欠佳，甚至有假，怎么能够做出好药呢？制作过程中，品质管制十分要紧。修炼认真，才能做出好的药品。

顾客买药，一时供应不上，胡雪岩还负责安排顾客的食宿。这种顾客至上的观念，胡雪岩早已相当明白。胡雪岩宏图大展，胡庆余堂美名永传，果然是有道理的。

16　江南第一药店

胡大先生变成胡大官人，当朝一品，还戴珊瑚顶子，穿黄马褂。胡雪岩如果仅止于此，那么他一下子就过去了，很快就会从大家的脑海里消失得无影无踪。

有史以来，多少达官贵人，我们又记得几个？风光一时，便烟消云散，有如泡沫一般转瞬就不见了。

胡雪岩大概知道这种道理，所以一心一意要办好胡庆余堂。他心中有数，只有胡庆余堂才有可能使他长远地活在众人的心中。古往今来，多少人追求永生，胡雪岩终于找到了一条最有效的途径。

然而世间多少医师，多少药店，还不是一阵子就成为过去，丝毫没有留下任何痕迹？胡雪岩不办则已，办一定要办最好的，才使胡庆余堂得以留芳百世，流传迄今。

胡雪岩看到药工十分尽力，余修初非常仔细地检查每一个药方。有了这样一个胡庆余堂，胡雪岩真的心满意足了。

他告诉余阿大，我身为商人几十年，哪能没做过一点儿昧良心的事呢？阿大不知如何回答。这时有一个药工兴奋地报告，诸葛行军散、避瘟丹和红灵丹，都做出来了。胡雪岩盘算一下，要余修初除了送给西征军以外，从明天开始，招些闲人，让他们到江湖跑码头，背着胡庆余堂的太平袋，往外送药，决定连送三年。

余修初说这样要亏十万两银子，胡雪岩表示为了广告和获得社会大众的信任，值得这样做。

济世思想造就了胡雪岩高超的商道，也惹得同业十分眼红。大家说他为了当江南药王，花钱送药。叶老板更说商家就是冤家，同行就是对头，决定亲自到胡庆余堂一探究竟。

胡庆余堂开张，大肆铺张，热闹非凡。叶老板越看越不高兴，掉头就走。同行的许老板，听到余修初说胡庆余堂药号、药行、药店三种类型同时经营，在全国绝无仅有，好奇地问：九散膏丹都是自制的吗？柳成祥回答从不替他人经销，所有药品自制齐全。

杨大人也来参观，询问胡雪岩的胡庆余堂有什么与众不同的地方，胡雪岩答以主要精神在视药品为仁术。再问拿什么做招牌，胡雪岩回答：饮和食德，俾寿而康。杨大人击掌叫好，称赞既道出养生之道，也说出和德精神。

虎骨追风膏卖得太快，供不应求。真正的虎骨又很难找，采购建议用豹骨代替。余修初认为采办务真，是头条店规，加以否定。采购再三劝说，余修初勉强同意，叮咛千万不要让别人知道。

有一位老先生，哑着嗓子要买五盒虎骨追风膏。当他拿到的时候，忽然觉得味道有一些不同，自言自语地说：味儿不对呀！胡雪岩刚好看到，马上问他有什么不妥，老先生说和以前的味道不一样。采购赶紧上来解释："因为改变药柜，串了气味。"胡雪岩心里有数，交代伙计先找个旅店，安排老人家住下，吃住由柜上负责，办好以后马上回来，查明事实。

智慧问答

（1）胡雪岩知道自己多少做了些昧良心的事，他想怎么办？

做官的、做生意的，都难免有这种感觉，你要把每件事情做得让大家都觉得很满意，实际上是不可能的。你想每一笔生意赚来的钱，都能够心安理得，恐怕也很困难。

据我所知，有很多人就不敢尝试去做法官，因为他们认为法官在判案的时候，万一断错了，将来怎么办？有很多人不敢去当医生，因为怕诊断错了，人家胃不痛，没有病，你把他割掉了，心里会安吗？

胡雪岩有这种感觉，我们非常能够理解。他心里想，我是一个明着赚钱的人，我是一个很公正的人，我是一个讲义气的人，但是我所赚的钱都是很坦然的吗？他还是觉得有点儿愧疚。有些钱我赚多了，有些钱不该赚我也赚了。虽然我还是理直气壮，但是心里头有所不安，所以他才念念不忘，要做好事，要追求好的名声。我们看到很多生意人，在做神庙的事情，在做社会慈善事业，多多少少也是有这种想法。为什么说人在衙门好修行？就是说，你没有权，想做坏事也不可能。我们觉得一个人，抱着修行的心情来做事会比较顺利，比较坦然。

做生意的人，也要记住：无商不奸。无商不奸，并不是说每一个生意人都是奸商。我们是把它当作警戒的话。我是商人，千万不要做奸商，有没有类似奸商的行为呢？我自己也没有把握，所以我尽量避免。只要有机会，一定要多多做善事。能够从这个角度来看，就很容易了解胡雪岩现在的心情。总比那些暴发户，自己认为了不起，不但不做好事，反而做更多的坏事要好得多吧？

（2）胡雪岩为什么被称为“江南药王”？对他的一生，有什么重大的影响？

我们非常清楚，如果没有胡庆余堂，胡雪岩的一生很可能就白过了。有太多的人，虽然过了一辈子，但他没有留下任何痕迹，可以算是白走了一趟。因为跟我们老百姓没有关系，再大的官，再大的势力，再多的钱，对大家都没有什么影响力，时过境迁，通通忘光了。幸好胡雪岩有这么一个胡庆余堂，所以我们到现在还记得有胡雪岩这么一个人。大家因为胡庆余堂而想到胡雪岩，不是因为胡雪岩才想到胡庆余堂，我想这是个关键。

如果他一生没有当过江南药王，一生没有创立过一个可以跟北京同仁堂相媲美的胡庆余堂，什么一品顶戴，什么蚕丝、茶叶、钱庄、当铺，做得再好都没有用。我们很庆幸，胡雪岩抓住了机会，发挥无比的仁心，想要济世。他完全出于真心，而不是沽名钓誉，才会一直到今天，我们还知道有胡雪岩这么一个伟大的人。

（3）叶老板认为商家就是冤家，同行就是对头，这是什么道理？

商业所重视的就是竞争，所以商业竞争是无可厚非的事情。既然要竞争，跟谁竞争呢？当然现在不同的行业也竞争了。现在竞争的对象比较广，以前是同行竞争。所以一看到同行，就想到冤家。

你要经商，就得竞争，就有冤家。因此叶老板对胡雪岩，一开始就有很大的敌意，这也是人之常情。尤其是冤家路窄的时候，那更是死对头，常常想要打垮对方，好像把他打下去你才能起来。他越起来，对你威胁越大。胡雪岩在很多行业都有介入，但是他多半讲义气，帮助同业的人，得到一个共存。可是这次他在杭州，很显然一开始就跟叶仲德堂搞不好。当然跟叶仲德堂本身的修养有关系。

可见有时候，我们很想大家和平共处，但是有人非咬住你，非跟你斗的话，也相当难以避免。各位不妨自己扮演一下，如果你是胡雪岩的话，会怎么处理这些事情，是不是可以比他做得更为圆通一点儿。

（4）胡雪岩认为胡庆余堂的特色是什么？杨昌浚为什么也大加夸奖？

一方面饮和食德，另外一方面是俾寿而康。杨大人看到了这两句话，道出了养生之道，说出了和德精神，他非常赞同。我们不妨想想看，一家公司如果开口就说，我们是营利事业，不是慈善事业，赚钱第一等等，你想想看，他有资格来经营医药这个行业吗？医药最主要是救人，当然，我们没有说它是慈善事业，但是最起码不可以标榜它是营利事业。应该是在慈善的大前提下，来赚合理的利润。这样会说得过去。胡雪岩在那么久以前就知道把此作为经营理念，拿出来作为大家共同努力的目标，把招牌打响，让人家知道我们这家药行的目标是什么。因此杨昌浚大人加以夸奖，把慈善事业和营利事业合在一起思考，胡雪岩把它叫作义利相济。一方面讲义气，一方面讲利润，义利不一定冲突，不一定矛盾，可以做到义利相济。换句话说，要有充分的医德。医德、医术是做医生的人必备的两大条件。医术很高，医德不行，没有良心；医德很好，没有医术，经常把活人医死。所以我们一直质疑，医药管理到底能不能完全用现代这种企业管理的模式？

我们今天跟医生相处，事实上有很多矛盾的地方。我们希望一次就把病看好，这本来就是不对的；一次就看好，他一定用重药。他一定用那种将来吃多就没用的特效药，最后害死的是我们自己。我们希望医院布置得很堂皇，可堂皇的钱都是我们付的。所以我觉得，我们有很多观念应该调整一下，不要要求一次就看好，不要要求每次看病都要吃药，因为那些都是错误的观念。什么时候我们把医院管理，把药物管理，把病人的观念都搞清楚了，我想这个行业，会很快上轨道。

（5）为什么做药一定要采办务真，制作一定要修炼务精，而进货又必须是进全国最上等的材料呢？

我们制造一样东西，第一个关卡就是进料。如果进来的材料本身的品质就不好，怎么可能制造出优良的成品？所以胡雪岩很坚持采办务真。你是买料的，就要负责买到真材实料。买到上等的材料，才有办法制造出上等的药品，这是第一个关卡。

我们常常看到很多人，在买材料的时候，就只想到价钱便宜，没有注意到材质够不够规格，这会使得整个产品受到影响。所以采购材料的人，他的责任是很重大的。我们看到很多公司，进门就有一个供应材料厂商的登记表。哪一家厂商卖给我们的材料，我们认为他是合格的，或是不合格的，都一目了然。这也是给员工一个警惕。

接下去就是要制作。制作要怎么样呢？就是要一路上都很认真。做充分的过程管制，才不会浪费掉好的材料。材料很好，制程乱七八糟，最后药效没有，就对不起那个采购的人。采购人凭良心，制作人也要很认真，最后我们才能保证，我们的药品，品质是优良的，医疗是有效的。我们从整个过程里面，可以了解到胡雪岩虽然没有受过现代管理的教育，但是他对进料制程，最后包装、形象、价格以及顾客服务，都注意到了，是不是很难得的一种现象？可见任何事情只要用心去想，可以八九不离十。胡雪岩的特征就是非常用心，他不做则已，一做就要全心投入。所以设药厂第一就是采办务真，然后是修炼务精，用心因应顾客的需求。顾客的反应以及价格的高低，全盘都掌控了，难怪胡庆余堂这么闻名。

（6）老翁发现药品有一股刺鼻的怪味，胡雪岩怎样处理?

这位老翁对药品非常内行，也很敏感。他平常很注意药品质量，拿起来很自然会闻一闻，闻了以后感觉到有怪味道，可是他还是收了，因为我对你们有信心。胡雪岩非常机灵，远远看到这个动作，过来就问是不是有什么问题呀？老翁讲平常没有这个味道，怎么现在有这个味道呢？胡雪岩马上问：“这是为什么呢？”人家就告诉他，因为放置的地方有味道，透进去了。这种临时找个借口抵挡一番，也是一般人常用的做法。可是胡雪岩不接受这种借口。他认为就算是真的，我们也不可以这样做。他交代先照顾这位老先生去住旅店，今天晚上的食宿我们公司负担，这是非常现代化的。

各位搭飞机，如果临时告诉你，飞机要送修，这一班要延后，怎么办？航空公司可以不负责任，说是你们倒霉，我们的损失也很大呀。但是你会服吗？不会服。我们再举一个更简单一点儿的例子，比如你人到了，却发现你的行李没有送到。对于这种事情的处理，大家可以看看，每一家航空公司的处理方法都不一样。有的航空公司认为是你倒霉，会让你过几天再来看看，它什么责任都不负。有的航空公司就不是，它先给你一个小小的盥洗包，说你今天晚上要用的，先给你准备好了。你丢掉的东西，我们马上给你查。你住在什么地方，告诉我，我们查到了会给你送去。这就是比较负责任的。

我们讲顾客至上，讲顾客服务，讲售后服务，这些观念，胡雪岩当年都已经有了，而且他还把它做了出来，这些别的厂家未必做到，如此而已。胡雪岩的一举一动都显示出他是个很细心的人。但是他在决定事情的时候，是非常大胆的。可见一个人不但要胆大，而且要心细；不但要心细，而且要胆大。胆大心细，我们平常把它连在一起讲，好像是一回事，实际上可以拆开来看，该胆大的时候，胡雪岩比谁都胆大；该心细的时候，他是细腻得不得了。再微细的地方，都骗不过他，都瞒不了胡雪岩。虎骨跟豹骨他根本不懂，他不了解，但是在这当中，他就能看出个所以然来，这是他很了不起的地方。

创业提示：永续经营 VS 辉煌一时

任何事业，都乞求永续经营。几乎没有人只求辉煌一时，不久就成为过眼云烟，一阵风便不留痕迹。

事业要求永续经营，必须做好三件事情：第一件事情是打好根基，使事业的基础非常稳固。胡雪岩的主张，是定好规矩，也就是立好制度，一切按部就班，务求有条有理。然后提升士气，使每一个员工都能够兢兢业业，把本分工作做好，同时讲求分层负责。

第二件事情是要阶段性地调整。依据实际的需要，不定期地阶段性调整人员和业务，以适合当时的变迁。事业发展的过程中，每一阶段都有每一阶段不同的难题。如果因应不过来，很可能一夜之间陷入倒闭的惨局。经营者如胡雪岩，可以说无时无刻不在动脑筋、想办法，无论如何要化险为夷，一一突破难关，以求顺利解决所遭遇到的种种问题。

第三件事情就是人才的持续成长。根基良好，也能够及时做好阶段性调整，如果不能够培育人才，使成员与组织同步成长，总有一天，会发生人才断层的危机。

打好事业基础，胡雪岩是做到了。不论经营哪一种行业，都抱着“不做则已，要做就要做到最好的”心情，丝毫都不敢马虎。经营策略必须采取不平凡的高明策略，来取代那些平凡商人所用的平凡策略。在这种严格的要求下，事业基础，当然十分稳固。

至于阶段性调整方面，胡雪岩更是灵活无比。从平价出售生死米开始，胡雪岩就已经展现了这一方面的机智，可以说做得相当好。

唯一令人担心的是，谭则云这一件案子，会不会越滚越大，越闹越凶；我们不知道杨昌浚所说的浩瀚官场、世态炎凉，指的是什么；不知道胡雪岩内心的不安能不能顺利地化解掉。

一个人在成功的巅峰，往往像抛物线一样，到了顶点，就开始向下跌落，希望胡雪岩不要这样才好。

结语　商道无平道　交手见输赢

（一）商道无平道，交手见输赢

研究历史的人，都知道中国的商道，主要以勤俭、诚信、不欺为基本特色。范仲淹认为“不欺”二字，可以终身行之。胡雪岩则以“戒欺”二字，作为经营理念。清末民初以来，这种基本特色逐渐动摇，以致生意人骗来骗去，几乎成为大家心目中的共同认知。但是，我们仍然具有无比的信心，不欺的商人，才能够持续发展，成为大企业家。不诚实、没有信用的商人，很快就会被揭穿，充其量只能骗一阵子，不可能持久。所以现代化商道仍以诚信、不欺为主要原则。

“商道”的“道”字，表示商人在赚钱之外，还有他的功能。15 世纪时山西商人席铭说：“丈夫苟不能立功名于世，仰岂为汗粒之偶，不能树基业于家哉！”他认为士的基业在国，求立功名于世；而商的基业在家，求传之久远。希望家族的基业传之久远，必须家族企业永续经营，所以一方面要求家和，家人相处以和为贵；一方面要求诚信，长久活在社会大众的心中。

居于这样的使命，商业已经具有庄严神圣的意义。王阳明曾经指出四民异业而同道，可见商人也需要重视商道，表现出高度的敬业与自重。

家人、族亲不够用，引入学徒、伙计。一旦成为同道，即须共同遵守店规，形成一家人的关系。以厂为家，实际上是化外人为家人的一种共同合作的过程。不但要和谐，而且要诚信不欺。

然而，同业之间的自由竞争，也是不可避免的事情。胡庆余堂的创建，直接引起叶仲德堂和许广和堂的高度警觉，认为胡雪岩财大气势也大，很可能抢走客户，导致业绩的降低，甚至构成生存的威胁。

自由竞争之下，各有不同的策略，有如各出奇招。而且出招之后，市场马上有反应，可谓输赢立见。

胡庆余堂还没有开张就白送药品，许广和老板心想以后的生意怎么做？叶仲德老板更是明白表示：商家就是冤家，同行就是对头。于是许广和堂和叶仲德堂采取联合降低价格的策略，企图以老店欺压新店的姿态，逼得胡庆余堂难以支撑。想不到胡雪岩以价二不真，真不二价来反击，弄得许、叶两位老板难以还手。

胡雪岩筹建雪记药厂的时候，基本上只制造军用药品，并不和一般药厂互相竞争。他的市场划分策略，反而引起叶仲德堂的轻视，刺激胡雪岩有本事就自己开一间药店吧！可是胡庆余堂建立起来之后，叶仲德堂却又派人捣乱，始终和胡雪岩过不去。

尽管胡雪岩一直主张义利相济，以仁为本，对同行也相当讲究义气，不过商道本来就不是平道，同行竞争，一出手便分出高下，也看见输赢。

商界重和气不重骨气，在和气生财的大前提下，竞争起来，还比较客气，大多来软的不来硬的，来暗的不便明目张胆，放谣言中伤而不至于公然破坏。万一和政治扯上关系，那就更为麻烦。潘五敢纵火烧胡庆余堂，如果没有丁日昌的支持，大概不敢如此心狠手辣吧！

商场上还可以多赚少赚一些，而政界浮沉，加以世态炎凉，反映出来的是浮出线的门庭若市，而沉下去的是门可罗雀。

经商之道，最好不要大小通吃，弄得同行后退无路，只好全力拼了，对自己并没有好处。市场划分，尽量走出和同行不相同的途径。大家各有所长，也都有饭吃，比较容易和平相处，达到和气生财的目的。

但是，不和别人竞争，不能保证不被同行吞食掉。所以生存有生存的策略，发展有发展的策略，进攻有进攻的做法，防御也应该有防御的做法，才能足以立于不败之地，至少保持不输不赢的局面。

（二）胡雪岩大展宏图的奥秘

清朝同治三年，公元 1864 年，胡雪岩四十一岁那年 2 月，左宗棠攻打杭州大捷，胡雪岩返回故里，拜见高堂，是他大展宏图的开始。到了光绪四年，1878 年，短短十四年间，也就是胡雪岩五十五岁，在左宗棠精心保举下，被晋为一品顶戴，破格奖赏穿黄马褂，成为显赫一时的红顶商人。这一时期，胡雪岩到底凭借哪些优势，得以快速而顺利地大展宏图？我们列举三个主要的项目，说明如下：

第一，抓住市场的需求，既精又准。

到了北京，胡雪岩意外地晋见了西太后，并且获得江苏、江西、福建和浙江四省的税收代理权。胡雪岩立刻想起应该在北京设立钱庄，而且规矩定得特别严格——三回、三清、三不收，以适应北京特殊的复杂关系。

胡雪岩自己也说得很明白：看准风向，定能赚大钱！他交代柳成祥，要小心听朝里的反应，观朝外的动静，也就是用心搜集和分析市场情报，以便及时抓住市场的变化，切合市场的需求。胡雪岩在这方面的眼光确实既精又准。

第二，掌握高明的策略，主动出击。

杭州战役之前，胡雪岩一心一意求生存。他采取“有奶便是娘”的策略，谁按着咱们的脑袋，咱们就听谁的。杭州之战，胡雪岩明了商无官不安，官无商不富的道理。有了左宗棠这棵大树做靠山，生存不成问题。于是，他摒弃任老板那种平庸商人所使用的平庸策略，只知道鸡生蛋，蛋生鸡，以求越滚越大，改采高明的策略，主动出击。

常捷军的建立，使胡雪岩增强了信心。不必等待左宗棠的吩咐，自己看准了，可以别出心裁，做出让左宗棠另眼相看的作为。

忽然接到进京的命令，胡雪岩以为李鸿章那班人动不了左宗棠，要拿他开刀，当作替罪羔羊。胡雪岩毫不犹豫，决定“如遇不测，弃财保家”的策略，也是一种主动应变的方式。

最成功的，当然是筹建胡庆余堂的策略。要找好的药工，给予丰厚的待遇，炼制出精品。而且要救命不救寿，多做一些大众需要的药品。这才使胡庆余堂得以和北京同仁堂媲美，而成为江南第一药厂。

第三，善用灵活的手腕，机动调整。

芮瑾送一把小象牙算盘给胡雪岩，柳成祥说它挺精巧的，胡雪岩则感慨地说：再精巧的算盘也有打错的时候。

眼光再精准，策略再高明，也可能出差错。这时候需要灵活的手腕，随时机动调整。李鸿章拿这张官票买了什么古董，说不定进一步可以抓住送给什么人的信息。胡雪岩的表现简直和情报人员一样的小心而且细心。

把名女人胡宝玉请出来帮忙贷款，也证明胡雪岩的手腕很不简单。将梦瑾从一个穷苦小女孩，训练到成为干练可靠的帮手，更是不容易。

精准的眼光，高明的策略，加上灵活的手腕，使胡雪岩充分掌握钱、典、丝、茶、烟五大行业，同时顺利地进入药业和房地产、军火业，宏图大展的奥秘，尽在于此。

第三部分

守成不易

不管是斗争也好，竞争也好，中国人都是用下象棋的模式在运作。那些下象棋的人闻声不响，却算得很长远，会在不知不觉中，把对方逼得毫无动弹的余地。他不会一开始就刺激你，或一开始就让你紧张，他会若有若无、声东击西、掩盖自己的企图，等到一切很明朗的时候，你却束手无策，毫无反抗的余地。

政商关系，是胡雪岩发迹的主要途径，也是胡雪岩失败的紧要关卡。水能载舟亦能覆舟，用在胡雪岩身上，真是应验无比……

01 坚持诚信原则

诚信是中国人为人处世的基本原则。不幸现代中国社会，由于近百年来被误导、被扭曲，以致越来越多的人，相信巧取豪夺，讲求推诿取巧，并且时常骗来骗去。似乎不诚不信，才是时髦；诚恳信实，必然吃亏。

其实，中国人的商道是以诚信为原则，讲究童叟无欺，不使用不正当手段来赚钱。在大家都不相信此道的时代，若能坚持诚信原则，反而显得突出，获得意想不到的好处。胡雪岩之所以能够大展宏图，主要在于赚在明处，一本诚信，深得大家的信任。

不二价不是一种政策，不应该由政府来倡导。它是商家自己以实力创造出来的形象，必须由商家自己来塑造。能够获得大众的信任和支持，自然顺理成章，再无疑虑。

胡雪岩听说虎骨难得，余修初决定以豹骨来代替，气得全身发抖，马上叫孙永康到账房结账，离开胡庆余堂，并且叫余修初到耕心草堂，先训他一顿，再要所有员工聚集到后院，由余修初率领着，跪在那里赎罪。

他又亲手写了训示，要余修初高声念出来："戒欺。凡百贸易，均着不得欺字。药业关系性命，尤为万不可欺。余存心济世，誓不以劣品弋取厚利。唯愿诸君心余之心，采办务真，修制务精，不至欺予以欺世人。是则造福冥冥，谓诸君之善为余谋也可，谓诸君之善自为谋也亦可。"

余修初念毕，五体伏地请求卸职还乡，无颜再为药业。胡雪岩欣赏他不推卸责任的态度，请他留下，把这一店规立起来，让它代代传下去。

胡雪岩吩咐把这些不合格的药品公开烧毁，烧得指出药品有怪味儿的老人十分感动，终于相信世上还是有这样有良心的商人。烧了这些药，胡雪岩心里踏实了，大家也可以引以为戒。

刘典负责运送药品到新疆去，他年纪大了，经不起劳累，病得很厉害。左宗棠说有现成的药为什么不吃？刘典说要留给比他年纪轻的士兵吃，才能够为国打仗。左宗棠无言以对，刘典还拿出放在怀里的沾了血的《申报》，上面写着《胡庆余堂新张淞沪，西征名药义赠千家》的新闻。左宗棠看了十分欣慰，连连叫好。把《申报》递到刘典眼前，怎知刘典已经再也睁不开眼了。

丁日昌请唐廷枢吃饭，要好好想办法来扯胡雪岩的后腿。唐廷枢提醒丁日昌，胡雪岩是当朝一品，背后还有左宗棠支撑。丁日昌说左宗棠再行，在洋务上也要败在李大人手下。他要唐廷枢与其合力坏胡雪岩的生意。唐廷枢依然不肯，告辞离去。丁日昌只好找潘五，设法找同行打击胡雪岩。

余修初报告许广和堂和叶仲德堂联合降价，影响到胡庆余堂的收入。胡雪岩要余修初把“真不二价”反过来念，变成“价二不真”。胡雪岩说：“真正的好药品卖不二价，告诉顾客价二不真，这是做生意的根本之道。”

潘五找到徐润，到杭州和许老板商量共同对付胡雪岩。许老板不敢，建议找叶老板。

潘五私自找人到胡雪岩店中，大声诬告：什么全鹿丸全是假的。伙计越劝阻这人闹得越凶。胡雪岩亲自出面，才把来人吓住。胡雪岩认为谁敢怀疑胡庆余堂，我就做给他看。交代余修初在杭州开养鹿场，要公开杀鹿，以昭公信。

智慧问答

（1）胡雪岩为什么叫余阿大到耕心草堂来见他？

胡雪岩对药厂费尽心思，一心想要把它办好，想不到发生这种用豹骨取代虎骨的事情，使他非常痛心。他当场把阿二辞退，表示绝不改变立场的决心。胡雪岩不是说不能够辞退人吗？怎么他自己也这么狠心，说翻脸就翻脸，把阿二辞退了呢？

我想我们中国人，一方面说如兄如弟，大家是一家人；一方面说要壮士断腕，当机立断。可见这又是两把刷子。这个人可以收容的时候，你没有理由叫他走；这个人如果不能用，就要及时挥刀把他砍掉，要当机立断叫他走路，以免后患无穷。因为这种事情是属于不可原谅的。

胡雪岩也知道这件事情是阿大做的决定，所以把阿大叫到耕心草堂去。胡雪岩自己写上两个字“戒欺”。“戒欺”这两个字，一直流传到现在。就是说要从事药业，就要凭良心，不可以欺骗顾客。然后他把戒欺的原因，都写得清清楚楚，要阿大来念。这也是胡雪岩的一种十分高明的作风，因为叫他自己念，念的人自己会惭愧，产生很深刻的印象。余阿大是总管，胡雪岩一定要找他，找他不是给他难堪，不是骂他，不是处罚他，而是要他把这个规矩念出来。念完以后，你真能够做到，那么你还是总管。

胡雪岩这样做，叫作机会教育。为什么对于有的人要采取机会教育，对于有的人要杀一儆百呢？我想这也是一种不同的拿捏。如果对每一个人都采取机会教育，威力就没有了。如果对每一个人都不行就辞退的话，这个药厂也办不下去了。所以他要两边兼顾。最主要的目的就是要告诉大家，客户是我们的衣食父母，我们没有理由欺骗他们。只要能够把这个精神贯彻下去，这一次用豹骨来代替虎骨就是最珍贵的经验。

（2）胡雪岩为什么拿东西，叫余阿大照着念？这样做有什么作用？

我们之所以又把这个论点凸显出来，就是因为根据我们的了解，大部分的老板都不会这样做。他们会把余阿大叫来，好好训斥一番，叫他反省。结果呢？答复都是“好好好，没有问题”，然后忘得一干二净。可见那种方法，叫作片面的沟通，片面的宣导，片面的指示，经常是没有效果的。胡雪岩比较懂得教育心理，所以他写完了以后叫阿大自己念。

人对别人的交代，只是应付应付。可是人对自己的承诺会坚持到底。我想他就是利用这种心理来收到更高的效果。一句话，别人讲，那是你的事，我听多少算多少。可是我讲呢，我会记得很清楚，因为这是我自己讲的。所以当领导的人，千万要记住，你讲一百遍，员工都可能当耳边风。你要让他讲。因为他讲出来的话，经常会算数。大部分人都是这样，对自己讲出来的话，不敢掉以轻心；对别人讲的话，可能听了跟没有听一样。

这一点，胡雪岩抓得很准，所以他很少训话，很少自己讲一大堆道理，都是叫当事人来讲讲看。对方一开口，他就知道对方用心的程度。到底是嘴巴念得好听的，还是发自内心的，他一看就清楚。像余阿大这样的人，肯定会深深后悔，感觉自己有这么好的机会，居然大意，差点儿丢掉饭碗。他会非常谨慎，把它当作一回事，认为今天这些话既然由我余阿大的口里说出来的，就代表我的承诺，我一定全力以赴。只要做到这一点，胡庆余堂的前途，一定非常光明。

（3）为什么说烧了这些药，大家才可以引以为戒？

我想这种事情，我们现在也常常在做。把仿冒的东西拿来销毁，把有毒的东西公开毁掉。这样，可以使大家引以为戒，以后不要再做这些事情了。胡雪岩认为我们要取信于公家，要使大家亲眼看到，才会相信。你今天说，我已经改善了，大家还是存疑。你以前那批货，还不是要卖光为止？说不定还在卖存货。大家一观望，对胡庆余堂就没有信心了。所以他下达命令，公开把这些不良品烧掉，而且这样我们的人才会把它当作一种警戒。

（4）左宗棠为什么赞美刘典？又为什么颂扬胡庆余堂？

一般人都有一种监守自盗的毛病，自己运送药品，自己有病，当然优先吃。就算没有病，也会留一些送给亲戚朋友，或者以后万一自己要用的时候才有药吃。刘典刚好相反，他自己运送药品，可是自己生病了，都舍不得吃。左宗棠问他，满车都是药品，为什么不拿出来吃？他说我年纪这么大了，吃药有什么用？那些小伙子才应该吃，他们有更长的时间去报效国家。这种心态很令人感动。

刘典是累死的。他自己有病舍不得吃药，并不是他不懂，而是他比较之下，觉得好不容易得到这个药，要让给最有用的人。这种精神，实在令人钦佩。同样一个东西，要给最需要的人来用，这是很重要的原则。

左宗棠听了刘典的话，有不同的看法。他认为虽然年纪很大，但是你的功劳绝对不输年轻人。这两个人看法不同，却都很值得我们钦佩。刘典又把上海的《申报》，有关胡雪岩的报道带来给左宗棠看。因为他觉得左宗棠推荐胡雪岩，让他有这么高的荣誉，现在报纸登了他的善人善事，当然也应该让左宗棠分享这种快乐。左宗棠看了以后，感觉很欣慰。自己推荐的人，终有一天，人家会了解、会认定。

（5）唐廷枢为什么不答应丁日昌再坏胡雪岩的生意？丁日昌为什么还要一再地找胡雪岩的麻烦?

我们都知道，官有忠也有奸。商人里面，有好人也有坏人，不一定每一个人都是奸商。买办也是一样，那个时候有很多买办是叫人非常痛恨的，像唐廷枢这样的人，还算是相当有良心的。有时候，他为了职务上的关系，不得不做出一些自己不想做的事情。但是事后想一想，会觉得这种事情再做下去，实在没有意思。可见他还是个好人。唐廷枢认为在茶叶上，已经坏过胡雪岩一次生意。胡雪岩还抵挡得住，并没有垮掉，自己也赔上一些，现在还要我来做，我不干了。一个人懂得适可而止，说明这个人还是有气节的。如果一路下去的话，那就是什么？就是为五斗米折腰，完全没有人格。

可是丁日昌不一样，因为他是李鸿章的死党。只要李鸿章存在一天，他就完全靠向李鸿章这一边。因为像胡雪岩这样的人，你整他一次两次，良心自然会发现，整这种人干什么？可是丁日昌没有，他死咬到底，非把你咬垮不可。当然我们也要谅解他，因为他受气太多。李鸿章几次在他面前说胡雪岩怎么怎么好，当面给他难堪。这股恨，恐怕是难消的。

(6)真不二价和价二不真有什么关系？为什么胡雪岩称它为做生意的金门之道？

我们常常觉得，中国字要直写，是有它的道理的。一直到现在，只要是讲中国人的道理，大家都比较喜欢直写。因为直写，有一个层次性在里面，比较容易了解。横写呢？用在理工方面，大家比较容易接受。因为理工是科学，没有什么层次性。横写，往往从左至右，跟从右至左，会产生不同的意义。你看，明明是讲"本日大卖出"，可是反过来读，就变成"出卖大日本"。日本人也懂得汉字，觉得我们开他们玩笑，出卖大日本干吗？而且还写得那么大。我们没有这个意思，我们只是本日大卖出，为什么不可以？这种笑话是很多的。

胡雪岩听到真不二价，马上就想到价二不真。这倒是他独到的体会，余阿大就没有想到。后来胡雪岩叫他倒过来读读看，他读了半天，才发现价二不真。凡是能够有不同价格的，大多是偷工减料，不然为什么要降价呢？

胡雪岩认为可以通过降低成本来降低价格，但是不可以用降低价格来竞争。用降低成本来降低价格是可以的，没有降低成本，你就降低价格，最后一定是降低品质，那就不是好事情了。胡雪岩把这个分得很清楚，也是非常难得的。现在大家都在降低成本，可是千万不要在成本没有降下来之前，就采取价格竞争的策略。因为拼到最后，通常都是同归于尽的。

(7)许老板为什么不敢同胡雪岩斗，后来却又建议、鼓动叶老板去斗胡雪岩？

如果按照中国人的观点来看，我们会觉得这样的发展是很正常的。当丁日昌的部下来到杭州，他首先去找许老板。许老板听说要斗胡雪岩，根本就是一副拒绝的样子。因为他认为胡雪岩财大气粗，我凭什么跟他斗？可是中国人还有另一种想法，就是说我如果不跟他斗，我就得罪你。我两边总要得罪一边，我干吗自找麻烦？不过我可以给你介绍一个人，他是武举出身，谁都不怕，就两边摆平了。

我们常常觉得，到底是谁上谁的当，实在很难讲。因为是你逼人家的。你凭什么去求叶老板出面？你既然要他出面，他推给别人，要不要接受？你自己决定。这样来思考，是比较正确的。因为许老板看到多少人同胡雪岩斗，都斗不过他。而且他常常会照顾同行，让同行也可以生存，这种人你还跟他斗什么呢？可是既然你出面了，我就给你一条路，至于走不走得通，你自己看着办。

叶老板为什么会被人家当作目标？这也是叶老板自己要负责任的。为什么人家想要谁的时候，就想到这个人呢？也是这个人自己做出来的。我们从这样不同的观点来了解一件事情，就会觉得本来就很自然，一点儿没有唐突的所在。

（8）余修初为什么说不过顾客？顾客为什么一定要当面给胡雪岩难堪？

这个顾客是谁？他就是叶仲德堂派来的人，他是有使命的，要来闹这个局面，要来给胡雪岩难堪，所以才会采取这种态度。他恨不得所有的人都围过来，看他演出这场闹剧。不管余阿大怎么跟他讲道理，他就是不听。你叫我看，我不看，看也看不懂。我就认定你这根本就是伪药，就是劣品。他本来就抱着要来吵闹的态度，当然不讲理。

幸好胡雪岩出来，一个人的架势，跟他的声望有直接的关系。余阿大怎么讲，都讲不过他。但是胡雪岩一出来，那个伙计就有点儿胆怯。就说“好啦，既然老板出面，那就好说”。因此，胡雪岩才有办法说出他心中的意愿。就是说办不好的话，我把它烧掉。再搞不好，我把整个招牌砸掉。这也是给所有在场的员工加强信心。我有决心，大家不要怕。

当一个人存心找茬儿的时候，他是有备而来的。所以，一个人很有成就的时候要小心，随时可能有人要来找茬儿。从两方面来想，我们就知道以后该怎样面对这样的挑战。没有人喜欢看你这样顺利，总有人因为种种的关系，要来找你的麻烦。如果连这个都没有防备，连这个都不能够因应的话，那苦恼是不断的。

（9）胡雪岩为什么忽然想到要在杭州养鹿，还要公开杀鹿？

这件事情，就是由叶仲德堂的伙计所引起的。因为他到胡庆余堂，马上说你们这是什么鹿丸，里面连一点儿鹿的成分都没有。胡雪岩经过这样的刺激，就想到公开在杭州杀鹿，公开表明这个鹿就是要做鹿丸的。这样大家就没话讲了吧？但是余阿大告诉他，鹿一向都养在关外。我们在关外买鹿的材料进来，在这里制造药品。胡雪岩反应非常快，说那我们就在这里养鹿好了。从来没有人在杭州养鹿的，胡雪岩就开始在杭州养鹿。养了一阵子，就公开杀鹿。大家看到以后，自然传出去，就没有话讲了。

胡雪岩很懂得中国人心理。你怀疑我这个是替代品，不是真的鹿，我就公开杀鹿。你还有什么话讲？没有鹿自己养。他不会因为任何困难就退却，这是我们应该学习的地方。有什么困难，我们去解决；有什么困难，我们去排除。最后的目标，是一定要达成的。这是胡雪岩一贯的作风，也是一种广告。

花大笔钱来做广告，还不如用这种方式来证明，公信力更强。中国人为什么敲锣打鼓？鼓的声音是最有吸引力的。再远，听到敲鼓的声音，你都会慢慢接近，想去看看到底怎么回事。可见中国人敲锣打鼓是作为一种力量，把人从远处吸引来。把大家聚集起来，广告力才会强。就好像今天我们所讲的，收视率要高。如果就这么几个人看到，没有什么收视率，怎么广告呢？胡雪岩当时的所作所为，好像都是想到什么就做什么，其实不是的。他都是根据需求，来做实际的反应。任何事情，只要有需求就给它一种反应，这才叫作市场原理。市场需要什么，我就做什么。顾客怀疑什么，我就证明什么。广告要做给很多人看，所以我会想办法，把它公开化、大众化。同时，可以解除大家的怀疑。这是非常有效的一种方式。

创业提示：价二不真所以真不二价

胡雪岩要阿大把“真不二价”反过来念，成为“价二不真”。他说：“比着压价，只是权宜之计。比着降价的同时，就是比着降质。”药的品质降低，药效便跟着打折扣。要大家向顾客说明“真正的好药不二价”，因为“价二不真”，降价的药品，不是好药。

要做到真不二价，并不是定下规矩，不得讨价还价。或者标榜不二价商店，一切照定价，就行得通的。

真不二价，必须具有良好的企业形象，做出真正值得顾客信赖的产品。经过顾客的试用、实证，传出良好的口碑之后，才能够为顾客接受，而贯彻施行。

常见不二价商店，照常讨价还价。这不表示中国人特别喜欢此道，也不表示中国人不接受不二价政策。而是中国人通常只相信自己证实过的事实，讨价还价没有结果，这一次也许会恼羞成怒，下一次就会认定是真的。加上品质好，效果好，不买可惜，非买不可，谁还会不相信真不二价呢?

02　同行恶性竞争

虽然说不竞争无以进步，但是真正竞争起来，却很难做到光明正大。往往不择手段，形成恶性竞争。

政界的派系斗争，使得同样为朝廷效忠的李鸿章却尽力要打垮左宗棠。丁日昌更是以倒胡为目的，想尽办法要制造问题，让胡雪岩好看。

商界竞争，当然以同行最为剧烈。胡庆余堂的建立，由于规模庞大、资金充裕、人才济济、宣传得宜，加上不计工本，使得同行倍感压力。丁日昌派潘五前来杭州，鼓动叶仲德堂和许广和堂这两家药店，以联合降低价格来迫使胡庆余堂降价不成之后，又以造谣中伤的手段，诬指胡庆余堂制卖假药。凡此种种，都是恶性竞争所带来的不良行为，导致同行不和，有时也会损及顾客的权益。

许老板看到胡雪岩真的公开杀鹿，知道斗不过，劝叶老板不要再做这种吃力不讨好又不自量力的事情。

叶老板认为胡庆余堂的地点，不如自己的好。许老板规劝无效，拍拍屁股走了。叶老板不解，说不出话来。

胡雪岩到灵隐寺烧香拜佛，希望佛祖原谅他的杀生行为，保佑胡庆余堂救人治病。智仁师父说胡施主果然是务实之人，告诉胡雪岩无心病即无身病，无外患亦无内患，自家人尚不能治，何以服人？胡雪岩赶紧要求指点迷津，师父在案上留下一包灵物，就走开了。

回到胡庆余堂，阿大说灵物称为铜石龙子，是天竺山灵隐寺的神虫，可以用来制造避瘟丹。胡雪岩急于治疗梦瑾的病，决定隔天就带人到灵隐寺捕拿备用。芮瑾也一起来帮忙捕捉铜石龙子，刚好和智仁师父分成一组。智仁说芮瑾又帮了胡雪岩一个大忙。芮瑾则说不是帮胡雪岩，是帮自己。说当初是自己把胡雪岩逼出杭州，才有他今天突然暴富。变富了也变心了，希望梦瑾早一天痊愈，可以骂个痛快。其实她的心里，仍然惦记着胡雪岩，不想看他烦忧的样子，才这样帮他的。

智慧问答

（1）许老板为什么劝叶老板不要再惹胡雪岩？叶老板会接受他的劝告吗？

表面上看起来，许老板三番两次地劝叶老板不要斗了，但是我们往深一层想，发现他好像不断在挑起叶老板和胡雪岩之间的斗争。我们常常觉得一个人到底是好意还是恶意，是在激你还是在劝你，实在讲，不用心去分辨，很难搞得清楚。许老板属于文身，叶老板属于武身。

许老板觉得我来斗不如你去斗，因为你比较勇敢，比较有力气，你去斗当然比我有胜算。他也不见得是恶意，也没有想把叶老板害死的想法。只不过我们两个在一起，当然你出面去斗。因此我表面上是劝你，实际上在激你。

看人不要看表面，好像他是和事佬。可是和事佬有时候也会趁机打你一下，你才看出原来他是假的。表面上充和事佬，事实上他偏向那一边。这种情形，我们经常可以看到。叶老板始终没有放过胡雪岩，一方面是他的个性，一方面是利害关系，一方面也是因为许老板不断在旁边冷言冷语。

当然从地利来讲，许老板和叶老板占尽了便宜。四面八方来的人，一到码头，一上岸，就到了这两家药铺。胡雪岩的胡庆余堂位置比较偏僻。但是很多顾客就是很奇怪，宁可走远一点儿，宁可偏僻一点儿，也要到胡庆余堂来买药。你又有什么办法？可见地利只是一个因素而已。地点好，铺面大，招牌老，这些都是很重要的因素，但是不能代表全部。最后的决胜点，还是哪一家的药比较有效。这才是最要紧的。所以品质的观念是非常重要的。如果品质不好，光做表面工作，最终是不持久的。

（2）胡雪岩为什么求佛保佑胡庆余堂？智仁师父的看法如何？

我们回想一下，胡雪岩第一次把钱借到的时候，他面对一大堆银票下跪，感谢苍天的保佑。一个人当然要相信自己，可是如果有神佛保佑的话，那不是更愉快吗？我们中国人是靠自己，不会把自己的命运完全寄托于神佛。但是我们会假借神佛的力量来增强自己的信心。

什么叫作命？我们把无可奈何叫作命。就是当一个人感觉到山穷水尽，而又无可奈何的时候，当然要求助于命运。胡雪岩心中之痛，就是梦瑾的病治不好，还算什么江南药王呢？这使他一筹莫展。这种情况之下，他心里想，靠我是靠不住的；靠这些药业的同业是靠不住的；靠胡庆余堂里面的人，好像也靠不住。唯一的一条路就是求神拜佛。求神拜佛，并不是求神佛给我什么东西，而是希望靠神佛的力量，看看自己能不能突然间想出什么好办法来。

果然不错，智仁师父也知道胡雪岩这番心意，告诉他：自家人都不能治好的话，是没有办法去说服别人的。意思就是说，你要加强信心，加强研究发展，精益求精。除此之外，没有好的办法。可见我们求神拜佛，请教别人，只有一个目的，就是证明自己的想法是对的。同时借由大家的力量，来激发自己的潜力，加强自己的责任感，使自己更加勇往直前。而不是说“我没有办法”，把一切都交给神佛，我想很少有人是那样子的。

我们不希望大家从表面来看中国人，好像中国人一切都是仰赖神佛的。大家都知道天助己助者，神佛是保佑那些自己不断努力的人。

（3）老德宝为什么把他的儿子带到胡庆余堂？为什么说做什么都行，不给钱也行？

我们可以看到，这位老先生，就是说虎骨里面有怪味儿的那位顾客。而他的儿子，就是被胡雪岩辞退的那个阿二。胡雪岩把他辞退，是因为他采购不真。可是这个时候，是他的父亲把他带来的。老先生想不到有这么好的生意人，觉得他的儿子好不容易在胡庆余堂工作而又被开革掉，因此他以做爸爸的身份来担保，向胡雪岩表达一种愿望、一种心意，就是说一个人在一生当中，好不容易碰到好老板，就一定要做好，哪怕不要一分钱。这种决心，令胡雪岩很感动。胡雪岩认为，是因为你错了，我才叫你走。现在你愿意来，我再给你一次机会。至于你进来以后，我照样会训练你，会给你责任，会给你应有的待遇，这才是企业家本色。老先生非常诚恳地说，我这个儿子学什么最重要？学做人做事最重要。他能够跟你，只要学到你的一半，你的三分之一，你的十分之一，我就心满意足了。

创业提示：降低成本 VS 降价竞争

降低成本是一种好方法，它并不影响品质，不致减损疗效，对健康、安全没有损害，却能够降低价格，减少顾客的负担，这才是正常的做法。

成本降低，出售的价格跟着降低，这是凭良心的经营方式。偷工减料，以低劣的药品来鱼目混珠，用低廉的价格来欺骗顾客，那是没有良心的勾当。

一般人不动脑筋，只知道采取价格竞争的方式，你降价我跟着降低价格，你便宜我卖得比你更加便宜。结果呢？两败俱伤，大家都宣布倒闭。对顾客损失更大，因为买不到所需要的东西。就算不倒闭，一味降低品质，受害的也是顾客，只能用劣等货，受苦、受难、受气。

03　不慎中了圈套

自从胡雪岩、柳成祥和谭则云三位合作创业以来，谭则云就负责钱柜的工作。企业规模庞大之后，胡雪岩把支撑整个集团的阜康总号交给谭则云掌管。有关财务的调度和处理，谭则云不但内行，而且十分谨慎，堪称稳当可靠。

不料，胡雪岩盖了豪华的家宅，柳成祥以及北京徐掌柜、宁波刘掌柜等人也都先后盖了新宅，只有谭则云仍旧住在阜康钱庄的大院里。他经不起妻子不停地抱怨，心有不平，把德国泰莱洋行的回扣收了下来，一下子掉进了丁日昌的圈套。从此三人之间的交情，产生很大的变化。尽管谭则云认为自己受委屈，是这些逼得他拿这种黑钱。胡雪岩知道不在乎损失多少银子，而是人心已变，才觉得可怕。谭则云有如关羽当年，大意失荆州。似乎历史常常重演，不过略有不同而已。

几天后，余修初报告好消息，英国怡和洋行要买胡庆余堂的十大名药。胡雪岩听了，下令一律不卖。余修初想不透其中的奥妙，胡雪岩却执意不卖。

胡雪岩要去上海，胡妻和玉惠都忙着为他收拾衣物。玉惠对上海比较熟悉，故意在胡妻面前卖弄，交代阿宝怎样找到胡雪岩所需的衣物。胡妻则说老爷一走，这里里外外还不都得她操心。后来觉得说不过玉惠，只好说：不就是个戏子吗！

梦瑾负气出走，在路上换成男装，千辛万苦才抵达上海。她找到阜康钱庄，要求柳成祥不管什么行业，调出一个交给她操作，让她能够施展所能。柳成祥不敢做主，只给她一些银票支用，气得梦瑾哭了起来。柳成祥说胡雪岩最恨明人做暗事，要梦瑾死了这条心。

谭则云设宴为柳成祥接风，抱怨柳成祥到上海这几天东打听西打听，为了那笔茶叶生意，怀疑谭则云，为什么不当面问呢？他向柳成祥坦承他吃了五万两回扣，边说边将五万两的银票丢在桌上，说是被逼的，又怨责胡雪岩从来没有把他当回事。在胡雪岩眼中，他不过是一个跑腿的伙计。

智慧问答

（1）玉惠说梦瑾一走，是给胡家大院丢脸，胡妻却认为这些没有走的姨太太好像更丢脸，这是什么道理？

我们不妨想想看，到底是了解别人比较困难，还是了解自己比较困难？很多人都认为，了解自己最容易，我还不知道我自己吗？要了解别人，好像很困难。其实不是这样。了解别人比了解自己容易。

玉惠说，梦瑾一走，我们就没有事了。她总认为她是很讲理的，只有梦瑾不讲理，装病、吵闹，但是在胡妻的眼光当中，完全不一样。这就说明，每个人的立场不同，标准不同，心态不一样，所以看法也不相同。如果是这样的多元化，我们认为是很好的多元化。只不过我们现在很不幸，我们的多元化根本是纷杂化。有些人是日本人的想法，有些人是德国人的想法，有些人又是美国人的想法，而心里头又是我们中国人的想法。我想，这样才是乱糟糟的根本原因。

在一家公司里面，如果大家有共识，形成一个企业文化，然后再来见仁见智，经理有经理的看法，员工有员工的看法，我觉得这个无所谓，而且很好，这样才能集思广益。可是一家公司根本没有共识，每一个人的想法都不一样，这就叫作乱七八糟，不叫作多元化。员工想的是日本人的想法，经理想的是中国人的想法，而总经理呢，最后用美国人的方法来做结论。谁会服气？

我们说大同小异，必须先要有大同，然后再来做不同的主张。根本是不能乱的。枝枝节节的东西每个人看法不一样，这是合理的。现在我们看这个大院里面就是没有共识。中国人有一句话，我们特别要说一下，叫作马不知脸长。每个人还是自己多多反省比较好一些。

（2）胡母骂梦瑾上不敬老人，下不睦姊妹，有什么话讲？玉惠、胡母、胡妻都承担起叫梦瑾走的责任，还能怎么办？

我们都看得很清楚，大太太明明说有事我扛着，可是等到胡雪岩说“谁看见了”，她却闷声不吭气。她是欺骗吗？不是。她不是这样的人。她是在等时机。你看，她等到胡雪岩的妈妈出来以后就开始承认：我看到了。因为她有靠山了。胡雪岩这个时候想打她也不敢打了。中国人厉害就在这里。如果一开始就说：是我。一巴掌就打过去了，那不是倒霉吗？

再看玉惠，她也不马上承认，先用眼睛看看大太太，胡雪岩心里就清楚了。根本就在暗示是她看到的。但是她承认了，大太太也拿她无可奈何。后来胡母出来，干脆承认“是我叫她走的”，看你把我怎么样？胡母一承认，大太太马上就承认了。玉惠趁机讲一些话，然后哭得好像很委屈的样子。这些行为都是我们中国人所谓的扮演不同的角色，让胡雪岩无可奈何。

胡雪岩再能干，也知道清官难断家务事。可这么多人，竟没有一个替梦瑾讲话的人。胡雪岩就没办法了，他不能因为一个人而得罪所有人。所以大家是怎么想的，应该都摸得很清楚，这个人才有资格来当领导。否则光听人家的话，人家的话讲得很好听，甚至于可以骗你。领导要看一个人内心的变化，而不是光听他的话，或者看他的表情。那样很表面，而且很危险。

（3）为什么要向外撒钱，心里才痛快？送药三天，分文不取的策略，是怎么产生的？

我们很容易了解，而且也有很多人跟胡雪岩的看法一样，认为有了钱，什么问题都解决了。有了钱，家人就相处得很愉快，从此过着幸福快乐的日子。

但是现在呢，胡雪岩觉得很奇怪，好像不是这么回事，简直越来越糟。他感觉到，钱没有用。钱有什么用？辛辛苦苦赚来的钱，给谁，谁都不领情。一般人总认为：像胡雪岩这样丢钱就叫花钱。其实这不叫花钱。药送给人家有什么用？他没有这个病，把这些药拿回去干吗？胡雪岩如果从这个角度来看，便知道他这样做，并不是懂得花钱。但是就他的修养，他只能这样。用不客气的话说，叫作发泄。发泄不是解决问题的方法，但是胡雪岩实在无可奈何。一个大老爷，受这么大的挫折，一筹莫展，只好撒钱，把钱往外撒，这纯粹是发泄嘛！

（4）英国怡和洋行为什么要买胡雪岩的十大名药？胡雪岩为什么不卖？

年轻人看到顾客上门，心里都很高兴。认为有人来买东西，很好。但是年纪大一点儿的人就知道心存怀疑，抱着不一定的心情。顾客的花样很多，有的来买东西，不要发票；有的光买发票，不要东西。这里面的机关太多了。也许他是认为胡雪岩的药好，想卖给外国人；也许他是想买一点儿回去，掺入一些假药，来制造问题，把胡雪岩搞垮；也可能把药买来，然后用很便宜的价钱卖出去，在价格上给你捣乱。他们有很多事情可以做。

所以胡雪岩听到怡和洋行居然要买他的药，脑筋就开始转了，这是好主意呢，还是坏主意？所以他说我不卖。最起码有一段时间可以想一想，可以知道会产生什么反应，再来决定后面的策略。如果开口说卖，就没有这些对自己有利的障碍因素，可以给自己比较长的时间，来思索跟了解对方的企图。

胡雪岩这种反应是中国人很典型的作风，先说“不”，然后才说“好”。干吗不先说“好”呢？因为一说“好”就完了。说“不”，中国人常常讲“不要”，最后才决定要。这个过程对自己非常有利。

胡雪岩心里想，怡和洋行是不是不怀好意？西方人不太吃中国人的药，干吗买我的药？而且指定要名药？他这种警觉性值得我们学习。而且他现在说我不卖，看看他们反应怎么样，再做后续的思考，这是一个决策者很重要的一种做法。可惜现在很多人都是先说好，然后再来想，弄得连思考的时间都没有。

建议各位把这两种模式，稍微比较一下：先说“不要”，如果对方不要就不要，你就会知道，他可能没有什么恶意；如果你说“不要”，他想尽办法让你要，这个就危险了。这样才知道对方的企图到底是什么。如果你说“要”，根本就是无条件投降。会做生意的人，客户的要求不能马上拒绝，也不能马上接受。但是今天来的不是客户，而是采购员，所以你要讲“不要”。

我们觉得老板常常往否定的一面去走，我们真的不了解老板打的是什么主意。其实他是对比了自己的胜算占多大之后，才这样做的。采购员如果过分要求，我们就开始怀疑，是不是跟客户勾结在一起想骗我？这样的话，采购员拿你真的没有办法。很多老板都埋怨上当了，其实是自己的警觉性不够。

（5）胡妻和玉惠争着说自己的事情忙碌，这是为什么？胡妻为什么说玉惠不就是个戏子吗？

中国人听话，很少听他说什么，因为说什么其实没有什么关系。会听话的人，都是听他怎么说。怎么说比较重要。这两个人讲话的内容不重要。但这两个人只有一个目的，就是想气对方，把对方激怒，目的就达到了。研究她们讲些什么，那是浪费时间。

你看我们在餐馆里面，如果听到有些人讲话声音非常高，你就知道他的目的不是在讲什么，只是存心引起你的注意。我这么有钱，妆化得这么靓丽，衣服穿得这么漂亮，你看到了没有？只是表达这些信息而已。讲什么话，完全没有关系。会听话的人，不要去听人家这些话的内容。其实玉惠的目的就是要气胡妻。胡妻则表示我看不起你，你能把我怎么样？你不过是个戏子嘛！我们也不能说胡妻是对或是不对。有的人对戏子很尊重，有的人对戏子不尊重。这是见仁见智，我们不置评。

（6）梦瑾为什么求柳成祥不管哪行哪业，调出一个交给她操作？柳成祥为什么不肯？

在胡雪岩的脑海里面，所有的女人，都好像花瓶一样，好好供养起来就好了。实际上并不是这样。这就是胡雪岩始终没有面对现实的一种表现。他这样想，就认为是这样。他为什么不想想，芮瑾是不是这样？梦瑾是不是这样？

梦瑾从小跟随父亲在外面做生意，已经养成勤劳的习惯，养成工作的习惯。把她闲置在家，她觉得很痛苦，好像鸟一样被关在笼子里面，感觉到没有价值，感觉到活着没有意思。她为什么出走？不是对胡家不满意，不是对胡雪岩有什么怨恨的地方，她只是要求工作。可是柳成祥没有答应她的要求，他还没征得胡雪岩的同意。所以，一般人的做法，是当面跟梦瑾讲：没有问题，没有问题。然后请示胡雪岩，胡雪岩否定了以后，再来跟她讲：没有办法，老板不同意。这种做法，叫作出卖老板，不是沟通的能手。一个会沟通的人，先说没有办法，然后把这个信息传给胡雪岩。胡雪岩同意的话，再跟她说：这是老板的好意。把好人推给老板，而不是自己来做好人，才是下属应有的态度。

各位看到，柳成祥表面上说“不行不行”，实际上留下一张银票，数目还不小。意思就是说，我们自己人，我会帮你忙。但是这种我不能做决定的事情，我现在没有办法给你任何承诺。私的方面，我们可以想办法；公的方面，一定要按照老板的指示，或者按照规定来走。柳成祥从以前一直到现在，在扮演下属的角色方面有很多优点。他两边都照顾到，一方面威，一方面恩。心地善良是一回事，立场要很坚定，这样老板才会放心。我觉得当下属的不妨再把柳成祥的所作所为好好想一下。能够学到几分，对自己是很有帮助的。至于说老板怎么样，那是老板的事情。柳成祥也不是百分之百地满意胡雪岩，但是能够跟他配合，配合得很好。各位站在胡雪岩的立场来看，会觉得怎么样？如果觉得配合得非常好，这就够了嘛。

（7）柳成祥说最恨明人做暗事，是什么意思？

什么事情，我们说好了你才去做，大家都很坦然。有些事情，你不讲就做了，这就叫作暗事。如果我们大家合伙做生意，里面有一个人不跟大家讲就去做了，其他的人，心里会有什么感想？一定觉得这个人很奇怪，是不是假公济私？是不是替自己弄一些好处？会不会伤害到公司的利益？大家一定会朝这方面去怀疑。

明人做暗事，在一个团体里面是大忌，难怪胡雪岩非常不以为然。他再三讲，做生意有盈有亏，亏了多少钱，不在乎。我觉得这也不是讲好听的话，做生意亏本就亏本。那有什么办法？可是明人做暗事，就表示心里头已经不正了。心不正，大家就没有办法信任。胡雪岩的这种主张，不管从哪一方面来考量，应该都是正确的。这是心里话，而不是针对谭则云而来的。

我们不要认为，他是不是想把谭则云踢出去？或者是找机会给他难堪？我相信胡雪岩没有这个必要，更何况他做人也不是这个样子。只是他觉得，我们大家讲得好好的，有什么话就讲，可以做就做，不能做就算了，你干吗背地里玩这套花样？这是他最痛恨的。讲到这里，我相信大家心里也觉得怪怪的。你胡雪岩本身不也这样吗？不也跟洋人来一手吗？说我们回扣平分吗？难道这不是暗事吗？这又怎么说呢？各位不要误会。胡雪岩认为，我胡雪岩拿回扣跟谭则云拿回扣，在意义上有很大的不同。这一点我们现在暂时搁置一下，往后慢慢会了解为什么这当中有不同。

（8）谭则云为什么说是别人逼他吃回扣？他为什么觉得自己在胡雪岩眼里不过是一个跑腿的伙计？

这是个很有趣的现象，就是我们每次做错事情，很少说是我们自己做错了。我们总会找理由说"都是你害的""都是他逼的""如果不是这样，我怎么会这么做呢"。特别是我们中国人，动不动就讲"我是那种人吗""我不是那种人啊""我会这样做全是你们害我的"。现在谭则云就是很典型的这种人，他并没有说，"我对不起兄弟，我吃了回扣不应该"。他找出很多理由，我会这样吗？我谭则云是这种人吗？我告诉你，我不是这种人。不是这种人，为什么会有这种事呢？因为你逼我的！你看，你大哥不像大哥，你花几十万替自己盖豪华宅子。我呢？我的房子在哪里？柳成祥说：人家盖房子是做我们公司的门面的。谭则云说：那你的呢？你，他就想到了；我，他就没想到。可见人和人一比，会比出很多差异性来。特别是谭则云的太太，一天到晚在谭则云耳边嘀嘀咕咕。我想这个时候，我们慢慢可以了解到，胡雪岩为什么不允许女人参与他的生意，其实也不是完全没有道理。所以当谭则云的太太在他的耳边嘀咕久了，他也不知不觉地受到感染，认为自己只是一个小伙计，人家胡雪岩才是老板。所以我拿回扣也是应该的。人往往就是这样子把自己害死的。想来想去，不平，老替自己找很多理由支持自己。做了以后，才后悔，这是非常不好的一种过程。

现在我们可以看到，柳成祥讲出来了，你是身负重任的人。就凭这一点，你就够了！还要怎么样？一个人到底领几份薪水，自己要去评估评估。曾经有一位老板，把他的一个员工找来，对他说："我每个月发你三份薪水，你有没有感觉到？"那个人说："没有，我只领一份。"他说："你领的那一份是公司给你的薪水。你的第二份薪水，是我对你的信任，你都没有感觉出来吗？"那个人笑出来。老板问他："难道我对你的信任不值一份薪水吗？"那个人就问："第三份呢？""第三份是我给你的自主权，你爱怎样就怎样，这不算一份薪水吗？"

我们每一个人都要明白老板对自己到底怎么样。一般人只求看得见的那一份薪水。计较来计较去，他多一百块，他多一千块，就觉得自己很委屈。如果看长远一点儿，一个人能够得到别人的信任，能够在一家公司里面，说难听一点儿，爱怎么样就怎么样，这也是一种待遇。我们今天讲一句不客气的话，老板出钱给员工去耍，给员工去玩，给员工去下赌注，谁倒霉？老板倒霉！如果从这个角度来看，你会觉得老板比员工倒霉。但是从另外一个角度来看，你会觉得老板比较神气。你看，胡雪岩可以骂人，可以自己住豪华宅子，想怎么样就怎么样，你们反对也没有用，好像他很霸道。看到这里，我们应该从不同的角度，重新再来领略一下，然后才能得其平。现在谭则云就是不平，不平则鸣，所以替自己找了很多的烦恼。

创业提示：为商不仁终将坑人害己

胡庆余堂刚开张的时候，也曾免费赠送药品。但是那种做法，无非为了广告宣传，算不得善举。想到这里，胡雪岩立即告诉余阿大，从今天开始，避瘟丹、紫雪丹分文不取，连续赠送三天。余修初想不通东家为什么要这样做，劝阻说：这药本来成本就高，价格又定得那么低，现在又要免费奉送，怎么承受得了？

柳成祥到达上海，东打听西打听，想弄清楚谭则云为什么如此这般地处理那笔茶叶生意。谭则云终于向柳成祥坦承自己中了人家的圈套，要求柳成祥不要在胡雪岩面前提及此事。但是柳成祥知道胡雪岩对这件事已经产生怀疑，所以不敢答应谭则云，要谭则云自己看着办。

柳成祥虽然没有答应谭则云，不过出于兄弟的感情，当胡雪岩来到上海的时候，他还是推三阻四，没有把调查的实情向胡雪岩报告。柳成祥这种双方面兼顾的方式，很合乎情理的要领，可以说合情合理。

看到柳成祥的样子，胡雪岩已经心中有数。不用柳成祥细细说明，也已经料想到七八分。

谭则云看到事情马上要败露，就赶紧找到唐廷枢求助。唐廷枢却感叹地说："文人无行，还可以嬉笑怒骂皆成文章。可惜为商不仁，终归会坑人害己。作茧自缚，终将不能自拔。"谭则云听了，才知道一时大意收受了回扣，已经逼得自己走投无路，顿时愧疚、悔恨，同时涌现在心头。他哪里知道，害己并不是最主要的，连带把整个胡氏集团都拉下了水，才最让人痛心。

经商生涯，难免有偏离正道的行为。一有机会，就要做善事，无非是一种以善补过的行为，用实际的行动，来补救自己的过错，比懊恼、悔恨要有效得多。

04 慎防吃里爬外

谭则云把心赔给别人，胡雪岩左思右想，若是把他换掉，阜康所有的账目都在他的肚子里，万一通通告诉对手，岂非更为不利？何况外界同行，要如何来看待这件事情？丁日昌那边，会不会迫害谭则云，要他交出更多的情报？亲信的下属叛变，往往是致命的伤害，不可不特别谨慎。

他决定把谭则云留下，并且进一步加强交心的工作，再次重申“天若败，败我胡雪岩，决不败二位兄弟”，其余同事，也是同样如此。

然而，人与人间的交情有如玻璃一般，一旦有了裂隙，恐怕永远都无法复原。胡雪岩和谭则云能不能恢复原有的信任状态？各位朋友，必然心中有数。吃里爬外，实在是难以忍受的事情，必须双方面良性互动，彻底禁绝。

柳成祥摸清楚了谭则云在茶叶生意上收取五万两回扣，但他不敢告诉胡雪岩，当胡雪岩急急追问的时候，反而要胡雪岩先找个地方放松放松。胡雪岩心中有数，知道柳成祥有事瞒着，所以说要请柳成祥看戏。柳成祥失声笑了出来，他不知道胡雪岩到底发现了多少。既然胡雪岩没有再问，他也不再多说些什么。

丁日昌听说胡雪岩来到上海，急电谭则云前来密谈。谭则云心中害怕，先到唐廷枢府上，告诉他胡雪岩不卖药给英国怡和洋行的消息。唐廷枢说他们是想在药品生意上坏胡雪岩的名声，所以才要买药，听得谭则云脸都绿了。

唐廷枢说他即将离职，以后再也不会干这种箕豆相煎的事情了。他告诉谭则云，文人无行尚可嬉笑怒骂皆成文章，为商不仁终究会坑人害己，作茧自缚，终将不能自拔。谭则云跪求唐廷枢，要其对自己的过错守口如瓶，并且指点一条明路。唐廷枢说他自己尚且迷途难返，哪里有什么主意给谭则云。

胡雪岩忽然来访，唐廷枢觉得十分意外，而谭则云则吓得双脚发软。唐廷枢赶紧叫谭则云躲到门后，谭则云十分感激。

唐廷枢整衣，笑脸迎接胡雪岩，口称"胡先生大驾光临，有失远迎"。胡雪岩自称不速之客，问唐廷枢近来可好。他看出谭则云来过的痕迹，故意问唐廷枢坐在这里不妨碍别人吧，唐廷枢连忙回答不妨碍。

胡雪岩说特来致谢。唐廷枢告诉胡雪岩，说一些外商责怪他厚此薄彼，早想拜会胡雪岩晓以利害。胡雪岩回说自己只想做生意发财，没想到有如此分量。

说到胡庆余堂，唐廷枢提醒胡雪岩，英国商人想以次品冒充，败坏胡雪岩的名声。胡雪岩故意说一切掌握在谭则云手中，没有人能让他吃里爬外。

谭则云听得心惊胆跳，胡雪岩则表示唐廷枢深明大义，钦佩之至。

智慧问答

（1）柳成祥为什么不把谭则云收回扣的事情告诉胡雪岩？他为什么要胡雪岩先找个地方放松放松？

柳成祥从来不会主动叫人家去放松放松，这一次他跟胡雪岩讲，找个地方放松放松，就在暗示胡雪岩，有事情要告诉他，只是说不出口，不方便说。一个人如果常常做这种事情，就没有人会感觉到他的差异性。一个人如果从不做这种事情，突然做这个，就是给你一个警示。因此会听话的人，会听出对方到底有什么事隐瞒着自己。对方会说"没有没有"，然后很自然地说出来，这是一种很巧妙的沟通方式。

柳成祥为什么不方便说出来？我们中国人不骗人，但是有很多事情不能讲。不能讲的原因是什么？不方便嘛。怎么好说这种事情呢！大家都是兄弟，你一来我就说谭则云这个不对，那个不对，将来三个人见面时，我这个做二哥的，像二哥吗？所以兄弟之间，有些事情反而不好讲。他的意思就是说，你直接去问谭则云就清楚了。因此他用各种方法来暗示我知道一些事情，可是由我来讲不如由你去问他。

胡雪岩当然也懂得柳成祥的意思，就问他你到底有什么事？他说：我没有。我们中国人讲没有，就是有更大的事情，这个谁都知道。所以胡雪岩心里有数，明白柳成祥的苦心和用意。

我们把整个过程分析起来，可以感觉我们很重视心理建设。心理建设就是让他心里有个底，你再讲时他能够接受。你看如果胡雪岩一进门，柳成祥就很紧张地跟他讲，可能他受不了；也可能盛怒之下，会把谭则云叫来当面对质，闹得不可开交。可柳成祥没有，他传达了信息，但是他兼顾了胡雪岩的心理变化。让他心里有个数，然后才讲，他比较受得了。让他慢慢把情绪冷静下来，才把事情摊开来。这样整个的沟通过程，显得缓和而圆满。

沟通如果不能做到圆满的地步，就只是纯粹做传声筒。一个人不要做传声筒。现在传播器材很方便，录下来，放给你听就好了，何必要一个人来传呢？一个人传人家的话，就需要过滤，就会有一些词句变化和调整分量。我们常常骂一个人：你这个家伙，专门添油加醋。其实添油加醋，如果加得好的话，是很好的调味。有什么不好？问题是不该添加这么多的地方，加得太多，人家才会反感。一个传播人，应该适当地添油加醋，而不是毫无节制或者根本不添油加醋。这个观念柳成祥已经拿捏得非常之好，值得所有的下属在上情下达、下情上达的时候多多学习。很多下属赤裸裸地把员工的意见讲给老板听，结果老板当然很生气，就去找那个员工，那个员工又说是下属传错话了。我想这种事情，在我们的周遭经常可以看到。如果把柳成祥这种方式拿来运用，可以减少很多误会，而且会更加圆满。

（2）胡雪岩为什么知道柳成祥有事情瞒着他？

我们都很了解，胡雪岩在这方面的本事的确特别高。你要瞒一般人比较容易，要瞒胡雪岩这种人，实在很难。有一句话，叫作响鼓不用重槌。鼓本身如果很响，你只要轻轻一敲，鼓声就很吵人。一个反应很快的人，你只要轻轻点他，他马上就知道了。用不着说这么多话，以免引起反感。

柳成祥很了解胡雪岩，知道胡雪岩的灵敏度很高。轻轻一点，他什么都知道了，用不着明说。他略微提一下，胡雪岩自然会反问：你到底有什么事情？由他来反问，跟你告诉他，各位做个比较看看，哪一种冲击力比较小？

夫妻之间也是这样。太太从外面进来，先生马上给她一个受不了的打击，那是先生的错，因为用不着这样。你让她很稳定，心里知道你有事，让她回过头来问你：到底发生了什么事？整个冲击力都没有了。我们要将心比心，要站在对方的立场来决定自己的作为，而不是说我爱怎么做就怎么做，我想怎么做就怎么做。这是现代人最需要反省的地方。如果不了解对方的感受，就没有办法拿捏这种沟通的尺度。一定要了解对方，对某一种事情，他的反应怎么样？轻重如何？然后再来用我们的行动，引起他适当的反应。这是人与人相处中非常重要的技巧。否则的话，各位想想看，为什么胡雪岩跟柳成祥能够配合得这么好？因为他们彼此很了解，中国人叫作有默契。有默契，是合作做生意非常重要的基础。话是有限的，没有办法表达所有的情感，没有办法把心里头的事情完全讲清楚。因此要靠很多默契，来帮助我们做语言不能做的沟通。很多人太相信自己了，其实人家的感受，他完全不了解。

（3）胡雪岩为什么向柳成祥说要请他看戏？

明明是柳成祥说出来"我请你看戏"，为什么胡雪岩还要讲"我请你看"呢？因为按照我们中国人的规矩，兄弟在一起，多半是哥哥出钱。除非有特别的理由，否则多半不会让弟弟来请哥哥，这是表示老大照顾小弟的意思。

老板跟下属一起出门，到底是下属请老板，还是老板请下属？照理说，应该是老板请下属，不应该由下属来请老板。但是我们现在看到有些老板，远远看到他的下属在里面吃饭，就假装没有看到，赶快溜掉。这种举动其实下属看得很清楚。我常常开玩笑说：中国人啊，你冠冕堂皇地进来，他不一定看到你；你一溜走，他马上看到。中国人最会看那些你不想让他看到的事情，然后心里好笑：一顿饭才多少钱？那么计较，从此你很难领导他。

有些老板问我，难道我的下属在吃饭，我就要请他吗？我说不一定，但是你最好改变一下观念：好不容易碰到，平时请都请不到。有了这种心情，你的感觉就不一样了。平常请你的下属，人家会觉得奇怪，你怎么请我呢？而且他也会觉得不方便，我让你请干吗？如果在外面有这么好的机会，碰到了，没有几个钱，就替他付了，老实讲谁倒霉啊？我敢保证下属倒霉。因为他被你套牢，被你无缘无故请了这顿饭以后，他的心已经被你抓去一大部分了。以后你交代事情，他只好去做。明明不是他的事情，他也多少做一点儿。我想这才是算得长远的人，能看出整体的影响。

胡雪岩说“好，我请客”，然后又让柳成祥付钱，柳成祥的感觉怎么样？很简单，你要我付，我就付，反正我报公账。你不让我报公账，我就弄一些私的，我请你吃饭还要自己花钱吗？我觉得这才是人之常情。胡雪岩说他出钱，跟不是他出钱，其实都一样。老板出钱，回去比较容易报账；下属出钱，回去他怎么报账？因为管账的人会不同意。这当中，有很多不一样的地方。当老板的人，一定要了解才好。这种警觉性，平常一定要养成。到紧急时候，才不致没有应变力。

（4）怡和洋行到底为什么要买胡雪岩的药品？

从中国近代史来看，不难发现所有外国人都在中国的领土搞七搞八，各怀鬼胎，所作所为，都是为他们自己的利益。英国人看到左宗棠在新疆，打谁啊？打苏俄人。苏俄把阿古柏消灭以后，到印度就没有什么阻碍了。那我们英国呢？要把印度变成我的，必须阻挡苏俄人进来，希望阿古伯在这里七捣蛋八捣蛋。为什么中国人的势力，背后都有洋人？因为洋人为了他们的利益，总是找一些中国人来出面，让我们看不清楚他们背后有什么企图。这是中国近代史经常可以看到的一些事实。

英国人很怕左宗棠在新疆打胜战，因此想影响朝廷，把左宗棠调回来，不要让他在新疆，所以英国人就跟李鸿章商量怎么办。李鸿章一心想要搞垮左宗棠，最好的办法就是先搞垮胡雪岩。要把胡雪岩搞垮，最好的办法就是把胡庆余堂搞垮，这都是一脉相连的策略。怡和商行得到这个使命，要把他的药买来，然后破坏胡庆余堂的信用。先把胡雪岩搞垮，顺便也把左宗棠搞垮。这样的话，中国永远是英国人的势力范围，苏俄就被抵挡在了北方。商人被人家当作奸细来用，这是自古以来经常发生的现象。因为商人跑来跑去，不容易露痕迹，大家不会怀疑到底是不是外国人派来的奸细。不容易被人家怀疑，不容易被人家发现的人，就是最好的奸细。所以实际上，每个国家都在做这种事情。我们不要把经商当作是很单纯的行为，因为背后通常有人在利用，背后常常有人有不同的野心。商人常常为了小利，被人家勾住，不得不做原本不想做的事情。我们很慎重地提醒从商的人，单单纯纯从商就好，不要贪图小利，不要今天想做这个、明天想做那个。要是哪一天真的被人家纳入奸细系统，想跑也跑不掉，这种惨痛的事情很多，只是很多人不知道而已。

（5）唐廷枢说为商不仁，终归会坑人害己，是什么道理？

古代中国人看到外国人，他的心是偏向中国人的，会把外国人看作野蛮人。现代中国人好像刚好相反，跟外国人在一起的时候，心会偏向外国人，总觉得自己的同胞好像是次一等的人。

在清末，有很多像唐廷枢这样，替外国人做事情的人，他们的心态都非常可疑。唐廷枢自己检讨时感觉到很惭愧，帮外国人来打我们自己。他眼看着左宗棠跟李鸿章的派系斗争，让外国人渔翁得利，却毫无办法。所以他才会发自内心告诉谭则云说：为商不仁的话，终究是坑人害己。这句话在谭则云听起来，当然有格外不同的感受。因为他本身就是被坑的，然后又害了胡氏集团。但是他已经被套牢了，被人家纳入奸细体系，想逃也逃不掉。唐廷枢是有感而发，但是谭则云听起来心里头格外痛苦。我们从这一幕里面，应该看出很多的教训。唐廷枢觉得要离开这个地方，摆脱让自己想起来都很愧疚的职务。

要替洋人做事，首先不要损坏我们自己国家的利益。偏偏现在很多人不是这个样子，动不动就要求我们中国样样要学西方。西方人做得到，为什么我们做不到？他就没有想到，真正有一天把中国人通通变成西方人那样，这个中国还有什么可爱的地方？那还是我们的祖国吗？

（6）胡雪岩来找唐廷枢，原本为了什么？唐廷枢向他说明之后，他又为什么对唐廷枢钦佩之至？

胡雪岩这次来找唐廷枢，只是想打听打听，并没有什么用意。可是他不能摆明地说：我来打听打听有什么消息。除非关系非常好，否则你开门见山地讲，对方会提高警觉，反而得不到任何消息。胡雪岩跟唐廷枢的关系，没有这么深，所以他只能说好久没有来看你，这次来，一方面要告诉你，我们没有办法在这件事情上合作；另外，感谢你很照顾谭则云。其实这些都是借口。唐廷枢也是聪明人，知道这个时候，如果不讲真话，就会失掉胡雪岩这个朋友。

我们中国人高明的地方，就是该讲的话一句也不少，否则这个朋友就不相信我了；不该讲的话一句也不会多，否则我就得罪了这个朋友了。唐廷枢既不愿意得罪胡雪岩，也不愿意失去这么一个朋友。所以就告诉他，要小心，有这么一回事情。胡雪岩听了以后，表现出很轻松的样子，说：这个跟我没什么关系，我相信也不会这样子。可是呢？他也暗示说：如果做的话，那就是谭则云。如果他真的这样，我不会放过他。各种表现，在同一时间完成。一方面表达对唐廷枢的好意，感谢你跟我讲真心话；一方面表达我这个人的做法，谁背叛我的话，我不会饶过他的。同时他也很清楚，里面躲着一个人，不是别人，就是谭则云。因为谭则云躲进去的时候，慌张地把咖啡杯打翻了。胡雪岩很机灵，进来一看就知道一定是他！如果是别人的话，唐廷枢会把它整理好，也会讲刚才是谁，怎么变成这样。种种迹象，都让他弄得非常清楚。他这是一石打好几只鸟啊！对柳成祥有交代，对谭则云有所警惕，对唐廷枢有所感谢。这是非常好的一种表达方式。唐廷枢趁这个机会表示说：以前的种种，并不是有意的，而是整个的形势罩着他，非如此不可。这样就为以后大家见面，留下更好的余地。

创业提示：听奉承话 VS 忠言逆耳

阿二擦匾，擦得很起劲儿。胡雪岩喊他，他都没听见。但是他后来说出的那一番话：上至官朝，下至老百姓，哪个不知道您胡大官人的恩德？东南大侠，胡庆余堂所做的善事，谁人不知？每一句话都打动了胡雪岩的心。

胡雪岩高兴地请阿二去喝酒，要他在酒桌上继续说下去。可见恭维话人人爱听，越是有自信、有成就的人，越爱听恭维话。问题是：恭维话是不是等于奉承话？如果是的话，岂不是人人都是小人，喜欢被奉承？别忘了忠言逆耳。

可是，恭维话不等于奉承话。一般人把这两种话混在一起，分不清楚，以致产生严重的误会，认为吹牛、拍马屁是成功的必要条件。成功的人，实际上是不吹牛也不拍马屁的，却装得像吹牛、拍马屁一样。换句话说，用吹牛、拍马屁的形式，来说出有根有据的实话。忠言逆耳，而奉承话又十分危险，容易被对方听成挖苦话。现在把忠言逆耳和说奉承话统合起来，说出一番有事实根据，却让对方听得进去，而且听起来很受用的恭维话，才是有效的途径。

把事实的重点说出来，加上适当的形容词，叫作宣传。没有事实的依据，加上很多形容词，就成为不实的广告。恭维话和奉承话的不同，大概和宣传与不实广告的区分，相当类似。多说恭维话，少说奉承话，说得恰到好处，效果必定良好。

05 把心赔了进去

胡雪岩一再声明，做生意，赔上几十万两银子，并不在乎，赔上上百万两银子，也可以再赚。只有把心赔给别人，那就危险万分了，随时有崩溃的可能。

自从时来运转，生意越做越顺手以后，胡雪岩心中早已有了准备，要常常做善事，才能够持久发达下去。

人处顺境，常常以为有势可恃，有福可荫，因而胆大妄为，将自己导入逆境。顺逆起伏，其实是心态改变的结果。

胡雪岩对芮瑾“为人不可贪，为商不可奸”的交代，谨记在心。他常常提醒自己，应该多做善事，来弥补自己不知不觉或者无可奈何的贪婪与奸巧。这一次谭则云把心赔进去的教训，更加强胡雪岩的决心，务必要把胡庆余堂好好经营起来，看看能不能有所补救。

谭则云拜访唐廷枢，虽然躲在门后，还是被胡雪岩识破。回到阜康钱庄，谭则云脸色凄惨地跪了下来，胡雪岩和柳成祥坐在高椅子上，什么话也不说。

胡雪岩问谭则云，知道把他留下来的原因吗，谭则云回说是给自己一个翻然悔悟、报效东家的机会。胡雪岩说他没有这么宽宏大量，他的意思是让谭则云做一些反间谍的工作，提供一些情报给丁日昌，告诉他们胡雪岩已经回到上海了。

谭则云哭着求饶，胡雪岩丢一本庄规给他，谭则云反复地诵读：诚为本，信为先。务财勿迷，为商勿贪，商乃仁术，无仁则不义，无义则不通……

柳成祥听着十分心酸，向胡雪岩求情，说上海的事难办。胡雪岩不以为然。柳成祥要胡雪岩亲自去问谭则云，胡雪岩则反问柳成祥是干什么的，柳成祥急着说自己忠于职守，胡雪岩说做生意如果赔上几十万两银子，我并不在乎，因为可以再赚。可怕的是谭则云把心给赔了进去，令人痛心。

胡雪岩认为能说出来的痛，其实没有什么。真正的痛是说不出来的，在心里慢慢侵蚀与折磨。柳成祥看着胡雪岩忽然像老了十几岁一样，心痛地喊着："谭则云不该呀！"

后来胡雪岩在柳成祥面前也愧疚地自我检讨，早应该在乌镇老家给谭则云添个家业，柳成祥却反问："他在上海不好吗？"胡雪岩决定不换掉谭则云，因为阜康所有的账目，都在他肚子里。再者，也不愿意商界有所批评。他自责没有当好老大，忘记了赚钱就应该做善事。

那一天，胡雪岩穿着一身官服和大家见面。他告诉大家，在外经商，一怕听惯了女人的耳边风，二怕贪图对方的小利，这是经商的大忌。又保证有天若败，就败我胡雪岩，决不败二位兄弟。对大家而言，同样如此。大家听了，感动得说不出话来。

胡雪岩处理好上海的事情，又赶回杭州。到了胡庆余堂，看见一对耳顺之年的老夫妇，带着一个癫痫症的青年。胡雪岩好奇地询问。老先生流泪诉说他们的独子，刚刚中了举人，却变成这个样子。听说只有龙虎丹才能救治，而很多药铺都买不到。又听叶仲德堂说，要买龙虎丹得到胡庆余堂。胡雪岩追问叶仲德堂真的这样说？老先生说："不但这样说，还说买好了就去告知他，他要拜胡雪岩为师。"胡雪岩大喜，赶紧问阿大的意见。阿大说不能制造龙虎丹。胡雪岩问是没有药方，还是没有材料。阿大说是有一味药毒性太强，没人敢造。胡雪岩马上向老先生保证，十五天以后来取药。

药工们都劝胡雪岩不要做龙虎丹，以免吃死人而吃官司。胡雪岩问大家是不是造不出来，大家回说不是造不出来，而是不造。胡雪岩鼓励大家在制造的工具上想想办法，有一个药工想出用中和药性的金银制具，大家激动得很，阿大也很佩服胡雪岩，居然能够激起大家的心志，去尝试做这一种古来难以成功的药品。

智慧问答

（1）胡雪岩为什么把谭则云留下，不叫他走路？他为什么要谭则云透露一些消息给对方呢？

这一件事情，很显然谭则云想得很单纯。他认为我做错了，我也承认了，你是不是应该原谅我，给我一条生路？实际上，胡雪岩的想法不可能是这样。我们看到胡雪岩一向很当机立断，什么事情马上就可以处置，毫不犹豫。可是这件事情，他显然感觉到两难。一方面我们是这么多年的兄弟，你做错了，我也有责任。我觉得这一点，是胡雪岩很可爱的地方。他要替谭则云想一想，今天跟你翻脸，把你赶出去，是很简单的，可是对方会怎么想？对方如果逼他，他就会害怕。因为像丁日昌这些人，要对胡雪岩下手，多少还有些顾虑。要对谭则云下手，他们是不择手段的。谭则云根本不了解，胡雪岩这样做，真正是顾虑到他的安全。

所以才会跟他讲，你偶尔也要把我们这边的看法、做法，透露一些过去，给他们知道，让他们感觉到你还是保持原来跟他们的关系，会比较安全。可是我们这一边呢？胡雪岩不必讲，谭则云心里也很清楚。要把丁日昌那边要他做的事情也跟他原原本本地说出来。大家暂时维持一个表面，不要把它掀开了，这样对两边都有好处。

可是胡雪岩心里头还是觉得这样的兄弟，以后怎么相处？因为人与人之间最重要就是一种信赖关系。现在我感觉到谭则云的心彻底变了，他的心已经不在我们这个集团了，我以后怎么相信他？如果胡雪岩不相信谭则云，这个合作关系就很难维持下去。有这么多错综复杂的想法，才使得胡雪岩一方面感觉到很愤怒，一方面又好像很无奈。这点也值得我们好好当作一个借鉴，以便防患于未然。

（2）胡雪岩为什么要谭则云高声念诵定下的规矩？胡雪岩认为最可怕的是谭则云把心赔进去了，这是什么意思？

我们首先要警觉，规定是定了，制度是有了，职掌表也写得很清楚，但是人是会遗忘的。一阵子不看看制度，不看看规矩，不看看自己的职掌表，常常会把自己喜欢的东西记下来，把自己不喜欢的东西忘得一干二净。谭则云现在面对这个规矩，心里头应该很后悔。人家讲得那么清楚，我为什么会忘记？一般人一段时间没有看他的职掌表，就不知道该做些什么。我想这是最要紧的启示。

至于处罚的办法，一般人很喜欢把他叫来，臭骂一顿，甚至于罚他，跟他讲一大堆道理，这也是没有什么效果的。因为别人讲的他能够听进去几分谁也没有把握。胡雪岩很高明，东西写在这里，这么清楚，你自己念，看你怎么念？看你念了以后，心里有什么感觉？谭则云也不是个小孩子，他规规矩矩地跪在那里，一声接一声地念诵，不会自己停下来。胡雪岩没有规定他一定要读多少遍，是他自己非常不好意思，念了一遍又一遍，一边念一边还自己觉得很痛苦、很惭愧，这才是最严厉的教训。

我们常常觉得，方法很重要。我们要一个人检讨自己，不是叫他把错误讲出来，也不是你有哪些错误我讲给你听，都是不对的。我们让他面对这么清楚的规矩，自己把它当作一面镜子，反省反省，这样非常有效果。胡雪岩也知道，我今天提醒你，把以前种种的规则重新显现出来，保证你以后不会再犯这些规则。可是他心里头有疙瘩，因为人与人的关系，就好像玻璃瓶一样，只要摔过一次，有裂痕，就永远没有办法弥补。我们的教训，就是说不要等做错了事情，才来讲对不起。现在有很多人，老主张要承认错误，要跟人家道歉，要说对不起，这是很粗浅的感觉。

谭则云如果觉得这件事情很奇怪，他们为什么要送我回扣呢，要赶快跟柳成祥商量商量，跟胡雪岩商量商量，说不定两个人都认为你该收，那你就收，反正收下来，列公账就好了。而且我们可以将计就计，他要利用你，你就假装被他利用，然后我们全力来对付他。如果这样做他就没有事了。

为什么胡雪岩很气？因为他明人做暗事。如果谭则云把它说出来，大家一起把它当作一种策略，那就是明人做明事。明人做暗事，跟明人做明事，我们一定要把它分清楚。大家合伙，大家说得很清楚，怎么做都是明事。大家合伙，想了半天，你回去做的就是跟讲的不一样，这就是暗事。我们现在已经很清楚了，谭则云所做的就是暗事，不是明事。胡雪岩对这点很难过，几乎没有办法原谅谭则云。包括柳成祥在内，都感觉到以后三个人怎么相处呢？可是为了顾全大局，这次胡雪岩所采取的，是一个比较长远，照顾到每一个人，希望将来能够比较顺的，顾全大局的一种做法。

（3）柳成祥的心里，对胡雪岩和谭则云有什么想法？为什么会这样？

这三个人，当初一起合伙做生意，大家通力合作，彼此互相信任，这是非常难得的事情，让我们想起桃园三结义的美事，好像在他们三个人的身上重新活起来了。柳成祥正好在谭则云和胡雪岩两个人的中间，他对两边的了解，比他们这两个人彼此之间的了解可能更深刻一点儿，这个时候他的心里头当然觉得谭则云很不应该。可是我们也看得出来，他也觉得胡雪岩做得不够。谭则云刚开始很相信胡雪岩，但胡雪岩有些事情，也应该去跟谭则云讲，不应该闷声不响，这样难免让谭则云越来越起疑。他认为胡雪岩有些事情照顾不周、思虑不全。而谭则云呢？又爱钻牛角尖，总认为自己很委屈。柳成祥对这两个人都有一些不满意，但是他这个人很忠厚，不满意归不满意，还是把兄弟的感情摆在前面，他尽量想办法拉拢。后来发现事态很严重，因为胡雪岩已经没有办法接纳谭则云的心，而谭则云虽然后悔，却也开始跟这两个人有了一段距离，使得柳成祥深深感觉到，以后三个人的感情，会有很大的变化。他夹在中间，真的不知如何是好！我想这是他最大的感触。

我们如果很客观地看这件事情，柳成祥也有不对的地方。因为他看来看去，没有做好穿针引线的工作。如果他发现谭则云心里头有点儿不愉快，能够早点儿提醒胡雪岩，说我们两个人都盖了房子，他老弟还没有盖，或者把胡雪岩对谭则云的信任，把我们的根本整个交给谭则云，让谭则云也感觉出来，这样的话，就可以化解目前这种误会。

他们三个人，看起来实在都有点儿不对的地方。但是我们也没有办法苛求他们，要是我们是他们的话，可能也会犯同样的毛病。原因是什么？跟今天大家的毛病一样：太忙了，忙到没有时间沟通。

（4）胡雪岩说赚了钱就要做善事，是什么道理？

中国人比较相信宇宙是天人共治，老天爷管一半，人管一半。这当中的区分当然很奥妙，不容易讲得清楚。但是最起码我们中国人成功的时候，不会觉得这是我自己努力所带来的。我们会相信除了我自己努力以外，老天爷保佑也占很大的分量。西方人当他受到奖励的时候，会觉得这个奖是我应该得的。但是我们中国人很避免讲这种话，因为这种话听了不要说人家不高兴，连老天爷都不喜欢，下次就不会帮你的忙。他认为你既然那么有自信，既然那么有把握，你就自己去吧。一个人如果得不到老天爷的帮忙，再怎么尽力，也很难达到预期的愿望。在中国多数的人都有这种敬天事天的感觉，这是中国人比较特殊的一种想法。

天是什么？天就是自然的规律。自然的规律就是我们的良心。所以中国人常常讲，一定要多做好事。多做好事，就是凭良心去做事情。胡雪岩很爱芮瑾，我们也很清楚。芮瑾对胡雪岩最大的贡献，就是提醒他，你要做好事，需要先赚钱。现在他赚了钱以后，就常常记起那件事情：我已经赚到钱了，就要开始多做好事。他心心念念，没有忘记要做善事。一方面出于他的良心，另一方面常常想起芮瑾对他的提示。再加上这一点非常要紧，那就是胡雪岩内心很清楚：他出来闯天下，不敢说完全没有做不凭良心的事情。我想这一点是所有成功的人，最好都要自己反省的。

在成功的过程当中，难免伤害了别人，难免做一些有昧良心的事情。唯一的办法，就是多做善事，把它弥补过来。我们还是讲一句话：一个人不要把老天爷踢开了。因为只有老天爷，才会让我们记住常常凭良心做善事，就算偶尔有点儿差错，也来得及把它弥补过来。

（5）胡雪岩为什么要穿官服和大家见面？他想表达什么意思？

我们很容易意识到，胡雪岩把官服穿出来，是表示隆重的意思。第一，表示这次不一样，跟大家讲的话，大家要多留意一些。不是跟大家闲聊，因为这是很慎重的事情。第二，也表示我很尊敬大家，很看重大家，所以才会穿官服。他认为这次聚会，跟平常的聚会不太一样。我们很慎重，要处理一些大事情。我想给大家一种差异性的感觉，使大家特别用心地来聆听这次聚会的内容。这样的效果当然会提高一些。第三，胡雪岩也在显示他自己的身份，除了老板以外，还替官方做事。换句话说，如果有人违纪的话，我不光可以作为老板处罚你们，我甚至可以以官的身份把你们送去法办。这样一来，就加强了对大家的约束力。

可是发出这种威慑之后，胡雪岩所讲的话很缓和、很和蔼。这样的搭配，我觉得是恰到好处。胡雪岩并没有一开始，就由自己把所有的话都讲出来，他先让柳成祥讲。我觉得这是一种艺术。柳成祥很不方便把胡雪岩对谭则云的感想通通讲出来。他支支吾吾、吞吞吐吐搞了半天也没讲清楚。然后胡雪岩才讲：不是这样的。如果没有柳成祥这么一个前奏，胡雪岩马上讲出来，大家会不会觉得他太不顾兄弟的感情呢？现在让柳成祥先讲一讲，使大家感觉到，有些事情，光凭兄弟的感情，是没有办法解决问题的。像柳成祥这样的说法，大家还是搞不清楚，所以我干脆赶快说清楚一点儿，这样大家比较容易体谅他的苦衷，接纳他的想法。

（6）胡雪岩为什么说“天若败，败我胡雪岩，决不败二位兄弟”？其他的人怎么办呢？

我们都很清楚，胡雪岩的作风一向就是这样。有事我负责，不要连累大家。我想这是一个做领导的人，应该有的气魄，应该有的决心。不过我们也讲得很清楚，讲这种话实际上宣誓的意义比实际的意义要大。向大家宣誓，表示我有这个决心，表示我愿意承担所有的责任。他有这个心，实际上我们也理解。很多责任，还是要大家一起来负担。他说，有事情我负责，不会让二位兄弟负责的。下面那句话才重要，他说今天在座各位也都一样。换句话说，有事情我胡雪岩一个人担，不会连累你们。同时他也说，这么长久以来，大家也累了，觉得疲累的人可以自己选择，就算现在退休，公司也会供养一辈子，没有问题的。

胡雪岩现在碰到了很重大的事情，老实讲，这种事情是火跟纸之间的关系。换句话说，只要火在，纸怎么包也包不住的。柳成祥还想打马虎眼，胡雪岩认为反正大家已经知道了，把它拆开来。拆开来以后，告诉大家我们重新来过。我觉得时机很恰当，措词很恰当，做法也应该很有效才对。

（7）叶仲德堂为什么对老人说，要买龙虎丹得到胡庆余堂来？有什么用意？

龙虎丹是一种很不容易制造的药品，一般的药房，都不敢制造这种东西。说清楚一点儿，就是根本买不到。所以叶仲德堂才会跟老人讲，这种药你到胡庆余堂去买吧！这是将他的军，就是要给胡庆余堂难堪。你的药房能供应什么东西？你有本领就造造龙虎丹呀？很多事情表面上看是好意，说：你去买啊！他比我们能干啊！他做出来以后，我要去拜他为师啊！讲得很好听，但是背后是很恶毒的。当然在老人听起来，不会感觉到这是人家在唆使他去做一些让胡雪岩难堪的事情，所以很好利用。

老人把这些话原原本本地讲出来，看看胡雪岩有什么反应。他的反应，后面有一个人在看，就是叶仲德堂的老板。我将你的军，看你怎么办？当然啦，胡雪岩的个性大家很清楚，他是经不起激的，你一激他就非干不可。一干就很可能上当，因为冒险去造这种药，迟早是要出人命的。一出人命，大家群起而攻之，趁着这个机会把胡雪岩打垮。我们常常觉得，任何一件事情，背后很可能都有一些阴谋诡计。当然啦，如果我们每一个人，都把每件事情想得那么复杂，就根本不要过日子了。可是话讲回来，一个高阶层的主管，一定要有这种警觉性。任何事情，想一想有没有这种可能。有的话，我怎么办？习惯成自然，也觉得很轻松。

每一个阶层，要养成每一个阶层的一些态度、一些习惯，就是这个道理。基层员工不必想那么多。人家跟你买东西，你还要想有没有什么阴谋诡计，那生意不要做了。可是员工就要有比较高的警觉性：这个人平常不买这种药的，突然间买是什么意思？这个人向来是打电话来的，这次他不打电话，亲自来了，是怎么回事？凡是当主管的人都应该要好好地给自己一些线索去思考，一定要警惕这个变异后面有没有阴谋。

（8）叶子耕为什么说不能制造龙虎丹？胡雪岩为什么一定要在十五天之内做出来？

叶子耕的理由讲得很清楚，这种药有药方有药材，应该是可以做得出来的。但这只是理论上说说而已。实际上，因为里面有一味药是有剧毒的，只要搅拌不均匀，分量稍微多一点儿，就会吃死人，所以大家根本不敢做。可是胡雪岩不这么认为，他认为有药方，药材买得到，就可以做。所以他满口答应，15 天之内，就到我这里来买。这样到底好不好？我觉得从好处看，他很积极，很求上进。但是从坏处看，他实在太冒险了。而且没有跟下属商量，就这样决定，有时候会使下属非常为难。基本上，我们不赞成老板用这个态度，满口答应，然后逼迫下属去配合他。

话讲回来，如果他跟老人讲：你过两天再来，我们给你消息。就当时大家的知识水准，都会认为胡雪岩没有气魄，也会认为胡庆余堂根本就做不出来。胡雪岩也许在当时的情况之下，为了争一口气，断然处置，也说不定。如果把胡雪岩的这种做法，当作是非常时期的非常措施，我们没有理由反对。如果把它当作是常规，经常这样，我们还是觉得不是很好。当然，这一次幸好大家配合，如期在 15 天之内做出来。假定不行的话，是不是更加难堪呢？所以我们再说一遍，胡雪岩的这种态度是他的优点也是他的缺点。用在研究发展方面，我们觉得很好；用在这种还没有十分把握，就开支票的情况，讲一句不好听的话，只能用在竞选上，用在创业上是不可以的。

（9）胡雪岩为什么要大家在制药工具上想想办法？他的建议有效吗？

这一点我们非常钦佩胡雪岩，因为他的做法，跟一般的老板完全不相同。各位看，一般的老板开出支票承诺了，然后就没有事了，把整个的责任都推给下属。我已经答应人家了，你们去想办法吧。这样的话，下属怎么做得出来？胡雪岩开出支票，却把责任放在自己身上。所以他自己倒茶，把大家邀约过来，说我们来研究。他把自己也当作解决问题的一分子，大家就比较服气。大家看到老板已经答应人家，自然会有一种压力。再看到老板这么诚心诚意，想要把事情解决，就会心甘情愿地来讨论。既然药方、药材没有问题，那问题出在哪里？胡雪岩很聪明，马上想到，就是在工具嘛！没有搅拌器，用一般的工具，怎么行呢？我觉得他这个人推理能力是非常强的。如果药材买不到，我们当然从药材上面去动脑筋。如果根本没有药方，那他也不会答应。胡雪岩就是心里有数，有药材，有药方，那剩下的问题就很小嘛！就是制造过程中制造工具上面的问题。抓到重点，他那边先开出支票，这边再跟大家共同努力，果然让他达成目标，又一次突破难关，再一次建立在医药界的信用。也是我们常讲的，把危机变成转机，看看叶仲德堂的态度怎么样？你想看我笑话，我就真正做出来了，你看什么笑话呢？从这个角度分析，我们也不得不佩服胡雪岩，抓得到重点。这在管理上，叫作 ABC 重点管理。就是把可以解决的问题，先摆开；把不能解决的问题，放在一边；然后按照重点来抓住，再一一来解决，很自然就可以把龙虎丹做出来。因为龙虎丹最难的，就是搅拌不均匀。现在想办法，让它搅拌得很均匀。用的药不会超过分量，它有毒，但是不至于毒死人。这样的话，就很安全了。所以做任何事情都要讲究方法，胡雪岩在这方面，有很独到的地方。

创业提示：赚了钱就要做善事

谭则云收受回扣，以致茶叶生意赔钱，蒙受损失。胡雪岩发觉之后，首先自我反省，是不是自己做得不好，处处让柳成祥和谭则云寸步难行，才逼得谭则云不得不如此。

胡雪岩想了又想，谭则云这位好兄弟，怎么会变成这样？他终于想通了，是自己没有把老大当好，赚了钱没有赶紧多做善事，或者做得还不够，老天爷才会这样警告他。

当年，胡雪岩刚刚从事米粮生意时，芮瑾曾告诉他四句话："为人不可贪，为商不可奸。若想做善事，手中先有钱。"只是他现在可能多了一种感慨："有了钱想做善事，有时也很不容易呢！"但他并没有因为不容易就放弃，而是因为谭则云的事，反而更坚定了做善事的决心。因为他现在手上确实有钱了，力量也更大了。

06　天助神佑制药

中国人对老天爷的感情，特别深厚。我们相信只要一切秉持天理而行，也就是凭良心做事，应该能够心安理得地获得良好的结果。

胡雪岩看见老翁的独生子好不容易考中举人，一下子得了癫痫病，一笑起来就没完没了，实在很可怜。他决定要冒险制造龙虎丹，来治疗癫痫病的患者。余修初只好祈求天助神佑，药王托梦，来帮助药工把龙虎丹造出来，以拯救生灵。

这种天人合一的观念，在中国社会相当盛行。经商、从政、为学、做人，最好都要存有“敬天”的心态。不过，前提条件是做正常的事情，求正当的利益。因为天助神佑，只会出现在正大光明的一面。

在胡雪岩的鼓励下，大伙儿想出用纯金纯银的药具来制造龙虎丹。到了要配药的那一天，胡雪岩亲自来到药房，听见大家齐声念着：“天助神佑，药王托梦，龙虎成丹，拯救生灵，神法森严，恪遵而从。如有违背，天理不容。药王有令，特托仙梦，所有草药，磨制成粉。用此神棒，在药粉中连接龙虎二字九百九十九遍，必有龙虎显灵，使龙虎丹大功告成。”大家边念边在药粉中写出龙虎二字，连写九个时辰，才将所有药粉混匀。

龙虎丹造成，那个患有癫痫症的青年，喝了之后，先是倒在地上，捶着胸口打滚，哀叫不停。不久居然坐了起来，病好了。胡雪岩高兴地大肆赏赐所有辛苦参与的药工，更加相信胡庆余堂没有做不出来的药。

这一天杨昌浚来拜访胡雪岩。胡雪岩马上到大厅接见，他直接提出要求，想在义廊搞个义渡，让绍兴和金华人不花钱白渡。杨大人说：胡大人已经将义渡兴建月余，现在又找我商量，是什么意思？话中略有不满，胡雪岩却说因为是造福人民，所以先斩后奏。杨大人表示无能为力。胡雪岩惊问为什么，杨大人说京城方面借题发挥，要力挫湘军在浙江的武官，他已经接到刑部传帖，要进京候审。他向胡雪岩说："此次造访，第一是向大人辞行，第二是劝大人在义渡一事好自为之。"

胡雪岩试探能不能找左宗棠帮忙，杨大人回说没有用，只能走一步算一步了。这时下人脸色苍白地进来报告，三廊义渡出现纠纷，阿宝的腿被人打断。芮瑾也赶来，把阿宝带走，责怪自己把阿宝送进胡家。

胡庆余堂又要公开杀驴，同样是为了做广告，增加大家的信心。

智慧问答

（1）余修初为什么领导众药工求助神佑？为什么说神法森严，恪遵而从？

这是一种现代化的宣誓。他们当时的做法，就是这个样子。大家一起来，高声求神保佑。和我们今天的宣誓，道理一模一样。如果说余修初用他自己的口吻下达命令：你们要这样，要那样。各位想想看，这些药工会服气吗？他们不会服气的。他们认为你讲几句话，我们就要当作神旨一样听，那才怪！你讲归你讲，我听归我听，到时候我爱怎么做就怎么做。中国人向来是这样子，我们也无从反对。我说无从反对，就是因为这样对他最合适。但余修初并没有这样做，他说我们一起来求神保佑，他是借着神来增加他的威力。如果说"我讲的"，人家不一定听。你说"神讲的"或者"神托梦给我"，大家比较容易接受。这就是为什么我们的社会经常会蒙上一些神秘色彩的原因。老实讲不要从迷信的角度去看。只有人才会迷信神，宗教本身是不会迷信的。这句话最重要：如果你自己不迷信，一切东西到你手上，都是一种管理工具，不是迷信。

（2）胡雪岩为什么要搞个义渡，让绍兴和金华人不花钱白渡呢？

对中国人来讲，回馈乡里，造福桑梓，一向是我们最大的愿望。一个人功成名就的时候，如果在家乡没有一点点建设，所有的人都会骂你。大家认为你受地方的栽培，得到地方的好处，结果成功了，却完全忘本了。

中国人最讨厌人家忘本，所以我们一有了名以后，一定要为家乡做些实事。你看做了大官以后，第一件事情就是荣归故里。一方面是分享荣耀。老实讲不是家乡人，你的荣耀跟谁分享？所以他要在这里做义渡，最主要的原因，就是做给大家看。我胡雪岩赚了钱，没忘了回馈社会，回馈我们的乡土，使大家没有话讲。另一方面，我们也很容易理解，他是为胡庆余堂设想。因为他的药店离原先那个轮渡口比较远，一般人上岸，就到其他的药店购买。除非真正了解的人，才会跑到他这里来。现在他在这附近另外搞个义渡，很多从绍兴、金华那边过来的人，就会直接到他这边。

为什么会引起派系纠纷？为什么会搞到阿宝被人家打断腿？就是因为利益攸关，使得大家起纠纷。你伤害到他，他为了保护利益，当然全力加以阻止。就算是好事，也要阻止，这是我们今天还时常看到的事情。胡雪岩还有一个想法，就是要提高他的声望。他认为你们反对，我就要做，看你们能把我怎么样？有些事情，越容易做的他越不做；越难做的他越要做。这是什么心理？我相信各位一想就很清楚。中国人的想法，就是当我有权有势的时候，我不做；将来没有权没有势的时候，我怎么能做呢？此时不做，更待何时？我相信很多人有这种想法，才会做出一些奇奇怪怪的事情。那些奇奇怪怪的事情，到底是好是坏，我们要比较冷静地来评估。没有秦始皇那个暴君的话，中国有长城吗？没有那些听起来好像很不像样的皇帝，会有那么好的艺术造诣吗？如果说音乐是大家都可以参与的，像今天的 KTV 一样，还有高水平的音乐作品吗？我只是提醒一下，不要从单一角度去谈问题，任何问题有好也有坏。暴虐的君王很糟糕，大家都知道。可是在某些方面，如果没有那么专制，那么跋扈，没有老百姓那么怕他，我们也就没有那样的文化。从这个角度来看，胡雪岩这样做，最起码多了一个轮渡。我们不要怀疑他的动机是什么，只要往他为地方谋福利，为大家增加交通上的方便去想，他是应该这样做的。

（3）杨昌浚为什么劝胡雪岩好自为之？又为什么对胡雪岩说找左宗棠没用了？

杨昌浚本身是官场的人物，知道官场的险恶。老实讲，官场绝对不输给商场。商场还是纯粹的利害关系，要赚得钱比你多，要比你更气派，如此而已。官场可不是这样，官场的拼斗是你死我活的。为什么？因为就只有这么一个缺，你得到我就没有。我想要得到，就要不择手段。官场的斗狠，有时候比商场要严重得多。

他告诉胡雪岩，虽然你做义渡是好事情，但是站在派系斗争的立场，能不做就不做吧。一个人居然会劝胡雪岩不要做好事，可见他有很多很多感触。他知道说翻脸就翻脸，说没用就没用。因此警告胡雪岩说，千万不要把最后的希望寄托在左宗棠身上。你和人家斗，我去告诉他、把他找出来也没有用。为什么？因为左大人的个性太耿直。一个太耿直的人在官场绝对是倒霉的。他将来变成泥菩萨的时候，你去求他也没有用。他可能连自己都保不住。为什么跟左宗棠这么亲近的杨昌浚，会讲这种话？其实很简单，杨昌浚现在也被人家密告，被人家讲东讲西，左宗棠也帮不上忙。所以他才趁早告诉胡雪岩，要好自为之。自己的好坏，自己要承受，不要想靠别人。这些话如果胡雪岩听得进去，对他以后会有很大的帮助。

（4）胡庆余堂为什么又杀驴了？芮瑾为什么怪自己把阿宝送进胡家？

很多人到现在还想不通，为什么一个房子失火了，那么多人在看热闹？为什么两部车子撞在一起，很多人在围观？原因很简单，因为我们中国人有一句话，叫作百闻不如一见。亲眼看到，才算数。你讲的可能是骗我的，要看一看，因为机会难得！如果朝这个方向去解释，就很容易了解中国人的心态。杀个驴子，大家围起来看，就收到宣传广告的效果。登个报纸，大家不一定看到；发个传单，大家把它丢在纸篓子里面。敲个锣，打个鼓，“杀驴喽”，保证大家通通来了。大家才相信，胡庆余堂真的杀驴，不是骗人的。我亲眼看到的，哪里假得了？杀鹿，杀驴，其实只有一个目的，就是以昭公信。让大家知道，胡庆余堂不是随便讲讲而已，是真的在杀，是真的用这些做材料，大家不用怀疑。这种广告的效果是很强的。当然啦，大家会觉得这不是很残忍吗？怎么可以当街表演呢？

人杀驴，人杀鹿，在我们讲起来，并没有什么不对的地方。如果用今天环保、爱护动物的眼光来看，我们很难去想象这些事情。可是我们要了解，时代背景不一样，我们不能用现在的观点，来看胡雪岩当时的情况。

我们更要同情芮瑾。她认为当初我把阿宝推荐给胡雪岩，只是跟你一起好好奋斗。没有想到，现在连累到阿宝，腿都被人家打断了，这是我芮瑾的责任。这一点才是我们中国人很特别的想法，也就是说：我不杀伯仁，伯仁因我而死。她认为阿宝是我芮瑾害的，我有责任把你救治过来。因此她就说，我要把他带回家去。胡雪岩当然也要争一口气，阿宝在这里断腿，我难道没有办法把他治好吗？这是非常感人的，大家不推卸责任，都把责任往自己身上揽。后来胡雪岩说，那好吧，有毕四姐照顾，就让他去吧！两个都要，然后衡量谁的优势大，谁就对阿宝比较有利，而不是对其他人有利。我们以阿宝的心情，来替阿宝解决问题，这是很妥善的思考法则。

创业提示：人定胜天 VS 如有神助

余修初率领众药工向神明膜拜，祈求天助神佑，药王托梦，使治疗癫痫病的龙虎丹，能够早日顺利制成，以拯救生灵，恢复病患的神志。

人定胜天，固然很有道理。但是，天定胜人，也是常见的事实。这个世界，原本是天和人所共有，唯有天人合作，才能够天从人愿，万事顺成。

具有人定胜天的决心，还需要加上天定胜人的涵养。认清人只有在顺天、敬天、事天的大前提下，才能够胜天，就不会伤天害理，以人力来破坏大自然。

人定胜天和如有神助，并没有矛盾的地方，只有顺天、敬天、事天的人定胜天，才可能如有神助。

07　梦瑾襄助工作

胡雪岩的想法，是女人家打扮得漂漂亮亮，才是享福的生活，不要参与男人的事务。殊不料梦瑾的观念刚好相反。她整天待在家里，无所事事，觉得闷闷不乐。胡雪岩骂她小姐身子丫鬟命，她还是忍不住要跑出去找工作做。

她找到柳成祥，要求指派一份工作，让她发挥发挥，施展一下才能。柳成祥宁可给她银票供她花用，也不敢把工作交给她做。

结果她又找到胡雪岩，坦承需要有想不完的主意、做不完的事，心里才觉得踏实。胡雪岩经过一番体验，似乎也领略到人各有志，不能勉强，所以答应把蚕丝的工作交给梦瑾。

其实，男人、女人都一样，不必在性别上做太多的区别，有心把事情做好才最要紧。

胡雪岩到上海之前，特别交代余修初，注意这八个字：功自心诚、利从义来。

老太太却交代胡雪岩，到上海要设法找到梦瑾，因为她好歹也是从咱们胡家出去的。

胡雪岩按照往例，去探望芮瑾。毕四姐热心地招呼他，说芮瑾在家照顾阿宝，没在店里。胡雪岩问毕四姐，你觉得阿宝怎么样？毕四姐红透了脸，怪不好意思。胡雪岩说宅子和家具都安排好了，意思是要给阿宝做媒，娶毕四姐进门。他说完正待要走，又转头交代：毕四姐，以后有需要，不管我在不在，跟我宅子上说一声就行。说完才快步离去，觉得格外轻松。

柳成祥听说胡雪岩来到上海，马上过来请安。大家谈起左宗棠，胡雪岩说约定在潼关会合，又问能不能找一些上等补品送给左宗棠，柳成祥回说按照您的规定，胡庆余堂救命不救寿，所以不卖补品。胡雪岩交代去买一些，还特别宣布梦瑾为阜康总号的副襄理，要谭则云以后有什么决断不了的事情多问问梦瑾。

柳成祥说要留在上海，过几天才出发，因为很多事情尚未交代清楚，放心不下。胡雪岩告诉柳成祥："成祥呀！我是离不开你啊！"柳成祥不好意思地低下了头，十分感动。

杨大人出任陕甘巡抚，多亏李莲英的美言相助。胡雪岩也恭敬地拿着甜食让李莲英尝尝。李莲英谦虚地推说是左宗棠的力举。胡雪岩则感叹地说：朝里有人好办事，这和李大人的提携至关重要。

曾纪泽拿着太后的密诏赶过来和李鸿章商量。李鸿章力主东防，对太后派曾纪泽赴俄复议十分赞成。曾纪泽担心左宗棠有意见。李鸿章说：当初曾左常有国事兵略之争，他左宗棠总不会再挤对你这晚辈吧！要曾纪泽放心地上任。

智慧问答

（1）胡雪岩要余修初做到功自心诚、利从义来，是什么意思？

"功自心诚"的意思，就是说所有的事情，都是从心里诚不诚所发出来的一种功。我们常常觉得，有一句话是很普遍的：只要努力工作就好了。实际上这句话是不正确的。我们应该深一层去想：努力工作没有用。努力工作，不一定成果会好，因为没有用心！没有用心，很努力，最后成果不好，反而浪费更多的材料、更多的时间。所以我们把它修正一下：用心做事才要紧。

中国人常常讲，你的心有没有用进去？如果把心灌到事业里面去，把心灌到工作里面去，我们就叫他诚心诚意。一个人诚心诚意，就是我们平常所讲的，叫作有心人。有心人一定成功，所以叫作功自心诚。做任何事情要诚心诚意，不要老想到结果，要掌握整个过程。动机很纯正，过程抓得很正确，结果一定在自己的掌控之中。利不是不好，只不过利有好几种：一种叫作合乎义的利，一种叫作不义之利。胡雪岩最反对不义之利，他主张利从义来。只要利润合理，我们一定要赚。不合理的利润，我们宁可不要。这样一家公司，才会长久发展下去。

很多人误解，孔子反对讲利。我觉得很冤枉，他只是反对不义之财，孔老夫子不反对我们赚取合理的利润。我想这一点，今天大家已经慢慢想通了，不会再错怪孔子才对。

利润有暴利、邪利、近利，我们要小心，因为这些东西看起来很好看，但是会把自己卷进去，弄得自己的前途完全没有光明。所以我们最好把这些去掉，追求比较远程的，看得远一些，追求合理的利润。合理的利润，大家听听都觉得这是应该的。过分的利润，叫作暴利，除非不让人家知道，否则没有人能服气。可是不让人家知道，是很困难的，终究大家会知道，最后吃亏的还是自己。胡雪岩离开的时候，特别交代余修初，注意这八个字：要“功自心诚”，一切诚心诚意；“利从义来”，利润一定要合理，不合理的绝对不要。

（2）胡母为什么交代胡雪岩到上海找梦瑾？她不是很不喜欢她吗？

我想不喜欢是一回事，要找梦瑾是另外一回事。不喜欢她，只是两个人合不合得来，情感上是不是很融洽。但是要找她，因为她毕竟和我们是一家人。中国人很善于把矛盾的东西，统合起来，使它完全没有矛盾，这是很高明的一种做法。如果说我讨厌这个人，我就不想再见他了，这是朋友，这不是一家人。一家人就是我讨厌你，但是我还是要跟你在一起。你不喜欢听的话，我还是要讲。我常常提醒现在的人，我们很遗憾，而且也很可怜，我们弄得只有朋友，而没有家人。这种话，我们不断重复的原因，就是我们现在痛苦的根源就在于此。

我们可以看到胡母，她很不喜欢梦瑾，是因为她在这里吵吵闹闹弄得家宅不安。站在一个女主人的立场，她当然不喜欢这种人。可是这个人，就算不是我把她请回来的，也是我的儿子把她讨回来的。我没有办法，看在儿子的份上，我要照顾她，这才叫一家人。胡母的这种修养很合理。她交代胡雪岩，到了上海，还是找梦瑾吧！我们毕竟是一家人。这一句话，当然胡雪岩也很喜欢听。因为胡雪岩心里头也是这么想的。虽然他很生梦瑾的气，怎么可以这样走了呢？说走就走，还算是一家人吗？但是他还是希望她回来。

我们常常看到一家人团聚的时候，妈妈的心往往在那个没有回来团聚的小孩儿身上。我们觉得奇怪，眼前这些人你都不觉得可爱，老想那个没有回来的人干吗？其实不是这样子，因为来的已经来了，大家面对面，已经有行为上的互动。当然要想想不能来的人，缺了他我们就不圆满了。他如果回来，我们一家人团聚该有多好。这种心态是很自然的。所以说，一家人团聚的时候，如果父母想到在外的游子，或者在外旅行不能回来的家人，我们不能认为他偏心，要认为这是很正常的。这样一来大家才能理解，什么叫作真正的一家人。

（3）胡雪岩为什么交代毕四姐，有事跟家里说一声？

胡雪岩是一个感情很浓厚的人，当然我们不能否认他的事业心很重。他常常想到还有很多人没有照顾好。尤其是谭则云发生这么大的事情以后，他更是要自我检讨，对谭则云没有照顾好，对阿宝没有照顾好。所以现在他特别想要让毕四姐跟阿宝成亲，来了断他照顾的心愿。可是这种事情，不是说马上就可以办的。所以他先跟毕四姐讲，讲完以后，为了让毕四姐能够心里头有这种家人的感觉，特别告诉她：有事不管我在不在，你跟家里说一声。跟家里说一声就好，把毕四姐和阿宝都纳为他胡家的人。这是一个好老板照顾员工应有的表现。当然，你说平常他就应该这样子，那是我们太苛求他了。发生这么多重大的事情，如果他还不能有这样的一个想法，那这个人真是心太狠、太硬，甚至可以说是无情。一个人无情，就不是好老板。胡雪岩两边兼顾，一方面事业要跟人家斗，所以很狠；可是在亲情方面，他又很柔，想得很细，使人觉得他是一个活生生的、有血有肉的人。

我们能够感觉出来，毕四姐本来对胡雪岩的印象不好，可经过这么一来，她对胡雪岩的印象完全改变了，认为这个硬汉，在商场上不得不如此，实际上他还是铁血柔肠的。经过这么一来，毕四姐很感动，觉得照顾阿宝好像是她的事情一样。她觉得应该替胡雪岩做些事情，因为很难得有这么好的老板。

（4）梦瑾为什么想和刚开始跟胡雪岩在一起时那样，帮他做些事情？

如果梦瑾刚刚碰到胡雪岩的时候，胡雪岩就把她买回家来当丫头，我想她也习惯了。因为生来就是丫头的命！一进来就是这样子，她不会有现在这种想法。偏偏她跟胡雪岩刚开始在一起的时候不是这个样子。胡雪岩要她女扮男装，叫她做这做那，教她打麻将要输给谁要赢谁，使得她很有成就感。一个人有了成就感以后，你再不给他表现的机会，他一定受不了。梦瑾就是我们所描述的这种人，因此三番两次都要求给她工作，让她有机会表现一下，心里才感觉到有存在的价值。她第一次求柳成祥的时候，再三表示她的心愿。可是柳成祥毕竟不是胡雪岩，没有办法做最后的决定。梦瑾是胡雪岩的姨太太，柳成祥更不可以做出越权的决定。所以柳成祥跟她讲，你不要给我找麻烦，可是梦瑾还是不死心，她在外面闯荡一阵子之后又回来了。

胡雪岩把她叫回来，她真的非常高兴。因为她以为胡雪岩会骂她、会处罚她，甚至会把她关起来，或者送回家里面去，但胡雪岩都没有。胡雪岩说：好吧，我们再想办法吧！因此梦瑾开始燃烧起一股希望的火焰。这对梦瑾来讲，是她生命中一个很大的转折。一个人的成长，其实就是我们应该因应环境的变动。不过我们从开始看到现在，发现梦瑾的适应能力不是很强，这是她的致命伤。她有喜欢工作的愿望，但是缺乏人情世故的素养，没有在这方面向胡雪岩学习，这是很遗憾的事情。

（5）胡雪岩为什么规定胡庆余堂救命不救寿呢？

我们来虚拟一下，如果当初胡庆余堂专门做一些补药，专门做一些很贵重的可以延年益寿的药，那它的客户是谁？就是那些很有钱的人。如果这样，胡庆余堂能够流传到现在吗？我想这是不可能的。因为有钱人不会感谢你，我有钱，要买什么东西，都买得到。他甚至于嫌你贵，甚至于嫌你使他活得不够长。总之他们不会感谢你。而一般的大众，没有钱买什么补药、高档的药，跟胡庆余堂根本没有瓜葛，更不会怀念这么一个药厂。所以胡雪岩一开始，就替药厂制定了一个经营目标，这是非常正确的。用市场划分的观念来看，这一点胡雪岩也很先进。他说我们的药是救命的，不是长寿的。那些药我们不要做。他所做的药是大众所需要的。这样一来，价钱便宜，药品齐全，使用的人多，受惠者众。所以他才会一直被大家所怀念。

我们常常讲市场划分，其实经营目标也应该往这方面想一想。如果现在没有，很单纯，只想到要赚小孩儿的钱；很单纯，想到小孩儿的钱比较好赚；很单纯，想到我所有的东西，都是来引诱小孩子的，让他们对我发生兴趣，父母不买，他会吵到让父母买，这算什么经营目标？我们回想一下，胡雪岩一再说，要有爱心，要赚合理的利润，跟这个救命不救寿非常吻合。还有一句话也顺便提出来，叫作救急不救穷。中国人向来是救急不救穷，亲戚朋友有急难，我们一定要救他。但是穷人就好像活该，谁也救不了。所有穷的人都来了，你没有那么多钱去救他们。就算救他们，穷人认为反正有保障就不用奋斗，也等于害了他们。救急不救穷，救命不救寿，是同样的道理。只不过胡雪岩掌握得很准，拿捏得很巧妙，这是他很高明的地方。

（6）胡雪岩不是不让女人介入生意吗，为什么又让梦瑾担任副襄理呢？

我们都知道，当一个人经历过很多事情之后，他的观念是会改变的。有的观念会加强，有的观念会减弱，有的观念甚至于会一百八十度地改变。印证过很多次以后，才知道这个观念是不正确的，他自己会改变。你看他对芮瑾，如果不坚持芮瑾不要干涉生意的话，很可能芮瑾就答应跟他结婚了。他跟芮瑾讲，你不要这样，芮瑾划着小船就走掉了。她心里想：你凭什么跟我约法三章？要不要介入，我自己决定，你多嘴什么？这个刺激对胡雪岩是很深的。他又发现，有很多事情还是芮瑾比较内行。他就会想到，如果让芮瑾来参与生意，说不定会给我更大的帮助。现在他又想到，如果不是梦瑾的话，他跟洋人打交道时，有很多事情他自己是没有办法做的。于是他就想到当初梦瑾也帮了他很多忙，也表现得不错。现在他又发现，梦瑾一心一意想要做工作。再说，他也需要人。谭则云如果很可靠，他大可放心地离开上海。现在谭则云这个样子，使他感觉到这个人到底是怎么回事？不完全交给他，说不过去；完全交给他，又放不下心。我觉得这是很有趣的事情，老板在放心跟放不下心之间，经常很犹豫。胡雪岩不是不放心谭则云，他是对很多事情放不下心。所以干脆说好了，让梦瑾挂个副襄理的名，彼此好有个商量。谭则云也不会说“糟糕了，怎么办”，外界的人也不会逼迫谭则云要他做决定，因为他现在可以推，还有一个副襄理。虽然总襄理不在，我还得跟副襄理商量商量。这么一来，可以得到很多好处。所以他才改变观念，让梦瑾来试试看，让她当副襄理。至于梦瑾做不做得好，我想我们现在不必推测，往后再看下去，看她得到这个新职务以后，怎么表现，怎么调适自己。

（7）胡雪岩为什么说他离不开柳成祥呢?

其实，这种话如果胡雪岩早说出来的话，柳成祥就会更有担当，更加用心，可是，他从没讲过。并且如果他早跟谭则云讲一讲，我相信谭则云也不会做出这种让人伤心的事情。

我们对柳成祥真的没有话讲，下属做到像柳成祥这个样子，真是了不起。他有三个优点，我们把它归纳出来，大家一起来思考。

第一，他有能力，又有责任心。有些人有能力，但不敢负责；有些人，完全没有能力，可是非常负责。这种人其实很要命，他没有能力，但他什么都要负责，结果搞得一塌糊涂。一个人要负责，拜托千万要先有能力。有能力的人，才有资格讲负责。柳成祥有能力又肯负责，这是他的第一个优点。

第二，他非常尊重老板的最后裁决权。就是说，你不点头，我不会做。你点头，我才做。这是非常重要的。一个老板如果连最后裁决权都掌握不住，请问这个老板怎么当？下属认为可以就做了，下属认为没有错就决定了。下属说我负责，然后他爱怎么样就怎么样，心目中还有老板的存在吗？若是老板不同意，该怎么办呢？一个好下属，不管多能干、多负责，都应该尊重老板的最后裁决权。他不点头，你不要行动。这一点，柳成祥做到了。

第三，他会很体谅老板的苦衷，很配合老板的企图。你看他对胡雪岩的所作所为，都尽量往好的地方去解释。买房子，是为了大家的面子，不是为自己享受。那么多姨太太，是为了事业上的需要，不是他自己喜欢过那种特别的日子。一个人能够跟老板配合到这种地步，并且无怨无悔，老板总有一天，也会从心里头发出这种感觉，认为柳成祥我离不开你。这样，两人都非常愉快。人生短暂，只有几十年，能够碰到这样的知己，那才是最大的福气。柳成祥听了这话，当然很感动。东家怎么讲这种话？他会更加效忠，更加卖力。我想这是没有疑问的。

（8）胡雪岩说“朝里有人好办事”，是什么意思？

其实这是一句老话，就是说朝里有人，你才好做官。如果朝里没有人，这个官就很难做得好。从胡雪岩自己的经验，朝廷里面有什么风吹草动，李莲英马上就找人来告诉他。他事先得到情报，就知道如何去应付。他自己有什么事情，也可以通过管道，让李莲英在西太后面前美言几句，减少很多的阻力。他自己尝到了这个甜头以后，才更能体会到“朝里有人好办事”。这种话之所以流传这么久，就是因为有很多很多的事实，大家听来听去，都觉得的确是这个样子。胡雪岩除了听来的，还加上亲身印证，所以他才会这样讲。现在又多了一层意思，就是说地方官常常找麻烦，如果朝里有人的话，地方官会比较收敛一点儿。他知道这个人惹不起，惹你，将来你报告朝廷，然后上面施压，他这个地方官就会很吃亏。所以朝里有人，地方官自然会让你三分，你就比较好做事。

有些人把与领导的合影挂在客厅里面，其实都是这些作用，告诉大家，你少惹我。你惹我，我有这么多关系，牵来牵去，有一天你会倒霉，如此而已。中国社会是人与人交际关系的社会。全世界都讲人际关系，中国最复杂，也最重视。只要人际关系搞不好，你再有本领，迟早也要吃亏。胡雪岩之所以会成功，主要因为他具有这种观念，中国人根本就是牵来牵去，像整片的竹篱笆。只要一个地方掉下来，整个都会受到影响，必定要拉来扯去，只有整理得好好的，才不致破裂或散掉。胡雪岩很舍得花小钱，不舍得花小钱，人际关系不会好。他不是乱花钱，而是把每笔钱都想得好好的。如果他不这样一路思考，什么地方要送礼，什么地方要花钱的话，请问一个穷跑街的，他的人际关系是怎么建立的？

（9）李鸿章说曾左常有国事兵略之争，却认为左宗棠不会排挤曾纪泽这位晚辈。这是为什么？

中国人说起来很奇怪，一方面喜欢搞关系，一方面又常常利用关系来做事情。有时候想到曾纪泽是曾国藩的儿子，左宗棠一定会给他面子，做事情比较顺畅。然后又会想起，父亲跟儿子是两回事，为什么扯在一起？公事公办，大家依法处理，亲戚又怎么样？我们经常讲两种非常矛盾的话。什么话有利，就把那句话当作真理。我觉得这是不合适的观念，我们应该改变一下才好。就是说任何事情要从合理的角度去看才会合理，从不合理的角度去看就不合理。换句话说，如果合理地应用关系，效果很好，大家都会接受。用不合理的手段、不合理的方式来利用人际关系，当然效果很差。这样的想法，应该比较好。

曾国藩对清廷的贡献有目共睹。老实讲，很少有汉人能够到达曾国藩这种层次，获得清廷这么大的信任。曾国藩讲什么几乎都是算数的。可是他非常自爱，从来不乱来。曾国藩在的时候，卡位之争并没有那么激烈。只要曾国藩讲一句话，左宗棠固然愿意听，李鸿章也会听。现在我们看到李鸿章的心意是不希望左宗棠继续在新疆打仗。他想让曾纪泽去议和，一旦合约下来，左宗棠不离开新疆也不行。他为什么找曾纪泽？一方面因为曾纪泽出面左宗棠没有话讲。可是如果真是这样的话，李鸿章现在会被人骂得很难听。实际上李鸿章也有他的考量，我觉得也应该给他一些正面的肯定。因为像曾纪泽这样的人，是很好的外交人才。他当时在伦敦担任的职务叫作驻英公使。光绪六年，也就是 1880 年 5 月，他接到圣旨，以驻俄公使的身份到俄国去签订条约。整个事情在当时的情况之下，可以说做得相当好。大家都认为，他是一位受敬仰的外交家。李鸿章推荐他，因为曾纪泽是人才，左宗棠会让他几分。他两边兼顾，不是只考虑到一面。我们也不能不佩服李鸿章处理事情的手段，可以说相当艺术。

创业提示：胡雪岩的经营理念

胡雪岩的经营理念，说起来可以用八个字来代表，那就是“功自心诚、利从义来”。胡雪岩听说左宗棠被迫离开新疆，生怕他气坏了身体，特地买了一些补药，要亲自去看他。临行前对余修初说出这一段话，希望余阿大一本初衷，好好经营胡庆余堂。

经过这么多年在生意上的经验积累，胡雪岩的经营理念，最后归纳成两个大字——“戒欺”。一直到现在，这两个字还是把胡庆余堂、胡雪岩紧紧地连结在一起。大家想起胡庆余堂，就会想起胡雪岩；而想起胡雪岩，就会想起“戒欺”这两个字。

戒欺，不但不可以欺骗别人，而且不能够欺骗自己，说起来正是功自心诚、利从义来呀！

08　丝业种下祸根

梦瑾喜爱工作，自称对蚕丝的成色十分内行。胡雪岩一高兴，又想到如此一来，并不牵涉到自己的生意，不违反胡家的规矩，就带着梦瑾去拜访老德宝，听说洋人买办剥削养蚕人家，每一担茧子，足足一百斤，才给四两银子，简直连灯油的钱都赔进去了。

胡雪岩以民族企业家自居，听到这种洋人垄断丝业的情形，当然很不高兴。当场承诺一百斤茧子给银子五两，而且有多少就收多少，为养蚕人家带来莫大的喜讯。

丁日昌建议汇丰银行，将大班葛德立走马换将，逼他说出胡雪岩从贷款中吃了朝廷利息的事。

这两件事情，会不会连在一起，造成危害？世间事往往无巧不成书，看起来不相干的事，合在一起的时候，居然产生很大的爆发力。

俄国使者拿着礼物晋见左宗棠，左宗棠喝令跪下。使者不从，一旁的士兵齐声吆喝，使者只好单脚跪下。

左宗棠对俄国使者视若无睹，下令把改造的大炮架向伊犁，然后拖着年老的身子，一步一步缓缓走出帐篷，悲壮地命令王德榜把棺材抬上来。告诉使者，回去传话，伊犁是中国的领土，不管谁想割地求和，只要我左宗棠一息尚存，就休想圆你们的狼子美梦，喝令使者滚出去。

随着清政府的衰败，列强不断对中国进行军事和经济的侵略。胡雪岩在这个时刻，在蚕丝业上与洋人展开针锋相对的商战，也开始了他被扼杀的命运。

胡雪岩和梦瑾亲自下乡探访蚕农生丝的情形，发现收茧子的都是洋人的买办，他们总是想办法敲骨吸髓。一担茧子，足足一百斤，才给四两银子，连灯油钱都赔了。胡雪岩说："五两银子一担，我收。"并且叫梦瑾过来对着蚕农说："这是梦掌柜的，我把她交给你，等茧子收上来，以雪记的旗号请人缫丝。"蚕农笑得合不拢口，十分感谢。

胡雪岩回到胡庆余堂，看见一位从雪记退休的药工晕倒在店里，马上交代要好好照料。并且吩咐阿大：凡在雪记当过药工告老还乡的，一律发给纹银五两；已经去世的，就从去世之日起，每月发给纹银三两，按五年计算。不能让给雪记卖过力的人出去没有人管。他重复念着：为人不可贪，为商不可奸。要想做善事，手中先有钱。

阿宝的腿伤好了，芮瑾特别开心。因为他又能够再为胡雪岩效劳，阿宝也很高兴。

唐廷枢不请自来，在胡宅等着胡雪岩，表示几场风雨过后，已经精疲力尽，今日特来申谢。胡雪岩说有用得着的地方，尽管开口。唐廷枢又说几年来多有不周，请胡先生宽容。胡雪岩表示不要再提起往事，以免心里不舒服。唐廷枢故弄玄虚，说胡先生有所不知，然后说出了丁日昌建议汇丰银行将大班葛德立走马换将，胡雪岩愣了一下，马上哈哈大笑以掩饰心中的震惊，说："跟我有什么关系？""丁日昌处心积虑地盯住你向汇丰银行贷款这件事，怀疑你从中吃了朝廷的利息。"唐廷枢直截了当，一针见血地刺到胡雪岩的心坎。他又点了胡雪岩一下："你一直不让女人介入生意，但是说者无意，听者可有心哪！"

智慧问答

（1）左宗棠为什么要把棺木抬上来让俄国人看？又为什么要向伊犁开炮？

中国人抬棺木只有一个作用，就是表示决心，战到死，都不退却。一直到现在，还是有些人抬着棺木去抗议，也不过表示决心而已。竞选的时候，我们也曾经碰到过，候选人把棺材放在旁边，说这一次不当选的话，就死给大家看。其实他只有一个目的，就是让大家了解当事人具有坚定无比的决心，如此而已。

俄国人看不看得懂这种事情，我们真的不知道。但是最起码，左宗棠叫人把棺材抬上来，又讲了一番话，说伊犁是中国的国土，不管什么人想要割地求和，都得问问我左宗棠。只要我左宗棠还有一口气在，没有人能够得逞。我想这一番话俄国人会把它带回去。同时左宗棠又下令向伊犁开炮，就是说我是有行动的，不只是有决心而已。我的行动随时会兑现。这种表现，其实也是我们常常讲的宣誓决心，显现行动，使俄国人跟我们谈判的时候不敢掉以轻心。这种手法，一直到现在，我们在谈判的时候也还会遭遇到。谈判的时候，常常会有周边的举动配合我们的诉求，使我们谈判的胜算率更高。左宗棠当时就是为了要跟俄国人对抗，所以才用这些我们今天也在用的招数。可见当时的想法，跟现在其实是一样的，只是方式不太相同而已。

（2）胡雪岩为什么要介入蚕丝的生意？他这样做，会不会得罪洋人？

胡雪岩会做蚕丝生意，完全是站在维护民族企业的立场。实际上他现在所要照顾的生意，规模已经够大，种类已经够多，已经够他心烦的了。只不过这是梦瑾提出来要做的事情，而且又说从小对蚕丝有认识。胡雪岩一想，要做，当然要做你比较内行的。同时他又听到这些老人家跟他讲，洋人怎么样剥削他们，把蚕丝的价钱压得几乎血本无归。再这样下去的话，蚕也不要养了！他听了以后，觉得洋人怎么可以这样。一方面想替梦瑾找事情做，一方面又想到这样一来，可以使我们的同胞生活上比较有保障。因此断然决定，我投资一大笔资金，来做蚕丝生意。这么一来，他一定得罪洋人。

我们来设想一下，胡雪岩做这个决策的时候有没有想到洋人会怎么样？我想他应该是想到的，可是他不怕，他常常有这种使命感，认为我不得罪你，谁来得罪你？因为当时几乎没有人敢得罪洋人，洋人的气焰很高，特别是英国人，认为爱怎么样就可以怎么样。只要有做不到的，他们政府就会出面。英国公使跟李鸿章走得很近，就是为了保护他们的商人。胡雪岩心里想，你不提李鸿章还好，一提李鸿章我更生气。你不跟我讲洋人会生气还好，我就是要让他们生气。

我们可以看出，他有三个原因要介入蚕丝生意：一是同胞的利益一定要照顾；二是洋人不可以剥削我们，我要跟你们对抗；三是梦瑾想做，找个机会成全她。有这三个原因，他才会介入蚕丝生意。可是天下事不如意者十之八九。我们不难想象，胡雪岩跟外国人对抗是很吃亏的。第一朝廷不会支持他，第二丁日昌会更加找他麻烦。再下去他是不是会更受罪？我们大家一起来关心吧！

（3）胡雪岩为什么要做到让员工老有所靠？为什么重复念着“为人不可贪，为商不可奸”这一句话？

我们现在一听到老人年金，就觉得这是很新的概念。对这种老人福利，大家都抢着说我有功劳。实际上胡雪岩当年，已经有这种认识。他认为一个人，一生在公司里面，把自己最精华的生命奉献出来。老了退休以后，公司仍然要照顾他。其实我们中国人的人事管理，王云五先生曾经用八个字来归纳，叫作进、退、奖、惩、教、养、老、死。一个人进来，我们要很慎重。一个人辞职退休，我们也要好好照顾他。奖惩是人事管理很重要的一环，用得好能够激励士气。教他，养他，同时要照顾他一直到死。这八个字，胡雪岩几乎都做到了，是不是很了不起呢？

当年他就想得这么周全，实在不容易。他看到一个老员工退休以后没有人照顾，马上说：来，我们照顾他。把一个员工从生照顾到死，从工作照顾到退休，这是很合理的想法。但是一般人并不是这样，反而认为你为我所用，有利用价值的时候，我就雇用你；没有利用价值，就一脚踢开。老了没有人照顾，干我什么事？去找政府好了！胡雪岩不是这样想，因为他心里头常常念着芮瑾给他的两句话：为人不可贪，为商不可奸。他今天赚了钱。如果很贪心，一直想据为己有，舍不得跟人家分享，他就不会有这些念头。生意人不赚钱干什么？抱着这种观念，就很容易变成奸商。自从芮瑾给他这两句话以后，胡雪岩常常想起来：为人不可贪，为商不可奸。这两句话对他有很大的帮助。因为无论他看到什么，都会想起这两句话，自然知道怎样调整，做到比较合适的地步。

（4）阿宝好了，芮瑾为什么特别开心?

芮瑾是一个性格很倔强的人，因此也吃了很多亏。她是一个很有爱心的人，我们从很多地方都可以看出来。她认为阿宝好端端的一个人，无缘无故被那些人把腿打伤了，当然希望他早一天好起来。再加上阿宝是她的表弟，她当然希望他快一点儿好起来。当然，她还认为阿宝是她推荐给胡雪岩的，今天这个样子，她也应该负责。

我觉得我们如果能把这种气氛带到公司来，对公司的运作会很有帮助。如果每个人都认为，你生病是你的事，那么这家公司对安全的重视就会降低。这样一来，彼此不关心，生病的员工可能就会增加。同时大家也慢慢感觉到，生病我就请假，反正对公司也没有什么影响。可见一家公司，如果关心员工的健康，包括生理跟心理两方面，很自然会把环境弄干净，想办法加以美化，使大家气氛上更和谐。

我们把芮瑾这种心情，拿来用在公司里面，对加强竞争力，提高工作士气，都非常有帮助。公司千万不要认为，你们是来打工的，我提供机会，你们就应该心满意足。我们应该想到，员工一天八个小时在这里，要受到工作环境的影响。环境对他不利，久而久之，就会产生职业病。很多人莫名其妙得病，公司应不应该负责？当然要负责。可是怎么负责呢？就是平常要把环境弄好，应该要整顿，应该要美化，应该注意卫生条件，使大家身心都能够健康。大家开心地工作，效果才会好。如果把它看作纯粹只是芮瑾跟阿宝的事情，我们就没有办法学到东西。如果把它扩大到公司里面，每一个人彼此之间的关怀，我们就知道，很多事情，我们是应该做的。

（5）胡雪岩为什么劝唐廷枢过去的就让它过去，并且说有用得着的地方，尽管开口?

我们会不会觉得胡雪岩厚此薄彼，这么容易谅解唐廷枢，那么不放过谭则云，是不是谭则云比唐廷枢倒霉呢？我想不是这样的。胡雪岩在谭则云身上投入很多心血，寄以很大的信任。所以谭则云的行为，使他感觉到格外伤心。而唐廷枢本来就是洋人的买办，本来就是一个只在生意上往来的人。他并没有在唐廷枢身上投入多大心血，寄以多大厚望，所以胡雪岩对谭则云很失望，对唐廷枢反而没有这种感觉，这也是人之常情。

我们常常说，爱之深，责之切，的确是如此。我相信谭则云也能够理解这一点，因为彼此的关系不同，心里头那种负担也不一样，那种痛苦感受的比重完全不同。胡雪岩对谭则云的行为是不是看得开，我们让各位自己去评估。如果要问我的话，我认为他已经够看得开了。他可以把他开除，可以把这件事公开出来，把他牺牲掉。但他没有这样做，他还是念及兄弟之情。虽然这个打击实在是太重了，他还是相当看得开，碰到就碰到，会变成什么样子再说吧！可是他在唐廷枢这边，就显得非常轻松。因为并没有那么大的牵连性。唐廷枢整自己，自己也很清楚，现在他改邪归正了，给他一些帮助，给他一些鼓励，如此而已。

基本上我们可以看出来，胡雪岩是一个相当看得开的人。看得开是好事情，不过要记住，不能看破。现在很多人动不动就讲看破，看破就完了。看开而不看破才是真正正确的观念。我们从胡雪岩的一举一动，可以看出来他从来没有看破，看破他就当和尚去了。他没有看破，他还是很积极。什么事情都要伤脑筋，尽量要求好。可是他看得开，过去的就让它过去，碰到的就算倒霉，以后怎么做，再说吧！我觉得这是很好的修养。

（6）唐廷枢为什么提醒胡雪岩，丁日昌怀疑他从中吃了朝廷的利息？

我想这只不过是常理的判断。因为一般人都会想，借那么多钱，不从中得到一些好处，干吗这么热心？就是这样简单而已。一个人为政府去向外国人借钱，居然不动脑筋在利率上给自己一些好处，哪里去找这种人？

我们常常替胡雪岩抱憾，认为他很不值得，聪明一世却糊涂一时。这么明显，这么容易被人家逮到的地方，居然犯这么低级的错误，我想胡雪岩心里头也是很后悔的，只不过唐廷枢讲的时候，他很轻松地把它拨开来，有点儿四两拨千斤的味道。实际上不然，你看他一送客回来整个人都快崩溃了。他知道事态严重，知道后悔莫及。一个人千万记住，在容易被抓到把柄的地方要特别小心。他就是违反这条原则，才弄得自己走投无路。在一定会被逮到的地方要很规矩，这是中国人的基本素养。胡雪岩居然在这么容易被人家怀疑，被人家发觉的地方，动了手脚，这是他一生的致命伤。再加上丁日昌这些人，无所不用其极，只要有点儿风吹草动，就会紧追不舍，不择手段地要把你的根都挖出来。胡雪岩这次总算是栽了跟头，从他的表情可以知道，他心里有数。但是他还是很高明，要掩饰自己，要保护自己，非到最后关头绝不放弃，绝不牺牲自己。我觉得他做得很好，只不过有很多事情，还是一句老话：人算不如天算啊！

创业提示：民族企业 VS 跨国公司

民族企业和跨国公司的主要区别，在民族企业纯粹以国家的不同来划分；而跨国公司，必须以企业文化来主导。不管跨多少国家，跨到哪一个国家，主要的首脑人物，总希望以自己的文化为主流，来塑造企业文化。所以任何国家加入 WTO（世界贸易组织）之后，民族企业的保护力都会降到最低。而运用跨国公司的组织，将自己的文化充分发挥，使其成为公司的主流文化，应该是下一波全球性的竞争。从事经营管理的人士，最好提高警觉，在这一方面多做思考，多做贡献。

09 胡府已露败相

家和万事成，反过来说，家庭不能和谐，影响到家人的情绪，那就诸事不顺，难求成功了。

妻妾之间，原本很难和睦。胡雪岩说是醋意太浓，闲话太多。现在唐廷枢指出玉惠无意中走漏消息，才使别人抓住贷款利息这一条线索穷追猛打。胡雪岩气不过，把玉惠找来，指控她是胡家的掘墓人。胡府的败相，至此已充分显露。胡雪岩心里清楚得很，只有玉惠始终不明白。

胡雪岩的领导风格是擅长抓住人心，往往三两句话就能够打动人家的心，到了无可抵御的程度。是不是这一招用得太精巧，以致用在葛德立身上相当有把握，这才种下祸根？或许是用在一个女人身上，功效显著，女人多的时候，反而失灵，因而耗费精神，以至于不能及早设法挽救，形成坐以待毙的局面。

唐廷枢暗示胡雪岩，是玉惠无意中走漏汇丰银行贷款吃利息的事情。唐廷枢走后，胡雪岩立刻要人叫玉惠到训善堂，说有事要好好跟她沟通。

玉惠觉得不对劲，胡雪岩又迟迟不来。她在训善堂心急地走来走去，饱受折磨。

胡雪岩一进门，跪扑到玉惠脚边沙哑地嘶喊着：“玉惠呀！你为什么要加害于我？”

玉惠急得哭了，赶紧跪下来，连称没有。

胡雪岩狠狠地说：“有一天我胡家败落了，你就是掘墓人。”胡雪岩说完后扭头就走，留下玉惠一个人，在漆黑的训善堂中哭泣到天明。

梦瑾主持收茧的工作，这时有人带来一桶发黄的旧货，她不假辞令地说：“不能收。”任凭那人再怎么恳求，就是不收。但是她吩咐阿四，拿些银子让那人回去治病。

为了破除洋人垄断缫丝厂的局面，梦瑾找黄佐卿谈筹设缫丝厂的事宜，决定先斩后奏。胡雪岩知道以后，发现梦瑾开始在外边以胡雪岩的名义跟人家谈生意，摇头表示翅膀硬了，实在让他不放心。

黄佐卿觉得梦瑾这样年轻，便有如此的胆识，十分钦佩。不过仍不放心一个女人的行事决断。梦瑾说出自己的东家是胡雪岩，黄佐卿请问能否见胡雪岩一面，梦瑾则说他的事情今后全权由她代表。

柳成祥向胡雪岩建议，朝廷软弱，洋人的气焰更加嚣张，若是在蚕丝上跟洋人斗下去，恐怕会吃亏。胡雪岩表示不怕，也不相信会如此。柳成祥分析各种情况，说对他们都很不利。胡雪岩说已经投资两千多万两银子，不能说撤就撤。柳成祥再怎样劝阻，胡雪岩就是不为所动。

左宗棠加强火力猛轰新疆，各国为顾及自己的利益，拼命对清廷施加压力，李鸿章更是着急地求见西太后。但是左宗棠下令不可让俄人以为大清软弱、中国可欺，因此不胜不休。

西太后要李鸿章叫曾纪泽去议和签字，李鸿章则劝谏太后将左宗棠调回，因为左宗棠一日不离新疆，俄人便一日不相信和意。

王德榜将西太后的旨令拿给正在外面巡视的左宗棠。左宗棠气得将旨令扔在大厅里，传令撤军。

智慧问答

（1）胡雪岩为什么叫玉惠到训善堂等他，问她为什么要加害于他？

胡雪岩听说英国的汇丰银行换了大班，内心非常恐惧，非常紧张。可是他毕竟很老到，装得若无其事，用笑来掩饰他内心的恐惧，我觉得这点是很重要的。因为人家也许在套他，被人家一套，就把内心的状况暴露出来，表明这个人的功夫还不到家。胡雪岩笑笑，但是心里头很恐慌。唐廷枢走了以后，胡雪岩根本就支撑不了了，坐下来，连茶杯都打翻了。他一方面用笑来掩饰，一方面趁机要把唐廷枢的话套出来。他说："如果有这种事情的话，你们是怎么知道的？"唐廷枢也很含蓄，没有直接讲出来是玉惠，这叫作点到为止。他点出了这个人是谁，但是没有把姓名说出来。胡雪岩一听就懂了，他心里想，我一辈子不要女人介入我的生意，结果还是死在女人手上。他十分生气，马上叫人把玉惠叫到训善堂等他。意思是说，我待会儿问问她，跟她算这笔账。胡雪岩心里很清楚，现在做什么都没有用。可是一个人就算你有再大的定力，到了这个时候，能够表现得像胡雪岩这样，就已经不错了。

我们中国人，做人做事的第一个要领就是掩饰自己，不要让自己的内心很容易地暴露出来。唐廷枢也在掩饰他自己，在透露一个非常紧要的消息，但是却装得像若无其事一样。胡雪岩更是了得，明知这是他的致命伤，却也笑笑，装得好像没有事情一样。大家心里都很清楚，可是通通不会赤裸裸地表现出来，跟西方人那种有话直说、有话实说的主张不太一样。如果将来真的要对质起来，唐廷枢说我没有讲，我哪里有讲玉惠？是你自己想的。他可以把责任推掉，因为他没有必要承担这个责任。至于胡雪岩要怎么想，胡雪岩想的是谁，那是胡雪岩的事情。我尽的是我的心意，你怎么想跟我无关，这才是要领。

（2）玉惠是真的不知道她害了胡雪岩，还是装成不知道?

我们首先来看一个问题，胡雪岩为什么一进门就向玉惠下跪？我想这不是下跪，他没有必要这么做。因为他已经气得要命，所以一进门来几乎被门槛绊倒，看起来好像跪在地上，其实并非如此。他知道事情已经无可挽救，再求玉惠也没有用。我相信如果事情还能够挽救的话，他真的会委屈自己，向玉惠下跪。他只是气急败坏，才变成这个样子。他说有一天胡家如果败了，你就是掘墓人。这一句话非常重，玉惠根本承受不了。像玉惠这种层次的人，她的知识与修养，还没有功夫来掩饰自己，所以她不是假装的。我们已经说出一个道理，就是说假装得需要有相当的功夫。像玉惠这样的人，没有什么功夫，根本就没有办法掩饰，她真的是不知道。

我们劝告知识不够的人少说话是有道理的。因为言者无心，听者有意，最后导致无心却败坏了大事的恶果。我们在这里趁机向各位企业家夫人或者员工的太太们建议，任何人谈到公事，最好只有一个答案说，我不知道。我从来不参与先生的事情，这样比较安全。但是偏偏有很多太太，却喜欢装知道，充内行。不但人家问，她要答，人家不问，她也要讲。我不知道这是在干什么，就算你非常清楚，也要说他的事情我从来不管，我根本不知道。这不是很安全吗？

玉惠如果有这种素养，会闹成今天这个地步吗？她没有这样做，因为她不知道利害关系，所以敢讲，这就是一般人常犯的毛病。玉惠不了解自己的缺点，所以才会闯下这种滔天大祸。对这种突如其来的压力，根本承受不了，几乎发疯了。各位想想看，胡雪岩的母亲曾经讲过，就算玉惠发疯，我也会留她。果然不幸而言中了。可就算被人家留下来，对你又有什么好处？所以还是少开口，慎重说话，比较安全。

（3）梦瑾为什么拒收不是当年的茧子？这样做好不好？

梦瑾这个人，我们已经看出来，她的缺点就是太倔强。但是她的长处，就是她很聪明，很负责。一个人太精明对自己并没有好处。一个人千万要聪明，但是不要精明。梦瑾年纪轻轻，就吃了那么多的苦头，就是她不了解这个道理。一个聪明人，不会随便外露，装得傻傻的，这个人就不会自己找苦恼。梦瑾不是，她聪明，就表现出来，好像很精明能干。但是，因此吃了很多苦头是没有必要的。她表现出明察秋毫的样子，认出这根本不是当年的茧子，我怎么可以收？有这个必要吗？没有必要。可以这样说：这个茧子，我们可以做别的用途。但我们这次要的，不是这样的茧子。不就好了吗？非要把人家拆穿，做什么？但是她有她的优点，就是公事不能马虎。茧子不合品质，不合规格，我就是不要，这种态度很正确。可是，她叫阿四把银子给他，表示在私的方面，可以同情你，公的，没有人情可讲。这一点是她拿捏得非常好的原则。

当然，梦瑾是很聪明的女孩子，她跟在胡雪岩旁边也很用心在学。可是，毕竟历练不够，在某些地方学得很像，可是一牵涉到个性的时候，她就没有办法改变自己。她说：这个茧子不合规格，这是一个采购人员，最起码的态度。可是那个人要求她同情，说他家里怎么样痛苦，请你同情我，买我的东西。她也很慷慨，叫阿四给他银子。她这样做，表示公私分明，分得很清楚。当然，她如果再历练一下，态度再缓和一点儿，说话的口气让人家听起来不那么刺耳，那么梦瑾就是一个可造的人才，很可能变成一个得力的下属。

（4）胡雪岩为什么说梦瑾翅膀硬了？他有什么不满意的地方？

我们很容易了解，梦瑾这个女孩了，也不至于那样的自作主张。如果说胡雪岩没有授权，没有对梦瑾说，以后你就是梦掌柜的，你可以代表我处理蚕丝方面的事情，我想梦瑾不会在外面讲“我可以代表胡雪岩”，不至于如此。问题就是老板说可以这样讲，而员工却不能够这样说，这才是重要的地方。老板说你代表我，他可以这样讲，但你不能讲我代表老板。讲了之后迟早会传到老板的耳朵里面，他就会非常不高兴，而且非常不放心。我们中国人，有些话别人可以讲，自己不能讲。老板说：你代表我。这是表示他对你的信任。可你在外面一定要说，“我要回去请示”。你绝不能说，“这个事情我可以代表”。

像梦瑾这样，叫作经不起考验。看起来好像胡雪岩很不讲理，怎么可以这样，明明授权得很清楚，现在又讲这种话？我想十个老板，九个是这样的。老板一定要抓住最后的决定权。所谓授权，不是说下属可以决定。下属可以在外面跟人家谈判，可以在外面跟别人讲到五分、六分、七分，甚至八分都可以。但是最后一句话，最好说明，我回去向我们老板请示以后，再给你答复。我想这样的人，老板才会放心授权给他。否则的话，老板一授权，下属就专权，自己决定一切，老板心里会发慌的。你看连客人都不太相信梦瑾讲的话会算数。讲来讲去，梦瑾说我可以代表胡雪岩讲这种话，只有梦瑾一个人相信，可见这是没有用的。现代社会，很多人不懂得这个原则，好像什么话都可以讲，其实错了。千万记住，有些话只有别人可以讲，自己不能讲。

（5）黄佐卿为什么不相信梦瑾？他担心些什么？

黄佐卿是一个很稳重而且很诚恳的人。他听到梦瑾讲出这么好的构想，心里头的反应总觉得你年纪轻轻，会有这么大的财力吗？就算你有魄力，你没有财力，讲了半天，也是空想，也是做梦而已。所以他就问：你后面的老板是谁？梦瑾就说，我老板是胡雪岩。黄佐卿当然听过胡雪岩的大名。他就说了：我可以跟你们东家见一面吗？这个时候，梦瑾如果说“欢迎，改天替你安排”，我们大家见面谈谈，相信黄佐卿就不会怀疑。偏偏梦瑾讲，我可以代表胡雪岩，没问题。她讲得越有把握，讲得越肯定，人家听起来，越不相信。

很多人始终不了解对方的心理，讲得很自信，把话讲得好像没有商量的余地，表示态度很坚定。但是听的人反而感觉到你是在充面子，在支撑自己，可能内心很空虚才需要外表这么坚强。一个人，如果很有实力，不必用很猛烈的态度，好像很刚猛的样子，来表现自己。各位可以看到，真正有钱的人，他敢骑破脚踏车；一个没有钱的人，再怎样也要去借一部名牌汽车来充面子，就是这个道理。一个人外表越强硬的时候，我们应该了解他的内心是软弱的，好像临终之前的哀鸣。

很多人很奇怪，看到这个人软弱，就认为他软弱；看到这个人很刚猛，就认为他很刚猛。其实这是不对的。我们是阴阳民族，就是说外表跟里面是互补的。越有自信的人，外表越柔和；越是自卑的人，越是装得很了不起的样子。如果这个人讲话咄咄逼人，你就知道，这个人修养不够。梦瑾就是吃了这个亏。她如果讲话客气一点儿，含蓄一点儿，谦虚一点儿，人家会比较容易相信她。相反地，她就是为了使人家相信，所以装成那个样子，把话讲得很满，以致连黄佐卿这样的人，都不会相信她。

（6）梦瑾说胡雪岩的事，今后由她全权负责。她这样做有什么毛病？

我们为什么刻意把这一部分拿来当作主要的问题？就是因为很多人经常犯

这种毛病。说难听一点儿，就是死在这个地方。梦瑾为什么不看看柳成祥？胡雪岩几次跟柳成祥讲：你有本领、有能力、有魄力，你就是不表现出来，表现出来就好了。但是柳成祥听了以后都“是是是”，依然循规蹈矩，丝毫没有因为胡雪岩的鼓励而改变原来的作风。他没有，因为他心里很清楚，这么长久以来，大家比来比去，才知道胡雪岩比他要高明得多。因此胡雪岩再怎么讲，他都紧守本分。也就是因为他谨守本分，所以胡雪岩才能够放心，不断鼓励他。

这里头牵扯到三个很重要的论点。第一点，一个守本分的人，人家才敢授权，才敢激励。第二点，如果一个人因为受到人家的鼓励，就以为自己真的了不起，然后就自我膨胀，膨胀到最后，会连主管都不敢授权的。第三点，中国人所谓的授权，就是最后你要等到他点头，才可以动作，这样叫作授权。当老板的人，一方面授权，一方面要事无大小无所不知。你不让他知道，他就开始怀疑。你为什么不让我知道呢？你在隐藏些什么机密呢？会不会慢慢地搞出些什么花样来呢？老板最要紧的，就是能够全盘掌控，他不容许有事情不知道。所以一个聪明的下属，老板越授权，越要及时回馈，及时向他请示或者及时汇报，这都是十分必要的。你总要让他知道一下，他才放心。老板越放心，下属就越有自主权。老板一开始怀疑，会把所有授权通通收回，顷刻之间，下属就毫无自主权。

梦瑾能不能代表胡雪岩，是胡雪岩在决定，不是梦瑾可以决定的。我想这句话很重要，一个人如果认为自己可以决定的时候，老板就已经非常不放心了。老板越说你可以，你越要自己守本分，不要逾越权限，这样两方面才有良好的默契。有些人就是由于这么一两句话，就把自己的前途都讲没了，而且自己还不知道。主管可以讲的话，部属不一定可以讲。父亲可以说的话，儿子是不可以说的。这才叫作伦理。

（7）柳成祥为什么劝胡雪岩不要再搞蚕丝生意?

这一点是柳成祥高明的地方。他毕竟旁观者清，看到胡雪岩同洋人这样斗来斗去，心里头有一点儿害怕。因为老实讲，当年洋人进入中国时势力很大，不但有外国政府在后面撑腰，而且有我们很多官员情愿卖掉我们国民的利益，来求取洋人的一点儿小便宜。单凭一个商人，要跟洋商对抗是不太可能的。偏偏胡雪岩有这种勇气，为了使养蚕的人能够收入好一点儿，很勇敢地跟英国商人对抗。

对抗的结果怎么样？柳成祥已经开始在担心了。所以他说，我们那么多行业都做了，这个行业不要做算了。我们现在的对象是英国人，不是说英国人怎么样，而是说我们跟英国人贷款的那件事情，将来会不会因为这样而搞得更不可收拾？我想柳成祥在这方面的顾虑，不但有必要，而且很恰当。可惜胡雪岩听不进去。胡雪岩应该从梦瑾和芮瑾两个人的身上，回头看自己，偏偏他没有。如果他从这两个人的身上回头看到了自己，也是太过倔强的话，那么他很可能会做一些缓和的动作，也许整个的事情会有不同的发展也说不定。但是他就是硬到底，看你把我怎么样？

我们中国人常常讲，你要出头，就要准备被人家把头打破。胡雪岩就是这种个性，你说他好，他也很可爱；你说他不好，他是跟自己过不去。我觉得这是个人的价值观，我们无从置评。只不过我们从这件事情可以看出来，是不是要大小通吃呢？有些地方让人家会怎么样想呢？吃得下，你就吃；吃不下，就不要吃。是不是比较妥当的思考法则呢？有很多人，很喜欢大小通吃。吃到最后，吃不下了。有很多人又太过偏食，一辈子只搞这一行，其他我不管。好像都是不太好的一种呈现。还是中国人那三个字最好，叫作看着办。胡雪岩如果保持这种弹性，那就很好。我们看得很清楚，他一向很有弹性，现在却好像越来越僵化了。是不是因为环境把他塑造成这样的？这是值得很多创业者深思的。他本来不是这种个性，却慢慢变成这种个性。本来他很谦虚，却越来越霸道。胡雪岩好像有这么一点儿倾向，很值得我们担心。

（8）胡雪岩为什么不接受柳成祥的劝告？从这件事情看，两人的得失如何？

胡雪岩一向自命为民族企业家，认为和洋人对抗是我的使命，这点我们很钦佩。一个人难得有使命感，而且可以为自己的使命而不顾一切。但是请问，你有没有想到你的老母亲？有没有想到你娶的这些太太们？有没有想到你的下属、你的员工？我想这是胡雪岩没有想到的。一个人如果表现出过分的个人英雄主义，谁跟他在一起也是很倒霉的。他只有自己的使命感，完全没有别人的存在，这样对吗？胡雪岩有这个本领，当然可以跟外国人拼。但是你自己已经有把柄抓在人家手里头，又太忙于这些琐碎的事情，更没有做好比左宗棠更高一层的政商关系，就这样去搞，这样去斗狠，怎么会有好结果？

当然我们一再讲，这也不能怪胡雪岩，因为毕竟左宗棠看得很清楚，他读书还是读得少一点儿。他对道理不是那么清楚，只是有勇气，所以讲起来，两个人都有缺失，但是两个人却都很可爱。他们始终搞在一起，很有默契，就是缺乏一个像诸葛亮那样的人在旁边指点他们。你看刘备，有那么好的兄弟，却始终一筹莫展，就是缺诸葛亮嘛！等到诸葛亮下山以后，他们兄弟三个人的力量才能够发挥出来。胡雪岩没有想到这一点，他们这个集团就是缺少一个参谋长。胡雪岩很能干，柳成祥、谭则云都很好，就是没有诸葛亮。

（9）左宗棠为什么下令不胜不休，却又命令三军撤兵？

看起来非常矛盾，好像大转弯，实际上也是有原因的。在左宗棠心里，新疆是我们大清国的领土，只要我左宗棠有一口气在，就不容许它被俄国人侵占。所以他说，打仗打到胜利为止，不胜利决不停止。可是朝廷的命令一到，叫他撤兵，他有什么办法？军人打仗的时候很神气，可是碰到政府官员的时候，我们常常讲秀才碰到兵，有理说不清。事实上兵碰到秀才，照样有理说不清。他有什么办法？你看当年的岳飞，又能怎么样？

左宗棠很伤心，说你们这些住在宫廷里的人，到底知不知道真实的情况？可是见仁见智，每个人的看法不一样，又能怎么样呢？我想这是历史上多次重复不断的案例，也不是说只有左宗棠如此。左宗棠了解事理非常透彻，只是他觉得有些事情，算了，去争也没有意思。他是具有这种修养的人，不是没有能力。他心里想，我将在外，到底君命要不要受呢？这种情况之下，我能不受吗？有足够的实力，来跟朝廷对抗吗？朝廷那帮人，我愿意跟他们像狗咬狗那样咬来咬去吗？他心里想：算了。所以你看他的样子，不是很乐意撤兵，但是很无奈啊！我们从这一点，其实也蛮佩服左宗棠的。

创业提示：胡雪岩的领导风格

胡雪岩自己知道，他看起来成天在金钱堆里打转，可从来没有把钱财当过性命。他所极力追求的，并不是名，也不是利。他最关心的是什么？是“人”。

要开公司很容易，公司要成功很难。这当中的关键，正是一个“人”字。人找对了，公司才会成功，否则就算公司成立，很快也会倒闭。胡雪岩明白这个道理，所以从小就多看多听少开口，学习与人相处的诀窍。在跑街那一段时日，更充分体会很多饱学之士到处碰壁、有志难伸的原因，在于缺少对人的本事，无法获得众人的支持，也谈不上受到赏识。因此他用心揣摩，多方思索，找到些抓住人心的技巧，经过不断的尝试和改善，练成一身好功夫，也塑造出胡雪岩独特的领导风格。

领导的基础，说起来是找对人，而不是随便找人，再来教导他。胡庆余堂招贤纳士，胡雪岩面试余修初，找到了可靠的余阿大，胡庆余堂才能够顺利地茁壮成长。

人找到了，还需要立好规矩，定好制度，才有办法领导。可见有制度，才能吸引优秀的员工；待遇好，才能使人奋发努力；而老板洞察人情、掌握人性，又能够抓住人心，才有办法表现出有效的领导风格。胡雪岩的用人、抓心，确实是需要我们学习的。

10 外商横施压力

丁日昌一直怀疑，胡雪岩有什么不轨的行为，老想抓住他的把柄，以便把他打垮。

梦瑾很想工作，对蚕丝业十分热衷。由于年少气盛，加上胡雪岩本来就对洋人印象不好，以致严重地得罪了英国商人。英国公使向丁日昌求援，丁日昌趁机提出撤换葛德立的诡计。内神通外鬼，中英联手，自然轻易地把胡雪岩这位民族企业家整得走投无路。

胡雪岩希望梦瑾成为好帮手，梦瑾却由于经验不足，常常演出越俎代庖的戏码。胡雪岩会不会因为急于磨炼梦瑾，弄得英国商人更加下不了台？这和胡雪岩重和气不重骨气的主张，不相吻合。

外商横加压力，官员出卖自己同胞，家人又缺乏良好的默契，胡雪岩的日子不好过，似乎很快就要向下滑落。

左宗棠从新疆撤兵，返回北京。王德榜安慰他也算是班师回朝，至少保住湘军子弟兵，何况此次入主军机处还有希望。左宗棠则说李鸿章上下皆通，内外活动，两位太后口头上不怕洋人，心里却偏向李鸿章。他希望王德榜掌管好湘军的帅印，一旦外患再起，好让国家有一支好队伍。他问起最近有胡雪岩的消息吗，王德榜回说没有。左宗棠说一直没有忘记他，现在李鸿章权大势大，怕他容不得胡雪岩。而且如果真的有那么一天，自己怕也已经是一尊泥菩萨了。

柳成祥向胡雪岩报告，左宗棠奉召回京，进入军机处。丁日昌升官，已经到了上海，认为对洋人应该用一些心计，别激怒他们。胡雪岩不以为然，认为对洋人不能太客气。

两位洋人求见胡雪岩，梦瑾出来接见，问他们有什么贵干，洋人说想出高价从胡大人手里买一些生丝，梦瑾表示不卖。洋人说不卖，不是等于垄断吗，梦瑾回话这是中国，我们不把持，让你们把持不成。洋人问梦瑾可以代表胡雪岩吗，梦瑾回答可以全权代表。胡雪岩正好在外边听到梦瑾的话，进来后厉声叫梦瑾出去，并且大声说：在生意上，你代表不了我。

梦瑾忍着泪跑出去，洋人莫名其妙。胡雪岩叫柳成祥给客人上茶，并且问洋人有何贵干。洋人说明来意，并提出价钱。胡雪岩故意抬高价格让洋人不能接受。然后吩咐柳成祥让洋人出去，自己也先走了出去。

梦瑾被胡雪岩吼出来，委屈地在房里哭泣。洋人对胡雪岩的行为感到十分不满，联合所有英商到公使馆抗议，争相诉说胡雪岩的不是。公使无奈，只好去找丁日昌。丁日昌听说以后和那些英商一样义愤填膺，激烈的程度超过公使的预料。丁日昌安抚公使说，早晚要为英国朋友出这口气。因为李鸿章早已交代，排左先制胡，倒左先倒胡。

柳成祥正在和胡雪岩商量事情，此时梦瑾求见。胡雪岩表示没有话说，不见。梦瑾披头散发跑进来说：不想见也得见。今天是你让我去见洋人，我之所以这样说是为了给老爷争气，让他们败在我们脚下。你想让我怎样做，我都可以去做，要是觉得我说错了，可以让我滚。胡雪岩对柳成祥埋怨道：梦瑾把这里当成客店了，怎么可以想来就来，想走就走呢？胡雪岩要梦瑾跪下，柳成祥劝阻也没有用。

智慧问答

（1）左宗棠为什么要王德榜管好湘军的帅印？他为什么突然问起胡雪岩的近况？

左宗棠心里有数，知道只有把湘军交给王德榜，自己才有办法应付以后的命运。他看到朝廷这样斗来斗去，而自己又不愿意参与。他已经明白，今后的命运是什么，不如趁早把湘军的接班人安排好。当然啦，王德榜是不是能够真的把湘军带起来，我看也未必。因为从湘军的作风可以看出来，他们很专心打仗，但是对各方面的关系都不是搞得很好，这也是湘军比较吃亏的地方。湖南军在我们中国的军队里面是很重要的一支。我们常常讲无湘不成军，就是这个道理。但是湖南人的个性，从左宗棠的身上也可以看出来，是稍微有点儿吃亏的。

胡雪岩如果有左宗棠的智能跟修养的话，我们可以确保胡雪岩不会垮，他的事业会越做越好。因为左宗棠已经知道晚景不好，所以才步步为营。胡雪岩送到他家里面的米粮，他都拒收。送银子，也拒收。他从来没有把柄留在人家手上。各方想要打击他，也无从下手。如果胡雪岩学到左宗棠这一招，一开始就步步为营，什么事情都站得很稳，你打嘛，大家来打嘛，你再打，我还是江南药王；你再打，我还是东南大侠。他偏偏却是百密一疏，因没有注意到，而留下一个致命伤。

我们常常讲，一个人有他的长处，但是很难求全。你看左宗棠如果跟胡雪岩两个人加起来，那要比单独一个人强得太多。他们两个只是合作，但是没有互补，没有彼此学习，所以将来都有苦衷。现在左宗棠心里头已经有预感了，知道自己的势力向下滑落。趁这个时候，赶快交棒，可能比较妥当。他马上又想到，胡雪岩可能要倒霉。因为人家要打击他，一定先打击胡雪岩。以前他还撑得住的时候，还有利用价值，胡雪岩还比较安全。现在人家开始要打击他，他也没办法保住自己。所以他就问：胡雪岩怎么样啦？可见他是智能很高的人，几乎对整个变化，都已经了然于胸了。

（2）左宗棠为什么说胡雪岩出乱子时，他自己也是一尊泥菩萨？

一个人有自知之明，是非常难得的。像左宗棠这样，几乎什么事情都看得很清楚，这是很高的修养。他知道胡雪岩那边迟早会出乱子，而当胡雪岩出乱子的时候，自己也帮不上忙。他三番两次要胡雪岩多读书，就是这个道理。

我们站在左宗棠的立场想，像胡雪岩这样的人，他能不用吗？他不用他，用谁呢？你要想找到一个十全十美的人，再来跟他合作，恐怕一辈子也找不到。所以他看上了胡雪岩，并不代表他不了解人才的标准。我们可以这样讲，左宗棠比较了解胡雪岩，而胡雪岩不太了解左宗棠。胡雪岩如果了解左宗棠，他会事先有很多准备，他会用很多其他的方法来帮助他的事业。左宗棠一看到胡雪岩，就知道这个人讲义气，有魄力，求上进，干劲十足，有很多好的条件。但是毕竟胡雪岩在事理方面的了解还是不够的。所以不断地告诉他，就算不为功名，也要多读书。并且想尽办法，联合大家来保荐他，给他一个一品顶戴的官位，增加他在官场活动的能力。这些他该做的，他都做了。所以他现在心里很安然，没有对不起胡雪岩的地方。他只是很感叹，说胡雪岩将来出事的时候，我可能是泥菩萨了。他是不是不幸而言中了呢？我想我们还不知道，我们往后再来进一步地观察。只不过我们现在已经看出来了，左宗棠不是心灰意冷的人。他只是认为，以我一个人来跟他们这样搅和，有用吗？我觉得这才是中国人做人的道理。可进则进，可退则退。不是说我不顾大环境，我该做的就一味去做，好像也不是这样。那样的表现，就是个人英雄主义，连家人都置之不顾，于心何忍？

（3）胡雪岩为什么对洋人态度强硬？这对他有什么影响？

我们都知道，清朝的时候我们中国和洋人通商，完全是出于西洋各国的强力要求。当时我们中国人并没有这个需要，因为我国地大物博，我们的经济向来是自给自足。不跟外国人做生意，对我们中国人没什么影响。相反地，外国人来到我们中国，强力要求通商。我们是被迫的，我们是被动的，不是心甘情愿的，这是当时的状况。十六世纪初期，最早来到中国的西洋人是葡萄牙人。葡萄牙人来到中国的时候，他们的行为，他们的表现，简直跟海盗一样，怎么能怪当时的中国人看不起他们呢？当时的人普遍对洋人没什么好感，并不是说只有胡雪岩比较特别。只不过胡雪岩亲自跟洋人接触以后，更加证明他们很高傲，背后有政府支持，非常霸道。所以讲到这里，我们要给胡雪岩很大的支持，因为很难得有他这样的人。我们平心静气地想一想，如果说满清政府也像英国政府那样支持胡雪岩，我想胡雪岩还是有足够的能力来对抗洋人的。只不过中国人向来以打自己人为乐，所以胡雪岩恐怕很难逃过这一个劫难。胡雪岩自己心里很清楚，到紧要关头，清廷是不会帮助他的。没有把他打下来就不错了。就凭他自己的一股勇气，恐怕很难把英国人打下去。因为是个人对整体。你看英国人，以大英帝国的利益作为共同的目标。我们有没有这样？我想我们很少这样子。

（4）胡雪岩为什么在洋人面前，说梦瑾代表不了他？他为什么把洋人赶出门去？

我们看得很清楚，胡雪岩这种举动，最起码有三个目的。第一，他要在洋人面前显示自己的威风，就是给洋人一个下马威。说我这个人不好惹，你少惹我。他为什么敢这样做？因为他不想跟洋人做生意，否则他不会选在这种时机这样表现的。第二，要挫挫梦瑾的锐气。因为上一次梦瑾跟外面的人谈生意，说她可以代表他，胡雪岩已经非常生气。现在居然当面讲这种话，所以就抓住机会，给梦瑾很大的难堪。我想他平常也不会这样做。第三，他要洋人知道，我胡雪岩只有自己可以决定自己的事情，以后不要动脑筋找任何人，直接来对我。我就是不买你的账，所以才说，你给我走开！我想这三个目的合在一起，才会使得胡雪岩有这种很不寻常的动作。因为他平常的主张不是这样子的。他说生意人不讲骨气只讲和气。和气的人怎么会这样子？和气的人怎么会当面给人家难堪呢？不可能，他是有另外的用意。

我们常常讲，一个人在非常时期做出非常的举动，必然有非常的用意。应该用这种方式来了解，才比较容易看得清楚。当然我们没有认为他这样做是好的，因为可以用别的方式。这样做会引起梦瑾很大的反弹，是你叫我来的，结果你自己不认账，又当面给我难堪，你是什么意思？因为梦瑾的年龄使她很难了解这些事情。胡雪岩认为一个人不栽培，不会成器，所以他很用心，要把她的锐气挫掉，但是梦瑾始终没有办法理解。对洋人呢？这样一来一往，他们根本不了解到底在搞什么。可见胡雪岩的想法是对的，但是他搞错了对象，产生不出预期的效果，这一点也是胡雪岩没有想到的地方。

（5）丁日昌为什么要联络洋人打击胡雪岩?

借外力来打击自己的敌人，是中国人常用的方法。因为自己花力气去打，不如用别人的力气去打，叫作借力使力。借力使力可以用对方的力，也可以用旁边的力。现在洋人势力这么大，连朝廷都怕他们好几分。这个时候，如果拿洋人的力量来打击胡雪岩，也就等于打击左宗棠，对自己的组织非常有利，将来又是功劳一笔。所以丁日昌念念不忘，要打击胡雪岩。在我们看起来，是一种很可笑而且也很可恨的行为，但是在他有限的知识里面，会认为这是忠心耿耿的表现。我想问题就出在这里。你说他下定决心要做个坏人，我想也很难得有这样的。他只是认知不清楚，认为组织要打，我就无所不用其极。一看有利可图，有势力可以利用，很快就跟英国人结合起来，共同打击胡雪岩。利害关系一致的时候，彼此最容易合作。丁日昌跟英国人讲，只要把这件事情抖出来，他就死了。这种事情连英国公使都没有想到，所以英国人觉得你们中国人杀自己人的时候，真是丝毫不用自己的力量。可是他觉得有利，所以就做了。英国公使称赞丁日昌说，丁大人你真是防不胜防。而丁大人听起来，也觉得非常满意。

原来的中国人只有天下的观念，没有国家的观念。这也难怪，因为我们一向自命为天朝上国，所以大家不太有什么国家观念。他认为把胡雪岩打垮，才是最要紧的，哪里有英国跟中国的界限，他把国家观念模糊掉了，才会这么得意忘形。我们现在有国家观念，所以看丁日昌简直是卖国贼，简直是汉奸，怎么可以这样？但是在当时，我相信丁日昌没有什么卖国，没有什么汉奸的观念，这也是情势所然。

（6）梦瑾的话对不对？为什么胡雪岩听不进去？

这是很有趣的事情。各位都知道，梦瑾所讲的话每一句都对，几乎没有一句话不对。柳成祥听起来，也觉得梦瑾很有道理。其实胡雪岩心里也清楚，梦瑾讲的话都对。可是他所用的方法，就是我们现在常常看到的，叫作模糊主题。他不跟梦瑾谈这些，他跟柳成祥讲："你看看，她把这里当旅馆了。说来就来，说走就走。"其实这一段跟梦瑾所讲的话，完全没有关系。为什么胡雪岩要这样？因为胡雪岩有一句话，就是不肯说出来。这句话是：你不要误会，我这样做是在磨你的锐气。就是这句话而已，但是他不能讲，就是不能讲。

我不知道大家的看法怎么样，把它明白讲出来比较好呢，还是不讲比较好？各位用心思考的话，会觉得不讲比较好。因为梦瑾如果永远不能体会，她就一辈子不可能成器。这才叫作启发式教育。现代人非常奇怪，一方面要采取启发式，一方面又要你把话讲清楚，这是根本不可能的。

你想一个人把话讲得很清楚了还会有什么启发作用？中国人就是扯东扯西，才叫启发。梦瑾讲的话，胡雪岩也承认很有道理，但是他不跟她讲这个。他说：你看，你说来就来。你说你听我的话，那你给我跪下。他为什么这样？他就在暗示，就在指点，你所讲的话都对，但是对有什么用呢？对，不能解决问题。对，不能把你自己培养成一个可靠而能干的下属。不能啊！他扯来扯去，就是让梦瑾自己去悟。如果她一辈子不能悟，那胡雪岩也算是尽了心力。

从这个角度来看，才知道中国的父母，为什么在教育子女的时候对也骂、错也骂。我们听起来也觉得莫名其妙，为什么对也骂、错也骂？就是要骂到他很谨慎，不敢乱讲话为止，这才是真正的目的。你看以前的孩子，以前的下属，都是听完话，仔细想一想，然后再找适当的方式，把意见表达出来，所以很容易沟通。现在有没有？没有。对方话才讲一半，你根本还没听清楚，就要反驳。这怎么沟通啊！这怎么会得到教训？所以对也骂、错也骂，不是代表这个人糊涂，而是他用对也骂、错也骂来让对方不要立即反应。胡雪岩最讨厌立即反应，老板话没讲完，你就讲了，你怎么知道老板在讲什么？这种毛病，现在到处都看得到，就是因为我们不了解为什么对也骂、错也骂，所以才产生非常严重的后遗症。

创业提示：做好帮手 VS 越俎代庖

做好帮手最忌讳的，就是越俎代庖，把老板弄得不知如何是好！而老板授权给自己，自己要更加尊重老板的最后裁决权，老板才会放心。老板授权你，你却忘记了你不过是一个帮手，竟然要越俎代庖，马上就会引起老板的怀疑，这是咎由自取，怪不得老板呀！

好帮手的三大要件是：第一，让老板放心；其次，有本事把事情做好；第三，人缘好，不惹是非。

喧宾夺主，替主人做决定，是客人的大忌。越俎代庖，替老板下决策，也是下属的大忌。下属应该是好客人，应受主人欢迎，所以不应该越俎代庖。

11　苦中才有甘味

胡雪岩自己是苦过来的，他知道不经过苦难，不能够磨炼出一身功夫。他当然明白梦瑾的好意，要成为他得力的帮手，作为全权代表人，来减轻胡雪岩的工作负担。

梦瑾在家中享福，一点儿也不愉快，反而工作得辛苦些，才显得有甘味。在仓库中搬动蚕茧，累得满身大汗，胡雪岩感动得掉泪。梦瑾也想得通，感激不已！

然而，有些苦楚却没有丝毫的甘味。谭则云向丁日昌下跪，饱受咆哮。英商当着谭则云的面，要求丁日昌逼胡雪岩把生丝卖给他们。谭则云回到钱庄，又愧对胡雪岩和柳成祥。老朋友居然不能开门见山，还需要借酒说话，真是情何以堪。

苦中有甘，才有苦尽甘来的一天。苦到最后依然是苦，完全没有甘的踪影，岂非何苦来哉！受应该受的苦，不必找不必要的苦，慎断明辨，实在不容易。

谭则云向丁日昌报告胡雪岩的近况，说胡雪岩一共买了四百万石生丝，耗资两千万两。丁日昌问钱从何来。谭则云说胡雪岩现在的财力有三千万两，从不擅动库存的银子。

丁日昌说胡雪岩才发起来几年，怎么有如此多银子？并且要谭则云设法让他把这两千万两的生丝烂在手里。谭则云忙说做不到，丁日昌说这点儿小事一定能够办好。

柳成祥向胡雪岩报告说谭则云一夜没有回来。派人去打听，说有人看见他进入丁日昌的住所。两人料到是为了生丝的事，胡雪岩朝天大叫：成也萧何，败也萧何！

谭则云正好回来，低着头刚要走进账房，胡雪岩拉开嗓子叫他，并且叫阿荣备酒。胡雪岩要大家坐下，然后举杯对柳成祥和谭则云说：“我们老哥仨成天围着银子转，从来没有坐下来好好聊聊。二十多年了，今天有什么话，痛快说出来。”

胡雪岩和柳成祥你一句我一句，并不直接询问谭则云到哪里去了，为什么整夜不回来。谭则云受不住良心的折磨，说自己从丁日昌那里来，并且看到英国丝商为了生丝，送给丁日昌汇丰银行十万两银子的存单。柳成祥提议把丁日昌受贿于外国人的事告到朝廷。胡雪岩说国法不容的事情多了，咱们管得了吗？谭则云说丁日昌给他五万两银票，要他设法改签茶叶的合约。这次为了生丝，又给他五万两银子，胡雪岩说不要白不要。

下人报告仓库有动静，胡雪岩和柳成祥马上跑过去察看，只见到梦瑾拖着瘦小的身躯，踮着脚尖，搬着一袋又一袋的蚕丝，认真到根本不知道有人进来。她一心想把茧子弄好，以免热坏了。胡雪岩看得热泪盈眶，向柳成祥说：“我高兴，我知足。有你和梦瑾在，我什么都不怕。”他接着说：“我虽说精于商道，善于取巧，可从没有把钱财当过性命。我让你们历尽艰辛，为的是人才啊！”柳成祥十分感动，梦瑾在里面听到，也跪下来流泪。

李莲英招呼李鸿章穿好丧服，请他进宫。看见左宗棠从另一头走过来，奉上丧衣，也要他换上。左宗棠问是怎么回事，李莲英说慈安皇太后昨天升天了。左宗棠说：“不对！不对啊！昨天我还看见东太后好好的。”李莲英说没错，左宗棠依然喊：“不对！不对！”

西太后怪左宗棠老糊涂，好像怀疑东太后被谁害死似的，于是下令派左宗棠出京，去担任两江总督。

智慧问答

（1）谭则云为什么向丁日昌报告胡雪岩的近况？他为什么替胡雪岩辩说胡雪岩从不擅动库银？

我们看得很清楚，谭则云现在几乎已经变成双面间谍。一方面他要对丁日昌有所交代，一方面谭则云的内心是很愧疚的，他感觉到对不起这位大哥，可是事至于此，他也无能为力，只能够尽量去做。他在有意无意当中要替胡雪岩澄清一些事情。所以丁日昌问他，怎么有这么多钱？他告诉他："钱庄好赚啊！"丁日昌问他说："动用这些钱财，是不是有不法的行为呢？"他赶快说明，胡雪岩从来没有擅动过库银。我们从谭则云的言谈当中，可以了解到他的确对胡雪岩有所愧疚，想尽办法替胡雪岩掩护。因为彼此毕竟是多年的老同事、好朋友，兄弟一场，我想一般人大概也会这样做。

（2）丁日昌为什么要谭则云做一些不利于胡雪岩的事？难道他不知道谭则云和胡雪岩的关系吗？

丁日昌当然很清楚胡雪岩跟谭则云的关系，他们几乎是分不开的。可是丁日昌更相信谭则云是人。只要是人，就一定爱钱。他相信用钱就可以把谭则云的心整个钓过来。结果果然不出他所料，就这么一点点回扣，使得谭则云章法大乱。丁日昌认为，他现在已经可以控制谭则云。所以他才讲，你帮胡雪岩赚进这么多钱，我要你现在帮我让胡雪岩亏掉这两千万两。谭则云当然说：我没有这个能力。可是丁日昌讲，你有能力，你可以做到。我想整个的事情，是自然演变而成的。谭则云这个时候有苦说不出，也不能多说话，否则就是出卖胡雪岩。可是也不能不配合丁日昌，否则他就性命难保。这种状况，使得丁日昌越来越有把握。

有钱能使鬼推磨，钱可以离间谭则云和胡雪岩，使他们产生二心。人与人之间如果联合起来，只有一条心，我们就很难去离间。万一是二心，那么离间一下就分开了。丁日昌敢这样做，就是看出胡雪岩跟谭则云已经产生一些误会，才敢趁这个机会要谭则云设法毁坏胡雪岩的产业。费尽心机，要把他们再推开一点儿。

（3）胡雪岩叫谭则云做反间谍，为什么又不放心谭则云的行动?

虽然说胡雪岩对谭则云的变心，感觉非常痛心，但是他毕竟很厚道，因为多年的兄弟，多年的朋友，多年的老同事，胡雪岩还是秉持我们中国人的两句话在做。这两句话是我们都很熟悉的，即“防人之心不可无，害人之心不可有”。我相信胡雪岩无心要害谭则云，说你给我做反间谍，让你去受罪，甚至于将来死在对方手中，我也不在乎！他没有这个存心。但是他还是相当提防谭则云，因为万一谭则云把持不住，或者丁日昌那边的压力太大的时候，会不会又进一步做出损害我们集团利益的事情？胡雪岩实在没有把握。

我们一而再、再而三地提醒大家，我们一定要保持人与人之间的正常状况。中国人常讲“君子之交淡如水”。为什么要“淡如水”？这个“淡如水”跟左宗棠所讲的“大道如浮云”，大概有异曲同工之妙。就是说平常保持正常的状况，太靠近也会破裂，太疏远也会裂开。大家正常交往，会比较持久一些。

现在我们看到胡雪岩跟谭则云已经有了裂痕，你叫他恢复从前那种彼此百分之百的信任，完全没有戒心，是不可能的。因为他怕谭则云受到更大的牵制，受到更多的威胁。反正已经变心，很可能变本加厉。我们不认为胡雪岩是矛盾的，我们认为他是两边在拉扯，找出一个平衡点。一方面是多年的老友，不能害他。如果要害他很简单，只要给他个使命，然后给他施压力，规定他达成什么目的，就可以。但是他没有这样做。一方面他很防备，很怀疑，你到底在干什么？他是这种心情。

（4）胡雪岩到现在才发现老哥们儿从来没有坐下来好好聊聊，是不是太晚了?

我想实在是太晚了。任何事情，没有出事以前比较容易预防。出了事情以后再来挽救，经常都是太迟了。我们来虚拟一下，如果说胡雪岩常常找些时间跟谭则云聊聊，谭则云的心里会起这么大的变化吗？我想不会。他就是眼看着你自己盖豪华的宅子，然后柳成祥也盖了一栋很漂亮的房子。我呢？我谭则云就该倒霉吗？发现他有这种想法时，如果及时跟他沟通，他恍然大悟了，就没事了嘛！就算太太跟他嘀咕，他也会讲“不要这样讲，不是这样的”，他也会把这种情形让太太知道。现在没有，而是他自己怀疑，太太又一直嘀咕。久而久之，下错了决心，结果就做出这样的事情来。

柳成祥有没有责任？柳成祥当然有责任。为什么柳成祥自己盖房子的时候不会提醒胡雪岩，谭则云也应该盖，为什么不盖呢？如果这个时候胡雪岩讲出一大堆道理来，柳成祥觉得对的话，也应该跟谭则云讲，说胡雪岩的看法是你现在有房子住，暂时住在这里。将来有适当的时机，一定给你盖房子。或者，谭则云要求现在就要盖，柳成祥也要跟胡雪岩讲。他有责任做这方面的沟通，可惜他没有。

谭则云也不对，即使有抱怨也不能闷在心里头。不好意思直接跟胡雪岩讲，至少可以跟柳成祥讲，怎么你们两个都盖了房子，我呢？柳成祥自然会转告胡雪岩。

三个人都没有做这些事情，就是因为彼此太相信，认为我们是同喝一锅粥长大的穷伙计，有这么多年的交情，还用得着什么沟通？很多创业公司的合伙人刚开始合作都非常顺畅，最后却四分五裂，就是因为彼此太相信了。没问题啦，不用说啦！这叫作熟不拘礼。熟不拘礼是不好的，即使对自己人，该说的话也要说清楚。就算是很相信的人，在可能引起误会的地方也要事先沟通一下。我们不要以为中国人老主张不说话，这是错误的观念。

很多事情，拿捏得不好，还是要自我检讨。中国人有时候不讲话，有时候要讲话；有时候讲得含含糊糊，有时候讲得很清楚，这才是真功夫啊！他们三个彼此太相信了，觉得不必讲就能沟通，出了事以后，还不能平心静气地从头来谈一谈。因为那时候还有回转的余地，现在没有啦！弄得三个人三条心，柳成祥比较接近胡雪岩这一边，也不能两个人加起来吃他一个。局面会弄成这么乱，三个人都有责任。可是话讲回来，很难避免。只有事先防范，事后谁来想办法，都很难改变。

（5）胡雪岩为什么不直截了当地问谭则云去了哪里，又干了些什么事？

我想不必问，因为问了再说，那是很没有意思的事情。你要说，自己就说出来；你不说，我也不方便问你，这也是一种方式。中国人沟通的时候，会采取很多种不同的方式配合着使用。看起来好像参差不齐，变化很大，实际上，是这个时候用这种方法，下一次用那种方法，随时在变化，这样对中国人才有效。

我们也可以想一想，如果胡雪岩看到谭则云，马上问他：你去哪里了？干了些什么？他会不会觉得：你那么凶干什么？你问，我偏不讲。他也可以这样想啊！谭则云一方面可以说你为什么不问呢，一方面也可以讲你问了我就是不讲。你不必问，我自己会讲，你急什么呢？两种都可以。可见不是说只有一条路可走。

胡雪岩的意思是说，我尊重你，你要告诉我，我就听；你不告诉我，我也不勉强你。这也是一种很客气的方式。谭则云说：你为什么不问？这也是一种说辞。他也可以不讲这些话，就把去哪里，做了些什么，直截了当说出来，也可以啊！因为胡雪岩问谭则云，谭则云不一定会说真话。胡雪岩不问，谭则云自己愿意讲，反而多半说实在话。胡雪岩采取这种方式，我觉得很妥当。

（6）胡雪岩为什么觉得有柳成祥和梦瑾，他什么都不怕？

人与人有心结的时候，最好用行动去化解，现在得到一个很好的证明。梦瑾在那里气得要死，心想你摆什么老爷架子？我讲得有道理，你还折磨我？但是，她最后还是用行动来表现。她跑到仓库去，把那些茧整理来整理去，一心一意在为茧的变质担心，在那里调整。胡雪岩在旁边一看，就算他是铁石心肠，也一定非常感动。所以他才会讲：有你、有成祥，我什么都不怕。他这句话如果早讲的话，也不会发生这么多的纠葛！可见人往往到了无法挽回的时候，才肯把自己的感受说出来，因为我们没有想到对方的需求。

胡雪岩在这些地方没有顾虑得很周全，但是梦瑾感受到了，她心里想，原来是这样，你是对我好，我应该用善意的行动来响应。胡雪岩受感动以后，也用很适当的话，把心里的感受说出来。柳成祥跟谭则云，当然也都能感觉到，毕竟我们是同一个团体的人。有这样的东家，有这样的下属，像梦瑾年纪轻轻，就这样爱护我们的集团，当然充满着希望。当然，这个时候整个的环境压力很大，可以说非常恶劣，更需要大家同心协力。我们把它叫作什么？叫作一家人的感觉。这个时候，胡雪岩、柳成祥、谭则云、梦瑾，真正有了一家人的感受。

（7）胡雪岩为什么说他从来没把钱财当过性命？梦瑾听了之后，为什么对胡雪岩下跪？

做生意有损失，亏了钱，胡雪岩从来没有讲过。他最计较的，是人有没有发生问题，心有没有发生变化。因为他觉得钱亏了，可以再赚；生意失败了，可以重来。只有人一旦变了心，就很难挽回。可见胡雪岩把人看得比钱财还重要。

但是，谭则云刚开始不是这样看，他认为胡雪岩心心念念只有钱，不在乎人。我想玉惠也多少有这种感觉，认为胡雪岩满脑子都是钱，我们这些人算什么？包括梦瑾在内，都会有这种感受。现在她才恍然大悟，胡雪岩这样那样，就是为了磨炼她，为了消她的锐气，使她能够更成熟一点儿，原来是一番好意、一番苦心，所以她感动得下跪。我们非常高兴，看到梦瑾终于理解胡雪岩不是故意找麻烦，更不是故意当众让她难堪，他是别有用意。

（8）左宗棠说他昨天还看见东太后好好的，西太后为什么不高兴？她为什么要左宗棠去担任两江总督？

我们终于印证了一句话，一言可以兴邦，一言也可以把一个人的前途整个毁掉。左宗棠干吗讲这种话呢？你心里爱怎么想，那是你的事情。一讲出来，就不可收拾。人家已经在发孝服，大家都要去凭吊，都要去致哀，你却还在讲

"不可能啊，我昨天还看到东太后好好的"，那是不是表示，你怀疑东太后是在一夜之间被人家害死的？有谁能够在一夜之间，害死东太后？只有一个人，就是西太后。那不是直接跟她挑战吗？所以西太后听到传言，心里想：把你这种人留在京城，我还有好日子过吗？我是看你有功，看你年纪大，让你回来享享清福，没有想到你给我出这种纰漏。所以她马上决定，让左宗棠出京。给他个两江总督，还算是给他面子。当然，我们也很清楚，左宗棠的智能不可能这样。他只是一方面心情不好，另一方面很疲累，所以才会做出这种大家看起来都觉得他实在是老糊涂的举动。其实西太后一向很尊重左宗棠，但是就这一句话，她整个的态度就改变了。可见吃亏的，还是左宗棠。

创业提示：玉不琢不能成器

栽培员工，使其持续成长，原本是老板和主管的责任。但是，员工自身的学习意愿，才是能不能成长的主要因素。想学的人，学得多；不想学的人，怎么教都学不会，只能怪自己不用心。

现代人越来越不明白老板磨炼下属的心理，总认为老板故意要威风、整人、满足自己的虐待心理。其实，老板的苦心，是玉不琢不成器，下属不刻意加以磨炼，哪里能够成为可以倚靠的干练之才呢？

用心磨炼，让下属不再以评断的眼光来看待老板，却能够以逆来顺受的心情，全力配合。达到这种地步，上下之间才有默契。只有做到上下一心，互相团结，才是最有力量的团体。

12 纵火烧胡庆余堂

丁日昌为李鸿章而存心整垮胡雪岩，潘五为丁日昌而纵火烧胡庆余堂。天底下真正坏的老板，其实并不多。那些整天出馊主意，满心为了忠于主子而不择手段的心腹要员，才是令人痛恨的凶手。

出点子，合理而有效，是忠臣；不合理却有效，必为奸臣。一般老板，过分重视有效性，以致常常害死自己。如果能多多思考合理性，相信可以减少很多祸害。

一把火，烧出了仗义的毕四姐，烧出了护匾的孙永康。一生一死，交情乃见。经过劫难关头，充分表现出人情的厚薄。然而，有有幸也有不幸。毕四姐勇敢牺牲，孙永康却获得功劳奖，可以分红入股。

气节不但养不活人，有时候根本活不了人。但是人活着，就是为了保持气节。活着而没有气节，和死人有什么分别？人生之难，就难在又要活着，又要有气节。

丁日昌在洋债上尚未抓到胡雪岩的把柄，又收买了一个喽啰，要他去胡庆余堂闹事，让胡雪岩没有好日子过。这小喽啰到胡庆余堂走了好几回，看到是用木材建造，容易着火，于是决定火烧胡庆余堂。

他趁着大家用晚餐的时候，到处放火，一下子就烧得不可收拾。失火的消息马上传遍大街小巷，阿宝拐着脚急忙跑去救火，毕四姐担心阿宝的伤势，也担心胡庆余堂被毁，看见芮瑾一副慌乱失措的样子，不禁抓住她问怎么办。芮瑾拉着毕四姐，一同跑去救火。

余阿大看见情况不好，命令所有的人都不准再进入火场。这时候毕四姐不见了。原来她跑进火场，葬身火窟了。

阿大跑到书房，向胡雪岩请罪，要求从重发落。胡雪岩说这火烧的不是阿大，而是胡雪岩。

这时候药工扶着满身是血的孙永康走进来报告："孙永康舍生忘死，保住了东家亲手书写的牌匾。"胡雪岩非常感动，要阿大立好契约，拿出六股作为功劳股奖给孙永康，以表彰他的功劳。孙永康推辞不要，说有那么多药工受伤。胡雪岩说都有奖赏。

胡母带着全家大小，头绑着白幡拜祭毕四姐，愿恩人之灵驾返瑶池，早登天堂。芮瑾在一旁哭泣。老太太也向芮瑾表示，她对不住芮瑾。玉惠更是跪着不肯起身，她身心疲累，已经不堪丧友之痛了。

除夕，胡雪岩设宴款待所有员工，说无论发生什么样的事情，都不会丢掉胡庆余堂，因为它使胡雪岩能够救生灵、修善业、赎活人的罪。

胡雪岩在蚕丝业上，同样承受很大的挫败。他感叹自己败的是银子，而朝廷败的是国业。他表示不怕一切，却又颓然地说：不怕有什么用？气节养不活人。

柳成祥报告说唐廷枢来信了，告诉胡雪岩朝廷已经知道洋债的事，建议找左宗棠，求他帮忙。胡雪岩说当初这样做，一是为了收复疆土，二是为了阜康大业，绝无欺国之念。了不起连本带利缴回，谁也不求。柳成祥劝他速回上海。他说上海有谭则云，让他好自为之，他自己绝不离开胡庆余堂。

智慧问答

（1）是谁放火烧的胡庆余堂？为什么这样做？

放火的人是丁日昌派来的，名字叫潘五。他是不是得到丁日昌的命令，才去放火的？我想不是。丁日昌不会笨到叫他去放一把火，把胡庆余堂烧掉。因为他知道这么一来，事态闹大了，大家都不好收拾。偏偏潘五搅了半天，想不出什么好办法，干脆放一把火，想把它烧掉。我们从这件事可以看出来，潘五自以为是，认为这样做，丁日昌一定会高兴。他就没有想到，这样做很可能把丁日昌也拖下水。

（2）芮瑾和毕四姐为什么要去救火？余修初为什么要请胡雪岩从重发落？

芮瑾一直很关心胡雪岩，毕四姐刚开始因为胡雪岩对玉惠好像有很多她不满意的地方，以致对胡雪岩有一些误会，因此才要离开胡家。可是后来看久了，发现胡雪岩也是一个有情有义的人，所以也很尊重胡雪岩，也很关心他。

虽然说两个人的出发点不一样，但是看到胡雪岩的家产着火了，看到胡庆余堂有问题了，她们两个不会坐视的。中国人只要有危急，大家都会尽量来救，更何况是救火！所以她们去救火，是非常自然的事情。可是很不幸，这一去就把毕四姐给烧死了。芮瑾比较好，没有受伤。但是心里头的伤痛，也是不可言喻的。

余修初更是责任所在，因为他是阿大，而且胡雪岩已经讲过，正式把胡庆余堂交给你，你要好好经营。现在发生火灾，余修初当然要求从重发落。这是我的失职，没有尽到维护公共安全的责任。我觉得余修初的做法，很值得我们好好学习。一个人碰到事情，不要躲避责任，不要推卸责任。余修初说这是他的责任，胡雪岩反而觉得不是，怎么会是你的责任？如果是余修初推三阻四，讲一大堆理由，胡雪岩反而认为这当然是你的责任，还讲什么理由呢？可见推来推去，结果还是推不掉。

现在余修初用的方法，叫作抢过失、争责任。把责任抢到自己身上，别人反而不会全部给你。责任是抢出来的，大家抢来抢去，责任就很分明。大家推来推去，永远找不到责任之所在。一家人发生事情，每个人都承认这是我的错，大家都有错，没有人会觉得面子上过不去，就很自然说出来：其实你们都没有错，是我的疏失。大家都认错，比较容易讲出真正的心声。中国人要检讨，必须记住这个原则，过失是抢出来的。大家拼命去抢，自然水落石出。我们建议没有过失的人先抢，因为没有面子上的顾虑。引发那些责任比较重的，面子上搁不住的，不方便承认的，喜欢躲避责任的人，自然也会跟着一起来承认。大家都承认，自然水落石出，责任就很分明。

（3）胡雪岩为什么要拿出六股，做功劳股奖给孙永康，以表彰他的功劳？

我们看孙永康的故事。他在当采购的时候，曾经用豹骨代替虎骨，结果胡雪岩毫不客气地把他开除掉。他说你这样怎么行？品质管制做到哪里去了？他那个叫作什么？叫作壮士断腕。可是孙永康的爸爸又把他带来，说我这个小孩子，在你这里随便做什么都行，不领薪水也行，因为他要学你的做人做事。这个时候孙永康还很别扭，因为不知道胡雪岩会不会收他。可是胡雪岩说了一句很轻松的话，“你要笑就笑吧”，然后就把他收回来了。可见他还是如兄如弟一般地来照顾他的员工。一方面如兄如弟，一方面壮士断腕，胡雪岩拿捏的功夫是第一流的。

孙永康进来以后，也完全改头换面，重新做人，表现得非常好。这一次失火的时候，他又把那个牌匾护住了，以致自己受了伤。所以余修初就讲，他是有功劳的。有功劳就要奖励，胡雪岩说给他六股功劳股好了。功劳股，当然不必交钱。因为要交钱的话，员工不一定有钱交。员工分红入股，可以拿来用作激励的方式。不一定真正拿钱，才让员工入股。今天有功劳，就给功劳股；将来有创意，就给创新股。有特别的功劳，就给他特别的奖励，才合乎奖惩之道。我们从整个的过程来看，胡雪岩很有原则，该辞退就辞退，该重新给机会就给机会。真的有好表现，就舍得给奖励。非常合理，做得恰到好处。

（4）胡母为什么拜祭毕四姐？胡雪岩为什么说他不会丢掉胡庆余堂？

胡雪岩的母亲的确是一位很能够代表长辈的典范。平常很少干预胡雪岩的事业，很少教他这样，教他那样，或者接受人家的游说，来增加胡雪岩的麻烦。可是每到紧要关头，应该以家长身份出面的时候，她都表现得十分恰当。谭则云从上海回来，她马上说要敬酒。现在毕四姐因为救胡家的产业而牺牲，对胡家有恩，胡雪岩的母亲当然应该代表胡家来拜祭她。这种表现，实在非常合适。让我们感觉到，她虽然没有读过什么书，却很懂得道理。长辈出面，才显得隆重。而不是随便派一个人，那就表示没有诚意了。没有诚意，就算买再多的东西来烧给毕四姐，都没有什么意思。

胡雪岩心里很清楚，其他的行业做得再好，只不过是赚一些钱。虽然有益国计民生，可是会留得长远、让人家感念的，恐怕只有胡庆余堂。我觉得胡雪岩在这一点上面，眼光很精准，思虑很久远。我们已经看出来，他这一生如果没有胡庆余堂，他的奋斗最后也是空的。所以他很清楚，胡庆余堂，我一定要留它。每次听到胡雪岩说“我的胡庆余堂”时，不知道各位有什么感觉？我感觉他这样讲，还是不恰当的，他应该讲“我们的胡庆余堂”。因为胡庆余堂是靠大家才有的成果。胡雪岩没有资格讲“我的胡庆余堂”。如果他说“我们的胡庆余堂”，相信大家听起来，会有更好的感受，而且也会更加心甘情愿地替他卖力。我们不是挑剔，而是说这些事情，必须常常记在脑海里面。

一个人越少说“我”，他的人缘越好；越多说“我们”，他的助力会越大。但是很不幸的是，现在我们因为受到两方的影响，动不动就讲“这是我个人的意见”。我们真不知道什么叫作你个人的意见。你算老几？你凭什么说意见？我们中国人过去一开口，都说“我们认为”。但是现在却过分强调“我个人的意见”，就表示已经有了很浓厚的个人主义思想，对于中国社会相当不合适。

（5）胡雪岩说气节养不活人，是什么意思？

自古以来，气节只能够流芳后世，却养不活人。一个人想要活着，只有气节是不够的，还要有和气。大家看，历史上十分刚直的人，能够有很大的发展，几乎是不可能的。有些人老觉得我很正直，我很耿直，我有话就说，我就是很透明化的，那就不要怪跟人家格格不入，不要怪好的机会不会轮到自己，不要怪命运那样坎坷。

当然，生死的选择每一个人都很慎重。胡雪岩认为我败的只是银子，可是你们这些家伙，也就是丁日昌这帮人，他们所败的是国业。这话怎么说？就是说你们把我胡雪岩整垮了，我只是损失一点儿钱而已。可是你们所出卖的是我们民族的企业，是我们老百姓的血汗。但是这一点有谁会重视呢？有几个人看得出来？我们很佩服胡雪岩有这样的气节。但是他要为这个气节，付出相当大的代价。只要胡雪岩自己衡量过，心安理得，我们也没有理由反对他做这样的选择。胡雪岩明知这条路非常危险，但是下定决心要朝这条路去走，实在很值得我们佩服。他读过很多历史，也看过很多小说，非常清楚有气节的人多半活不长久。但是这些人，明知道活不长久，却为了气节把命都不要了，才叫骨气。胡雪岩经过慎重选择，还是觉得干脆拼了，跟这些洋人弄个高低，我不在乎。他会这样做，不是出于一时鲁莽，或者出于无知。他一方面讲气节养不活人，一方面也知道做生意的要讲和气，而不是讲骨气，可是他还是表现出相当的气节，当然他必须承受相当痛苦的后果。

（6）胡雪岩为什么不赶快回上海共谋对策?

我想胡雪岩的心里头不是很灰心，也不是说我看破了，什么都不管了。他只是说，在这种情况下，再到上海又能怎么样？如果去了以后，不能收到相当的效果，我去了不是更丢脸吗？所以不如不去。他自己不动，并不代表他不抗拒，没有反击的行为。因为还有柳成祥，还有别人，不只是他一个人。老板不动，下属动，也是一种方式。我们不要认为，胡雪岩心灰意冷，好像有点儿看破红尘的味道，整个人的斗志都消失掉了。他不是这样。因为他心中有数，知道可能变化到什么地步。他大概认为，大不了就是财产充公，还不至于把性命送掉吧！既然这样，还有什么好后悔的？

做一个中国人，任何事情，慎始最重要。事先好好思考，非常警惕，一旦发生意外，甚至于意料之中的一些不如意的事情，不必生气，不必后悔，不必怨天，不必尤人。赶快想办法补救，如果补救也没有用，那就看开好了。我们主张看开，不主张看破。如果胡雪岩看破了，也就不值得我们学习了。他是看得很开。都失去又怎么样？钱都是我赚来的，亏掉，就当没有赚。这是看开，不是看破。

做人要看开，千万不要看破。事先要防范，事后不必后悔。胡雪岩通通做到了。我们不能认为他自暴自弃，好像自己的事情，自己都不热心，简直是坐以待毙。我想不是这样的。他有很多方法，可惜都没有事先做好准备。如果老早看准左宗棠这种个性，到紧急的时候不会帮忙，就应该通过左宗棠去跟更高一层的人来往。甚至直接通过李莲英，自己也结成一派。六王爷跟李鸿章一派，可以找七王爷跟我胡雪岩一派。大家来斗吧。当然也可以，不见得斗输啊！可是他不斗，又要这样做，要逞强，现在有什么好后悔的？事先都是心甘情愿的选择。我们也很佩服他这种做法。因为人各有志，每个人都可以选择自己所要走的路。胡雪岩既然走了他自己的路，而且是出于他自己的选择，他无怨无悔，我们也没有理由来批评他。

创业提示：分红入股 VS 股票上市

分红入股，在现代企业经营上，已经成为相当常用的方式。员工得到公司发给的股份，无论要不要出钱，出多少钱，都可以成为公司的股东，有机会参与公司的经营，尝一尝自己当老板的滋味。员工当然会心存感谢，而且深感荣耀。不过，分红入股也有分红入股的难处，那就是主持人如果声望不够，领导无方，或者心有不正，那么员工入股成为股东之后，意见会特别多，有时候还会兴起换人做大老板的念头，不可不事先充分考虑。

胡雪岩当年分红入股，纯粹是出于激励员工、感谢员工，不可能向员工扣钱，或者要员工交钱，并不含有分担风险、分摊责任的用意。股票公开上市，拿大众的资金实现自己的理想，似乎是如意算盘。但是接踵而来的问题层出不穷，有时候反而使自己的理想难以达成。有些公司坚持股票不公开上市，当然也有它的道理。

总而言之，分红入股不一定股票上市。而股票上市公司对员工入股多少要给予若干优惠。这两种方式，对员工都具有激励作用，对老板则忧喜参半。如果是正派经营，合理管理，目标远大而光明，那就没有什么好忧虑的了。

13　侵占案情暴露

原任英国怡和洋行中国总办威妥玛奉召回国，述职中将贷款大清朝廷的事提出检讨。于是，胡雪岩借外债，从中赚取利息差额的案情，一下子暴露出来，使得民众一窝蜂赶到阜康钱庄挤兑，甚至砸毁店面。传说谭则云在逃难中被杀身亡。

朝廷指派刑部尚书、六府大臣、武英殿大学士文煜，前来查封胡雪岩的财产，首先摘去胡雪岩的顶戴花翎，然后把所有资产折算成银子，以偿还积欠朝廷的银两。

左宗棠一句“大道如浮云，随风各消散”，断绝梦瑾要求左宗棠施以援手的一丝希望。胡雪岩的母亲把家里的细软浮财，分给几位妻妾，让她们各自讨生活去了。

事发之前，一层皮还在，很好看。案发之后，那一层皮被剥开了，真相毕露，原来如此不好看。人生不过是一层皮，要善自珍重。

丁日昌痛骂放火烧胡庆余堂的小喽啰，说他无谋无略，根本没有动脑筋，才会做这种事。

李莲英认为胡雪岩是商人，借外债时私收朝廷的银子，再怎么说也是明着赚的。丁日昌私受贿赂，帮助英国人拆大清朝的台，才是有罪。西太后则认为没有一个是好东西，交代先把丁日昌革职法办，胡雪岩则交左宗棠处置，先摘去功名，再把所赚银子全部追回。

消息传开来，杭州的钱庄先行倒闭。上海阜康钱庄的存户争相前来挤兑，也宣布倒闭。李莲英除了把自己的存款赶紧兑出来之外，还派人通知六王爷尽速处理。文大人听到风声，也赶来挤兑，却拿不到银子。由于他心里痛恨所以说："胡雪岩，我饶不了你。"

胡雪岩跪在母亲面前忏悔地说："孩儿不孝，惹下这倾家荡产之祸，还望母亲宽心，切莫焦虑。"老太太早已看破一切，反而要胡雪岩安心。她只是担忧这些姨太太如何安顿。胡雪岩说一一加以遣散。老太太叹气说："何必造这些孽呀！"

谭则云夫妇收拾好所有的东西后，准备趁官兵不注意的时候溜走，却被梦瑾看见，大声喝令站住，说他早就把各省积蓄汇来以弥补自己的亏空。谭则云否认，梦瑾说有账目为证。这时官兵闻声而来，梦瑾却挺身而出，说自己是胡大官人的副襄理，可以代替胡雪岩画押，承认破产。官兵立即逮捕梦瑾，让谭则云夫妇离去。

各地分行相继倒闭，胡雪岩一生事业尽付东流，眼看着财产保不住，柳成祥决心要把性命保住，即使花光所有钱财也不在乎。

丁日昌正沾沾自喜，认为已经斗垮了胡雪岩。不料钦差大人前来宣读圣旨："身为朝廷命官，却与外人为伍，收受洋人贿赂，私同洋人谋划机密，为洋人卖国效力，以贪官汉奸之罪，殆不为枉。奉旨革职问罪，摘去顶戴花翎。"丁日昌不服，口称有话要说，当然无效。

梦瑾不顾一切地偷偷跑来求见左宗棠。左宗棠不见，因为自己已没有什么力量，见不见都一样。后来陶大人来访，左宗棠知道他是来打听消息的。于是他接见梦瑾，告诉她大道如浮云，缘尽各消散，也好让陶大人回去向朝廷转述自己的心境。

智慧问答

（1）丁日昌为什么骂潘五放火烧胡庆余堂是无谋无略？难道他真的事先毫不知情吗？

丁日昌没有什么智能，也没有什么才干，可是做官倒是很有一套。他事先当然不会指使潘五放火烧掉胡庆余堂。如果这样的话，他干脆派一个人把胡雪岩暗杀了，不就算了吗？他不会做这种事情，因为人家很快就会查到。做官的人，不会做这种很容易让人家逮到的事情。他只是要潘五动脑筋，设法把胡雪岩整垮。没想到潘五是个没有脑筋的人，七想八想都没有办法，干脆放一把火把胡庆余堂烧掉算了。这种举动，显然是丁日昌所讲的无谋无略，根本没有动脑筋，才会做这种事情。

我们再一次了解，胡雪岩的处境固然很危险，但是不可能被谋杀。他很有胆量，就是因为他很清楚，不会被人家不知不觉地暗杀掉。像这种纵火案，他知道是冲着他来的，所以他也不会怪大家：怎么没有把防火设备搞好？怎么没有用心防范？他都没有这样讲。

丁日昌毫不知情，胡雪岩无从防备，因为他没有想到丁日昌会来这一招。事实上，丁日昌也没有要用这一招。这完全是下属自作聪明、自以为是，认为是很好的点子。结果呢？往往害了上司。

（2）西太后为什么先下令把丁日昌革职法办？而胡雪岩的事，却等着左宗棠的奏折？

大家都在骂西太后，我们也可以跟着大家一起骂，可是骂完了又怎么样呢？倒不如看一看，西太后能够执政这么久，一定有她一些独特的做法。你看这件事情，她就处理得合理合法。同样是贪污，可是丁日昌是现行的公务人员，而胡雪岩是商人，当然比重不相同，先后应该不一样。何况丁日昌的老板是李鸿章，西太后始终对李鸿章没有好感，可是她没有办法。老实讲，做一个首长，这个我不喜欢，那个我不想用；这个不够好，那个没有能力，还有谁可用啊？所以西太后虽然很讨厌李鸿章，可是还得用他做这个、做那个。这个时候，她知道丁日昌是李鸿章的大将，把他修理掉，也是给李鸿章难看。看你怎么样？果然李鸿章一句话都不敢讲。

胡雪岩是左宗棠的人，左宗棠这个人虽然脾气坏，个性耿直，讲话难听，但他毕竟真的是忠勇爱国得没有话讲。西太后很赏识左宗棠，只是有些话，让她受不了而已。她也很严肃，很伤脑筋。她一想就知道：好，丁日昌先革职查办。胡雪岩的事，要看左宗棠怎么处理。你看，轻松愉快，而又抓到要点。李鸿章却用毫不知情做借口，来推脱此事我觉得也没有错嘛！因为李鸿章叫你把胡雪岩搞垮，没有叫你去贪污，没有叫你去收人家的贿赂。你收贿赂，该死，自己看着办吧！左宗棠也是同样的心情，我没有叫你在差价上动脑筋。我叫你好自为之。现在出了事情，关我什么事？所以一到紧要关头，李鸿章不出声，左宗棠好像也没有动静。这是理所当然，事所必然，丁日昌应该早有觉悟才对。胡雪岩就比较聪明，老早心中就有数，知道迟早是这个样子。

（3）李莲英为什么急着要把存在钱庄的存款兑出来？为什么叫人去通知六王爷，赶紧兑银子？

什么叫信息？其实就是情报。情报灵通的人，自然可以得到好处。你看李莲英，是何等精明的人。他一看情势不妙，胡雪岩出事了，钱庄迟早会被查封，赶紧在没有被查封以前先把自己存款兑出来，比较安全。这是很聪明的举动，现在也是这样。为什么银行会发生挤兑的现象？就是情报一出来，大家听到风吹草动，马上提高警觉。管他有没有危险，管它是不是真的，先把钱兑出来再讲。

当年的情况，跟现在一模一样。有很多人老是要挤在达官贵人旁边，就是想听一些消息。要不然那么辛苦干吗？你看司机，愿意给大老板开车，就是你们在后面谈，他在前面听。你说哪个股票会涨，他赶快去买，就得到便宜了。消息灵通，是不是叫内情交易？我们也不敢说。但是自古以来，凡是通风报信的都有大功劳；凡是消息灵通的都得到好处，这是不可否认的事实。

李莲英把自己的钱兑出来，请问他要不要告诉六王爷？将来六王爷有一天会问李莲英："老兄啊，你知不知道？"李莲英敢说我不知道？才怪。你不知道？你知道，为什么连我都不讲？那李莲英又吃不完兜着走了。有情报的人其实也很辛苦。他一定要分清楚，该跟谁讲，不该跟谁讲，然后赶快去讲。

小太监问他，还要不要告诉别人呢？李莲英就发火了，还告诉别人，告诉谁？可见中国人轻重缓急，分得很清楚。李莲英一个小太监，居然会有那么大的权势，就是因为他很灵光，知道轻重缓急，知道谁得罪不起，知道谁要巴结。他的生存之道，现在通通表现出来了。你看别人钱兑不出来，李莲英就兑出来了。六王爷在家不动，就有人告诉他，甚至替他兑好。这就是权势，不然什么叫权势？

（4）文大人为什么说：胡雪岩，我饶不了你？

这句话，谁都想讲，谁都会讲。只不过有些人讲了等于白讲，所以不如不讲。文大人就不一样，他官大势大，讲了有用，也只有他才有资格讲。他心里想，当初是看你胡雪岩样子还不错，气派也不错，所以才把钱存在你钱庄里面，现在你居然给我倒掉了。你事先不通风报信，也不叫我赶快来兑，我饶得了你，才怪。其实每一个人，都是这样的想法。只是他讲得出来，很有信心，人家会当一回事。所不同的，只是如此而已。

文大人很容易想到，我当年存款的时候，你告诉我，你的钱庄就是我的财库。我存是存了，利息是不算的，爱拿多少，就可以拿多少。现在呢，言犹在耳，却通通变了。他这个气，当然消不掉。再说，每一个人的钱都来得不容易。文大人也是辛辛苦苦存起来的几个钱，现在一下没有了，他当然心有不甘。文大人讲这种话，代表很多人的心声。现在只是用它来表示大家对钱庄倒掉的不满而已。一个钱庄倒掉，我们所看到的只是大家吵吵闹闹。其实这并不重要，真正重要的是那些被倒账的人。他们全家人在家里诅咒，那才厉害，那个力量才大。

（5）梦瑾为什么责骂谭则云？她为什么要承担破产的责任？

这一幕可以得到很多的启示。第一，证明谭则云的心的确跟胡雪岩越走越远了。你看这个时候他跟太太两个人，鬼鬼祟祟地想要跑掉了。要不是梦瑾出面挡住的话，各位想想看，后果如何？梦瑾说你把收来的钱补了你自己的亏空，这是正当的做法吗？可是阿莲嫂还讲了一大堆理由：我们做了半辈子的工，赚点儿工钱，总应该吧！但是我们看到梦瑾一方面义正词严地来教训谭则云，一方面她又跟官兵讲，我来负责，你放他们走。我觉得梦瑾学到了胡雪岩处理事情的原则。经过胡雪岩的磨炼，她成熟了、长大了。两方面顾虑得很好，该骂的，要骂；该放的，她就放。因为把谭则云也拖进来，有什么好处呢？我来承担，其他人放走。相信胡雪岩看了以后，也会觉得很欣慰，总算教出一个可造之材，可以担当事情了。梦瑾说胡雪岩对她很好，如果在胡雪岩最困难的时候，梦瑾逃跑了，她以后心会安吗？所以她勇敢地负起责任。我们中国人说一生一死，交情乃见。

（6）柳成祥为什么说保不住产业，也要把人保住？

各位还记得胡雪岩讲过一句话，他说必要的时候，弃财保家。这个弃财保家，跟我们弃车保帅，是同样的意思。你看官大的人，常常把官小的人牺牲掉，以保住他自己。现在也一样啊！如果保不住财产的话，一定要把人保住。留得青山在，将来还是有柴烧的。这是很对的策略啊！柳成祥很佩服胡雪岩，胡雪岩的交代他都记得牢牢的。一看情况不对，他想产业就算保不住的话，我们说好说坏，说死说活，再怎么想办法，也要把东家的性命保住。老实讲，那个时候，抄家、满门抄斩是很常有的事情。所以他想尽办法救胡雪岩，也不必样样请示他。这时候你请示胡雪岩，胡雪岩一定讲不必了。他定会这样讲。你该做的，自己就去做。同时他也知道，左宗棠远水救不了近火。左宗棠固然在朝廷上可以讲话，但是他要不要讲？此时此地的心情能不能讲？现在的处境，讲了有没有用？谁知道？柳成祥也想到李莲英。李莲英这种人，我相信大家也很清楚，他是见风转舵的人，因为他要生存。如果他跟你搞在一起，万一其他的人翻脸，他怎么办呢？他撒手不管，因为他又没有欠你。他欠你什么？你平常找他，他已经够帮忙了。紧要关头，他撒手不管，先保住自己，这是我们可以意料得到的。这个时候，柳成祥想来想去，恐怕财产是保不住了，所以他下定决心，保人第一，把性命保住再说，这是很正确的一种决定。

（7）胡母为什么骂胡雪岩造孽？她指的是什么事情？

人为什么会为财死？就是不懂得弃财保家的道理。一个人死要把财产保住，最后把自己的性命给赔上了，划得来吗？偏偏有很多人，就是想不开，认为钱第一，性命不在乎。用性命来换钱，是不是很愚昧呢？在轻重缓急的比较之下，我们要清楚，钱固然很可贵、很可爱，但是跟性命比较起来，一点儿也不值得我们用性命去换取。所以保命第一，然后再谈什么钱财产业，我相信大部分人都是这样认定的。

钱要赚，第二句话就是命要保住，这两个东西能够同时存在，当然很好。万一钱财跟性命两个要选择的时候，那你怎么选？讲一个笑话，有一口气在的时候，多半想钱比较重要；等到没有这口气的时候，才想到人比较重要，可往往已经太迟了。

胡母听到胡雪岩的财产被查封，她有什么感觉？她没有大骂胡雪岩，也没有觉得非常伤心，她没有。她很淡然地说，我打一开始就没有想到会一辈子富贵。因为她总觉得，我这个儿子怎么可能那么短的时间就赚这么多钱？进来得快，将来出去也一定很快，一段时间就不见了，她心里老早就有准备。她所耿耿于怀的，就是娶这么多年轻的太太干什么？让她们守活寡？让她们在这里七吵八闹吗？所以她说“造孽啊，造孽啊”，其实是指这方面的事情。

女人更了解女人的心思，所以她一开始就反对芮瑾进到家门里面来。其实她对芮瑾也没有什么恶意，只是不希望胡雪岩做这种事情。她觉得胡雪岩已经有太太了，又来一个小老婆干什么呢？我们大概了解，当年胡雪岩娶这个太太，一定是胡母的意见。他那个时候已经跟芮瑾相当要好，可是做妈妈的认为差那么多岁不太好。所以她要胡雪岩跟这个人结婚，大概有这么一个过程，才会造成胡雪岩看到她只是很客气，却没有什么感情。偏偏做母亲的，又认为芮瑾比胡雪岩小那么多岁，那么年轻，把她娶进来做什么？两个人看法不一样，才导致芮瑾想进门又进不来，胡雪岩喜欢芮瑾又没有办法解决。可是后来呢？他这里讨一个，那里讨一个，胡母没有办法阻挡。但是她对这种事情始终不以为然，只是认为她儿子造孽。

我们现在平心静气来看，胡母所讲的很有道理。相信胡雪岩没有料到今天的结局，如果他料到，也就不会去做这些事情了。当然，我们话讲回来，胡雪岩从小读书，看到皇帝有那么多的妃子，看到有钱人有那么多的太太，难免有这方面的憧憬，难免有这方面的梦想。很多事情，要等自己闯进去，才知道糟糕了，这是火坑啊。要等到自己碰上了才知道，看起来好看，实际上很倒霉，可是都已经太晚了。

（8）丁日昌被革职问罪，他有什么感想？

我们重复过好几次，世界上唯一不变的因果律，就是自作自受。丁日昌一心一意要搞垮胡雪岩，所以一直动脑筋怎样把胡雪岩收取利率差额的事情暴露出来，然后治罪于他。他就没有想到，自己居然也收取洋人的贿赂，是不是跟胡雪岩同样，都犯了欺瞒的罪名呢？他怎么没有想到，他还是现职的公务人员，可能罪还比胡雪岩更大。人往往看别人容易，看自己很难。他认为我并没有收多少钱，而且我拿的时候也没有人知道。再加上洋人跟我的利害关系一致，怎么会出卖我呢？还有一个很正当的理由，就是我要搞垮胡雪岩，我要花钱。这些钱并没有放到口袋里面，而是拿来为国为民。差不多所有的政治人物，一旦出了事情，都觉得很冤枉。认为我是为国为民，结果把我抓起来，怎么会不冤枉？丁日昌说“日昌有辩，日昌有辩啊”，也就是基于这种心态。他心里想，我整天为国家，整天为老百姓谋福利，我想的都是正当的，结果你们把我也抓起来，这不是冤枉吗！

丁日昌觉得冤枉，实际上我们觉得他罪有应得。胡雪岩也很关心他到底怎么样了，文大人告诉他，你们的奏折生效了，丁日昌被革职了。各位想想看，胡雪岩心里头最恨的是谁？就是丁日昌。他心想我无所谓，我反正认了。但是丁日昌不下台，我死不瞑目。我想这种力量是我们所不能忽视的。人要想搞别人时，千万记住，自己也会被搞下去的。

（9）左宗棠为什么不见梦瑾？他为什么说“大道如浮云，随风各消散”？

左宗棠的心情一开始就表达得很清楚。他一再交代胡雪岩要多读书，要谨慎，要好自为之。这已经够清楚了，因为他不想互相勾结，你给我好处，我将来替你出力，他不是这样的人。他一开始就说，我们都是为国家做事情，你不是为我，我也没有对你。我们之间的关系是建立在国家的利益上面。我觉得他是很坦然的君子。所以今天见不见梦瑾，其实都是一样的。见了又怎么样？所以干脆不见。不见，你还死心一点儿。见了以后，她该怎么讲，又怎么讲得通呢？但是他巧妙地知道陶大人这次来是想打听消息的，想看看左宗棠是怎么处理胡雪岩这件事情。所以他心里盘算，是让梦瑾进来，让你看看，还是不让她进来，让你不知道。正在犹豫的时候，梦瑾闯进来了。既然闯进来了，他更加要提高警觉。因为他讲的每一句话，陶大人都会去报告西太后。

各位有没有发现，很多人说左宗棠是粗线条，其实他并不是；说他完全口无遮拦，他才不是呢！他是非常有分寸的。只是上一次讲到东太后的事情，可能是一时大意，不自觉就说出来了。他不是每一次都这样的。他非常有技巧地把陶大人请到客厅里面去，然后把所有的人都支开。单独对梦瑾的时候，告诉她：大道如浮云，人与人的聚散跟浮云一样，有缘大家聚在一起，缘尽了各自消散。他很清楚地告诉梦瑾，我跟胡雪岩是基于公共的利益而结合，现在闹出事情找我也没有用。各自想办法，各自负责吧！梦瑾听了以后，心里也很明白，老爷啊，我看左宗棠也救不了你。她这种话，其实胡雪岩老早已经清楚了。他没有叫任何人来找左宗棠，而是梦瑾自告奋勇，觉得她有责任，觉得她应该走这么一趟。我们相信梦瑾从这次的教训当中也学会了很多做人的道理。

创业提示：暴发得快没落得也快

一个人到了一生当中抛物线的顶点，无论如何，都逃避不了急速向下滑落的命运。暴发户不持久的原因，即很快到达顶点，然后快速滑落，有如泡沫一般瞬间消失。

左宗棠苦口婆心，屡次劝告胡雪岩多读书、多读书。他的用意，就在不要使自己抵达抛物线的顶点时，很快造成悲惨的结局。

公司的快速扩展会带来重重危机。事业急速发展，也势必产生很多盲点。什么时候发作，造成灾难，恐怕谁也料不定。最好的因应方式，只有一种，那就是：做好阶段性的调整，并且长远思考，避免种下祸根。

暴发得快，没落得也快，并非天意，而是人为的自作自受呀！

14　财去人得安乐

文大人存心要夺取胡庆余堂，他表现出一副公事公办、依法办理的模样，谁知道核算的结果正确不正确，反正一切由他，爱怎么说就怎么说。

他先捧一捧胡雪岩，说你所欠银两已如数还清，还称赞胡雪岩不愧为东南大侠。接着便露出了狐狸尾巴，说你北京阜康欠我的三十万两银子，还没有着落呢！他指定还债的条件，是以胡庆余堂的名义来归垫欠款。芮瑾拿出珠宝首饰，文大人却不屑一顾。柳成祥取出五十万两纹银，文大人依然满目回绝。他坦白承认：归了他，也许能给胡雪岩留个口碑。

胡雪岩不怨天尤人，财去人安乐，果然应验了当年弃财保家的决策。不过家已不像个家，幸好有芮瑾这位多年老友。有这份关心的至情，与胡雪岩共度余年，也算是一大幸事吧！

下人禀告文煜文大人到，胡雪岩早已穿好官服等着接旨。文大人宣告胡雪岩首先革职，由文煜严刑追究。

来人摘去胡雪岩的顶戴花翎，同时文大人也告诉胡雪岩：丁日昌已被革职查办。

文大人算完公账，说："胡先生，你所欠的银两全部如数还清，不愧是东南大侠。不过你北京阜康还欠我三十万两银子，还没有着落。"胡雪岩说可以在查抄中扣下，文大人则认为冤有头，债有主，他不向朝廷伸手。胡雪岩说已经没有钱了，文大人拿出早已写好的合同，硬要胡雪岩签字。

合同上写着：胡庆余堂药号建于光绪二年，杭州大井巷地方，原系胡雪岩之产业。胡庆余堂、雪记药业，生意兴旺、远近驰名，诚为上等不朽之基业。因文氏与胡氏有存款交涉，故胡氏于光绪九年，凭中介将胡庆余堂、雪记药业等财产，交予文煜所有，以清欠款。

胡雪岩不肯签，文大人说这胡庆余堂有很多人想要，留在你胡雪岩手上，早晚也会被抢走。不如归文大人，也能给他留个口碑。

芮瑾拿出一堆首饰，求文大人留下胡庆余堂。文大人不接受，说胡老爷欠的是银子，这些珠宝我不稀罕。

柳成祥拿着一把银票，要求文大人代还所欠。文大人干脆明白表示，他要的就是胡庆余堂。

余阿大和药工们向文大人下跪，文大人宣布谁再多嘴，就是聚众谋反。

胡雪岩咬紧牙关，握着合同，想到自己多年的心血全没了，流着泪，在文大人的逼迫下签下了名字。

显赫一时的豪商胡雪岩，终又一贫如洗。他所创立的胡庆余堂，迄今仍以其“戒欺”和“真不二价”的优良传统，屹立在杭州。文大人虽窃取了这份财产，而善良的老百姓至今还记得它姓胡。

谭则云的儿子，前来拜见胡雪岩这位伯父。胡雪岩的心情十分复杂，问他做什么。芮瑾告诉他：“子承父业，又在做掌柜的。”胡雪岩笑着说：“好啊，好啊！”

智慧问答

（1）朝廷为什么指派文大人查办胡雪岩的案子？文大人为什么要趁机侵占胡庆余堂？

文大人是刑部的主管，这么重大的案件，当然由他来办理，这叫作职责所在。文大人也是秉公处理，因为他可以讲胡雪岩的财产根本不够偿还欠债，还亏空很多，但是他没有。他算了以后，认定胡雪岩的家产，刚刚好抵欠政府的债。所以他还很佩服胡雪岩，说他不愧为东南大侠。但是他趁机要侵占胡庆余堂，也是有道理的。因为他知道，这么好的一个产业，很多人都想把它抢过来。我们看文大人是坏意，但是如果从好意的方面来解释的话，我倒觉得，这是老天爷在帮胡雪岩的忙。因为胡雪岩不管怎么样，总是一路来都在行善。对这么好的人，打击得他体无完肤，这是天理吗？胡雪岩欠的债该还的要还，但是老天爷该给的还是要给胡雪岩。文大人动歪脑筋，他说，你欠我的钱没有还，我要你的铺子。初看起来，好像这个人很不讲理，好像在趁火打劫。实际上我们冷静想想看，如果胡庆余堂继续交给胡雪岩经营，后果会怎么样？所有被钱庄倒掉的人，都来这里要债。所有的恩怨，都集中到这里来，胡雪岩根本抵挡不了，迟早要被人家拿走。与其被别人拿走，不如现在给文大人，反而比较好。因为文大人会好好地把它经营下去，比交给别人更保险。

所以我们觉得，看事情从表面上看和从更深一层去看，会看出不同的结果。从表面看，一定觉得文大人这个人莫名其妙；可是深一层看，这是老天爷在帮助胡雪岩。我们已经讲得很清楚，胡雪岩该受的罪，他不能逃避，因为这是因果律。但是该还给胡雪岩的，老天爷一定会还给他。还给他什么？还给他长期活在老百姓的心里。尽管胡庆余堂被人家抢来抢去，大家还是认定这是胡雪岩的。这就够了嘛！还要怎么样？

（2）芮瑾要以珠宝首饰还文大人的债务，文大人为什么拒绝？

芮瑾一向很关心胡雪岩，她愿意尽一切力量来帮助胡雪岩。打从一开始，她就把自己赖以生活的小船卖掉，拿给胡雪岩做资本。现在胡雪岩碰到这么大的苦难，她当然是出自内心的，一种很真诚的关怀。她把家里头所有的东西放在一个盘子里，向文大人说，这些首饰值那么多钱，你别要他的胡庆余堂了吧！可是文大人根本是存心的。他说你欠我银子，我要你还。你不能还，我就要胡庆余堂。其实这通通是借口而已。不管柳成祥也好，芮瑾也好，就算想尽办法，给他首饰他不要，给他银子他也不认账，已经摆明了就是要胡庆余堂。他就是看中了这个。不管用什么方式，要改变文大人这种企图，实在非常困难。

文大人早已看中胡庆余堂，所以把合约都写好了，就看你胡雪岩要不要签。你不签，他会想尽办法让你签。这一点芮瑾当然不可能了解，她怎么知道做官的是这个样子？她尽她的力却受到拒绝。我们也不必过分勉强来判断哪边对哪边不对，我们用有形的眼光来看，并不容易看出事情的真相。从计量上看，那些首饰换钱，就可以抵掉了。可是文大人说，这些首饰我看多了，不许抵钱，有本领去拿钱来！柳成祥拿钱来，他照样不理会，已经表示得很清楚，他是存心要胡庆余堂，其他通通是嘴巴讲得好听的，如此而已。

（3）文大人奉旨抄检，讨债还钱。他这样做，有什么不妥当的地方？

一个人用冠冕堂皇的话来达成自己的私利，这是常见的做法。任何人都不会赤裸裸地讲，我要抢你的财产。他只会这样那样讲一大堆理由，都很冠冕堂皇。文大人说，你的家产抵还政府的欠债刚好够。可是你欠我私人的钱，你怎么还？胡雪岩知道他的家产已经荡然无存，再也拿不出现金来了。文大人就是看他拿不出现金，所以才有借口要胡庆余堂。你可以用胡庆余堂来还我的债，我没有抢你任何东西啊！从这个角度来看，我们也没有办法说文大人是违法的。这给我们一个很好的启示，那就是法到底是保护谁的？有时候很难讲。法有时候保护好人，有时候偏偏就保护坏人。你看文大人有什么不合法的地方？你去告有什么用？这跟司法清不清白，其实没有什么关系。我们一直认为这是司法问题，其实跟司法有什么关系？根本就说不清楚！好，文大人说：你现在拿钱给我。你没有钱，唯一剩下一个胡庆余堂，就用这个抵好了。他还说：要不要抵？我很尊重你。中国人很厉害，打到人家无路可走的时候，还说“那你就看着办吧”！

胡雪岩不愿意，胡庆余堂是他的命根子。可文大人说别的什么都不要，就要这个。胡雪岩一辈子都反应快、毅力够，这个时候却都没有用。文大人一出现，胡雪岩就拿他没办法。我们也了解，讨债要钱其实有很多种方式，可是文大人坚持要胡庆余堂。我们退而求其次，觉得一个人到了这个地步，也应该听听文大人的话。他说胡庆余堂交给别人，可能搞得更惨，交给我的话会比较好。我想这是很多人在找理由的时候，会把它当作一个很动听的说辞。你与其给别人，不如给我。到别人手上一定糟糕，干脆到我手上。这种话我们听得太多了。

而且文大人也不一定心很黑，手段很辣，也可能跟别人不一样。我们觉得也没有什么，因为差不多的人，都会想出这一招来，都会这样做。当形势对一个人有利的时候，他所讲的话，都很有力量。当形势对一个人不利的时候，已经江郎才尽了，就算讲出什么有力量的话来，也显得没有什么作用。

（4）文大人抢走了胡庆余堂，却抹煞不了百姓们对胡雪岩的记忆。从这个角度来看，文大人是不是帮了胡雪岩大忙?

中国人把老天爷叫作天公，因为我们相信老天爷是公正的。它该给你的不会少；它不该给你的，不会多给，这才叫公正。什么叫作因果律？就是同一个人，做坏事的部分，你要去承担，你要去抵罪。做好事的部分，你可以得到回报。老天爷不会把两个东西搞在一起。老天爷不是一个算总账的人，否则那不是很糊涂吗？老天爷很清楚，胡雪岩拿了人家回扣，占了利率的便宜，一生的辛苦，财产充公还给政府，这是应该的，老天爷不会帮胡雪岩的忙。可是胡雪岩的心地很善良，做了很多好事，很想把胡庆余堂好好经营下去，使大家都能够获得好处。这点老天爷也很清楚，所以叫文大人来抢胡雪岩的财产，实际上是保护了他的家业，维护了他的名誉。相反，如果胡庆余堂真被别人收买去，或者由胡雪岩传给了自己的儿子，是不是会有现在这种美名，有这样的名誉传下来，谁也没有把握。

我们往往看到产业在第一代手中做得很好，可是到了第二代，好名声就被败坏掉了，资产就被摧毁了，搞得根本就不像个样子。与其这样，倒不如给文大人，还能替胡雪岩保持好名誉，也是替胡雪岩做了一桩好事。我们都很清楚，大事由老天爷决定，小事由人决定。文大人只能够决定要抢胡庆余堂，他的能力只到此而已。至于要后人记住，这个产业是谁创办的，只有老天爷才有这个本领。各位想想看，为什么我们老是记住胡庆余堂是胡雪岩的，为什么不会认为胡庆余堂是文大人的？为什么明明是文大人的，可是大家都记得是胡雪岩的？这是老天爷的力量，不是人的力量。

（5）谭则云的儿子为什么要见胡雪岩?

谭则云的儿子从小就听父母讲起有这么一位伯父，说不定他还亲自见过胡雪岩，也跟胡雪岩打过交道，有很深刻的印象。现在发生这么大的变故，他当然很好奇，很想见见这位曾经显赫一时、现在又一贫如洗的伯父，看看他的生活怎么过，心情怎么样。只要有机会，他就想来看看。

我们也相信，谭则云一定交代过儿子，有机会要去看看这位伯父。一方面出于自己的好奇，一方面出于父亲的交代，所以谭则云的儿子，才想到要来看胡雪岩。我们很容易想象，谭则云的内心对胡雪岩感觉很愧疚。虽然他在紧要关头要逃亡，但是就算逃出去，他的心里头还是很不安。何况我们根据传言，得知他是被群众打死的。他在被打的时候，在临终之前，感觉怎么样？我们可想而知。这是一种报应。不管胡雪岩对谭则云怎么样，那是胡雪岩自己去承担的事情。可谭则云对胡雪岩应该怎么样，这才是谭则云应该坚持、应该重视的地方，很可惜他没有这样做。他因为抱怨胡雪岩，做出使自己良心不安的事情，这是他一生最大的败笔。所以当胡雪岩问到刚才的客人是谁的时候，芮瑾告诉他是谭则云的儿子。胡雪岩还是赶快眼睛往前看一看，因为他也想看看这一位故友的小孩儿，到底现在怎么样了。我们还是那一句话，每一个人要走每一个人自己的路，不要因为怪别人而把自己的路走偏了，这才是最重要的。

（6）胡雪岩对谭则云的儿子子承父业有什么感想?

胡雪岩的心情一定是又好气又好笑。他心里想：你来看我又怎样？你不来看我又如何？一个人经过大风大浪之后，心情是很复杂的。想起过去，酸甜苦辣同时涌现心头。他一方面很关心这个小孩儿长得怎么样，一方面又觉得不一定要看他的模样。所以他就问，他现在干什么？芮瑾告诉他，子承父业，又在做掌柜的。胡雪岩笑着说："好啊，好啊！他这个好啊！"其实是很复杂的。一方面是说，你能够继承父亲的职业，当然很好。可是你如果弄成他那样的后果，不当也罢！所以一方面要有乃父之风，一方面又不要像乃父那样，搞到自己都没有办法收拾的场面。但是这种话又不知道从何讲起，所以他给我们的启示，就是说一个人不管从事什么职业，一定要走正当的途径。而且最要紧的，是要有始有终。谭则云最大的遗憾就是有始无终。

我们回想一下就知道他在很早的时候，就已经露出这种个性来了。就是说这个人没办法让人家长期地信任他，因为他一会儿讲这样，一会儿讲那样。一个人一会儿讲这样，一会儿讲那样，如果是有原则的、是随机应变的，这是可以的。如果一会儿讲这样，一会儿讲那样，讲到最后，让人家感觉这个人不可信任，讲到没有信用的时候，这个人的命运就一定很坎坷。谭则云自己也了解他有这种不良的习性，才造成他今天走上这个结局，也使得整个胡氏集团崩溃了。

创业提示：享尽荣华 VS 长留怀念

胡雪岩真是享尽荣华，然后归于简朴。就如左宗棠所说的，一切随风消散。我们可以说他一生奋斗，最后仍然归零。幸而他留下了胡庆余堂，使他能够长留去思，让大家长远地怀念。

人生在世，不过短短几十寒暑。所有物质享受，不过是短暂停留，很快就会消失。一个人在短短几十年的人生过程当中，如果只重视物质，不注重精神文明，这个人迟早是空的，白活了几十年，没有什么值得怀念的地方。

物质是不长久的，有所成必然有所毁。看得见的东西最后都不见了，精神才能够长久，万世流芳。

胡雪岩如果只重视看得见的，只看重物质生活，他的一生，也顶多是享尽荣华，无法长留怀念。幸好胡雪岩不但重视看得见的，也看重看不见的；不但重视物质生活，而且看重精神生活。所以他除了享尽荣华之外，还能够长留怀念。

15　国法人情难断

左宗棠既未为胡雪岩申辩，也毫无责怪胡雪岩的怒言。他深知这些事情原本很难论断，可以算得上对也不对，不对也对。

我们不是神，哪里有什么判断是非的能力？我们只是人，只能够小心翼翼地慎重分辨是非，在是也非也之间徘徊，然后勉强地断定。

胡雪岩能不能从贷款中赚取佣金，恐怕见仁见智，难有定论。有时候不拿白不拿，有时候则一拿就被套牢，想甩也甩不掉。

缺乏经验的人很容易武断地下定论。唱高调的人，反正事不关己，顺口说一些好听话罢了。面对这种问题的人，最好自己去决定，因为说穿了只有一句话——自作自受。

一人做事，一人承担。自己决定，自己负责。

第一个阶段的胡雪岩，表面上看起来和一般人没有什么两样：穷苦人家的子弟。母亲央三托四，好不容易找到一个钱庄肯收他当学徒。期满之后，觉得成绩还不错，把他留下来。当跑街的，而且一跑就是十几个年头。眼看着日子一天天过去，好像要这样子过一生。

实际上，如果深一层想，我们发现这个阶段，才是胡雪岩和别人最不相同的地方。一般人当学徒，大多抱着“反正这么回事”的态度，师傅教什么就学什么，推一下动一步。果然一辈子就是这么回事，做到老也没有什么大出息。

胡雪岩真的不一样，他对自己有一份期待，希望有一天会当上先生，做大掌柜的。所以他在师傅教什么学什么之外，每天晚上给自己规定一些功课，写小楷、读历史、练算盘。同样是学徒，学得比别人更多。

一般人担任跑街工作，大多抱着“凭着自己的能力把工作做好”的心态，认为自己既然已经满了师，学到一些应有的学识，一回生两回熟，就这么干下去，还有什么问题？多少人这样子混一辈子，丝毫不长进。

胡雪岩就是不一样。他跑街的时候，从客户那里学到了很多东西。因为他知道，从师傅那里得到的教训虽然是对的，可是每一个客户，都有不同的情况，也都说出一套不一样的道理。这些特殊性，不是师傅不肯教，而是没法教，必须自己亲自去体验，多多去学习，才能够把师傅所教的东西，拿出来灵活应用。

胡雪岩的第一个阶段，是做给自己看的时期。俗语说得好，做人要从自己做起。胡雪岩真的做到了这一点，他不和别人比。别人比自己好的地方，他不嫉妒；自己比别人用功的时候，也不自夸。因为在这个阶段，嫉妒也好，自夸也好，都没有人理会，有什么用？他只求和自己比，一切都做给自己看。

第一阶段的胡雪岩，可以说是成功的。同样当学徒，学得比别人多，本事比别人好。同样担任跑街的工作，胡雪岩对人性的体验，对人心的掌握，对人情的拿捏，比别人更精通、更有功夫。

第二阶段的胡雪岩，表面上看起来和一般人不一样，表现得特别胆大心细，有魄力，而且有毅力，实际上，他和一般人没有什么两样，只是程度上的差别而已。柳成祥和胡雪岩两个人对粮食生意的反应不一样，主要原因，是柳成祥还有饭吃，还有工作，当然不愿意冒险。胡雪岩已经失业，没有工作，等于没有饭吃，当然要冒险。所以胡雪岩很自然地说：生意人不冒险，能有钱赚吗？

把粮食送给官兵，好像是胡雪岩的独特作风，柳成祥有些不赞成。其实柳成祥也有这种能力，换成由他做主，也会做出同样的决定。正如胡雪岩所说：

你行，你不是不行，可是你总把自己当伙计看。

胡雪岩的第二个阶段，应该说是做给别人看的。不管胡雪岩有多大能耐，自己对自己有多大的信心和期望，在平价抛售生死米时，如果不能够把米价平抑下来，造成粮食生意失败，以后就没有什么指望了。漕帮那一关闯不过，鬼龙头不帮忙，粮食的运送大成问题，说不定只好原地出售，反而亏本。如果考验的结果使左宗棠不满意，胡雪岩也只好认命，两手空空走出来。柳成祥的抱怨，谭则云的嘲笑，从此三阶段的精神，也难再延续下去。

尽管左宗棠苦口婆心，一再叮咛他要多读书、多读书，胡雪岩却忙于生意，不能体会左宗棠的真正用意，只能算是相当于成功，不能说成功。这一个阶段，没有能够精益求精，继续充实自己的实力，以致第三个阶段，不幸出了差错，铸成大恨。

胡雪岩的第三个阶段，必须同时做给自己看，也做给别人看。一个人到了这个阶段，人我之间的距离显得十分接近。因为大家都很好奇，大家都很想知道详细的情形，以致胡雪岩的一举一动，都像胡宝玉所说的，成为大家茶余酒后的谈话资料。

一个家庭，发了财，重新翻造家宅的时候，往往代表第三阶段的开始。这个时候必须重视家庭的规矩，以免富贵出闲话，无事生口舌。胡雪岩虽然知道这种道理，甚至在征得母亲的同意，向芮瑾求婚时，也不顾一切地提出约法三章，要求芮瑾不要由于身份特殊，搅乱了妻妾的名分。但是，家庭纠纷不断，毕竟影响了胡雪岩的情绪，以致生意上忙，药业上忙，洋务忙，官场也忙，有时还要为女人忙，忙得连和柳成祥、谭则云说心里话的时间都没有了。这样一来，谭则云心里就不能平衡，终于上了对手的圈套。为了贪图一些回扣，害得整个集团的事业，都为之动摇了根本。

第三阶段的胡雪岩，表面上看起来十分成功，实际上很不成功。一般人到了这种地步，所作所为几乎和胡雪岩差不多。胡雪岩除了创建胡庆余堂之外，并不比一般人有什么优异的地方。胡雪岩和一般人一样，避免不了登峰造极，然后直线滑落的共同命运，这是我们认为他很不成功的理由。尽管他有很多令人敬佩的表现，但不能在人生最后的阶段确保大半辈子辛苦奋斗的结果，当然是很大的遗憾。相信没有人愿意学习他这一种不幸的结局，在自己的有生之年，看到自己回归零点。

三个阶段合起来，胡雪岩还是成功的。他对朝廷不能及时加以援手，他对文大人假公济私、硬要夺取他的胡庆余堂，当然心有不甘，口有怨言。然而，他对左宗棠、对柳成祥、对谭则云、对梦瑾，不但毫无抱怨，而且心怀感激。特别是芮瑾，每当胡雪岩有困难，总是全力以赴。当胡雪岩散尽家财，一无所有的时候，芮瑾还是把胡雪岩当作老朋友，给予细心的照应，更是胡雪岩最引为欣慰的事情。

大家追求慎始善终，胡雪岩在慎始方面，可以说做得十分成功，在善终方面，胡雪岩虽然产业被查封，胡庆余堂被抢夺，却也乐天知命，得以善终。这是我们深深为胡雪岩庆幸，深深钦佩胡雪岩，想要向他学习的缘故。

智慧问答

（1）从表面上看和深一层想的结果，经常不一样吗?

从表面上看，一般人都会觉得，胡雪岩年轻的时候，没有什么表现，不是很成功。后来他越来越成功，特别是事业做大了，当了一品顶戴的官，那时候好像最成功。其实这是看表面，如果从实际看，应该刚好相反。我们深一层想，胡雪岩在创立上海钱庄以前，可以说是成功的。可是从那个时候开始，他就发现了很多问题。这是他自己所没有办法掌握的，而且种下了很多将来失败的祸根。我们希望大家都能够有这么一个想法，就是一件事情从表面上看，大概只能看出一些现象，而现象多半是虚假的。我们不能只看表面，而应该更深一层地去通过表面看问题的本质。

我们看到很多人，年轻时很成功，但是年纪大的时候，很困难，也十分苦恼。因为他没有一路跟上去，自己断层了。古人云“小时了了，大未必佳”。小时候就表现得很聪明，大家不断赞美他，弄得小孩子觉得很满足，认为所做的都很对，然后就不求进步，年纪越大越倒霉。相反地，有些人小的时候这样也挨骂，那样也挨骂，觉得自己样样不对，必须多多学习，以不断充实自己，学得比别人多，长大以后越是碰到难题，越有本领去克服。

我们从这个角度来看胡雪岩，就能够了解他真正的面貌。他最成功的时候，就是当学徒的时候，把自己的根基扎得很稳当，所以一出去冒险，几乎每一关都闯得过。这是一般人所能做到的。后来发大财成大业，做了大官以后，老实讲，换成任何人，我们讲一句不好听的话，都可能跟他一样的焦头烂额。除非是确实有功力的人才可以摆平，不管怎么来都有办法应付。这不是一般人所能做得到的。

（2）人生最要紧的，为什么是阶段性的调整?

胡雪岩为什么到了高峰以后，很急速地滑落？就是他没有办法及时做好人生阶段的调整。我们的人生过程是一步步逐渐成长、逐渐成熟的。

有很多人，当了老板以后，还很虚心地去听课，很虚心地去学习。我们保证他会随着他事业的扩大而提升自己的能力。但是也有些人，当了老板以后，就不好意思去听课，觉得还听什么演讲呢？所以就越来越闭塞，使自己停留在不成熟的阶段。碰到大事情来临的时候，他就垮了。

我们还是那句话，一切都是自作自受。胡雪岩如果听左宗棠的劝告，每天弄一点儿书来读读。多想想，多反省，多充实自己，就像他当学徒时一样的心情，就像他当跑街时一样的态度，我相信他的后半段会过得更愉快一些。

（3）胡雪岩的后半段，为什么那么坎坷不顺?

我们看得很清楚，胡雪岩后半段的坎坷不顺，缘于三点。

第一，过分专心事业的发展，没有能够在官场上继续建立更好的关系。所以左宗棠一垮，他也跟着垮下来了。如果他能够想到，像左宗棠这样的靠山，现在靠他可以，但是将来要靠他，恐怕还是不够的，他就有可能超越左宗棠，去跟更高一层级，如七王爷这些人连结在一起。李鸿章可以找六王爷，胡雪岩当然可以找七王爷。要斗，大家来斗！他不一定会被斗垮。

如果他认为左宗棠最后会救他，因而全靠左宗棠，那就是一种糊涂的想法。他很聪明，很早就知道左宗棠到了紧要关头会撒手不管，应该另外再找更强的靠山，可惜他没有这么去做，这是他疏失的一环。

第二，他太过专断，有事不和柳成祥、谭则云商量，也不采纳他们的意见。有时候他判断得不是很正确，结果出了大事。一个人果断到差不多的地步就好，不要太过专断。一个人权势大了以后，越来越有信心，认为自己好像什么都懂了，反而当局者迷，看不清楚。一个人高处不胜寒，爬得越高就越要小心，因为不能有丝毫的差错，越是这时候越要听听下属的意见。

我们没有说胡雪岩年轻的时候就很专横。但是各位再仔细看一看，他五十几岁以后，事业成就大了，官做出来了，态度也就有了一点儿专横，跟以前不太一样了。虽然说他爱国心很强，但是，一味跟人家争强斗狠的态度，好像也有一些不自量力。

第三，他花在女人身上的时间太多了。我们从这个层面看起来，还是再一次证明，他越往后，就越力不从心，有点儿照顾不过来，就表示他的能力不足以支撑这么大的场面。以前那种小格局，他非常有办法，可是他没有继续充实自己，到了大格局的时候，已经显得无力。

为什么当小官没有无力感，当到大官就有无力感？很简单，能力只能到这个地步，想再往上冲的时候，就十分吃力。就像只能挑十斤的人，挑十五斤还勉强可以应付，挑到五十斤的时候，就苦哈哈了。

（4）胡雪岩的经营理念，有什么特别的地方？

胡雪岩的经营理念，说起来可以用八个字来代表，那就是“功自心诚、利从义来”。胡雪岩听说左宗棠被迫离开新疆，生怕他气坏了身体，特地买了一些补药要亲自去看他。临行之前对余阿大讲出这一段话，希望余阿大好好地一本初衷，把胡庆余堂经营好。其实“功自心诚”，早就写在上海钱庄定下的规矩当中，已经说得十分清楚。诚为本，信为先，经商必须以诚信为根本原则。商人除了勤俭忍耐之外，最要紧的素养就是信用。孔子说：人而无信，不知其可也。在人际关系方面，信用是最重要的美德。

我们看一看谭则云所念的是什么？勤俭，忍耐，信用。这三样东西的重要性，我们大家都知道得很清楚，但是很不容易做到。主要的原因在哪里？只有四个字：心不够诚。所以培养不出真正的功夫来。一个人只是知道道理，不见得很有用。知道以后，要很认真。什么叫认真？认真就是心很诚，把它当一回事。

“功自心诚”就是告诉我们：一定要心里有很诚正的意念，才能够产生功夫。至于利从义来，从北京阜康钱庄三回、三清、三不收的规定，也表达得非常清楚。不义之利、投机之财都不能收。为什么？因为它违反了利从义来的大原则。权、利、色、名这四样东西，可以使聪明人变成糊涂虫，可以使智能的人变得愚蠢，可以使坚强的人变得懦弱，也可以使善良的人变得凶暴，而至亲也会变成仇敌。这四样东西，不是我们常讲的什么酒、色、财、气，而是利、权、色、名。其中利的力量，远在权、色、名之上。常常利之所至，就忘掉了一切。我们常讲见钱眼开、唯利是图，经商的人更是将本求利。

胡雪岩刚刚创业的时候，就知道出售生死米来抑制米价，打击那些不顾老百姓死活的人，使那些哄抬米价的粮商承受一些打压。后来胡雪岩开钱庄的时候，给存款人的利息比同行高，因为他觉得开钱庄不能靠着压低利息来赚钱，应该从其他方面来活用资金，同时给存户比较好的利率。这种经营理念，才符合利从义来的观念。任老板就是不明白这种道理，他满脑子都是把利率降低，看看能不能从存款上多赚一些钱，结果存款的人都跑掉了。经营理念要落实，一定要有制度。通常的说法，叫作立规矩。

最近我们很高兴，看到有一位总经理，他就职的时候，第一句就讲任何事情我负责，这是很好的一种示范作用。有良好的制度，还需要人来执行。胡雪岩最重视的是什么？是人才的培育。我们拿梦瑾做例子，从替她取名字开始，到教她打麻将，然后让她参与借债的事情，一直磨炼到成为很得力的下属，胡雪岩不知道花了多少心力，不知道费了多少时间。我们还记得梦瑾刚开始的时候是什么样子。我们再看看后来的梦瑾，是不是完全变了？这就是教育训练的效果。

当老板、当主管的，只有不断地自我发展才不会出现人才断层的困境。胡雪岩的事业能够蒸蒸日上，而且规模越来越大，就是因为他意识到要不断提升人力。你看他对谭则云，不断教他什么才是策略。他对柳成祥，告诉他这里要注意，那里要注意。他几乎对每一个人都很费心在看他的需要，给他适当的指导。

奖惩有度，是确保经营理念能够贯彻的最佳保障。胡庆余堂提出四个字：采办务真。买东西一定真材实料。可是这个店规很不幸地在虎骨追风膏原料上面出了瑕疵。因为买不到老虎的骨头，所以就用豹骨来代替。结果怎么样？负责采购的阿二，被胡雪岩毫不留情地开革掉。我们相信这样的处理方式，只要有一次，以后就没有人敢在采购上面不认真。

胡雪岩的经营理念，最后又归纳成两个字，只有两个字——“戒欺”。戒欺的意思，是任何人都不能欺骗。一直到现在，这两个字还是和胡庆余堂，还是和胡雪岩紧紧连接在一起。大家只要想起胡庆余堂，马上想起胡雪岩；只要想起胡庆余堂或者胡雪岩，马上就想起“戒欺”这两个字。戒欺不但是不可以欺骗别人，而且也不能够欺骗自己。说起来正好就是：功自心诚、利从义来。胡雪岩经过长久的历练，才把功自心诚、利从义来这八个字浓缩成两个字，叫作戒欺。我们常常欺骗自己，也常常欺骗别人。今天看了“戒欺”这两个字，应该自己有所反省。骗不了别人的，骗自己更糟糕。从现在开始，我们在回想胡雪岩经营理念的时候，常常要提醒自己戒欺。

（5）为什么勤劳、节俭、忍耐、信用的重要性大家都知道，却又很不容易做到？

中国人的观念，认为勤劳、节俭、忍耐、有信用，是做人做事的美德。大家都把这些当作目标，来教育自己的子弟。无论做官、经商、做学问，实际上都要把这些当作金科玉律，丝毫都不能够违背，而且要持久去贯彻，才能够安全，才能够活得自由自在，才能够活得很愉快。可惜现代人普遍不重视教育，说什么父母要做子女的朋友，实在是很奇怪的说法。这么一来，使得很多人根本不认真教育子女。如果没有诚心，当然很难培养出好子弟。

社会风气为什么败坏？人心为什么越来越险恶？其实追根究底，根本的原因，就是忽略这些基本的教养。我们今天不用谈什么智能，不用谈什么知识，光是在教养这个层次，我们就已经完蛋了。我们顺便说一下，一个高阶层的人，才有资格讲智能。其他人讲智能，是多余的。到了中间下属有一点儿表现的时候，我们才看他有没有知识。而最起码的基础是教养。我们看一个人，先看他有没有教养，然后再看他有没有知识，最后才有资格讲智能。否则谈智能又怎么样呢？

我们看完胡雪岩之后，发现他虽然很穷，家庭背景平平，但是他的教养非常好。因为他有一个好母亲，从小告诉他做人做事的道理。

（6）君子爱财，为什么必须取之有道？

不择手段求取钱财，很可能走上大家都非常讨厌的贪赃枉法、拦路抢劫、囤积居奇、哄抬物价、联合垄断、不实广告、欺凌孤寡、侵占财物、绑票勒索、谋财害命之路。我们看看这些不法的途径，这些不良的行为，我们的感受是什么样子的。我们都认为根本就是危害社会，危害生命，丧尽天良。可见如果不注意这方面的话，社会风气是没有办法改善的。一个人只有勤劳工作、辛勤耕耘、投资建设、研究发展、增加生产、赚取外汇、加强服务、造益人群，通过这样的方式来爱财、来求取钱财，才光明正大，而且心安理得。我们所讲的这些，就叫作君子爱财，取之有道。中国人常常讲贪财，其实没有关系，只要用合理的方式来贪财，就是好的。

“己所不欲，勿施于人”。可惜现在有些人很喜欢标新立异，说什么“己所欲，施于人”，好像这样比较积极。为什么“己所不欲，勿施于人”是消极的？不知道这些人是怎么想的。一个人喜欢什么，就认为别人也喜欢什么，就强把自己的喜欢，硬是套在别人身上。结果天下大乱，人心不安，这叫作造孽，叫作害人。我觉得很多老话，能传那么久，一定有它的用意，一定有它的价值。可惜今天的人自作聪明，很喜欢搞来搞去，搞到最后，害了下一代，连成语典故都不知道，以后中国人怎么沟通？

（7）胡雪岩的领导风格如何？

胡雪岩自己很清楚，看起来好像成天在金钱堆里面打转，可是他从来没有把钱财当作性命。他所要追求的，不是名也不是利。那他最关心的是什么？是人。要开公司很容易，但是公司要成功非常困难。这当中的关键，就是一个"人"字。只要你人找对了，公司就会成功；如果人找错了，就算登记立案，也很快就会倒闭。

胡雪岩明白这个道理，从小就多看、多听、少开口。他认为一个人要学习，一定要多看、多听、少开口。胡雪岩跟人家相处时，都是按照多听、多看、多想的态度。你看他在跑街的那一段时间，跟很多人在一起。他就慢慢感觉到，这些人虽然没有钱，虽然欠债，可是很有学问，称得上是饱学之士。可是这些有学问的饱学之士，为什么老欠债呢？为什么老碰壁呢？他就想到，他们有他们的缺陷，就是懂得道理，却不会去用。有知识但是不会与人相处，跟人家在一起，就变成有志难伸，实在很可惜。

胡雪岩慢慢感觉到，一个人不但要有本事，而且要得到大家的支持。得到上司的赏识，也要得到部属的拥戴。这些都要用心揣摩，多方思索，才能够体会出一些抓住人心的技巧。经过不断的尝试，不断的改善，胡雪岩才练出一身好功夫，也塑造出独特的领导风格。

首先，他学会了对什么人说什么话。我们常讲，见人说人话，见鬼说鬼话。这一套胡雪岩学得很好。他并不是存心讨好别人，可是他就有办法引起对方的关心。我们看他在出售生死米的时候，对那些帮忙卖米的伙计非常客气。回头对柳成祥这位老伙伴，却好像存心要逗他开心，采取完全不一样的态度。这是什么道理？实际上他是有用意的，不是乱来的。因为伙计是外人，不对他们客气怎么办？而柳成祥呢？你跟他讲道理，好像把他当小孩子；跟他板着脸，他以为你跟他发脾气。在这种很紧张、很严肃的时候，只有用逗逗他、开玩笑的方式，比较容易沟通。

其次，胡雪岩知道有些事情要尊重个人的自主性，让大家自己去决定，大家才会心甘情愿地去效力。你看他从左宗棠的大营里面出来的时候，总算把运粮、卖米这一段冒险行为告一段落。胡雪岩马上就把柳成祥、谭则云这两位伙伴聚集起来，征求他们的意愿，要不要继续干下去？还是从此拆伙各奔前程？因为一个段落下来，如果不把大家找来商量商量，那要怎么办？一路做下去，大家对你有什么想法？宣告拆伙，为什么大家就要听你的呢？所以他很慎重地从头出发，征求两位的同意。两个人都表示决心之后，好，我们就从现在开始好好合作。还有，他知道紧要关头应该挺身而出的道理，因为这个时候，你必须要有办法，有本事化解大家的困难，大家才会佩服。

一个人，平常让下属多发挥，不要样样都管，等到紧要关头，就应该挺身而出，这才是做老板、做主管的气魄。我们看到柳成祥的妻子，非常不谅解柳成祥。因为胡雪岩所建立的常捷军，用洋枪打死了她的弟弟苏晃。胡雪岩不顾柳成祥的劝阻，亲身跑去探望，要向柳成祥的妻子说明不得已的苦衷。而柳成祥的妻子却当面给他难堪，芮瑾也讲不好听的话。可是他为了柳成祥，非常勇敢地面对这个问题，一点儿都不逃避。相信柳成祥的内心，也十分的感动。不像有些老板，碰到这种事情，不是躲起来不见面，就是说柳成祥这是你们家的事情，你去解决好了，这是不对的。

胡雪岩的作风，让我们想起诸葛亮的故事。当年诸葛亮把周瑜活活气死，东吴对诸葛亮都咬牙切齿，都想找诸葛亮报仇。可是诸葛亮没有逃避，他亲自去祭拜周瑜。我想在这种情况下，很多人都不敢去。人家正在找你，你去，不是正好被人家当场打死吗？可诸葛亮没有这样想，他去了以后，发自内心说出一番感人肺腑的话，结果化解了很大的怨恨。

胡雪岩是不是读过《三国演义》这一段，是不是受到诸葛亮的启发，我们不清楚。但是最起码，他亲自到柳成祥家里，又请求左宗棠允许他为苏晃这些太平军的首领义葬，已经有了诸葛亮的遗风。

胡雪岩最明白中国人的心理，要抓中国人的心，空口说白话是没有用的。哪怕说得天花乱坠，好像内容很丰富也没有用。人家是不会动心的。对中国人只有真正拿出行动来，用行动来表示，才会有效。我们看到玉惠常常耍小性子，听说杭州有个芮瑾，心里就非常不舒服。胡雪岩没有讲什么，他只是回杭州的时候，交代阿宝去找玉惠双亲的坟墓，重新把它整修一下，并且特别交代从坟上包一包土带回上海，亲自交给玉惠。就这么一个行动，实实在在抓住了玉惠的心。抓心的本事，胡雪岩可以说最大。像李莲英这种人，什么没见过？但是呢，也被胡雪岩抓得牢牢的，三番两次在西太后面前替胡雪岩说好话。可见胡雪岩抓心的功夫，真了不起。

教导部属也是领导的项目之一。胡雪岩教梦瑾打麻将，要她多向二太太玉惠学习，而且花了很多时间。胡庆余堂招贤纳士的时候，胡雪岩怎样面试余修初？怎么找到这么可靠的余阿大？胡庆余堂能够顺利茁壮成长，跟这段经历有很密切的关系。

人找对了，还要立规矩，定好制度，才有办法领导。把人找来，没有规矩，没有制度，大家不知道怎么才对，怎么才错，这叫作自生自灭。胡雪岩在这一方面，也下了很大的功夫。

有的地方，胡雪岩规定得比同行还要严格。北京阜康钱庄“三回三清”的规定，加上“三不收”的约束，使职员都是看了严格的庄规，才放心前来投靠的。可见有制度，才能够吸引优秀的员工。待遇好，才能够使员工奋发努力。再加上老板洞察人情，掌握人性，又能够抓住人心，才有办法展现出有效的领导风格。这一点我们对胡雪岩，是非常的钦佩。

（8）为什么领导中国人，以抓心为最有效？

西方人很重视有形的东西，你看他们的管理，都在管什么？都在管人的手，都在管人的身体。在做工作分析时，主要看干的动作怎么样，一次能做多少，一分钟能抬多少次，一个小时能做多少遍，都在看有形的东西。为什么要打卡？就是要把这个人的身体管住，并没有考虑到那个无形的心。西方人管不了心，因为不知道心在哪里。西方人到现在始终搞不清楚什么叫心灵，心在哪里。心不是脑，脑就是脑，不是心。

中国人很懂得无形的东西。我们知道把手管住了，无心照样可以乱写。你要他写工作报告，老实讲，忙得要命的人，工作报告都是很简单的。没事的人，工作报告都写得很详细，结果刚好相反。同样做一件事情，花三个小时也是做，花十五分钟还是做。因为三小时投入三小时的心，要不然为什么要花三小时呢？你看买一样东西，可以把电话簿翻开来，你们卖不卖这个？给我送过来。他就送过来了。可是你也可以花好几个小时，看看这家的品质跟那家的品质有什么差别，差多少价钱，通过比较，花很多时间，才买到一样东西。

可见心是很重要的。中国人一开始就知道，人在那里，心不一定在那里。你把人管住没有用，因为心跑出去了，你管不住。只要他的心在这里，他的人就一定在这里。我们把这两句话互相比对一下，人在那里，心不一定在那里；可是心在那里，人就一定在那里。所以你把心管好，整个人都被你管好了。你把人管好，不知道他的心在哪里，怎么管得了他？所以这就是我们为什么说要抓心、要关心。

西方人看工作，叫作工作导向。中国人，你跟他谈工作导向，他通常非常不高兴。我们是关心导向、关怀导向。我们从心下手，对方自然会把工作做好。再讲一次：把人的心抓住，用关心来使他的心在工作，他自然就会把工作做好。

努力工作没有用。努力工作经常糟蹋器材，糟蹋资源，浪费时间。一定要用心做事，把工作当一回事，很认真把心投进去，才会做得好。努力没有用，用心才重要。这种话西方人不一定懂，但是中国人应该很清楚才对。中国人还有一个特色非常重要，就是我们不太重视形式，不太重视表面，我们是非常实际的民族。我们听人家的话，不一定会相信。因为听其言还要观其行，如果他的动作不能配合，就表示他口不对心。如果他的行为配合他的言辞，我们才可以相信，他是真心的。

创业提示：胡雪岩的人生三阶段

我们把胡雪岩的一生，分成三个阶段。第一个阶段是在钱庄当学徒、做跑街的时期。这个时期，他一切从自己做起，只求和自己相比。第二个阶段是做粮食生意，一直到晋见西太后的岁月。这个阶段，是做给别人看的阶段，也是他走向成功的时期。第三个阶段，则是胡家大宅完成之后，一直到所有产业被查封的期间。这一阶段，是胡雪岩做一切事既给自己看，也给别人看的时期，也是从巅峰走向失败的时期。

16 浮云随风消散

中国的人生哲学，主张看开而不看破。一旦看破，万般皆空，哪里还会有斗志，足以面对天天都有的问题？我们其实并不否认空的事实，不过要等到恪尽人生的责任之后，才能够轻轻松松地看破一切，云游四海，做一个无牵无挂的自由人。

看开的意思，是尽人事以听天命。尽心尽力把事情做好，至于结果如何，听天由命，一点儿也不在意。

胡雪岩在短短二十几年中，由穷跑街的，奋斗到显赫一时，富可敌国。又由一品大老爷，掉落到一介平民。起伏之大，大到出乎胡雪岩自己的意料，而变化之速，也快到大家很难加以预测。但是，他并没有到处喊冤，到处申诉，他只是感叹汉奸贼子，败坏国业。

六十二岁那年，左宗棠病逝福州。胡雪岩虽然比左宗棠年轻，却也不幸病逝。一代经营大师，有如浮云随风消散。幸好留下许多典范，供后人参研。

一个人能不能平安度日，其实由不得自己决定。只要深一层思考，很容易发现是上天在安排。多少人想享清福，却有一股无形的力量把自己弄得忙碌不堪。多少人胸怀大志，老天爷却毫不留情地不给予工作机会，天天以喝茶聊天看报纸，消磨时间。

一个人要不要勃起勃落，实际上由自己决定，怨不得老天爷。上天赋予每一个人不同的个性，却放手让各人自己去培养不同的习惯。个性得之于天，叫作天命。天命之谓性，代表一个人的性格，决定一个人的命运。习惯来自后天，决定在人自己。要养成好习惯还是坏习惯，是自己的修养，与天命无关，不要把一切责任，都推给老天爷。

胡雪岩一路走下来，太顺了。什么难关，都闯过去；任何难题，都获得化解。这是上天的帮忙，帮助他有机会可以报效朝廷，造福百姓。然而，胡雪岩的胆子越来越大，大到向大英帝国的汇丰银行贷款，居然敢同葛德立这位交情很浅、关系不够的英国人，利用向朝廷高报利率的举动，平分九厘的差额。

不错，胡雪岩生平最讨厌明人做暗事，最不喜欢不诚不实的行为。他赚取外债的利率差额的动机十分单纯，一是为了收复疆土，二是为了阜康钱庄的大业，绝对没有欺骗朝廷的念头，更不是什么明人做暗事。但是，别的人并不同意这种说法，当然更不能容忍这样的做法。

老天爷造就了胡雪岩，让他从平安度日中奋发图强，力求发展。胡雪岩自己害了自己，使自己在事业发展中，造成勃起勃落的结局。上天造人，人也把自己给制造出来。最好不要怨天，也不要尤人，好好地走自己的路，做到在奋发图强中，仍然能够平安度日，不是更愉快吗？

胡雪岩的勃起勃落，使他的生平事迹，成为我们研究经营管理的人追求成功的最佳个案。有些人继承父业，有些人败在第二代或第三代手里，自己没有亲身看到。只有胡雪岩白手成家，而又最后一贫如洗。在自己的有生之年，构成有始也有终的现世因果关系。对我们的启发最为深刻，给我们的启示也最为丰富。

智慧问答

（1）有信心的人，会不会自大呢？胡雪岩的行为，是不是太专横跋扈呢？

我想胡雪岩的作风，看起来是有一些跋扈，是有些专横，因为他一直都坚持自己的主张，丝毫不退让。可是我们往深一层想，就可以发觉，胡雪岩早期一点儿都不自大，一点儿都不专横，一点儿都不跋扈。可惜他的晚期有一点儿专横跋扈。

这话怎么说呢？从决定做粮米生意，把本来要卖给太平军的米粮，临时起意献给官军，这些柳成祥都不赞成。可是胡雪岩很坚持，这种坚持是合理的。所以一点儿也不专横，一点儿也不跋扈。一个人如果完全不坚持，就是不负责任。可是盲目地坚持，就叫刚愎自用。人不可以刚愎自用，也不可以不负责任，所以必须合理地坚持。你看他每次坚持，最后都证明是对的。当然不是专横，不是跋扈。可是晚期那些事情，我们也回想一下。柳成祥告诉他，蚕丝的事情不要做了，我们有那么多产业，何必做这个呢？但是他坚持。柳成祥说，对英国人不要这样，将来我们会倒霉。他也不管，最后证明柳成祥的顾虑是对的。如果最后证明胡雪岩是对的，胡雪岩就没有专横跋扈，他就是合理地坚持。现在很不幸，晚期的几件事情，都已经看出来，胡雪岩的做法不是很理智，可见他已经有了专横跋扈的倾向。一个人有权有势、有名有利的时候，经常会过分自我膨胀。这时候的信心，超越应有的程度，这就叫作专横跋扈。这时是要特别小心的，因为人在太顺的时候，一切都很如意，难免会自我膨胀。

（2）胡雪岩自己说，他精于商道，善于取巧。是不是真的这样？

说胡雪岩善于随机应变，这个可以，至于说他常常投机取巧，最好不要有这种想法，因为事实不是这样。我们必须了解，中国人常常把随机应变跟投机取巧混为一谈。听这种话的时候，真的要格外小心，不要听了就拿来流传。听了就相信，那是会害自己的。

中国人很诚实，喜欢说“我随便讲讲”。“随便讲讲”是什么意思？真的很随便的话，他会讲吗？他不会。你怎么功夫那么好？没有啦，马马虎虎啦！如果真把他当马虎，那就糟糕了。只有功夫很好的人，才有资格讲马马虎虎。真的马虎的人，连马虎都不敢讲。听懂中国人讲的话，在人际关系上面，是非常重要的一环。

（3）胡雪岩知道，自己即将受到刑法的处罚。他坦然处之，不怨天不尤人。这是什么道理？

他心里很清楚，左宗棠救不了他，不如干脆不求人，顺其自然罢了。因为他跟左宗棠相处这么多年，知道左宗棠的个性很耿直，在官场也不可能很得意。这时候去求左宗棠，恐怕也是白求，没有什么作用！与其这样子，干脆顺其自然，坦然处之，同时他也问心无愧。

为什么他一直骂谭则云拿人家回扣，自己也拿了回扣，却觉得问心无愧？因为他赚来的钱，没有拿到私人的腰包里面。当初想要赚这个差额，纯粹是为了国家，纯粹是为了企业集团，他没有为他自己。所以他始终觉得没有做错，问心无愧。同时他觉得丁日昌这班人，败的是国家的产业，而我胡雪岩败的只不过是私人的产业，所以无所谓。反正这些钱是我赚来的，就在我手中花掉，又怎么样？所以他说成也萧何，败也萧何。意思就是说，我是靠洋债起家的，结果就栽在洋债上面，这怨得了谁？怨不了谁的。一个人要清楚，精于刀者死于刀，精于枪者死于枪，精于水者死于游泳。这些道理想通以后，就知道最精通的，经常就是栽跟头的部分。为什么？因为艺高人胆大，所以就不用心了，就觉得无所谓了。太相信自己的结果是害死自己。一个很会用刀的人，最后死在别人的刀下。很会游泳的人，才容易死在水中。胡雪岩一生，就是太过于认为自己这方面很擅长，没有问题，结果就招来问题。因此我们再一次地说，常常提醒自己有问题的人，会比较谨慎。没问题，这个我很内行，做多少次都这样做过去了，经常就是败在这里。

（4）一个人对自己的期望，应该高比较好，还是低比较好，或者合理最好？

我想这个问题，是非常简单的。大家的答案都相当一致，当然合理最好。太高了，会自暴自弃。那么高，反正达不到，算了。太低了，很轻易就达到，也是对不起自己。

话虽然这么讲，合理不合理的标准在哪里？只有三个字，就是我们常常讲的：很难讲。对张三，这个合理是他的标准；对李四，又换成另外一个合理，才是他的标准。因人而异，怎么可以大家都一样呢？根本不可能。这样的话，我们讲了半天，不还是没有答案吗？中国人往往只有方向，不一定要有具体的目标。这一点跟现在所讲的生涯规划有一些不同。

方向一辈子不会改，就是走正道，做一个堂堂正正的人。一切按照天理，按照良心做事，每个人都一样。至于说能做多少，那就因人而异了。你告诉他一个目的地，他自己选择途径走，爱走哪里就走哪里。各位可以试试看，你告诉司机走哪一条路，他一定告诉你那一条路塞车。其实哪一条路塞不塞车，只有天知道。凡是司机不想走的路，他都跟你讲塞车；凡是他讲的要走的路塞车，他会说"奇怪，平常不塞，怎么现在塞呢"。这些都是他讲的，不是真的。

人都喜欢胡说八道，我们听了就把它当作真的，是对不起自己。所以，只要方向对，尽量去做，做到哪里算哪里，这才是最好的一种方式。我想胡雪岩的一生，就是这样而已。他说我要负责养家，要让妻子有光彩。我们胡家的人，就是要穿金戴玉，而且不要做事情。这才是我的责任，他就是如此而已。至于他要做到什么地步，我敢说他没有想过。

（5）政界的斗争和商界的竞争有什么两样?

基本上对我们中国人来讲，并没有什么两样。因为不管是斗争也好竞争也好，中国人都是用象棋的模式在运作。各位看那些下象棋的人，闷声不响却算得很长远。会在不知不觉当中，把对方逼得毫无动弹的余地。意思就是说，他不会一开始就来刺激你，或者一开始就让你很紧张。他会若有若无，好像在这里，又好像在那里，声东击西，掩盖自己的企图。等到一切很明朗的时候，你只有束手无策地投降，而毫无反抗的余地。

中国人在斗争、竞争方面很有一套。当然我们现在也很庆幸，因为中国人在这方面的修养越来越差。越来越差，才是我们的好消息。如果现在的人还像以前那样，常常把人逼到死路，令人动弹不得，恐怕现在的人，更没有这种反抗的能力。从这种越来越差的现象中，我们才感觉到中国人是进步的。可是这话也有语病，我们的日子好过了，大家当然就不必那么用脑筋。哪一天日子不好过，不用脑筋能生存吗？所以只要一穷，手段就来了。稍微富有，反正有的吃，有的穿，就不动脑筋了。这时候大家反而比较相安无事。

我们不是个人同个人斗，而是小集团跟小集团斗，所以我们动不动都是派系跟派系斗，很少个人同个人斗。我们很少看到一个人跳出来跟谁斗。他敢出来，都是背后有一个集团在支持他。他有很多很多诸葛亮，在旁边给他出点子。所以我们要看某人，一定要看他的背后。看起来是个人对个人，实际上是集团对集团。各位千万步步为营，小心为是。稍微大意，后患无穷。这是官场跟商界一样的地方。

（6）时间管理，为什么对高阶层人士更加重要？

我们总以为基层人员没有自主性，总是听人摆布。其实仔细观察，并不是这样。基层人员反正上山一天，下海一天。这当中怎么摸来摸去，根本没有人知道。真正了解的人，都知道基层人员反而更有自主权。爱做就多做一点儿，不爱做就少做一点儿。没有人会很仔细地把他抓得紧紧的。反而是高阶层人员，看起来好像自主性很高，实际上完全由人家摆布。多少总经理的时间，控制在秘书手上。秘书说现在去开会了，只好去开会；下午某人来看你，就让某人来看你。任何人打电话要见你，秘书一看两点到三点有时间，就替你做决定。我们一再说，表面上看跟从实际上去了解，经常是刚好相反的。

我们有一个观念，如果老板什么事情都要自己出面的话，还有时间思考吗？根本没有时间思考。最好的办法，就是有个策略小组，替你出点子。你在那里，只是好看而已，这就对了。

胡雪岩没有做好这一点，时间被分割得支离破碎，偏偏又没有一个策略小组，什么事情都要他拿定主意。他自己最后也承认了，时间不够用，他没有做好时间管理。有些事情应该交给他人去做，有些事情根本不用亲自管，有些事情出来一下，应该赶快就溜掉，因为我有我的事情，我只是露个脸，给大家一个面子而已。这样我们才了解，为什么请客的时候，老板不是迟到，就是早退。凡是迟到早退，我们都骂他不懂得时间管理。其实从另外一个角度看，他才是最懂得时间管理的。你们先去，我这边把事情料理好了，再来敬大家一杯酒，然后就又走了，这样最有利。我干吗从头陪到尾？你们去吃就好了，我有我的事情，或者我只是来一下，跟大家见见面，打个招呼，说另外还有事，走了。其实哪里有事？回家做自己的事情罢了。

越高阶层的人，越要记住有所不为，而不是有所为。不该讲的话，不要讲；不该做的事情，不要做；不该管的事情，不要管。这样你才有足够的时间，来做重大的事情。否则一天到晚，这个管，那个也管；这个说，那个也说，搞得自己都乱了，怎么能够掌握全局？

我们也附带说一下，诸葛亮的一生，有很多地方值得我们警惕的地方。其中一个很重要的方面，就是时间管理没有做好，事必躬亲，最后把自己累死了。胡雪岩很可能《三国演义》看了很多，学到了诸葛亮很多长处，却很可惜没有看出这一点。他的时间没有办法合理掌控、合理运用，以至于导致对自己非常不利的结局。

创业提示：勃起勃落 VS 平安度日

胡雪岩如果在任老板的仁德钱庄做得很顺手，太平军如果不和官兵打仗，王将军也用不着到钱庄来借钱。我们相信，胡雪岩的一生，用不着这么辛苦，也不必如此艰难。平安度日的话，我们就看不到什么胡雪岩传奇了。

胡雪岩一句“有事，我担着”，把自己逼得走投无路；一句“兵荒马乱的日子，想着糊口”，使他下定决心，要从事粮食生意。一次把房子押给钱庄的赌注，一次把粮食送给官军的冒险。这一连串突然出现的事件，把胡雪岩从规规矩矩、平安度日的跑街生涯，带到起伏不定、勃起勃落既辉煌却又坎坷的命运中。

一个人究竟是勃起勃落好呢，还是平安度日比较好？看来也是一个永远没有定论的问题。

胡雪岩的勃起勃落，非常富有戏剧性。他白手起家，连他的母亲都不相信他有那么发达的一天。妻子也是看到胡家贫寒，才嫁过来，打算过穷日子的。二十多年的奋斗，平步青云，活像秦始皇接连着打垮六国一般，不可一世。然而，就在他自己的有生之年，万贯家产被查封了，红顶戴黄马褂被收回了，一下子又回到了什么都没有的原点。就这一点来看，好像他的命运比秦始皇更加凄惨。

看不开的人，享尽荣华富贵之后，很难重返简朴平静的日子。就好像整天活在热烈掌声里的艺人，一旦失去了观众，受不了没有掌声的冷落，结果跳楼自杀或者借酒消愁，过着自我放逐的颓废日子。

胡雪岩却看得很开，他眼看自己起高楼，又眼看着自己楼塌了。妻妾们一个个离去，家财一批批消失。幸好有一个永远支持他、关心他的芮瑾，陪着他安度余年。

结语 以胡雪岩为师，以胡雪岩为戒

（一）以胡雪岩为师

胡雪岩最值得我们学习的地方，有六个方面。

第一，他对自己非常有信心，而且从来不气馁。我们可以看到，当他被任老板辞退、失业在家的时候，他还是很有信心地向妈妈保证：早晚有一天，我会挣钱养家的。我不会老是这么穷，妈妈你放心。我们可以看出来，胡雪岩对他的家庭，从来没有说过没有希望了，恐怕要靠你们养我了。他认为这个家庭的责任在自己，而且自己非常有信心。胡雪岩的妻子笑他连跑街都跑不成，还打算盘干吗。这时候他毫不犹豫地说：说不定我将来就是胡掌柜的。而你呢，也可能当大东家的太太。可见胡雪岩人穷志不穷，不会因为遭遇到困难，就忧心丧志。这是他成功很重要的一个因素。

第二，他在人际关系方面的技巧十分熟练，并且应用得恰到好处。左宗棠问他为什么不怕血本无归冒死送粮食给湘军。他不慌不忙地回答：现在国无宁日民不聊生，所以愿冒个人之苦，以求国泰民安。我们听起来也许觉得很无聊，也很好笑。可是像左宗棠这样的人，就听得很受用，马上请胡雪岩到后堂吃饭。左宗棠终于成了胡雪岩最有力的靠山。

胡宝玉这位名妓，阅历甚多。胡雪岩三两句话，赋予她特别的任务，挑起她的好奇心和荣誉感，居然连人带事，分文不取。胡雪岩的本事，是不是因人而异，有不同的发挥？

对付李鸿章这么厉害的人物，他也能够想尽办法，让李鸿章下令帮助他把常捷军建立起来。

成功的人，必定是会做人的人。如果连人也做不好，就算事业做得很大，钱赚得很多，也不算成功。

第三，他精于商道，对经营策略有独到的见解，也有出人意外的表现。谭则云的策略，是鸡生蛋、蛋生鸡，越滚越大。胡雪岩批评它是平庸商人制定的平庸之策。

柳成祥看到存款那么多，建议赶快放出去生利，胡雪岩却说一文也不放，要拿这些存款做资金，到温州、潮州、常州、宁波、嘉兴去把当铺建起来。

左宗棠调到新疆，沈葆桢掌管马尾造船厂。胡雪岩马上决定，启程回杭州，对造船厂公事公办。

胡雪岩能够把自己从事务型的人提升为策略型的人，才有办法从跑街的摇身一变，成为红顶商人。

第四，他善于从现象中体会出背后的道理。杭州一战，使他悟出商无官不安，官无商不富，因而加强与左宗棠的联系。同时看到战后百废待举的重点在钱庄和生药，所以叫柳成祥赶快设立钱庄，并且实施义诊，以广收民心。到了北京，看出朝廷的威严，马上对钱庄的员工，提出特别严格的要求。

一般人只看到现象纷纷扰扰，弄得自己头昏眼花。胡雪岩能够拨开这些云雾，直接探出现象背后的道理，这是胡雪岩处理事情，显得有板有眼、有条不紊的原因。

一般人做生意，很少想到广收民心，总觉得广收民心干什么？其实广收民心就是做广告，就是打造企业形象。人家对这个企业有好感，钱自然存到你这儿来。有东西要当，自然当到你的当铺去。要买药，自然找你。可见他的决定是非常高明的。

胡雪岩到了北京，马上看出朝廷的威严，对钱庄员工提出特别严格的要求。他知道在京城开钱庄非同寻常。如果不格外小心，每一笔钱财后面都会牵扯到很多达官贵人。有一天出了问题，我们是吃不消的。一般人只看到现象纷纷攘攘，弄得自己头昏眼花，胡雪岩却能够拨开这些云雾，直接探触现象背后的道理。这是胡雪岩处理事情，显得有板有眼、有条不紊的主要原因。

第五，他能够因时、因地、因人而应变，以求制宜。早在从事粮食买卖的时候，胡雪岩已经摸透了，生意场上没有三天的朋友。必须随机应变，才能生存发展。

胡雪岩很客气，说他自己善于取巧。其实不是这样，投机取巧的行为，一向是胡雪岩最痛恨的。他的所作所为，完全是随机应变，一点儿也不投机取巧，不然的话，他不可能成功。

作为一个中国人，特别要将“投机取巧”和“随机应变”区隔清楚，弄明白两者的差异，而且一定要下定决心，只许随机应变，不许投机取巧，才有成功的可能。

第六，他不怨天、不尤人，一切心甘情愿地自作自受，无怨无悔。文大人查封胡雪岩的产业，来者不善，存心不良，一心要抢夺他的胡庆余堂，竟然也不得不佩服胡雪岩，说他不愧为东南大侠。

柳成祥建议他赶快去找左宗棠出面求情，他不为所动，果真是一人做事一人承担的汉子。从答应把钱借给湘军，一直到最后一无所有，胡雪岩自始至终，都是“有事，我自己承担”，一点儿也不逃避，丝毫不埋怨，实在非常难得。

（二）以胡雪岩为戒

学习胡雪岩的长处，同时也应该把他的缺失，当作借鉴，尽量避免重蹈他的覆辙，才能收到前车之鉴的效果。个案研究的目的和易理所说的趋吉避凶，具有相同的功能，好像真的是不谋而合。

胡雪岩的一生，认真分析起来，也有三大缺失，值得我们警惕。

第一，他对自己的期望不够远大。西太后问他：“你是想升官呀，还是想发财？”那时候他讲的是实在话：“小人只盼着国家安定，百姓安康，我能经营好阜康钱庄，老老实实做我的生意，我就知足了。”

胡雪岩拜访唐廷枢，听到唐廷枢说起一些外商责怪胡雪岩厚此薄彼的时候，也说出了自己的心情：“我胡雪岩是想做做生意发发财，没想到有如此分量。”如果他知道有一天自己能够到达这样的地步，会常常利用时间，不断提升自己，而且会做得更好，更加警惕，更加周到，不至于亲眼看到自己被打垮的局面。因为这种局面，是可以预防的。

这样我们才明白，为什么中国人对子弟的要求很高，希望养成凡事谨慎、千万不可大意的习惯，用意在一生当中，成就再高也不至于造成遗憾。可惜现代人眼光浅近，看不懂这个道理，只求不要给小孩子压力，却忘记了玉不琢不成器呀！

第二，他不明白政界的斗争，实际上比商界更加残忍。胡雪岩懂得商道，却无法应付来自政界的打击。对丁日昌这种人，几乎毫无办法。和胡宝玉联手给丁日昌难堪，简直是自找麻烦，增加彼此的恶感，对胡雪岩没有什么好处。要搞政商关系，就没有办法不在这些方面，多多忍耐。

既然看出左宗棠的个性，在官场上迟早要受到排挤，为什么不加紧跟更高一层官员的联系？李鸿章可以找六王爷，胡雪岩也可以找七王爷。七王爷跟左宗棠私交不错，为什么不通过左宗棠，更上一层楼呢？这样对左宗棠也有好处，并没有坏处。胡雪岩毕竟是商人出身，对商道比较熟悉，对官场还是差一些。

政界和商界都有好人，也都有坏人。胡雪岩跟胡宝玉讲得很清楚：官府也有忠奸之分。可惜他没有一套办法，来对付那些奸臣，结果也拖累了自己。

第三，他没有做好时间管理，不能够终身学习，以致到了高层次的时候，越来越显得力不从心。

胡雪岩当然有自知之明，他对杨昌浚所说的一番话：我少小读书，可谓如饥似渴，怎奈家境贫寒，胡雪岩确实深感不足。

左宗棠三番五次，要胡雪岩多读书。他如果把时间安排好，每天至少拨出一两个小时好好读书。我想他应该能够持续地成长，做好阶段性的调整，使自己立于不败之地。

胡雪岩的挫败，固然是玉惠不小心，在言者无意、听者有心的情况下，走漏了消息，而导火线则是在蚕丝的生意上和英国商人闹得太僵，才使得借洋债赚取利息差额的事情暴露出来。

但是，追根究底，还是胡雪岩不应该在这么明显、如此容易被怀疑、被查觉的地方动手脚。虽然胡雪岩说他当时会这样做，完全是为了收复疆土和阜康大业，根本没有欺骗朝廷的念头，不过，任凭说破了嘴，都不能逃脱被朝廷严刑追究的命运。

胡雪岩之所以如此，就是因为他只是把自己当作一位商人，了不起是一位大老板，没有想到自己有一天，会成为李鸿章“排左先制胡，倒左先倒胡”策略的牺牲者。如果他早一些料到自己的位置会这么重要，我想他不敢如此大胆。他没有摸透政界的斗争，像左宗棠这样不识时务、不善通变的人，迟早被李鸿章斗垮。总结一句话：胡雪岩不能够终身学习，使自己有足够的学识、智慧和修养，来应付更复杂、更庞大、更重要的事务。